周易基础

杨权 编著

中山大学出版社
·广州·

图书在版编目（CIP）数据

周易基础 / 杨权编著. —广州：中山大学出版社，2024.6
ISBN 978-7-306-08036-3

Ⅰ.①周…　Ⅱ.①杨　Ⅲ.①《周易》—研究　Ⅳ.①B221.5

中国国家版本馆CIP数据核字（2024）第038864号

ZHOUYI JICHU

出 版 人：王天琪
策划编辑：李　文
责任编辑：王延红
封面设计：周美玲
责任校对：丘彩霞
责任技编：靳晓虹
出版发行：中山大学出版社
电　　话：编辑部　020-84111901，84111996，84111997，84113349
　　　　　　发行部　020-84111998，84111981，84111160
地　　址：广州市新港西路135号
邮　　编：510275　　　　　　**传　真**：020-84036565
网　　址：http://www.zsup.com.cn　　E-mail：zdcbs@mail.sysu.edu.cn
印 刷 者：广州市友盛彩印有限公司
规　　格：787mm×1092mm　1/16　　32.75印张　　640千字
版次印次：2024年6月第1版　　2024年6月第1次印刷
定　　价：98.00元

目 录

上编　易学概说

第二讲

《周易》的内容构成与产生时代

第三讲

《周易》的宇宙生成模式

下编　经传释译

上经

下经

系辞上

系辞下

说卦

易学概说

上编

第一讲 为什么要研习《周易》

在许多人的心目中，《周易》是一部很神秘的书。郭沫若曾在其《中国古代社会研究》一书中说："《周易》是一座神秘的殿堂。因为它自己是一些神秘的砖块——八卦——所砌成。同时，又加以后人三圣四圣的几尊偶像的塑造，于是，这座殿堂一直到二十世纪的现代还发着神秘的幽光。神秘作为神秘而盲目地赞仰或规避都是所以神秘其神秘。神秘最怕太阳，神秘最怕觌面。"短短一段话，便用了九个"神秘"，可见其面目之独特。神秘会产生某种吸引力，因此社会上有不少人对《周易》很感兴趣，在高校中也有许多同学争相选修《周易》课程。不过感兴趣归感兴趣，若问到为什么要研习《周易》，可能很少有人能给出周详的答案，因为大多数人对这个问题都没有做过认真、深入的思考，肤浅者甚至会把掌握占筮方法当成研习《周易》的全部或主要目的。这是一个重要的问题，对它的理解，会影响到对《周易》价值的判断，也会影响到学习《周易》的动机、态度与方法，因此我们从一开始就应该对此问题形成正确、清晰的认识。

为什么要研习《周易》？

一、《周易》是中国古代最重要的经典

在中国古代的著述中，有一些意义特别重大、地位特别尊崇、影响特别深远的著作，被称为"经典"。它们在中国政治、文化、思想与学术史上都具有很高的地位，《周易》就是其中的一种。它自古以来，便一直被誉为"群经之首，大道之源"。

（一）从儒家的体系看《周易》

古代的经典，有相当部分属于儒家的系统。由于汉武帝推行"罢黜百家，独尊儒术"的政策，从西汉开始，儒家的一些著作就为统治者所青睐，从而被摆到了至高无上的位置，成为法定的经典。这些经典最初有六种，即"六经"；后来在此基础上又衍生出多种，经过不断演变，最后定型为"十三经"。

六经的排列有两种不同的次序。一种是古文经学家的次序：《易》《书》《诗》

《礼》《乐》《春秋》。这样排列六经，是从班固的《汉书·艺文志》开始的，许慎的《说文解字序》也是按这个次序排列的。十三经也把《易》排在第一位。另一种是今文经学家的次序：《诗》《书》《礼》《乐》《易》《春秋》。这种排列本自先秦诸子，《庄子》《荀子》《商君书》《淮南子》《春秋繁露》和《史记》都是按这种次序来排列六经的。除了行文需要或偶然错位外，今古文经学家们都不会随便改变次序，更不会按对方的次序排列六经。

这是为什么呢？原来，古文经学家是按产生时代的早晚来排列六经的，而今文经学家则是按内容的深浅来排列六经的。

古文经学家以八卦是"三皇"之一伏羲创画的，因此把《周易》列为第一；《尚书》最早的篇章是《尧典》，尧属"五帝"，较伏羲为晚，因此被列在第二；《诗经》最早的内容是《商颂》，商朝属于"三代"，较尧又晚了，因此被列在第三；《礼》《乐》，他们认为是周公所制，而周公是周朝人，因此被列在第四、第五；《春秋》是经过孔子修订的鲁国国史，因此被列在最后。

往更深一层考究，为什么古文经学家们要按时代早晚来排列六经呢？这就涉及对孔子的看法了。原来，在古文经学家眼里，六经都是前代的史料——"六经皆史"，而孔子是"述而不作，信而好古"的学者。孔子的主要贡献，是对前代的史料加以整理然后传诸后人。换句话说，在古文经学家的心目中，孔子主要是一位史学家，一位古代文化的保存者。

然而，今文经学家们则持反对意见。他们认为，孔子绝不仅仅是一位史学家、一位古代文化的保存者，他还是一位托古改制的政治家、一位思想深刻的哲学家、一位深谙教育之道的"至圣先师"和一位有德无位的"素王"。六经虽然不都是孔子所作，但是每一种都经过他的"笔削"。因此，他们对六经的排列含有教科书级别的意义。在今文经学家们的心目中，六经是孔子的不同层次与不同类型的教育课程：《诗》《书》《礼》《乐》是初级教育课程，其中《诗》《书》为文字教育课程，《礼》《乐》为实践教育课程；《易》是明阴阳之变、究天人之际的书，《春秋》则寄托了孔子的政治理想，包含许多"微言大义"，因此是高级教育课程。《史记·孔子世家》说："孔子以《诗》《书》《礼》《乐》教，弟子盖三千焉；身通六艺者，七十有二人。"就是说，孔子的门生有三千人接受了初级课程教育，而只有七十二人通过了初高级课程的全部考试。

从上面的讨论可以了解到，在古文经学家那里，《周易》是六经之首，在今义经学家那里，《周易》是高级教育教程，两种安排虽然迥然不同，但是都反映了《周易》在儒家体系中的重要地位。事实上，从汉朝开始，对《周易》的研究就已经成为儒家的显学。人们围绕对《周易》的阐释，构建了一门学术——易学，它对古代的哲学、宗教、科技、文学、艺术、政治、伦理等都产生了深远影响。汉代以后的儒家说理，几乎没有不依傍《周易》的。举一个例子，在文天祥的《文山全集》中，读《易》和论命理术数的文章就有数十种之多。

（二）从道家的体系看《周易》

说到这里，可能有人会问："《周易》不是儒家的经典吗？"是的，《周易》是儒家的经典，同时也是道家的经典。在古代，《周易》是唯一一部为儒、道两家所共尊的经典。"道家"一词，始见于西汉司马谈的《论六家要旨》，它是诸子百家中的重要思想学派，在春秋战国时期以老子、庄子为代表，主张道法自然、无为自化、应物变化。道家以"道"为核心，认为大道无为，提出道生法、以雄守雌、刚柔并济等政治、经济、治国、军事策略，具有朴素的辩证法思想。顺便解释一下，道家与道教有密切联系，但不是一回事。道家是道教的重要思想来源，道家与道教在许多根本理论上是血脉相通的。道教以道家的著作精要为教义，在糅合改造道家思想的基础上又造作了大量道书，并从中敷演出炼养的理论。而借助道教，道家的思想也获得了深化与延续。道家与道教的区别主要体现在：一、产生的时间与性质不同，前者是先秦出现的学术流派，后者是东汉才形成的宗教信仰；二、生死观不同，前者在此问题上顺乎自然，后者追求超凡入仙；三、对神鬼的态度不同，前者保持了无神论的传统，后者以老子为教主与尊神，且神化庄子、崇拜神灵和仙真；四、存在方式不同，前者存在于思想意识领域，没有固定的组织系统，后者不但有理论信仰，而且有相应的宗教组织与活动。

《四库全书总目》将易学的源流变迁归纳为"两派六宗"。两派，指象数派和义理派；六宗，一为占卜宗，二为禨祥宗，三为造化宗，四为老庄宗，五为儒理宗，六为史事宗。"老庄宗"与"儒理宗"并存的事实，说明了道家也像儒家一样从《周易》中汲取理论营养。六十四卦中的履卦，卦中各爻，凡居阴位者爻辞皆吉，柔者履阳会遭凶险，刚者履阴却能得吉，暗示履道宜柔不宜刚。道家理论的产生，很可能受到此卦的启发。《道德经》以柔克刚、至阴生阳、以退为进、以无为而有为的思想，与《周易》周而复始、否极泰来的思想显然是相通的。比较而言，儒家更多地立足于乾卦，一方面汲取乾阳雄毅刚健、自强不息的进取精神，另一方面则阐发乾高坤低、男尊女卑的思想观念。道家更多地立足于坤卦，强调阴柔的归藏、包容功能。道家贵柔尊阴，主张自然无为，致虚守静，以易道为出世之用，很可能是已失传的《归藏易》思想的继承者。

至迟在汉代，《周易》就与道家发生了关系。道家刘安的《淮南子》、严君平的《老子指归》都与《周易》有关。兼综儒道的扬雄所作的《太玄经》，就是"易"与"道"结合的产物。扬雄是一个"山寨"高手，他曾模仿司马相如的《子虚赋》《上林赋》作《甘泉赋》《长杨赋》，模仿《论语》作《法言》，模仿《周易》作《太玄经》。东汉的道家人物魏伯阳著有《周易参同契》，这部书参合《周易》、黄老（内丹）与炉火（外丹），运用天人合一、阴阳变化的思想，建立了一整套修炼的方法，是最早系统论述养生的著作，被称为"万古丹经之王"。

《周易》在道家的坐标体系中位置很高，被尊为"三玄"之一。三玄是指《周易》（《易经》）、《老子》（《道德经》）、《庄子》（《南华经》），它们是中国古代最具思辨色彩的三部理论著作。三玄之说形成于魏晋时期，那时的学者围绕三玄讨论、发挥，形成了"玄学"，玄学谈论的是幽深玄远的问题，其学说主要是当时学者研究三玄的心得。

儒、道两家，不断地对《周易》进行解读和重构，它们或以《周易》为先导和工具，借《周易》来阐释、发挥各自的观念主张，以建立、丰富和完善自己的理论体系；或以《周易》为理论归宿，将各种新知新见导入易学之中，使易学的外延不断扩展，从而形成了无所不包的奇异现象。直至今日，《周易》仍是两家争抢的对象。

（三）从在世界范围的文化影响看《周易》

张立文先生曾在《社会科学战线》杂志上发表过一篇文章《中华文化精髓的〈周易〉智慧》，文中提到，在世界的文化体系中，有世界"四大经典"之说。所谓世界四大经典，是指《圣经》（犹太教和基督教的神学经典）、《吠陀经》（古印度婆罗门教的经典）、《古兰经》（伊斯兰教的唯一根本经典）与《周易》。

早在17世纪，《周易》即通过在华传教士传到了西方，西方对《周易》的研究差不多与翻译同时展开。

法国天主教传教士金尼阁（Nicolas Trigault）在明万历年间曾两度来华，他在传教的同时悉心研究《周易》，并将其译成了拉丁文，于1626年在杭州刊印。这是世界上第一部用西文刊印的《周易》，译者亦因此被称为西方易学史的"哥伦布"。

比利时耶稣会士柏应理（Philippe Couplet）于清顺治十六年（1659）来到中国，共在中国生活了二十多年。在此期间，他接触了《周易》。他在与其他传教士合作翻译拉丁文"四书"时，附上了《〈周易〉六十四卦和六十四卦的意义》一文，这篇文章使他成为最早向西方介绍《周易》的人。

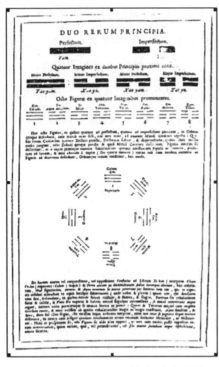

柏应理对《周易》六十四卦的介绍

英国传教士利雅各（James Legge）清后期在中国居住了三十多年。在华期间一直致力于儒家经典的英译。他在英国鸦片商人的资助下，出版了完整的《周易》英译本。这个1882年出版于牛津的本子被认为是第一个"真正的"英译本。在他之前，英国圣公会传教士麦格基（Canon Thomas McClatchie）曾有过一个基督教痕迹浓厚的英译本在上海出版，开启了《周易》在英语世界的传播。

法国传教士宋君荣（Goubil Antoine）于1722年来华，在传教过程中对《周易》进行研究，并将其译成了法文，于1750年出版。法国海军军官霍道生（P. L. F. Philastre）、比利时汉学家哈雷兹（Charles-Joseph de Harlez）也都做过相同的工作。

德国传教士卫礼贤（Richard Wilhelm）1899年来华传教，他精通汉学，曾执教于京师大学堂（北京大学前身）。他在中国共居留了25年，曾花了近十年时间用德文翻译《周易》。其译本笃实可信，比此前的所有西文译本都更能把握原著的精神与意思，受到高度评价，问世后即取代了已流传上百年的利雅各译本，成为在西方影响最大的欧洲语文译本。后来美国的一位优秀翻译家贝恩斯（Cary F. Baynes）在已有多种英译本的情况下，把卫礼贤的翻译本《周易》从德文转译成英文，这个译本在当今是英语世界通用的标准译本。

在苏联，则有休茨基（Ю. К. Щуцкий）的《周易》俄译本，他是俄语世界研究、翻译《周易》的第一人。

《周易》在越南、朝鲜、日本等东亚、南亚国家传播更早。越南、朝鲜一度是中国的郡县，后来成为藩国，受《周易》影响之深刻自不待言。《周易》很早就从百济传入了日本。这些国家属于"汉文化圈"，人们能认读汉字，因此不需要什么译本。

《周易》被介绍到西方世界之后，即引起了学者的高度关注。

17、18世纪，法国传教士白晋（Joachim Bouvet）（他也是法国科学院院士）在华生活了四十多年，他曾奉清朝康熙帝的诏令研读《周易》。德国的大科学家莱布尼兹（Gottfried Wilhelm Leibniz）正是通过他了解到《周易》的六十四卦的。当时莱布尼兹正在发明二进制算术。1703年，他的论文《关于仅用0与1两个符号的二进制算术的说明》发表于《皇家科学院论文集》，这篇具有划时代意义的论文奠定了今日电子计算机运算的基础。他完成上述论文后，白晋给他寄来了两张易图，即《伏羲六十四卦方位图》与《伏羲六十四卦次序图》），莱布尼兹惊异地发现，这两张易图中的符号变化规律，竟然与他创制的二进制算术规则十分吻合！于是他写信给白晋说："这个易图可以认为是现存科学之最古老的纪念物。然而依我之见，这种科学虽为四千年以上的古物，但数千年来却无人了解它的意义，这是不可思议的，然而它却与我的新数学完全一致。"需指出的是，有人以讹传讹，说莱布尼兹因为受了《周易》的启发才发明二进制算术的，这与事实不符。真相是，莱布尼兹在接触易图前就已发明了二进制算术，他只是用二进制算术理论来解释了易图。

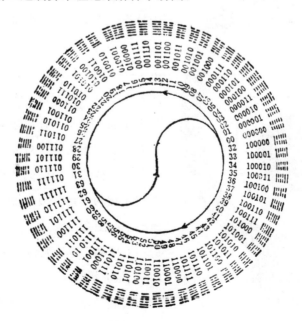

六十四卦与二进制数的关系

黑格尔（G.W.F.Hegel）在西方哲学界是一位重量级的人物，他是德国古典哲学的巅峰和集大成者，是举世公认的理论大师，其辩证法是马克思主义哲学的主要来源之一。由于文化隔阂，黑格尔在看待与评论东方文化时，常抱有一种德国式的傲慢与自负。比如对孔子与《论语》，他就持鄙薄的态度。他在其《哲学史讲演录》中曾说孔子的话"只是一种常识道德，这种常识道德我们在哪里都找得到，在哪一个民族里都找得到，可能还要好些，这是毫无出色之点的东西。孔子只是一个实际的世间智者，在他那里思辨的哲学是一点也没有的，有的只是一些善良的、老练的、道德的教训"。他甚至认为"为了保持孔子的名声，假使他的书从来不曾有过翻译，那倒是更好的事"。但是对《周易》，黑格尔却表现出不同的态度，他曾说："第二件需要注意的事情是，中国人也曾注意到抽象的思想和纯粹的范畴。"黑格尔为什么这么说？因为他习惯于认为抽象的思想和纯粹的范畴是西方哲学的专属领域，这类高深的哲学不应在古代中国产生。这位哲学家在自传中承认，他创造正反合辩证逻辑定律，曾受到过《周易》的启发。他说："《易经》包含着中国人的智慧。我一生中最大的遗憾就是没有完全学透中国的《易经》。"

量子力学哥本哈根学派的领袖玻尔（Niels Henrik David Bohr）为了对海森堡的测不准原理进行哲学解释，于1928年提出了互补原理，这是量子力学的基本原理之一。这种理论认为光具有相互矛盾的两种特性——波动性和粒子性，两者同时存在、互为补充，人们无法在验证一种特性的同时保证另一种特性不受干扰或破坏。他后来来华讲学，见到了从中国古代流传下来的《太极图》，感到十分惊讶，连声说想不到中国在几千年前就已有互补思想。由于他在量子力学方面的巨大贡献，丹麦国王决定授予他一个荣誉奖杯，上面会刻其族徽。出于对中国古代文化的崇拜，玻尔把《太极图》用作族徽的中心图案。

玻尔家族的族徽

《周易》也让大科学家爱因斯坦（Albert Einstein）赞叹不已，其文集有言："西方科学的发展是以两个伟大的成就为基础的，那就是：希腊哲学家发明形式逻辑体系（在欧几里得几何学中），以及通过系统的实验发现有可能找出因果关系（在文艺复兴时期）。在我看来，中国的圣哲没有走上这两步，那是用不着惊奇的，令人惊奇的倒是，这些发现（在中国）全都做出来了。"

人格分析心理学的创立者、瑞士的心理学家荣格（Carl Gustar Jung）曾研究过《周易》中的心理现象，他将问卜作为探索潜意识的方法之一。他曾为《周易》英译本作序，在这篇序文中，他说："我不是汉学家，但因为个人曾接触过《易经》这本伟大的典籍，所以愿意写下这篇序言，以作见证。……我不懂中文，而且也从未去过中国，但我可以向我的读者保证，要找到进入这本中国思想巨著的正确法门，并不容易，它和我们思维的模式相比，实在距离得太远了。假如我们想彻底了解这本书，当务之急是必须去除我们西方人的偏见。"

上述西方巨匠的言论，反映了《周易》这部奇书所具有的世界性影响。这部思想深刻、内容丰富的经典，的确为中华文化赢来了不少声誉。中国古代的文化学术库藏中假使没有一部《周易》，我们在世界文明的竞秀中恐怕会丢失不少分数。

二、《周易》是中华文化的源头活水

《周易》这部书流传于世已有三千年，它是中华文化的源头活水，影响面极广。《四库全书总目》曾这么评价它："易道广大，无所不包，旁及天文、地理、乐律、兵法、韵学、算术，以逮方外之炉火，皆可援易以为说。"下面试举一些事例来说明之。

（一）《周易》与民族心理

《周易》对中华文化的影响，首先反映在深层次的民族心理上。它给我们提供了一套独特的思维模式——象数与义理相结合的思维模式，从而使东方民族形成了与西方民族迥异的行为方式、价值观念、审美意识与风俗习惯。

西方的思维模式以实验科学为基础，这种思维模式重视研究事物各自的状态，注意科别分工，而对事物之间的联系与发展考虑得较少，其特征是演绎的、分析的、局部的、静态的。东方的思维模式则相反，它深受《周易》整体观念影响，并不那么注意科别分工，不那么重视研究事物的具体形态，而更为关注事物的联系与变化，其特点是归纳的、综合的、整体的、动态的。从下表的对比中，可以明显看出东西方思维模式的差别。

东西方思维的差异

方面	东方	西方
列举事物	由大到小	由小到大
物质观	元气论	原子论
看问题	重宏观重综合	重微观重分析
思考方式	重形象	重逻辑
政治观念	以国家利益为重	以个人利益为重
社会文化	强调整体文明	注重个体自由
宗教	重生（投胎往生）	重死（灵魂安置）
处世之道	崇尚中庸	标新立异
医学	综合平衡	分门别类
语言表达	委婉迂回	直率畅达
吃食	用筷子（聚合）	用刀叉（解析）

美国的社会学家、未来学家阿尔温·托夫勒曾在其《科学和变化》一书中一针见血地指出西方文化的弊端："当代西方文明中得到最高发展的技巧之一就是拆零，即把局部分解成尽可能小的一些部分。我们非常擅长此技，以致我们竟然忘记把这一些细部重新组装到一起。"这是西方人的自我评价，应该说颇有自知之明。

（二）出自《周易》的部分词语

我们日常讲话，有一些词语来自《周易》，只不过我们没有注意到罢了。比如，我们常用"不三不四"来形容人不正派，为什么不说"不一不二"或"不五不六"？原来，这是因为《周易》一卦六爻，以初、二爻代表地道，以三、四爻代表人道，以五、上爻代表天道，说"不三不四"是暗指你不是人。又比如，我们常用"乱七八糟"来形容事情没有秩序或条理，为什么？那是因为在京房八卦的排列中，从一世卦到六世卦变化都极有规律而很易明白，而七世卦（游魂卦）、八世卦（归魂卦）的变化便显得混乱而不易明白了。为什么我们说"女大十八变"，而不说"十七变"或"十九变"？那是因为按照易筮的揲蓍求卦程序，四营三变得一爻，十八变得一卦。《西游记》说猪八戒三十六变、孙悟空七十二变，都是十八变的倍数。还有，像"对错""变卦""消息"这些平日经常使用的词语，本来也是易学术语。至于书面词语，出自《周易》者就更多了，兹罗列一部分：

潜龙勿用（《乾卦》初九）　　　　亢龙有悔（《乾卦》上九）

群龙无首（《乾卦》用九）　　　　九五之尊（《乾卦》）

自强不息（《乾卦·象辞》）　　　　进德修业（《乾卦·文言》）

同声相应（《乾卦·文言》）　　　　云行雨施（《乾卦·文言》）

厚德载物（《坤卦·象辞》）　　　　天地玄黄（《坤卦·文言》）

防微杜渐（《坤卦》）　　　　　　蒙以养正（《蒙卦·象辞》）

不速之客（《需卦》上六）　　　　夫妻反目（《小畜卦》九三）

裁成辅相（《泰卦·象辞》）　　　　三阳开泰（《泰卦》）

无往不复（《泰卦》九三）　　　　观我朵颐（《颐卦》初九）

内柔外刚（《否卦·象辞》）　　　　文过饰非（《贲卦》）

井冽寒泉（《井卦》九五）　　　　用晦而明（《明夷卦·象辞》）

正大光明（《离卦》）　　　　　　翰音登天（《中孚卦》上九）

一阳来复（《复卦》）　　　　　　设险守国（《坎卦·象辞》）

至日闭关（《复卦·象辞》）　　　　顺天休命（《大有卦·象辞》）

裒多益寡（《谦卦·象辞》）　　　　谦谦君子（《谦卦》初六）

消息盈虚（《剥卦·象辞》）　　　　无妄之灾（《无妄卦》六三）

虎视眈眈（《颐卦》六四）　　　　枯杨生华（《大过卦》九五）

否极泰来（《否卦》《泰卦》）　　　万物化生（《咸卦·象辞》）

从一而终（《恒卦》六五）　　　　非礼勿履（《大壮卦·象辞》）

与时偕行（《益卦·象辞》）　　　　汤武革命（《革卦·象辞》）

君子豹变（《革卦》上六）　　　　密云不雨（《小过卦》六五）

初吉终乱（《既济卦》）　　　　　天尊地卑（《系辞》）

物以群分（《系辞》）　　　　　　殊途同归（《系辞》）

乐天知命（《系辞》）　　　　　　道济天下（《系辞》）

冶容诲淫（《系辞》）　　　　　　错综其数（《系辞》）

退藏于密（《系辞》）　　　　　　穷神知化（《系辞》）

旨远辞文（《系辞》）　　　　　　结绳而治（《系辞》）

见几而作（《系辞》）　　　　　　革故鼎新（《杂卦》）

刚柔相摩（《系辞》）　　　　　　寂然不动（《系辞》）

原始反终（《系辞》）　　　　　　天地絪缊（《系辞》）

慢藏诲盗（《系辞》）　　　　　　洗心革面（《系辞》）

（三）太极文化与八卦文化

"太极"词出《系辞》，指阴阳矛盾的集合体。太极文化是一种渗透力很强的古代文化，它有狭义与广义之分。狭义的太极文化指对太极概念本身的研究成果。在这一方面，影响最大的是北宋大儒周敦颐的《太极图说》，它言简意赅地说出了作者心目中的宇宙演变观，为宋代理学的形成与发展奠定了基础。后来，程颐、张载、朱熹等大理学家以义理治易，建立了博大精深的理学体系，改变了易学研究的方向。太极文化追根究源，实自周敦颐始。

由于太极具有普适性，其影响会渗透到很多领域和事物中，因此太极的影子无时不在、无处不在。太极拳就是太极文化的产物，这种拳法讲究简繁结合、动静有度、刚柔相济、有进有退、攻防兼顾、张弛有度，完美地反映了阴阳矛盾的辩证关系。

曾有一位选修"《周易》基础"课程的同学注意到反映在《太极图》中的圆道观念对舞蹈艺术的影响。她发现中国古代的舞蹈家在舞台上的进退往来都是呈圆弧状的，甚至身段、台步都是S形的。我们看古人是如何描写舞蹈家的舞姿的。东汉的傅毅说："若俯若仰，若来若往……体若游龙，袖如素蜺。"（《舞赋》）唐朝的李群玉说："翩如兰苕翠，婉如游龙举……低回莲破浪，凌乱雪萦风。"（《长沙九日登东楼观舞》）白居易说："飘然旋转回雪轻，嫣然纵送游龙惊。"（《霓裳羽衣舞歌》）

八卦文化也是一种渗透到许多领域和事物中的古代文化，影响同样广远。在传统戏剧中，我们发现有些人物，例如三国的诸葛亮，身上会穿着一件八卦道袍。这是一种符号，表示这个角色很有智慧，天、地、人三才，无所不通。事实上，诸葛亮的确曾把八卦文化应用在军事上，他曾在川陕一带的战争中布过"八卦阵"，应用《文王八卦》的玄理布阵，变化莫测，因此能以弱兵与强敌相抗。杜甫曾赞扬他："功盖三分国，名成八阵图。"

受八卦文化的影响，中国有很多叫"八卦村""八卦岭""八卦坡"的地方，有的地方还出现了"八卦城"。新疆的特克斯就是一座著名的八卦城。传说这座形制奇特的县城的产生与元初道教的"全真七子"之一丘处机有关，不过其现在的城市布局是由通晓易理的清代伊犁屯垦使邱宗浚设计的，其布局建制完美体现了八卦文化的内涵——县城的中心广场是表示阴阳的两仪，以它为中心，共向外延伸出八条主街，每条长一千二百米；主街每隔一定距离就设一条环路；县城没有红绿灯，但交通一向畅顺。在中国，类似的八卦城还有辽宁省的桓仁县城、浙江省兰溪市的诸葛镇。

新疆特克斯县城

　　由于八卦文化的影响，数字"八"也被赋予了特殊的意义。在中国文化中，有很多东西都与"八"相关，例如八字、八股、八戒、八命、八节、八斗才、八宝饭、八分书、八阵图、八面玲珑、八仙过海等等。《周易》有八卦，古代乐器也被归纳为八音，八音是指：一、匏（笙、竽之类）；二、土（埙之类）；三、革（鼓之类）；四、木（柷、敔之类）；五、石（磬之类）；六、金（钟、铃之类）；七、丝（琴、瑟之类）；八、竹（管、龠之类）。

（四）卦与汉字的创制使用

　　《系辞》说："古者包牺氏之王天下也，仰则观象于天，俯则观法于地，观鸟兽之文，与地之宜，近取诸身，远取诸物，于是始作八卦，以通神明之德，以类万物之情。"《系辞》这段话说的是作为象征符号的八卦的创制方式与目的。汉字的创制原理与八卦十分相似，甚至可以说完全相同。要验证这一点并不难——把《系辞》这段话中的"包牺氏"置换为"仓颉氏"，把"八卦"置换为"汉字"就可以了。虽然文字进行了改动，但是你会发现道理完全讲得通。这不奇怪，因为汉字与八卦本来都是"观物取象""穷神知化"的产物，都是对自然物象的模拟。有些学者认为卦就是文字，例如李朴园在其《中国艺术史概论》中认为，"中国最古的文字是八卦"，"书可以起源于八卦，画也可以起源于八卦"；范文澜也说过八卦可能是中国文字的雏形。

钱穆在《国学概论》第一章《孔子与六经》中说："八卦之用，盖为古代之文字。"他以纬书《易纬乾凿度》为据，提出☰是古天字，☷是古地字，☴是古风字，☶是古山字，☵是古水字，☲是古火字，☳是古雷字，☱是古泽字。

汉代学者把汉字的创制与应用归为象形、会意、指事、形声、转注、假借六种类型，称为"六书"。六书的理论也可以从字伸延到对卦的分析，因为它们的创制原理相同。钱穆曾指出，鼎卦的符号为䷱，上离下巽，以木燃火，是炉鼎烹物之象。而此卦若六爻合观，则初六像鼎足，九二、九三、九四像鼎腹，六五像鼎耳，上九像鼎铉，全卦是鼎形之象。颐卦，卦象为䷚，上艮下震，震动艮止，是口齿咬合之象。而六爻合观，初、上两个阳爻像上、下唇，中间四个阴爻像上、下之牙。钱穆又指出："因而重之，犹如文字之有会意。如䷃（蒙）为山下有泉，䷰（革）为泽中有火之类。引而申之，犹如文字之有假借。如☳本为雷，后以龙亦潜伏，时时飞升，且雷动龙现，二者相困，故☳亦以象龙。☴本为风，而风动树摇，亦如雷龙之例，故☴亦以象树。如是推衍，义象遂广。"

（五）《周易》中的文学元素

黄玉顺在其《易经古歌考释》一文中说："我们早已习惯于这样一个'常识'：《诗经》是中国第一部诗歌总集。殊不知，《易经》里已经隐藏着一部时代更早的'诗集'。"古人已有类似说法。唐代孔颖达曾在《周易正义》中指出："凡《易》者，象也，以物象而明人事，若诗之比喻也。"宋人陈骙的《文则》说"《易》文似诗"。清代章学诚在《文史通义·易教》中说"《易》象通于《诗》之比兴"，金圣叹则反过来说"《诗》以微言奥义都入《易》"。

1. 《周易》中的"准诗歌"现象

如果从文学角度去考察《周易》，可以发现在其经文中存在着"准诗歌"现象。黄玉顺认为，六十四卦无不征引古歌，六十四条卦辞时有古歌，三百八十六条爻辞绝大部分有古歌。这些存在于《易经》的卦爻辞中的古歌文字虽然质朴，却是我国古代文学史上最早被记录下来的诗。《周易》中的准诗歌现象，可从以下四个方面反映出来。

（1）句子押韵

傅道彬曾在《江汉论坛》上发表题为《〈周易〉爻辞诗歌的整体结构分析》的论文，论文从文学的角度对某些卦的爻辞做了剖析，作者发现，如果把其中的断占之辞剔去，这些爻辞其实就是押韵的歌谣。例如坤卦：

（初六）履霜　（六二）直方　（六三）含章　（六四）括囊

（六五）黄裳　（上六）龙战于野，其血玄黄

（2）句式近诗

《易经》的爻辞句式以三言、四言为主，辅以二言、五言、七言、八言，接近于《诗经》的句式。例如，鼎卦九四的"鼎折足，覆公𫗧，其形渥"便是三言句式，每句都以入声收结，读起来短促有力。《易经》的爻辞还爱用重言、双声、叠韵等手法来加强语言表现力，重言如"谦谦""乾乾""蹇蹇"，双声如"大耋""涕沱""前禽""踟蹰"，叠韵如"栋隆""蒺藜""朱绂""归妹""盘桓""号咷"，等等。

（3）词语同构

在《易经》的卦爻辞中，还有一些词语与《诗经》的词语具有同构关系，这也反映了它的文学性。例如，明夷卦初九有"明夷于飞，垂其翼。君子于行，三日不食"之语，而《诗经》中则有"黄鸟于飞""燕燕于飞""雄雉于飞""鸿雁于飞""鸳鸯于飞""凤凰于飞"等词语。

（4）运用"赋、比、兴"手法

"风、雅、颂"与"赋、比、兴"被古人归为"《诗经》六义"，前者指《诗经》的三种文体分类，后者指《诗经》的三种文学手法。"赋、比、兴"在《周易》中也有运用。

第一种"赋"，即"铺陈其事"。屯卦六二："屯如邅如，乘马班如，匪寇婚媾。"意思是或盘转徘徊欲进又退，或策马簇拥奔驰前进，这可不是强寇掳掠呀，这是求婚配者的马队呢。描写了上古社会的婚娶生活情形。中孚卦六三："得敌，或鼓或罢，或泣或歌。"意思是与敌人打仗，或擂鼓奋进，或鸣金收兵；或因战败而哭泣，或为胜利而欢歌。讲的是上古的战争场面与人们的悲欢情绪。两则爻辞结构整齐，音律和谐，状物写人、抒情说理用的都是铺陈手法，已具备赋的特征。

第二种"比"，朱熹说是"以彼物比此物也"，即譬喻。无妄卦六三："无妄之灾，或系之牛，行人之得，邑人之灾。"意思是没有思想准备而遇到灾祸，正如拴在路边的牛被行人牵走了，城邑里的人平白无故遭殃。爻辞为解释什么是"无妄之

灾"，用了路客偷牛、邑人遭殃的譬喻。否卦九五："其亡！其亡！系于苞桑。"意思是就要灭亡了！就要灭亡了！命就好像挂在了苞桑上。这也是一个譬喻。两则爻辞，都运用了"比"的手法。

第三种"兴"，即"托事于物，兴寄情怀"。大过卦九二："枯杨生稊，老夫得其女妻。"大过卦九五："枯杨生华，老妇得其士夫。"两则爻辞结构一致，内容相近，意思是枯杨树居然生出嫩枝来，垂暮老汉喜娶一位女娇娃；枯杨树开花吐艳，龙钟老太嫁了个少年郎。小畜卦九三："舆说辐，夫妻反目。"意思是车子的辐条脱落，结发夫妻成仇人。它们都很像《诗经》中的"兴"体，特征是先言他物以引出所咏之辞。

中孚卦九二："鸣鹤在阴，其子和之。我有好爵，吾与尔靡之。"意思是有鹤在林荫中鸣唱，它的同伴闻声相和。我有一爵好酒，我和你一齐来分享吧。这则爻辞已是一首成熟的诗歌，可与《诗经》的作品媲美了。

2. 《周易》中的散文萌芽

《周易》中的文学元素除了体现在诗歌上之外，还体现在散文上。

（1）事情记叙

《周易》的爻辞，普遍存在上下的语义联系，体现事物的发生、发展、变化过程，这一点和文学中的记叙很相似。

由于占筮环境的影响与书写条件的限制，《易经》并没有形成结构完整的成篇文字，而只有一些零散的文字片段存在，但它的卦爻辞比甲骨卜辞更精致，也更富文采。它们是一些萌芽状态的散文，记录着商周社会的方方面面。例如丰卦六二："丰其蔀，日中见斗。往得疑疾，有孚发若，吉。"意思是扩大了遮蔽，大白天见到北斗星。前行会被猜疑，若能用诚意表达心志，吉祥。这一爻辞记录了一次日食的现象。睽卦上九："睽孤。见豕负涂。载鬼一车，先张之弧，后说之弧，匪寇婚媾。往，遇雨则吉。"意思是乖离孤独，见到猪浑身污泥，又看到车载着装扮的鬼魅，张弧欲射，后又脱弧不射，因为来者不是强盗，而是求亲的。走下去，遇到雨就吉祥。记叙了路人眼中的婚娶情形。同人卦九三："伏戎于莽，升其高陵。三岁不兴。"意思是在茂密的草莽埋伏军队，登上高陵瞭望，三年无法兴兵。记叙了一场战争的经过及其战败的后果。旅卦上九："鸟焚其巢，旅人先笑后号啕。丧牛于易，凶。"意思是鸟巢被焚，旅行者先畅怀大笑后号啕大哭。在易这个地方丢失了牛，凶险。记叙了上古的一次失牛事件。有的断占之辞，对所记的事情还表现出鲜明的态度与倾向。如蒙卦六三："勿用取女。见金夫，不有躬，无攸利。"意思是不要娶这个女人。她见到了有地位的男人，便举止失当，娶这样的女人没有一点好处。结论肯定。

（2）寓言雏形

寓言之名始见于《庄子·寓言》："寓言十九，藉外论之。"春秋战国是寓言繁荣的时代，当时的诸子百家为了宣传、推广自己的主张，竞相采用寓言来说理。春秋、战国时期寓言的繁荣离不开商周的基础。在《易经》的卦爻辞中，也有一些用于指示吉凶休咎的寓言，它们语句简短，却具备完整的情节，用象征、比喻的手法传达出深刻的道理。例如，井卦九二爻辞："井谷射鲋，瓮敝漏。"意思是对着井谷射鲋鱼，瓦瓮废漏了。履卦六三："眇能视，跛能履，履虎尾，咥人，凶。"意思是独眼能看，跛脚能走，踩到了老虎的尾巴，老虎咬人，凶险。大壮卦上六："羝羊触藩，不能退，不能遂，无攸利，艰则吉。"意思是公羊顶触藩篱，既不能后退，又不能按想法前进，没有什么好处，艰苦就吉祥。屯卦六三："即鹿无虞，惟入于林中。君子几不如舍，往吝。"意思是紧追野鹿却没有向导帮助，只好钻入山林中。君子应见机而作，与其追求不如放弃，追逐下去，必陷困厄。这些短小精悍的寓言，反映出商周时代的人们对事物的道理已有深刻认识，它们成为后来春秋战国寓言文学的先声。

3.《周易》中的文学理论

在文学理论方面，《周易》最重要的贡献是在传中提出了以"旨远辞文"为中心的一系列重要观念。《系辞》载：

> 夫《易》，彰往而察来，而微显阐幽。开而当名，辨物正言，断辞则备矣。
> 其称名也小，其取类也大；其旨远，其辞文；其言曲而中，其事肆而隐。

这段话的意思是，《易经》的功用，在于彰明以往而察看未来，在于显示微妙而揭示幽隐。在解释意义名实相符、辨析事物正确用语方面，《易经》的判断词语应有尽有。它所称呼的物名细小，它所取喻的事类宏大；它的意旨深远，它的修辞雅致；它的用语委曲而中的，它的用事通达而隐奥。这些理论，在后世作为一种文学主张为学者所继承。司马迁《史记·屈原贾生列传》就曾这样评价屈原的《离骚》："其文约，其辞微，其志洁，其行廉，其称文小而其旨极大，举类迩而见义远。"到南北朝时期，卓越文学理论家刘勰更把它们直接采入了《文心雕龙·宗经》篇，该篇认为作文章的妙谛是"旨远辞文，言中事隐"。明代的茅坤在其《唐宋八人家文钞总序》中认为，"斯固所以教天下后世为文者之至也"。

（六）"《乐记》袭《易》"

要了解古代的音乐状况，本应靠《乐经》，但是在传世经典中没有这部书。古文经学家说它在秦始皇焚书坑儒时被烧掉了。梁沈约《宋书·乐志》载："秦焚典籍，《乐经》用亡。"今文经学家却说乐本身没有文字，它存在于诗、礼中，诗为歌词，礼为仪式。不管真相如何，总之《乐经》是不存世的，因此"六经"也常被称为"五经"。没有《乐经》，那么了解古人的音乐观念主要靠什么呢？靠《乐记》。《乐记》是《礼记》的一篇，它论述了儒家对音乐道德教育功能的看法，也记载了儒家对音乐审美的认识，反映了古代的音乐观念，影响很大。这篇文献直接继承了《系辞》的思想，有的地方甚至直接袭用其字句或段落，雷同处不少，因而自来有"《乐记》袭《易》"，"酌采《系辞》"的说法。比如，《系辞》说：

> 天尊地卑，乾坤定矣。卑高以陈，贵贱位矣。动静有常，刚柔断矣。方以类聚，物以群分，吉凶生矣。在天成象，在地成形，变化见矣。是故刚柔相摩，八卦相荡。鼓之以雷霆，润之以风雨，日月运行，一寒一暑。乾道成男，坤道成女。乾知大始，坤作成物。

而《乐记》说：

> 天尊地卑，君臣定矣。卑高已陈，贵贱位矣。动静有常，小大殊矣。方以类聚，物以群分，则性命不同矣。在天成象，在地成形，如此，则礼者天地之别也。地气上齐，天气下降，阴阳相摩，天地相荡。鼓之以雷震，奋之以风雨，动之以四时，暖之以日月，而百化兴焉。如此，则乐者，天地之和也。

《乐记》有"乐著大始，而礼居成物"一语，这显然是从《系辞》的"乾知大始，坤作成物"化出的。

受《周易》的影响，古人认为音乐来源于天地阴阳的交感。按照"保合太和，天人谐调"的理论，阴阳既相反相成，也互济互补，两者如果配置协调，就会出现和谐的局面，音乐也是这样。古人认为，最美妙的音乐，是自然产生的，称为"天籁"。根据天人感应的理论，美妙的音乐能够反作用于自然，可以推动、影响和调节天地阴阳之气。

在《河图》中，五居阳数一、三、五、七、九之中象天，因此古人据而创设了五声。五声即宫、商、角、徵、羽（相当于简谱的1、2、3、5、6）。后来又加上了变徵（4）与变宫（7）。在中国文化中，五声与五方相对应，即宫为中、商为西、角为东、徵为南、羽为北。五声还可与时令、五行相配，即角为春气木声，徵为夏气火声，商为秋气金声，羽为冬气水声，宫为罗气土声。

为校正与确定音准，古人发明了六律与六吕。《河图》以六居二、四、六、八、十之中以法地，六律与六吕的概念就是据此产生的。《周易》讲阴阳，六律是阳律，六吕是阴律，合起来称十二律吕。十二律吕实际上是由奇、偶穿插组合而成的十二支长度变化有序的乐管，它形如排笛，可以奏出十二种变化有规律的乐音。从低音管开始算起，在奇数位的六根管叫作六律，在偶数位的六根管叫作六吕。它们分别是：

　　黄钟　太簇　姑洗　蕤宾　夷则　无射（六律）

　　大吕　夹钟　仲吕　林钟　南吕　应钟（六吕）

相传十二律吕是古代的乐官伶伦奉黄帝之命，用嶰山之竹制成的。这种音制，系用"三分损益法"取得。伶伦先用一根长九寸的竹管吹奏出一个基准音——黄钟，然后把黄钟截去三分之一，得到林钟。再把林钟延长三分之一，得到太簇。如下图：

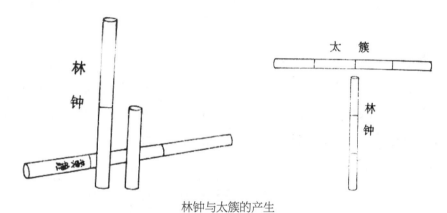

林钟与太簇的产生

按此方法做下去，经过十一次"三分损益"，便得到了一个最高音仲吕。

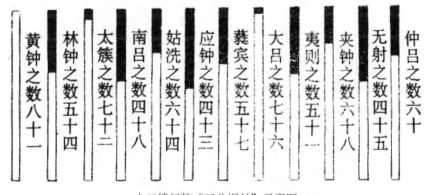

十二律吕的"三分损益"示意图

大吕之数，本应为三十八，但为了阴阳相等，故改损为益，变为七十六。三十八之益与七十六之损，均为五十一。如果还想对仲吕三分损益，所得之音便是黄钟的高八度音。黄钟之声作、林钟之声应，大吕之声作、夷则之声应：这便是《系辞》所说的"同声相应"。把上述竹管按长短即音阶高低排列起来，便成了十二律吕：

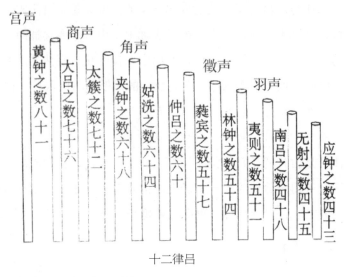

十二律吕

它们的音准相当于西方手风琴的C，bD，D，bE，E，F，bG，G，bA，A，bB，B十二级。在古代，十二律吕并不单纯被用于定音，它们还被应用到节令、风水的观测上。古人按"左旋隔八，右转隔六"和"右转隔八，左旋隔六"的原则，把三分损益后的结果与《周易》的"十二消息卦"相配，形成了下图：

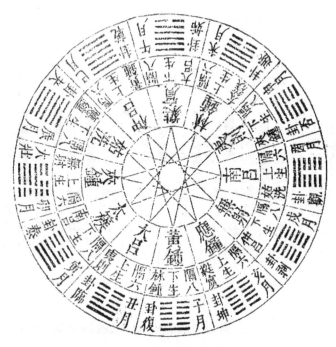

十二律吕与十二消息卦的相配

（七）《周易》对中国书画艺术的影响

"形神兼备"，被认为是中国传统书画艺术的最高境界，意思是书画不仅要追求形象逼真（形似），更要追求神采酷似（神似）。而"神"这个概念，就是《周易》提出来的。《周易》所说的"神"不是鬼神的"神"，而是阴阳关系。什么是神？《系辞》说："阴阳不测之谓神。"说明神实际存在却不易捉摸。"形"与"神"两者，古人实际上更重视神。成书于西汉的《淮南子》就明确说"神贵于形"，"以神为主者，形从而利；以形为制者，神从而害"。东晋的顾恺之在其《论画》中提出了"以形写神"的理论。南齐的大书法家王僧虔则在其《笔意赞》中说："书之妙道，神采在上，形质次之，兼之者，方可绍于古人。"在古代，我国曾产生过不少形神都十分精妙的艺术作品，河南洛阳的龙门石窟造像就是一个典型例子，它被联合国教科文组织评为"中国石刻艺术的最高峰"。

中国传统书画艺术还讲求意。这个"意"与西方艺术中的"意"有些不同。西方艺术中的意是指艺术家个人的思想情感；而东方艺术中的意说的是主观的心与客观的象的交融，含有"天人合一"的意味。中国古代的书论画论常说"得意忘象"，意思是求得对象的精神便可以不在意其形体结构，这句话本身就是易学体系的内容，其理论源头可以追溯到三国魏王弼的"扫象"说。

中国传统的艺术，无论是书法还是绘画，都受到《周易》阴阳学说的深刻影响，非常强调阴阳和合、刚柔相济。中国书画讲求阳刚、阴柔之美，也讲求中和之美。事实上，古代的艺术作品，都是被论家从阴阳或者刚柔的角度来进行品评的。例如，清代的艺术理论家刘熙载在《书概》中说："书要兼备阴阳二气。大凡沉着屈郁，阴也；奇拔豪达，阳也。"中国书画所讲的黑白、疏密、干湿、浓淡、方圆、藏露、起伏、上下、向背、枯润等关系，实际上都是《周易》的阴阳概念的延伸。

在中国古代的艺术观念中，还有"蒙养"说，即要通过"养"而致"蒙"。蒙养之理来自蒙卦，此卦的象辞说："蒙以养正，圣功也。"蒙指的是事物的初始、原朴状态，《序卦》说，"物生必蒙"，"蒙者，蒙也，物之稚也"。艺术家生活在尘世中，但在进行艺术创作时却被要求先澡雪精神，忘却柴米油盐、荣辱得失，尽可能回归自然、恢复童真，这样才有可能创作出具有天趣的作品来。近世弘一法师的字、丰子恺的画，都有这种味道。

中国艺术中的"师法自然""踏遍千山打草稿"等理论，与《系辞》所说的"易与天地准"的道理也是合拍的。

（八）医易相通

《周易》对中华文化的影响，在中医中表现得尤为明显。中医采用四诊（望、闻、问、切）的手段看病，通过八纲（阴阳、表里、虚实、寒热）来分析病情，强调系统整体观念、辨证施治方法。中医的辨证施治理论来源于战国成书的《黄帝内经》（包括《素问》和《灵枢》），此书是我国最早的医典，是中医典籍的鼻祖，它深受《周易》天人合一观念和阴阳学说的影响。医易相通，《周易》是中医的理论源头，唐代的神医孙思邈曾说："不知《易》，不足以言太医。"

《周易》阴阳学说对中医的影响，《素问》最能说明问题。《阴阳应象大论》说："阴阳者，天地之道也，万物之纲纪，变化之父母，生杀之本始，神明之府也。治病必求于本。"又说："天地者，万物之上下也；阴阳者，气血之男女也；左右者，阴阳之道路也；水火者，阴阳之征兆也；阴阳者，万物之能始也。"《生气通天论》说："生之本，本于阴阳。""阴平阳秘，精神乃治；阴阳离决，精气乃绝。"这些说法，可视为中医的阴阳说总纲。

阴阳的相对与依存并不是静止不变的，而是始终处于"阳消阴长，阴消阳长"的动态变化中，这种相对平衡的阴阳消长对维持人体正常的生命机能极为重要。中医称为"阴平阳秘，精神乃治"。如果阴阳消长超过一定限度，就会出现阴阳偏盛偏衰的情形，"重阴必阳，重阳必阴"，"寒极生热，热极生寒"，"阴胜则阳病，阳胜则阴病；阳胜则热，阴胜则寒；重寒则热，重热则寒"。

阴阳说在中医中被用于说明人体的组织结构。具体来说，上部为阳，下部为阴；体表为阳，体内为阴；背部为阳，胸部为阴；四肢外侧为阳，内侧为阴；皮肤为阳，筋骨为阴；五脏（肝、心、脾、肺、肾）为阴，六腑（胆、胃、大肠、小肠、三焦、膀胱）为阳。

阴阳说在中医中还被用于疾病的诊断与治疗。《黄帝内经》中说："善诊者，察色按脉，先别阴阳，审清浊而知部分；视喘息，听音声而知所苦。""审其阴阳，以别刚柔，阳病治阴，阴病治阳。""不足则补之，有余则泻之。"明《景岳全书》中说"善补阴者，必于阳中求阴""善补阳者，必于阴中求阳"。

《周易》居安思危、防微杜渐的思想，在中医上也有明显反映。《系辞》说："君子安而不忘危，存而不忘亡，治而不忘乱。"《黄帝内经》则说："圣人不治已病治未病，不治已乱治未乱。"坤卦初六有"履霜，坚冰至"之语，东汉的"医圣"、《伤寒杂病论》的作者张仲景引来说医："'履霜，坚冰至'，贵在谨于微，此诚医学之纲领、生命之枢机也。"

除阴阳说之外，中医还深受五行说的影响。阴阳与五行，原是不同来源的学说，大致在春秋时期合流，因而在后世被合称为"阴阳五行"。《周易》是阴阳说的鼻祖，但在其经的部分没有五行说，五行说出自《洪范》。五行说有"相生"和"相胜"两个既相互对立又相互补充的系统。相生是指这一事物对另一事物有促进、助长或滋生作用，其规律是木生火、火生土、土生金、金生水、水生木。任何一行均与某行存在"生我"的关系，也与某行存在"我生"的关系，生我者为母，我生者为子。相胜是指这一事物对另一事物的生长和功能发挥有制约作用，其规律是木克土、土克水、水克火、火克金、金克木。任何一行均与某行存在"克我"的关系，也与某行存在"我克"的关系。

脏象学说将人体各脏腑的生理和功能分属于五行，使木、火、土、金、水在习惯上成为五脏的代用符号，具体为肝木、心火、脾土、肺金、肾水。因水生木，故肾水可养肝木；木生火，故肝木能济心火；火生土，故心火可温脾土；土生金，故脾土可实肺金；金生水，故肺金可调肾水。这是从相生角度进行的分析。从相胜角度来看，因土克水，故脾土可制肾水；水克火，故肾水可制心火；火克金，故心火可制肺金；金克木，故肺金可制肝木；木克土，故肝木可制脾土。

《周易》对中华文化的影响当然远不止上面所列举的这些，在社会文化的方方面面，都可以找到其痕迹。冯友兰曾说："《周易》本身并不讲具体的天地万物，而只讲一些空套子，但是任何事物都可以套进去。"他还把《周易》称为"宇宙代数学"。苏东坡游览庐山，曾作过一首《题西林壁》诗："横看成岭侧成峰，远近高低各不同。不识庐山真面目，只缘身在此山中。"《周易》就是一座文化学术意义上的"庐山"，从不同的角度去看它，就会有不同的发现和收获。

三、《周易》包含深刻丰富的哲理与智慧

《周易》原本是一部筮书，其筮辞原是占问的答案，其内容有不少迷信的东西。但是经中也包含有科学思维与哲学思想的萌芽，这是其精华所在。在古代，科学与迷信、哲学与宗教、精华与糟粕，其实是混沌地糅合在一起的。经过后世学者们的阐释发挥，其科学思维与哲学思想获得了极大的丰富，成为人生智慧的一部分，《周易》也因此变成了一部哲学书。这也是我们应当研习《周易》的一个重要理由。

《系辞》说经包含了高度的智慧：

《易》有圣人之道四焉：以言者尚其辞，以动者尚其变，以制器者尚其象，以卜筮者尚其占。是以君子将有为也，将有行也，问焉而以言，其受命也如响，无有远近幽深，遂知来物。非天下之至精，其孰能与于此？参伍以变，错综其数，通其变，遂成天下之文；极其数，遂定天下之象。非天下之至变，其孰能与于此？《易》，无思也，无为也，寂然不动，感而遂通天下之故。非天下之至神，其孰能与于此？夫《易》，圣人之所以极深而研几也。唯深也，故能通天下之志；唯几也，故能成天下之务；唯神也，故不疾而速，不行而至。子曰："《易》有圣人之道四焉者，此之谓也。"

为什么这么神呢？《系辞》解释说，这是因为"《易》与天地准，故能弥纶天地之道"。《周易》是对宇宙自然物象的模拟，因此与天地等同，《周易》的道理就是天地的道理。

《周易》最为关注的是人与社会、人与自然的关系问题，提出了很多包含着深刻哲理的见解，下面举几例。

（一）阴阳对立，刚柔相推

《周易》的经并没有"阴阳"的概念，甚至没有"阴""阳"这两个字眼，可是《庄子·天下》篇却说"《易》以道阴阳"，意思是阴阳观是《易经》的中心思想。这么说是有其理由的。八卦是以阴爻和阳爻为基本符号的，这说明《易经》认为阴阳对立是宇宙的根本对立。事实上，《周易》的理论构架是完全建立在阴阳两仪的基础之上的，阴阳理论圆融地解释了宇宙万物变化的原因。在六十四卦中，还有泰卦与否卦、损卦与益卦、晋卦与明夷卦、既济卦与未济卦等正反卦，这表明《易经》把阴阳的矛盾斗争视为客观世界中的普遍关系。而泰卦九三爻辞说："无平不陂，无往不复。"指出了事物会向对立面转化的道理。乾卦九三爻辞说："君子终日乾乾，夕惕若，厉，无咎。"则又表达了发挥人的主观能动性，就可以转危为安的思想。

传对经的阴阳观进行了更进一步的发挥，传的内容可以说完全是围绕阴阳概念展开的，它对阴阳有各种各样的表述。乾、坤两卦的《彖辞》分别说"大哉，乾元！万物资始""至哉，坤元！万物资生"，"乾元""坤元"，指的就是宇宙中化生出万物的阴阳二气。咸卦的《彖辞》说："二气感应以相与，……天地感而万物化生。"《系辞》则说："一阴一阳之谓道。"把阴阳的对立上升到了"道"的层面来认识。"一阴一阳"，就是又阴又阳，又阳又阴，阳可变阴，阴可变阳，阴阳两个方面相互联系，相互依存，相互推移，相互作用。这一法则提示，任何事物都有两面性，因此我们要善于从正反两个方面去观察认识事物，不能有所偏废。

《周易》说到底是一部讲变化的书。至于变化的原因，《周易》认为是事物本身所具有的阴阳矛盾冲突，用《系辞》的话来说，叫"刚柔相推而生变化"，"刚柔相推，变在其中矣"。刚柔就是阴阳，阳刚而阴柔；相推就是相互推移、相互作用。刚柔相互推移，进退消长，才有事物的发展变化。这种观点提示我们要用动态的眼光看待事物，要时刻想到事物总是在发展、变化中的，"生生之谓易"。而变化的原因在于事物内部的矛盾，在于阴阳的对立。理解了这个道理，便能做到通变，能通变才能变通。

（二）盛极而衰，物极则反

在《周易》的作者看来，由刚柔相推所引起的盈虚消长，总是在发展到顶点之后便会向其对立面转变，这个道理在易学上被称为"物极则反"。《易传》虽然没有明确提出这个命题，却阐发了这一思想。比如乾卦，从初爻的"潜龙勿用"到上爻的"亢龙有悔"，是一个不断发展的过程。五爻说"飞龙在天"，表示达到了最尊贵的位置，可以大有作为了；再往上发展，达到上爻（顶点），事物就会走向反面，这就是这一爻的《象辞》所说的："亢龙有悔，盈不可久也。"后来，唐朝的孔颖达在《周易正义》中对此加以发挥，说："上居天位，久而亢极，物极则反，故有悔也。"《文言》对乾卦上九的解说，也强调了物极则反的思想。

（三）戒慎警惕，确保安宁

有人把这种观念归纳为预防思想。其具体要求是，安而不忘危，存而不忘亡，治而不忘乱，防止事物走向反面。

基于对盛极而衰、物极则反规律的认识，《周易》充满了忧患意识。六十四卦，几乎每卦都在通过盛极而衰、物极则反的道理告诫人们，人生应当谨慎处世，要时刻警惕可能出现的社会变局，这样才能确保长治久安。比如乾卦九三说："君子终日乾乾，夕惕若，厉，无咎。"坤卦初六说："履霜，坚冰至。"既济卦六四说："繻有衣袽，终日戒。"《系辞》说："无咎者，善补过也。""忧悔吝者存乎介，震无咎者存乎悔。""《易》之兴也，其于中古乎！作《易》者，其有忧患乎！"殷周之际，社会变革剧烈，天命转移迅速，政权更替频繁，因此，《周易》中充满了忧患意识，卦爻辞多有危言，使人听而警觉。历来的易学家与儒家学者，都十分重视《周易》的忧患意识的价值，把它作为人生的准则，要求时刻抱有警惕之心，为所可能出现的危机做好准备。

（四）尚中守正，与时偕行

《周易》观察卦象、爻象，最重视第二个爻位与第五个爻位，因为这两个爻位分别处于下卦与上卦的中间位置。围绕这两个爻位，产生了一种"尚中"的理论。中庸之道的源头便在这里。除了尚中之外，《周易》还强调"守正"。什么是正？阴爻居阴位（偶数位），阳爻居阳位（奇数位）就是正，正也说"得位"。尚中守正，也就是要做到不偏不倚，把各种矛盾处理得恰到好处，既不过分，又无不及，使事物处于最佳状态。《周易》还强调要"趋时"，做到"与时偕行"。所谓"时"，就是时机、时运、时势；趋时就是主动适应时势，抓住机遇，对原有的东西加以调整变通，因为适时则吉，失时则凶。要想求得生存和发展，必须变通趋时。《周易》的传特别将"中"与"时"联系起来，提出了"时中"的概念，并将其作为人的行为准则之一。中是就空间而言的，时是就时间而言的。

（五）保合太和，天人谐调

《周易》认为阴阳既相反相成，也互济互补。如果阴阳配合得当，谐调相济，事物就会形成优化组合，出现和谐局面；如果阴阳配合不当，彼此失调，事物就会发生冲突，和谐局面就会受到破坏。因此，《周易》把"保合太和"作为最高价值理想。保合太和，就是要使事物保持最和谐的状态。自然、社会与人生的和谐，是人类生存和发展的必要条件。而这种和谐则涉及天人关系。在这个方面，《周易》提出了"裁成辅相"的主张。裁成是要"裁成天地之道"，辅相是要"辅相天地之宜"。意思是，应在遵循规律的基础上，对自然加以节制调整，以使其更适合人类的需要。《文言》也认为，圣人掌握了《周易》的法则，其德行则与天地日月相一致，先于天时的变化而行事，对自然加以引导、开发，自然会加以顺从；在天时变化既发之后行事，则注意适应自然变化的法则。这便是"与天地合其德"。总之，人只能适应、引导、调节、辅助自然，而不能违背、对抗、破坏自然。这种天人谐调论，既注重发挥人的主观能动性，在自然面前要有所作为；又强调必须尊重客观规律，注意人与自然的和谐协调。

第二讲 《周易》的内容构成与产生时代

初次接触《周易》的人，一般都会比较关心以下问题：《周易》是一部什么样的书？它与《易经》是不是一回事？它是由什么内容组成的？它的文本结构是什么样的？它是在什么时候产生的？其作者是谁？下面就对这些问题进行解答。

一、《周易》正名

从本节开始，我们先来了解一下《周易》的名义问题。这个问题的解决，有助于加深我们对《周易》的认识。

（一）"三易"与"三坟"

《周易》在后代是作为一部讲哲学的"经典"存在的，但它原本并不是哲学经典，而是一部筮书，也就是算卦用书。传说在古代，类似的筮书并不止《周易》一部，而是有三部。《周礼·春官宗伯》记载，太卜"掌三易之法：一曰《连山》，二曰《归藏》，三曰《周易》。其经卦皆八，其别皆六十有四。"据此可知，上古曾有《连山》《归藏》《周易》三部筮书。它们都有八个经卦（三画卦）与六十四个别卦（六画卦），因此合称"三易"。三易的区别在哪里呢？《周礼·春官宗伯》"太卜"条贾公彦疏："夏曰《连山》，殷曰《归藏》。"也就是说，《连山》是夏代的易，《归藏》是殷商的易。关于这个问题，还有另一种说法，这就是杜预《左传注》所讲的："《连山》，伏羲；《归藏》，黄帝。"不过前一说影响较大。

夏易为什么以"连山"来命名呢？因为它是以象征山中有山的艮卦作为六十四卦的起首卦的。东汉大儒郑玄认为"连山"之名系从"取象"而来，他在《易论》中说："《连山》者，象山之出云，连连不绝。"后来唐代的贾公彦对他的说法进行了发挥，贾氏在疏《周礼·春官宗伯》"太卜"条时说："此《连山易》，其卦以纯艮为首。艮为山，山上山下，是名《连山》；云气出内于山，故名易为《连山》。"但宋人陆铖不同意先儒的说法，他认为夏易叫《连山》与云气无关，而是由于艮卦"兼山"（由两个象征山的单卦艮组成）。这种说法言简意赅，比较令人信服。

艮卦

殷易为什么以《归藏》命名呢？因为它以坤卦作为六十四卦的起首卦。郑玄的《易论》在解释《归藏》一名的由来时也按"取象"说，他说坤代表地，而地具有厚德载物、含弘光大的性质，包容面很广，"万物莫不归藏于其中"，因此以坤卦作为开头的殷易叫《归藏》。贾公彦在疏《周礼·春官宗伯》"太卜"条时也说："《归藏》者，万物莫不归而藏于其中者，此《归藏易》以纯坤为首，坤为地，万物莫不归而藏于中，故名为《归藏》也。"

坤卦

可能有人要问，为什么殷之《易》以坤卦起首，而不是像《周易》那样以乾卦起首呢？这可能与社会发展史有关。史载殷重母统，周重父统。《史记·梁孝王世家》褚先生补编记窦太后语，有"殷道亲亲，周道尊尊"之说，汉景帝不懂其含义，便问旁边博通经术的大臣。有一位叫袁盎的告诉他："殷道亲亲者立弟，周道尊尊者立子。""殷道亲亲"，说的是母统社会的特点，"周道尊尊"，说的是父统社会的特点，它们的区别是很大的。《礼记·表记》说："母亲而不尊，父尊而不亲。"作为殷易的《归藏》以坤卦为首，正是与"殷道亲亲"（重母统）相对应的；而《周易》以乾卦为首，则是与"周道尊尊"（重父统）相对应的。

从《连山易》到《归藏易》再到《乾坤易》（《周易》），不仅体现了中国上古社会的发展变化，也反映了先民认识范围的逐步扩大——由山而及地，由地而及天。

不过，三易只是一种传说，从前学术界有人怀疑《连山》《归藏》的真实性，主要原因是它们未被《汉书·艺文志》著录，直至在《新唐书》中才出现。《汉书·艺文志》是以刘向的《七略》为基础编纂的。刘向在西汉末年曾领校禁中秘书，这两部书在当时如果存在，那么，刘向在皇家图书馆里应当是能看得到的，而看得到就会被著录；而且秦始皇焚书坑儒，占卜一类的书并没有被烧毁。因此，《汉书·艺文志》没有著录它们，这件事有点奇怪。东汉大臣桓谭在其《新论》一书中倒是提到了这两部书，不过他的说法有令人生疑处。他说《连山》藏在兰台（宫廷的藏书处），《归藏》藏在太卜（太卜令的办公之所），前者八万言，后者四千三百言。先出的夏代之易，其篇幅怎可能二十倍于后出的殷代之易？因此在考据学发达的清朝，这两部书都被定为伪本。今人邓瑞全、王冠英主编的《中国伪书综考》也把《连山》《归藏》列为伪书之首。不过，1993年湖北省江陵市王家台出土了秦简《易占》，有人认为它们就是《归藏》的残本；而2009年贵州独山县一位水族老人谢朝海曾向贵州省民族图书馆捐赠了一本在本家族中流传了七代的奇书，这部书也叫《连山易》。真实情况到底如何，尚待考究。

与三易相关的，还有"三坟"说。郑樵《通志·艺文略》载："三皇太古之书，亦谓之'三坟'，一曰《山坟》，二曰《气坟》，三曰《形坟》。"宋人认为，三坟指的就是三易。《山坟》是夏代易《连山》，《气坟》是殷代易《归藏》，《形坟》是周代易《乾坤》。他们还在此基础上发明了《山坟连山易图》《气坟归藏易图》《形坟乾坤易图》。清乾隆时，江南名士性灵派诗人袁枚，四十来岁辞官不做，在江宁（今南京）买了座隋朝的旧园，易名为"随园"，住进去享福。为炫耀园林的雅致，同时也为了显示自己学问超群，他在随园门口挂了副对联："此地有崇山峻岭茂林修竹，斯人读三坟五典八索九丘。"对联所说的"三坟"指什么，不说大家也明白了（一说指三皇之书），五典指五经（一说指五帝之典），八索指八卦（一说指八王之法），九丘指九州之志（一说指九州亡国之戒）。当时有一位硕学，就是那个撰著了《廿二史札记》的赵翼，偏和他过不去。他寻上门来，递上名片，说是要借"三坟"来读读，让袁枚出了一回洋相。袁枚赶紧撤了对联。

（二）"周易"解

对《周易》之"周"，古今有三种解释。

一种观点认为其是朝代名，即周朝。这是与夏朝之易《连山》和商朝之易《归藏》相对而言的。此说最早见于汉代的《易纬》："因代以题是也。"南宋朱熹亦持此见解。现代学者金景芳在《周易讲座》中也主张此说。

一种观点认为其是说《易》道周普，无所不包。此说出自东汉郑玄的《易赞》，而为唐孔颖达的《周易正义》所引。郑玄持此见，可能是受《系辞》"《易》之为书也，周流六虚"一语的影响。今人刘大钧《周易概论》也持此说。

一种观点认为其意思是周转。今人郭建勋曾在《中国哲学史研究》上发表过一篇论文《周易之"周"发微》，文中说"周易，即周转变化或周环运动"。

多数学者认为第一种解释比较符合原意。也就是说，周指朝代，即周朝。当时出现的其他书籍，也常以周字来命名，如讲周朝礼仪的书称为《周礼》，辑录周朝官方文献的书称为《周书》。

对《周易》之"易"，也有三种解释。

一种认为易是蜥蜴，亦即俗称的"变色龙"。"易"是"蜴"的本字。古代有很多这样的字，如"然"（燃）、"华"（花）、"北"（背）、"取"（娶）、"息"（熄）。东汉许慎《说文解字》说："易，蜥蜴、蝘、蜓，守宫也。象形。"在篆书里，易字被写成：

是一个有头有尾、有身有脚的蜥蜴。因为蜥蜴会随环境改变自身的颜色，所以易表示变化。

一种认为日月为易。汉代的纬书说："日月为易，象阴阳也。""易之为字，从日从月，阴阳具矣。"东汉魏伯阳的《周易参同契》也说："日月为易。"这种说法，以日月转换来讲阴阳变化，倒也直捷明白，但问题是易字上部从"日"，下部却不从"月"。

一种认为易指日出，见于今人黄振华先生发表在北京师范大学出版社出版的《周易研究论文集（第一辑）》的一篇文章。黄先生说："在殷代的甲骨文中已经有'易'这个字，……这是一个象形字，……象征日出。……以日出来象征阴阳变换。"这种说法也有些勉强，因为易字似乎并不表示日出。

在上述三解之中，笔者倾向于赞同第一解。

不管哪一解正确，《周易》之易都是指变化。现在《周易》的英文译名，已被固定为 The Book of Changes，这是非常准确的翻译（也有人音译为 I-Ching）。传统经典，一般都这样翻译，比如《诗经》被译作 The Book of Odes、《礼记》被译作 The Book of Rites（文化怪杰辜鸿铭译作 The Book of Arts）。应当注意，按照东汉郑玄《六艺论·易论》的说法，《周易》所说的变化包含三个层面的意义："易一名而含三义，易简，一也；变易，二也；不易，三也。"由郑玄作注的纬书《易纬乾凿度》卷上开头也说："孔子曰：易者，简易也，变易也，不易也，管三成为道德苞龠。"这些话，都是说《周易》所说的变化包括"易简""变易"与"不易"。如何理解易简？《周易》作为一部筮书，以六十四卦、三百八十六爻（本为三百八十四爻，乾、坤两卦各增加了一个"用爻"），就把宇宙间一切事物的变化都包括在里头了，这是典型的以简御繁、化繁为简。掌握了这个易简的原则，很多复杂的问题就会变得简单。变易容易理解，世界上的一切事物，本来就都处在无穷尽的变化中，"恒河永远是新的"，佛教也有"无常"之说，而《周易》就是一本讲变化的书。它用在占筮时，是在通过观察卦与爻的变化来认识事物发展的可能性与必然性。因此《系辞》说："动则观其变而玩其占"，"爻者，言乎变者也"。它用在哲学上，认识宇宙万物，核心也是强调变化，《系辞》说："在天成象，在地成形，变化见矣。"如何理解不易？宇宙万物虽然每时每刻都在变化，但万变不离其宗，事物变化的自然规律是不变的。《系辞》说"天下同归而殊涂，一致而百虑"，所说的就是不易之义。

（三）《周易》与《易经》的关系

许多人刚开始接触《周易》这部书时，会对其书名产生困惑，因为在最近几十年来出版的易学读本中，可以看到对此书有各种不同的称谓：有的叫《周易》，例如刘大钧的《周易概论》，金景芳、吕绍纲的《周易全解》《周易讲座》，黄寿祺、张善文的《周易译注》等；有的叫《易经》，例如钟启录的《易经十六讲》，孙振声的《白话易经》，麻福昌的《易经与传统医学》，朱高正的《易经白话例解》，朱伯崑的《请来认识易经》等；有的叫《周易古经》，例如高亨的《周易古经今注》等；有的叫《大易》，例如金文杰的《大易探微》，曹福敬的《大易阐真》等；有的叫《六十四卦》，例如朱骏声的《六十四卦经解》等。一部书，竟有如此之多的名称，确实会让人摸不着头脑。而在各种名称中，出现最多的是《周易》与《易经》。这就产生了另一个问题：《周易》与《易经》是不是等义？或者说，《周易》是不是就是《易经》？

要搞清楚这个问题，首先要明白，《易经》有狭义与广义之分。狭义的《易经》指的是传本中经的部分，即六十四卦的符号及卦爻辞。"经"的说法，在庄子时代就已经产生，当时并不专指儒家的要籍，而是指某一学派的典范性著作。广义的《易经》，即在汉代被古文经学家尊为六经之首而被今文经学家奉为高级教材的《易经》，其内容既包括经，也包括附经而行的传。这个意义上的《易经》，与《周易》是等义的。为什么传也被认为是经？因为按照传统的说法，《周易》的传文出自孔子之手。汉代既然"罢黜百家，独尊儒术"，孔圣的著述自然会被列入经的行列。

现代学者说《易经》大多取广义，除了在特殊语境中以外，很少有人再把它与传区别开来。我们现在见到的《周易》读本，大多也是经传合一的。当然，也有少数学者（如高亨）是严格区别经传，反对以传解经的。无论如何，我们都必须明白，《周易》中的经文与传文属于性质不同的文字，它们无论是写作之人、产生时代还是学术思想，都有很大出入。

二、《周易》的文本结构与形成过程

作为一部从上古流传下来的传统经典，《周易》无论是在内容上还是在形式上都相当独特，与一般著作有很大的不同。周予同先生曾经说："《易》是中国古代的一部怪书。"怪在哪里？既怪在内容，也怪在形式。让我们先看看它的文本是怎样构成的。

（一）《周易》的文本结构

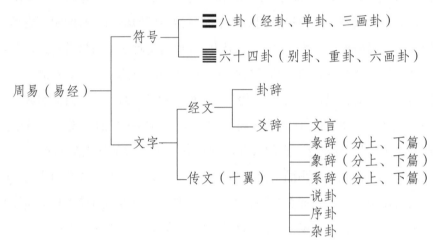

《周易》的文本结构

上面这个图，清楚地显示了《周易》文本结构的两大特点：一是由符号与文字组成的；二是其内容既包括经，也包括传。

作为经传合一的通行文本，《周易》是这样构成的：

第一，每卦都有其特定的符号——卦象。

第二，卦象后是卦辞和爻辞，二者合称筮辞。筮辞与卦象构成经的内容。

第三，每卦都有《彖辞》。

第四，每卦都有《象辞》，跟在《彖辞》后面，称"大象"；每爻都有《象辞》，跟在爻辞后面，称"小象"。

第五，乾、坤两卦作为领头卦各有一篇小论文，叫《文言》。

第六，六十四卦后附有一篇分为上、下两部分的独立论文——《系辞》。

第七，《系辞》后是《说卦》《序卦》与《杂卦》。

第八，朱熹《周易本义》本在卷首或卷尾附有《河图》《洛书》等九图，称"图书"。

（二）经传合一文本的形成过程

经传合一的《周易》文本并非某人于一时一地的创造，它的形成有一个过程，其发展线索大致是这样的：

最初，全部传文都是与经文分离的。也就是说，经就是经，传就是传，它们原是两本不同的书。

后来，西汉时，甚至更早，经与传被组合在一起，构成了同一本书。证据是《汉书·艺文志》载："《易经》十二篇。"唐颜师古注释说："上下经及《十翼》，故十二篇。"

东汉时，郑玄为了方便人们阅读，将《彖辞》与《象辞》单独抽出，附在了六十四卦各卦的后面。证据是《三国志·高贵乡公传》载："郑玄合《彖》《象》于经者，欲使学者寻省易了也。"

曹魏时，王弼又将《文言》拆开，分附在乾、坤两卦之后。《四库全书总目》载："今本乾、坤二卦各附《文言》，知全经皆弼所更定，非郑氏之旧也。"

《河图》《洛书》等九图被放入《周易》中，则是南宋朱熹所为。《四库全书总目》载："（熹）合卷端惟列九图。"

三、《周易》的内容

《周易》既然是由经与传组成的，其内容也就与其他古籍有很大的不同。下面分别介绍之。

（一）经的内容

古书通常由篇或章构成，而《周易》不同，它的构成单位是卦。卦相当于其他书的一篇或一章。《周易》共有六十四卦，在文本中被分为上、下两部分，上经三十卦，下经三十四卦。这种分法至少在战国时就开始了，从魏襄王墓中出土的《周易》便是分上、下经的。为什么这样划分？一般认为，上经三十卦从创始万物的乾、坤二卦开始，主要讨论天地之道；下经三十四卦从男女关系发端的咸、恒二卦升始，主要讨论人伦之事。唐孔颖达有言，先儒"以上经明天道，以下经明人事"。但这只是大致的说法，事实上，上经也讲人事，下经也讲天道，内容互有穿插。

1. 爻画

卦是由基本符号——爻构成的。爻画有两种，一种是"▬"，一种是"▬ ▬"。前者代表阳，称为阳爻；后者代表阴，称为阴爻。六十四卦，每一卦都是由六个这样的符号构成的，除了纯阳的乾卦全由阳爻构成、纯阴的坤卦全由阴爻构成外，其余六十二卦均同时包含了阳爻与阴爻，只是数量与位置不同罢了。

阳爻与阴爻这两个符号很神秘，对它们的来历，历来有各种各样的猜测，众说纷纭。一种是"蓍茎说"。这是西汉的刘向提出来的，他认为蓍草百年一本生百茎，一茎作阳爻，对生作阴爻。一种是"结绳说"。这是东汉的郑玄提出来的，近世一些学者也采纳此观点。李镜池在《周易通义》中提出："八卦的构成当在结绳之后。结绳用来纪事，改结绳为书契时，如以'▬'代表一大结，以'▬ ▬'代表两小结，三大结为乾☰，六小结为坤☷。"范文澜的《易经通论》、陈道生的《八卦的起源》都持类似意见。一种是"竹节说"。高亨在其《周易杂论》中提出，占筮用竹棍，因此"筮"字从竹。而竹棍有两种，一种是一节的，被用来象征阳性，"▬"象一节之形；一种是两节的，用来象征阴性，"▬ ▬"象两节之形。一种是"奇偶数说"。徐锡台曾写了一篇名为《数与〈周易〉关系的探讨》的文章，载于《周易纵横录》上，他说："单数为奇，双数为偶。奇为《易》中阳（▬），偶为《易》中阴（▬ ▬）。《周易》中阴阳符号▬、▬ ▬，可能是从奇偶数发展来的。"一种是"鱼祭说"。赵国华在其《生殖崇拜文化论》一书中认为，阳爻、阴爻与八卦均是生殖崇拜时代所进行的鱼祭活动的产物。一种是"天地说"。王振复在《巫术：〈周易〉的文化智慧》一文中提出，古人观天，天浑然一体，苍苍茫茫无二色，因此用一画象征天；察地则地分水陆，所以用二画象征地。他说《系辞》"天一，地二"之说就是证明。一种是"数字说"。20世纪七八十年代以来，有一些学者根据出土的文献等实物资料推测，阴爻、阳爻乃至八卦、六十四卦都是由数字演变而来的。其中张政烺发现陕西周原出土甲骨上的"奇字"实际上是早期的卦符，引起了学术界的高度关注。此外，还有"日月说""龟兆说""屋顶说""象形文字说"等等，不过这些说法推测成分较多，缺乏实证。

在诸说之中，以"男根女阴说"最具想象力。这种意见认为，古代有生殖器崇拜的习俗，而阳爻、阴爻便是男女生殖器的象征。持此看法的有章太炎、钱玄同与郭沫若。郭沫若在《中国古代社会研究》中说："八卦的根柢，我们很鲜明地可以看出是古代生殖器崇拜的孑遗。画一以象男根，分而为二以象女阴，所以由此而演出男女、父母、阴阳、刚柔、天地的观念。"他的依据是，《系辞》说"古者包牺氏之王天下也，仰则观象于天，俯则观法于地，观鸟兽之文，与地之宜，近取诸身，远取诸物，于是始作八卦，以通神明之德，以类万物之情"，他认为"近取诸身"这几个字特别值得注意。而《系辞》又说："夫乾，其静也专，其动也直，是以大生焉；夫坤，其静也翕，其动也辟，是以广生焉。"更明显的是，《系辞》还说："乾，阳物也；坤，阴物也。阴阳合德，而刚柔有体，以体天地之撰，以通神明之德。"他的说法，听起来不无道理，但问题是，在唐以前，男性生殖器未有被说成"阳物"的，说"势"则有之。（《尚书纬·刑德放》："丈夫淫，割其势也已。"）《系辞》中的"阳物"，实是说属性为阳的东西。因此，南怀瑾在《易经杂说》中讽刺说，这是"错把冯京当马凉"。

这么看来，对爻画来历的解释，就有点像古代寓言"盲人摸象"了：摸到鼻子的说大象像一根绳子，摸到腿的说大象像一根柱子，摸到耳朵的说大象像一把扇子，摸到身体的说大象像一堵墙壁，仁者见仁，智者见智。有人说《周易》是中国传统文化的"哥德巴赫猜想"，斯非虚言。

2. 卦象

爻连叠三层便成为三画卦，三画卦就是单卦（相对于重卦而言），也叫八卦（因为总数为八个）、经卦（因为是原始卦象）。

对于卦是什么，古人的解释有两种，一种是："卦者，挂也。"意思是卦就是悬挂，八卦就是八种被挂起来示人以理的东西。一种是："卦者，圭也。"圭就是圭表，古代的一种用来测量天文的仪器。圭表由安放在石座上的尺（圭）和立在两端的标杆（表）组成，利用它可以测量日影的长短，确定一年的节气与时间。

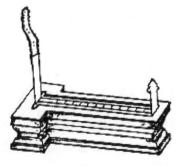

圭表

其实从字形上来看，卦字左边两个"土"，右边一个"卜"，反映的应是古人卜筮的情状。它似乎是表示，筮得一个阳爻或一个阴爻，便将所得结果记在地上。这一点在《仪礼·士官礼》可获佐证："卦者，有司主书地识爻者。"

现代学者并不怎么相信古人的解释，有人对八卦的来历提出了别的看法。例如，于省吾在《周易尚氏学序》中说：

> 易卦起源于原始宗教中巫术占验方法之一的八索之占。古也称绳为索，八索即八条绳子。……《易·系辞》称庖羲氏始作八卦，乃指八索之占而言之。八索这一名称，最早见于《左传》、《国语》。八索之占是八卦的前身，八卦是八索之占的继续和发展。

而昌子方则在其《古代标志空间方位的符号八卦》一文中提出，八卦不过是我们祖先用来代表空间方位的符号罢了。古人要辨别方向，首先就要确定地方，然后把地方进一步细分为八方，即四正四维（四隅）。古人用来代表八方的符号，就是八卦。比如修一座屋子，中间筑一堵墙，前面一间房子，用━表示，后面一间房子，用╍表示。如果再筑一道墙与原来的隔墙相交，那么就要用到四象的符号来表示四间房子。如果再修建楼房，八间房子就要用全部的八卦符号来表示。这种说法也很有想象力。

单卦每一卦都是三爻，称为三画卦。把任意两个单卦重叠，便成了重卦。重卦就是六画卦，也叫别卦。重卦下面的单卦称为下卦或内卦，上面的单卦称为上卦或外卦。重卦共六十四个，在它们当中，由八卦自我重叠而形成的八个别卦上、下卦完全相同，叫"八纯卦"，它们的卦名也按原来的卦名。其余五十六个，上、下卦不同，卦名也另取了。今本《周易》只有六十四个别卦，没有八个经卦，但这否定不了六十四卦出自八卦的事实。

六十四卦分别象征不同的事物。例如：

泰卦	乾下坤上	阴阳相交之象
大壮卦	乾下震上	雷震于天之象
谦卦	艮下坤上	山藏地下之象
困卦	坎下兑上	泽中水涸之象

在传统上，卦名记忆是自上而下的，例如"天山遁""地泽临""天雷无妄"等等。但分析卦象，却是由下往上的，即由内卦到外卦、从初爻到上爻的。为什么呢？其道理大概是：第一，天下的事物，都受基础影响。地基坚实，大厦就牢固；地基松软，大厦就会坍塌。历史唯物主义也说"经济基础决定上层建筑"。第二，下卦为内卦，上卦为外卦，事物变化，往往由内及外。例如苹果腐

烂，是从果芯开始的；人去做违法犯罪的事，是由于思想变坏；公司企业垮台，则往往是内部管理出现了问题。第三，《说卦》说"数往者顺，知来者逆"，这是说考究过去应当顺着数，预测未来却只能逆着数，因为顺数数字无穷无尽，逆数到零便会获得结果，就像火箭发射时的读秒。我们把估计未来说成"逆料"，就是这个道理。

3. 爻题

六爻自下往上数，第一爻叫初爻，接着是二爻、三爻、四爻、五爻，最上一爻为上爻。如果爻是阳爻，便称为"九"；如要是阴爻，便称为"六"。在初位叫"初九"或"初六"，在上位叫"上九"或"上六"，其余各位分别叫"九二""六二"，"九三""六三"，"九四""六四"，"九五""六五"。这些与爻位相关的数字都是因占筮需要而作的标记，称为"爻题"。

为什么用九来指称阳爻、用六来指称阴爻呢？从根本上来说，是因为在易数中，九与六分别是极阳数与极阴数。但具体来历则有以下几种说法：

一种是，九与六是《河图》的五个生数（一、二、三、四、五）以"三两组合"的形式产生的，三个奇数（一、三、五）的和是九，故九是阳的极至；两个偶数（二、四）的和是六，故六是阴的极至。

一种是，阳之体三画，阴之体六画，阳得兼阴，因此阳为九，阴不得兼阳，因此阴为六。

一种是，占筮时揲蓍求卦，每四策一揲，演算结果（筮数）只有四种可能：六揲（二十四策）、七揲（二十八策）、八揲（三十二策）、九揲（三十六策）。奇数七、九为阳，偶数六、八为阴。阳按正法则处理，故七为少阳、九为老阳；阴按负法则处理，故八为少阴、六为老阴。老阳是阳到极至的阳，老阴是阴到极至的阴。因此，以九和六分别代表阳爻和阴爻。

为了不至于把自己搞糊涂，我们把九和六这两个数字理解为阳爻或阴爻就好了。例如看到爻题六三，便想到这是说第三个爻位是阴爻；看到爻题上九，便想到这是说最上面那个爻位是阳爻。

爻题举例：

4. 筮辞

筮辞包括卦辞与爻辞。一部《易经》六十四卦，每卦都有卦辞，例如乾卦的卦辞是"元亨利贞"，大过卦的卦辞是"栋桡，利有攸往，亨"。一卦六爻，每爻也都有爻辞，例如乾卦初九的爻辞是"潜龙勿用"，九二的爻辞是"见龙在田，利见大人"，九三的爻辞是"君子终日乾乾，夕惕若，厉，无咎"，九四的爻辞是"或跃在渊，无咎"，九五的爻辞是"飞龙在天，利见大人"，上九的爻辞是"亢龙有悔"。古人对重大事情往往都要占筮和贞卜，在《易经》中，筮辞原本是占筮的答案。古代的占筮之官，在每次占筮活动结束后，往往会将占筮结果记录下来；过了一段时间，又会将已应验的那部分筮辞抽出来单独保存，作为下一次占筮的根据。《周易》中的筮辞便是这种文字记录。但后来《易经》的性质发生了变化，由一本筮书变成了一本哲学书，筮辞便转化成了说明其对应各卦与各爻的内容和性质的文字。

古代的生活相对简单，人们关心的多半是这样一些事情：军事，仗能不能打赢、往某个方向行军是否适当。例如师卦初六："师出以律，否臧，凶。"旅行，出门吉利不吉利、往哪个方向走比较安全。例如复卦："出入无疾，朋来无咎。反复其道，七日来复，利有攸往。"祭祀，如祭拜某个鬼神有没有用、献祭应在什么时间或什么地方进行。例如升卦六四："王用亨于岐山。"丰卦："亨。王假之，勿忧，宜日中。"既济卦九五："东邻杀牛，不如西邻之禴祭，实受其福。"婚娶，与某个氏族通婚好不好，娶某个女人为妻好不好，什么时候娶吉利。例如蒙卦六三："勿用取女。见金夫，不有躬，无攸利。"六十四条卦辞，加上三百八十四条爻辞，便是筮辞的总和。在六十四卦中，乾卦在六爻之外多了一条虚拟的用九，坤卦在六爻之外也多了一条虚拟的用六，它们都没有对应的爻位。它们是为了解决占筮时"遇乾之坤"或"遇坤之乾"的难题而做的安排，严格来说并不是爻辞，而是用辞。

关于筮辞的类别，20世纪二三十年代以来，学者们曾从不同角度对这个问题进行过探讨。例如，郭沫若等曾从社会史的角度考察筮辞的内容，将筮辞分为物质生活、社会生活、科技知识三大类；高亨则将筮辞分为记事之辞、取象之辞、说事之辞、断占之辞四类。兹按高亨的分类介绍之。

（1）记事之辞

记事之辞，是用古代的故事来指示吉凶休咎。清代著名史学家章学诚在其名著《文史通义》一开头就说："六经皆史也。"他还说，《周易》虽然是讲阴阳讲八卦的，但是其中包含有政教制度、历史典故等内容，因此与历史有同科之义。章学诚的见解是有道理的，《周易》是上古时代占筮的产物，而占筮是社会历史的反映，因此，在《周易》中保存着上古时代的一些珍贵史料。

《周易》中的记事之辞，最明显的是反映在大壮卦和旅卦中的"丧羊（或牛）于易"的故事，反映在未济卦中的"震用伐鬼方，有赏于大国"的故事，反映在既济卦中的"高宗伐鬼方"的故事，反映在泰卦和归妹卦中的"帝乙归妹"的故事，还有反映在晋卦中的"康侯用锡马蕃庶"的故事。《周易》中的历史故事，当然不止这些。其他如"王用亨于岐山"（升卦）、"箕子之明夷"（明夷卦）、"长子帅师，弟子舆尸"（师卦）等等，都包含一些现在尚不为人知晓的古代历史故事，有待于后人进一步研究。

除了实记外，还有一类文字属于虚记，记事并无确指。古人很迷信，他们畏天地、敬神鬼，有要事非卜即筮，得吉而行，例如祭祀、行军、作战、出行、婚嫁、田猎、刑狱、种养……往往都要占筮。灵验者便记下来，作为将来的借鉴。《周易》的记事之辞，不管是实记还是虚记，都是为了指示吉凶休咎，以前占之果来证后来之占。

（2）取象之辞

取象之辞，是以某种事物为象征来指示吉凶休咎。古人表达思想，有两种相反的方法：一种是以抽象理论来说明具体事物，这种方法走到极致，便是玄谈，《老子》《庄子》多用这种方法；另一种是以具体事物表达抽象理论，这种方法叫作取象，《周易》所采用的便是这种方法。

取象之辞，内容简单者近于诗歌中的"比"与"兴"。例如大过卦九二："枯杨生稊，老夫得其女妻，无不利。"大过卦九五："枯树生华，老妇得其士夫，无咎无誉。"中孚卦九二："鸣鹤在阴，其子知之；我有好爵，吾与尔靡之。"内容复杂者，近于散文中的寓言。如履卦六三："眇能视，跛能履，履虎尾，咥人，凶。"井卦九二："井谷射鲋，瓮敝漏。"《周易》取象，有就物的，如乾卦之言龙、渐卦之言鸿等；有就人的，如需卦之言需、咸卦之言咸（感）等。

《周易》以取象方法来表达抽象道理的例子还有很多。困卦六三"困于石，据于蒺藜，入于其宫，不见其妻"亦是一例。"困于石"，象征人遭遇了艰难险阻；"据于蒺藜"，象征依靠邪恶的力量；"入于其宫，不见其妻"，象征丧失了重要的事物。这与《老子》的表达方式大不相同，我们不妨比较一下。《老子》二十四章："自见者不明，自是者不彰，自伐者无功，自矜者不长。"六十三章："天下难事必作于易，天下大事必作于细。"两段话都是直接说道理，并没有象在其中。

（3）说事之辞

说事之辞是通过人的行动来指示吉凶休咎。如乾卦九三："君子终日乾乾，夕惕若，厉，无咎。"师卦六三："师或舆尸，凶。"师卦六五："长子帅师，弟子舆师，贞凶。"中孚卦六三："得敌，或鼓或罢，或泣或歌。"（因为战有利有不利，所以对吉凶未作判断。）谦卦九三："劳谦，君子有终，吉。"

（4）断占之辞

《周易》在性质上本是一部筮书，而筮书是为卜问而作的，因此书中的卦爻辞有很多断论吉凶、指示休咎的词语，这些词语就是断占之辞。断占之辞多与记事、取象、说事之辞相联系，其用语通常为"吉""凶""元亨""利贞""无咎""无誉""贞厉""贞凶""悔亡"……这类辞语，通常放在句子后面，例如明夷卦六五："箕子之明夷，利贞。"恒卦六五："恒其德，贞，妇人吉，夫子凶。"也有放在句子前面的，例如姤卦初六："有攸往，见凶，羸豕孚蹢躅。"升卦六五："贞吉，升阶。"谦卦六四："无不利，㧑谦。"未济卦九四："贞凶，悔亡，震用伐鬼方，三年有赏于大国。"但这是变例，全书只有几条。

经中最主要的断占之辞，是元亨利贞，这四个字同见于乾卦的卦辞。《周易》的经文，涉此四字者甚多，共有188条。其本义是说，举行大享之祭时，筮遇此卦，是有利的占问，即元亨、利贞；但后来发展成四个并列关系的概念，即元、亨、利、贞"四德"。在汉代至明清易学发展的过程中，此种看法产生了久远的影响。

高亨《周易古经通说》对这四个字是这样解释的："元，大也；亨，即享祀之享；利，即利益之利；贞，即贞卜之贞也。"他的说法对不对呢？

把元解为"大"是正确的。《尔雅释诂》载："元，首也。"甲骨文、金文，从形状上来看，从人，从二，故元本义是"首"。首为身体最重要的部分，因此元被引申为大。例子在古文献中不胜枚举。例如《诗经·六月》"元戎十乘"，《毛诗诂训传》（简称"毛传"）："元，大也。"《礼记·文王世子》"一有元良"，郑玄注："元，大也。"《尚书·金縢》"今我即命于元龟"，马融注："元龟，大龟也。"《礼记·王制》"卿大夫元士之适子"、《孟子·万章上》"元士受地视子男"中的"元士"，便是上士或大士。《周易》中的"元"字也是此意。说"元吉"便是大吉。例如，离卦六二："黄离，元吉。"复卦初九："不远复，无祗悔，元吉。"说"元亨"便是大亨。例如，坤卦："元亨，利牝马之贞。"革卦："元亨，利贞，悔亡。"《周易》的卦爻辞共有27处提到了元，都可理解为大。

在先秦典籍中，享祀的"享"的确常写作"亨"。比如《诗经·楚茨》便有"以亨以祀"之句。《周易》亦有同样的情形，例如，随卦上六"王用亨于西山"，大有卦九三"公用亨于天子"，萃卦和涣卦"亨，王假有庙"，等等。但《周易》的卦爻辞共出现了51个亨字，如果一概理解为享，那是不妥的。履卦："履虎尾，不咥人，亨。"泰卦："小往大来，吉，亨。"否卦六二："包承，小人吉，大人否，亨。"这些亨字都是亨通之意。

把利解释为利益是正确的。清代学者俞樾说："利从刀，从禾，会意。"解释很正确。利字为什么有"禾"这个偏旁？因为它的本义是用镰刀收割稻谷。在古代的农业社会，水稻是最主要的粮食作物，地所出之利，没有比禾更大的。《诗经·小雅·大田》说："彼有遗秉，此有滞穗，伊寡妇之利。"说的就是利从刀从禾之意。《周易》的卦爻辞和利与不利相涉的，超过百处之多，均指有益。例如，屯卦六四："乘马班如，求婚媾，往吉，无不利。"恒卦初六："浚恒，凶，无攸利。"乾卦九二："见龙在田，利见大人。"蹇卦："利西南，不利东北。"渐卦："女归吉，利贞。"

若按《说文解字》，贞确有占问之意。《说文解字》说："贞，卜问也。从卜，贝以为贽。"（贽是礼物，古代拜师送礼叫"贽敬"。）然而，在甲骨文中，贞的字形与鼎相近，并不从卜。因此把贞理解为占问便显得牵强。尚秉和在《周易尚氏学》中指出："然若乾之利贞亦释作卜问，则乾德不全矣，似不尽协也。"而且把贞解为占问，与《周易》的文意也常常对不上。因此现在多数学者认为贞的意思是正。例如，师卦六五："长子帅师，弟子舆尸，贞凶。"渐卦："女归吉，利贞。"升卦上六："冥升，利于不息之贞。"

后人对"元亨利贞"的意义有很多发挥。例如乾卦的《文言》便把它们分别理解为"善之长也""嘉之会也""义之和也"与"事之干也"。李鼎祚《周易集解》引《子夏传》的说法则是：元，始也；亨，通也；利，和也；贞，正也。又有人把"元亨利贞"看成是生物生长的四个环节："元谓生物之始，亨谓生物之通，利谓生物之遂，贞谓生物之正。"

《周易》的断占之辞，还有吉、凶、吝、厉、悔、咎等。

先释吉。许多古书都把吉解为"善"。例如《说文解字》："吉，善也。从士口。"《广雅释诂》："吉，善也。"《尚书·皋陶谟》"吉哉"伪造的孔安国《尚书传》，（下简称"伪孔传"）："吉，善也。"事有善果为吉，故吉训为善。《周易》共有151条筮辞涉及吉，均为此义。例如乾卦用九："见群龙无首，吉。"蒙卦六五："童蒙，吉。"屯卦六四："乘马班如，求婚媾。往吉，无不利。"萃卦六二："引吉，无咎。"

次释凶。《说文解字》："凶，恶也。象地穿交陷其中也。"凶就是祸殃。《周易》提到凶的地方共有56处，皆为此义。例如师卦初六："师出以律，否臧，凶。"

比卦上六："比之无首，凶。"大过卦九三："栋桡，凶。"困卦六三："困于石，据于蒺藜，入于其宫，不见其妻，凶。"未济卦六三："未济，征凶。"

次释吝。高亨《周易古经通说》说吝即"遴"，本义是行路难。《说文解字》："遴，行难也，从走，粦声。"引申为处境艰难或遇到困难。高亨的依据是，蒙卦初六："发蒙，利用刑人。用说桎梏，以往吝。""吝"字在许慎《说文解字》中写作"遴"。《说卦》第十一章有"坤……为吝啬"等语，《经典释文》注释："吝，京（房）作遴。"《汉书·王莽传上》："班赏亡遴。"唐颜师古注："遴与吝同。"《广雅释诂》："遴，难也。"《周易》的筮辞涉及吝的共有20条，均为此义。例如同人卦六二："同人于宗，吝。"蛊卦六四："裕父之蛊，往见吝。"困卦九四："来徐徐，困于金车，吝，有终。"咸卦九三："咸其股，执其随，往吝。"大过卦九四："栋隆，吉。有它，吝。"

次释厉。厉意思并不是厉害或严厉，而是危险。乾卦九三："君子终日乾乾，夕惕若，厉，无咎。"《文言》说："子曰：'君子进德修业，故乾乾因其时而惕也，虽危无咎矣。'"即是以危释厉。《经典释文》和《广雅释诂》也均把厉释为"危也"。在《周易》中有厉的断占之辞共27条，都是危险的意思。例如，渐卦初六："鸿渐于干，小子厉，有言，无咎。"遁卦初六："遁尾，厉。"颐卦上九："由颐，厉，吉。"睽卦九四："睽孤，遇元夫，交孚，厉，无咎。"

次释悔。在《周易》中，悔是指忧或恨。《说文解字》说："悔，恨也。从心，每声。"《诗经·云汉》有一句"宜无悔怒"，毛传："悔，恨也。"《论语·为政》："多见阙殆，慎行其余，则寡悔。"皇侃《论语集解义疏》（下称"皇疏"）："悔，恨也。"所以，悔就是恨。忧虞的心情比悲伤轻，《系辞》说："悔吝者，忧虞之象也。""悔吝者，言乎去小疵也。"南怀瑾《易经系传别讲》把悔理解为佛经所说的烦恼，别为一解。《周易》共有34条关于悔的筮辞。例如，乾卦上九："亢龙有悔。"晋卦六五："悔亡，失得勿恤，往吉，无不利。"豫卦六三："盱豫，悔。迟有悔。"大壮卦九四："贞吉，悔亡。"

次释咎。咎意思是灾殃。《说文解字》："咎，灾也。从人，从各。各者，相违也。"《尔雅释诂》："咎，病也。"《吕氏春秋·侈乐》："弃宝者必离其咎。"高诱注："咎，殃也。"咎比悔重，比凶轻。南怀瑾把咎释为困难，别为一解。《尚书·洪范》把久雨、久晴、久暖、久寒、久风等不正常的自然现象都称为"咎征"。《周易》中有93条卦爻辞讨论到有咎无咎的问题。例如大有卦初九："无交害，匪咎，艰则无咎。"小畜卦初九："复自道，何其咎？"乾卦九四："或跃在渊，无咎。"夬卦初九："壮于前趾，往不胜，为咎。"观卦初六："童观，小人无咎，君子吝。"

从宏观来看，事物只有吉与凶两种相反状态，吝、厉、悔、咎反映的是凶的程度，元、亨、利、贞则是吉的不同形式。

（二）传的内容

先有经而后有传。《周易》的传共有七篇文字，因为其中《彖辞》《象辞》《系辞》三篇被分成了两半（《周易》分上、下经，因此《彖辞》《象辞》被分为上、下篇；独立的《系辞》本来就是分上、下篇的），所以称为"十翼"。"翼"是辅助的意思。十翼之名出自《易纬乾凿度》："仲尼五十究《易》，作十翼。"说十翼而不说七翼，可能与中国人喜欢圆满有关，我们有很多词语或事物都是以"十"字统领的，如"十全十美""十分""十全大补丸""十全武功老人"等。

十翼是春秋战国以来的学者读《易经》的借题发挥之作，是讲解经的七篇学术报告。他们对经的诠释包括两方面内容：一是对经里面的复杂象数内容进行诠释，二是对经所蕴含的丰富义理进行发挥，且重点放在阐释义理上，这些义理有的可能的确暗含在经中，但更多的是作者自己的理解体验。传的内容，与经其实已经很不一样。古代有一个典故，见于《韩非子·外储说左上》，叫"郢书燕说"，故事是这样的：

> 郢人有遗燕相国书者，夜书，火不明，因谓持烛者曰："举烛！"而误书"举烛"。举烛，非书意也。燕相国受书而说之，曰："举烛者，尚明也；尚明也者，举贤而任之。"燕相白王，王大说，国以治。治则治矣，非书意也。今世学者，多似此类。

十翼对经的解释与这个典故所说的情形有些相像。传依傍经所阐发的义理有很多并不是经原有的"本体之理"，而是传的作者借题发挥的"载体之理"。然而也正因为这样，《周易》才建立起了其理论体系，由一部筮书转变成了一部哲学书。总之我们应当记住，传与经不仅作者不同、产生时代不同，而且思想内容不同、文本性质不同。经的学术思想是象数学，传的学术思想是哲学。

下面分别介绍传。

1.《彖辞》

《彖辞》也称《彖传》或《彖辞传》。在唐代以前，卦辞曾被称为"彖辞"，因此《彖传》就是彖辞之传，即解释卦辞的义字。因为《易经》分上、卜经，所以它也分为上、下篇。彖的意思是"断"。断什么？断定卦义。《易经》有六十四条卦辞，

《象辞》也有六十四条。它们紧跟在卦辞后面，由"《彖》曰"带出（唯有乾卦的《彖辞》是附在用辞之后的）。例如谦卦说"亨，君子有终"，意思是"一帆风顺，君子会有好结果"。为什么会有好结果呢？卦辞只给出结论，未讲原因。《彖辞》便解释说："谦，亨。天道下济而光明，地道卑而上行。天道亏盈而益谦，地道变盈而流谦，鬼神害盈而福谦，人道恶盈而好谦。谦尊而光，卑而不可逾，君子之终也。"《彖辞》虽不解释爻辞，但经常通过爻位分析来阐明卦义。如困卦的《彖辞》说"刚掩也"，指阳爻九二被阴爻初六与六三遮蔽，阳爻九四、九五被阴爻上六、六三遮蔽。

2. 《象辞》

《象辞》也称为《象传》或《象辞传》。因为《易经》分上、下经，所以它也分为上、下篇。象的意思，有些接近于现代语言所说的观念。这个字，后来演变成为解释《周易》的卦象爻象的专门名词，例如"取象""象数"。《象辞》有两种。一种是总论卦象卦辞的，叫"大象"。它文辞很精炼，通常是两句话，前一句分析卦象并点出卦名，后一句指出卦象对人、事的启示，以"君子以""先王以""后以"导出。例如谦卦中的"《象》曰：地中有山，谦。君子以裒多益寡，称物平施"。又例如乾卦的"《象》曰：天行健，君子以自强不息"。蹇卦的"《象》曰：山上有水，蹇。君子以反身修德"。一种是分论爻象爻辞的，叫"小象"，例如谦卦初六的"《象》曰：'谦谦君子'，卑以自牧也"。又例如，蹇卦初六的"《象》曰：'往蹇来誉'，宜待也"。大象、小象要靠所在的位置来区分。无论大象还是小象，都习惯于从某卦或某爻所示的形象去推论人、事。例如蒙卦上艮下坎，是山下出泉之象，泉从山下流出是水之始，人们因而联想到童蒙是人之始，而养正必须重视启蒙教育，因此大象说："山下出泉，蒙。君子以果行育德。"不过，由于《象辞》与经文是不同时期的作品，作者有时并不能正确理解经文的意思，有的地方发挥得很远，有的地方则错解。例如需卦上六的《象辞》说"虽不当位"，其实当位。有的地方则解了等于没解，等同于交白卷。例如复卦六三："频复，厉，无咎。"《象辞》的解释是："频复之厉，义无咎也。"

3. 《文言》

《文言》也称《文言传》，是两篇分别讨论乾、坤意义的小论文。文言，就是文饰乾、坤两卦之言。它们分附在乾、坤两卦之末，位于《彖辞》与《象辞》之后。为什么只有这两卦有《文言》呢？因为乾、坤两卦被认为是进入易学殿堂的门户，在六十四卦中地位特别重要，有必要深入解析其意义。对乾卦卦辞，《文言》采用了对元、亨、利、贞"四德"逐字阐释的形式；对坤卦卦辞，《文言》则围绕柔、顺、静、方阐发大义。

4.《系辞》

《系辞》也叫《系传》或《系辞传》，汉代人或把它称为《易大传》。与《彖辞》《象辞》不一样，它并没有被分附于各卦中，而是被放在六十四卦之后，独立成篇。由于篇幅很长，分为上、下篇；为了便于阅读，朱熹《周易本义》把上、下篇都析成了十二章。南怀瑾《易经系传别讲》称上篇是孔子研究上经的报告，下篇是孔子研究下经的报告。其实上、下篇的内容与上、下经并不完全对应，作者也很可能不是孔子。它是中国古代思想史的重要文献，可视为《周易》的哲学纲领，其内容以讨论、阐发经的义理为主，亦涉及象数，可以看作是经的通论，有较多泛说成分。它以阴阳概念为核心，通过对经的原理与筮法的解释，提出了一系列哲学概念、范畴与命题，发掘了经的思想内涵，进而探讨了世界的本原问题，研究了事物的本质属性与变化规律，提出了人类社会生活的一些根本原则，具有朴素的辩证法成分，包含丰富的思想；在使《易经》由一部古老的占筮书走上哲学化道路方面，发挥了重要作用。在阐发义理方面，《系辞》常常玄秘其说，有时离经已很远，但见解往往独到精当，这一点十分难能可贵。

5.《说卦》

《说卦》也叫《说卦传》，这篇附在六十四卦之后的传文，主要讲述八个经卦的法象与变化，着重讲它们象征什么事物。在此传中，有几点值得特别注意：第一，乾为天、坤为地、坎为水、震为雷、巽为风、离为火、艮为山、兑为泽，指的只是基本物象，《说卦》加以引申，让一个卦可以代表许多事物，使八个卦与季节、方位、人体、亲族、色彩、经济、动物、植物甚至性格、疾病等等都挂上了钩，于是《易经》便有了更广泛、丰富的象征意义。第二，《说卦》解释了为什么一卦是六爻，而不是五爻、七爻或九爻。它说"兼三才而两之，故易六画而成卦"，这反映了古人天地人一体的观念。第三，《说卦》运用五行相生之理确定了八个经卦的空间位置与时间顺序，且提出了"乾坤六子"说，直接影响了东汉的卦气说，也为宋人创制《文王八卦》（又叫"后天八卦"）奠定了基础。《说卦》的分章，各本不尽相同，朱熹《周易本义》分为十一章。

6.《序卦》

《序卦》也放在六十四卦后面，是解说六十四卦的顺序与意义的一篇文字。它用简洁的语言，按事物的发生次序，对六十四卦依序予以解说。例如从乾卦到蒙卦先后相连的道理是："有天地，然后万物生焉。盈天地之间者唯万物，故受之以屯。屯者，盈也；屯者，物之始生也。物生必蒙，故受之以蒙。"《序卦》结束的文字是："有过物者必济，故受之以既济。物不可穷也，故受之以未济终焉。"组成一个从天地万物开始到万事万物不可穷尽的运动流转序列。《序卦》希冀说明一卦与一卦的关系，表达了许多高明的思想，但牵强附会之处也不少。

7. 《杂卦》

《杂卦》是一篇以杂糅众卦、错综其义的方式讲解每卦卦义的文字。它打乱了《序卦》的次序，从纯阳的乾卦开始，至以刚决柔的夬卦结束，把六十四卦两两对举，以精要的语言对其特点进行概括，所对举的卦在形状上非错即综，在意义上则互为对反。不过，从大过卦开始的最后八个卦不以相对为说，应是出现了错乱。《杂卦》由乾、坤引领前三十卦，由咸、恒引领后三十四卦，与上、下经相同，但包含的卦不一样。

四、经传的创作时代

传统上对《周易》经传的来历，影响较大的说法是《汉书·艺文志》提出的"人更三圣，世历三古"之说。"三圣三古"的意思是，伏羲始画八卦；周文王把八卦演为六十四卦，并作筮辞；孔子作传以解经。东汉时，又有经师提出文王作卦辞、周公作爻辞之说。于是南宋的朱熹把"人更三圣"改为了"人更四圣"。

（一）经的创作时代与作者

从逻辑上分析，有阴爻和阳爻才会有单卦，有单卦才会有重卦，有重卦才会有筮辞。但八卦是谁创画的呢？《汉书》说是伏羲氏。《系辞》也说："古者包牺氏之王天下也，仰则观象于天，俯则观法于地，观鸟兽之文，与地之宜，近取诸身，远取诸物，于是始作八卦，以通神明之德，以类万物之情。"包牺也就是伏羲。在古代，伏羲画八卦是为较多人认可的一种传说。但寥寥几个八卦创画，何至于要"观象于天，观法于地，观鸟兽之文，与地之宜，近取诸身，远取诸物"？伏羲创画这八个卦又有什么用处呢？而且伏羲是谁？古书说他是东方的天帝，又说他人首蛇身，与女娲既是夫妇又是兄妹，歧说纷纭。20世纪二三十年代，以顾颉刚为领军人物的"古史辨"学派，力证作为"三皇"之一的伏羲是迟至战国才出现的传说人物。依此，伏羲作八卦说显然不可信。但现在并没有确切资料证明八卦是谁创画的，是怎样被发明出来的。

至于把单卦变为重卦者，诸儒的说法又颇不相同，大概有四说：伏羲（魏王弼）、神农（东汉郑玄）、夏禹（晋孙盛）、周文王（西汉司马迁）。蒋伯潜和蒋祖怡的《经与经学》认为第四说比较合道理。因为周文王曾被囚禁于羑里，在百般寂寞无聊之中，玩玩古已有之的八卦，把它们一个一个重叠起来，使之变成六十四卦，那是可能的。

至于筮辞产生的时间，不管是归为周文王所作，还是归为周公所作，都有很大问题，因为爻辞讲到了周文王和周公以后的历史人物和历史事件。大概《周易》的经，成书并非出于一时一人之手。至于产生于何时，学术界有西周初说（顾颉刚）、西周末说（李镜池）和战国说（郭沫若）等不同的观点。

1929年，顾颉刚在《燕京学报》发表了一篇长文，题为《周易卦爻辞中的故事》，后来收入《古史辨》第三册。在这篇文章中，他第一次提出，应该从《易经》的卦爻辞中的故事来考证《易经》的著作年代。晋卦的爻辞中有"康侯用锡马蕃庶"的故事，这是说康侯被封于卫，饲养周王朝所赏赐的马，日益繁衍。顾氏认为，"康侯"就是武王之弟卫康叔，他受封于卫，称康叔，其事迹在武王之后，故卦辞不可能是文王所作。而《周易》并没有出现周成王以后的故事，因此可证其筮辞产生于西周初。顾颉刚先生是"古史辨"学派的领军人物，他对中国上古历史甚多怀疑，唯独把反映在《周易》的卦爻辞中的故事视为信史。他从积极的方面肯定了王亥丧牛羊、高宗伐鬼方、帝乙嫁女等几个历史故事，从消极的方面否定了尧舜禅让、汤武受天命等四个历史故事。

郭沫若《青铜时代》一书收有《周易之制作年代》一文，认为《周易》是战国初的作品。其证据是《周易》中的经有几个地方提到"中行"。他认为"中行"是人名，指春秋时晋国的荀林父，在与楚国交战时统帅中军，又称中行桓子，其子孙以中行为氏。据此，他认为经的产生不可能早于春秋中叶，可能是孔子的再传弟子所作。这种解释十分牵强。因为《左传·庄公二十二年》讲到"周史有以《周易》见陈侯者，陈侯使筮之"之事。这件事发生在荀林父做统帅八十多年以前，这证明经在春秋初期就存在了。《周易》中的中行指中道，并非人名。

李镜池在《周易探源》中，则折中以上两说，认为经出自周朝的卜史，大概成书于西周晚期。

在这个问题上，本人的意见与顾颉刚先生的意见比较接近，即经产生于西周前期。埋由有以下三点。

第一，它的文字古奥，和甲骨卜辞十分相似。例如，甲骨卜辞有"贞我旅吉"

之语，《周易》中的爻辞有"旅，贞吉"；卜辞有"其弗克"，《周易》中的爻辞有"弗克攻"之语。丰卦初九说："虽旬无咎。"意思是"纵然是十天，不会有灾祸"。这个"旬"字，是从殷商承袭下来的，甲骨卜辞有大量有关"卜旬"的记载，而到西周中叶以后便不大有人使用它了。

第二，其筮辞，内容很原始，所涉及的都是上古先民所关心之事，只有对事物凶吉的预测，而没有什么系统化的哲理；从时间上来看，它们所提到的事情，有殷商的祖先的，有周代初年的，却未见夹杂有后代的。例如大壮卦六五："丧羊于易。"旅卦上九："丧牛于易。"易是地名，在易地丢了牛羊，这是殷商祖先王亥的故事。从前人们对此不清楚，甲骨卜辞被大量发现后，王国维把传世文献与出土卜辞结合起来研究，才把这个故事钩稽出来了。爻辞提到这些故事，可见其写作时代很早。又如泰卦六五和归妹卦六五都提到帝乙归妹。"帝乙"是商纣的父亲，"归妹"意思为"嫁女"，帝乙把幼女嫁给文王，这是周初的历史，可与《诗·大雅·大明》相印证。升卦六四："王用亨于岐山。"随卦上六："王用亨于西山。"两个王都是指周文王。周文王生前已称文王，王国维已有考证，更得到周原卜辞的实证。既济卦九五："东邻杀牛，不如西邻之禴祭，实受其福。"杀牛祭鬼神，很隆重，可说是恭敬鬼神了。禴祭是仅用饭菜祭拜，不杀牲。殷虽杀牛以祭，却不比周文王的薄祭更有效果，鬼神使他受福。"东邻"是指殷商，"西邻"是周自指。

第三，很多记载春秋时事的书籍，例如《左传》《国语》，都引用过《周易》的卦爻辞。《左传》和《国语》记载的都是春秋的史事，当时人以《周易》来占问吉凶，共有二十余条，且讲论《周易》的情况，涉及周、陈、晋、鲁、齐、秦、郑、卫等国，足证春秋时代《周易》流传的广泛，说明当时人们已把它奉为圣典。这是下限。

那么《易经》中的筮辞是怎样编成的呢？顾颉刚说"当出于那时掌卜筮的官"。这个猜想值得重视。可能在西周初期甚至更早的时候，掌管占筮的官在每次工作完成之后，都会把所得的兆象和断占的辞句记录下来，后来又将积累下来的筮辞进行统计整理，看看它们有多少应验，多少没有应验，已应验的便被筛出来用作日后的参考，没有应验的则被淘汰。经过无数次的筛选、编排和加工，便成了今天我们所见到的经。李镜池《周易探源序》说："（经文）编著者是卜史，卜史是贵族中的僧侣阶层，是政治顾问，是当时的高级知识分子。他们掌握了政府的文献资料，学问广博，如后来的老聃为周柱下史，司马迁为太史公，都是这一类人。《周易》出于卜史之手，最有可能。"分析有道理。但有一点要注意：做筮辞者，不只局限于西周的卜史，还可包括殷商的巫咸。《世本·作篇》和《吕氏春秋·勿躬》都有"巫咸作筮"之说。

（二）传的创作时代与作者

传统上一向认为十翼是孔子所作。司马迁的《史记》、班固的《汉书》都持此说，影响很深远，《史记·孔子世家》说："孔子晚而喜《易》，序《彖》《系》《象》《说卦》《文言》。"《汉书·艺文志·六艺略·易类序》说："孔氏为之《彖》《象》《系辞》《文言》《序卦》之属十篇。"《易乾凿度》："仲尼五十究《易》，作十翼。"都很明确说传的作者是孔子。现在还有一些学者对此坚信不疑。

但是，宋代以后，有学者即对此说法产生了怀疑。因为孔子述而不作，动笔创作的可能性不大；而且《易传》尤其《系辞》出现了不少"子曰"的字眼，孔子不可能称自己为"子"。《论语·述而》倒是有"假我数年，五十以学《易》，可以无大过矣"这样的话，按此说法，孔子在晚年的确曾在《易经》上下过功夫，但是《论语》有"齐论"与"鲁论"的区别，上述说法出自齐论，在鲁论中这句话被写作"假我数年，五十以学，亦可以无大过矣"，据此又看不出孔子与《易经》有什么关系了。因此，北宋的欧阳修撰写了《易童子问》，对《系辞》是孔子所作之说提出了质疑，认为其文字淆乱众说。南宋的叶适则继承与深化了欧阳修的观点。清朝的崔述在《洙泗考信录》中，又对此问题做了更详备的考辨，并进而对《彖辞》《象辞》是孔子所作的说法也提出了怀疑。近现代学者，例如郭沫若、钱穆、李镜池等，对此问题做了大量研究，基本上证明了十翼不是孔子的作品，特别是钱穆，分析尤为细致，他写了一篇长文，题为《论十翼非孔子作》，被顾颉刚先生所编的《古史辨》第三册收入，文中提出了十条理由。从文献记载来看，孔子的确只是教学生读过《诗》《书》和《春秋》，操演过《礼》《乐》，却没有讲授过《易经》；在《论语》中，也没有孔子谈论《易经》的记载。但孔子晚年可能迷过《易经》。司马迁在《史记·孔子世家》中说："孔子晚而喜《易》。""读《易》，韦编三绝。"马王堆帛书《要》篇也有"夫子老而好《易》，居则在席，行则在囊"的记载。

现在学术界的主流看法是，易传非出于一时一地，亦非出于一人之手，而是春秋战国以来陆续形成的易学作品。不过对十翼的作者是谁，却无从稽考。

虽然现代学术界对十翼非孔子所作的认识比较统一，但是他们对各篇形成的时代却有分歧。主要分为两派，一派主战国前期说，以张岱年、高亨为代表；一派主战国后期说，以冯友兰、朱伯崑为代表。

在笔者看来，在十翼中，《彖辞》写成的时间最早，因为它只解释了卦辞，而《象传》既解释卦辞也解释爻辞。它有的地方用韵不同于《诗经》，而接近于《楚辞》《老子》和《庄子》，以时代论，已近于战国初。

《象辞》解释经文，有的地方与《彖辞》不一致，可见作者不同。艮卦的象辞有"君子以思不出其位"之语，这是孔子的学生曾参的话，见于《论语·宪问》，可见它的创作在《论语》之后。《论语》采辑孔子、孔子的弟子或者再传弟子的笔墨，是战国初期编成的一部书。至于其下限，《象辞》必然成书于汉之前，成书于这个时候的《礼记》说："故《易》曰：'六二之动，直以方也。'""六二之动"二句，是坤卦六二的《象辞》的文字。由此可推断，《象辞》是战国中晚期的作品。

《文言》有袭用、拆分《彖辞》文句的痕迹，其产生时代必然晚于《彖辞》。《文言》并抄录了《左传·襄公九年》鲁穆姜对随卦中的"元亨利贞"四个字的解释，它既然引用了《左传》的文字，产生自然应当在《左传》广泛流传之后，故早不过战国晚期。

《系辞》有些话曾被汉初人所引用。如"二人同心，其利断金"，陆贾引入《新语·辨惑》篇；"天垂象，见吉凶"，又被引入《新语·明诚》篇；司马谈引"天下同归而殊途"，见《史记·司马迁自序》；"负也者，小人之事也；乘也者，君子之器也"，为董仲舒对策所用，见《汉书·董仲舒传》；"易简而天下之理得矣"，为《韩诗外传》卷三所征引。足见《系辞》作于西汉以前。而且《系辞》第一章的"天尊地卑"等句，在《乐记》中也有大同小异的语句。因此，《系辞》当作于《乐记》之前，至迟为战国晚期的作品。

《说卦》《序卦》《杂卦》产生的时间最晚，有人认为迟至汉初。

总而言之，《周易》是经过漫长的时期，集合了许多先贤的智慧，才最后成形的。它绝非某人于某时毕其功于一役的产物。文王、周公、孔子这几位智者，可能在《周易》成书的过程中都发挥过作用。

第三讲 《周易》的宇宙生成模式

上一讲介绍过，经的学术思想是象数学，传的学术思想是哲学。与此相对应，对《周易》的文本内容也存在着两套解释系统，一套是象数的（从占筮的角度去理解），一套是义理的（从哲学的角度去理解）。

《系辞》中有一段话："是故易有太极，是生两仪，两仪生四象，四象生八卦，八卦定吉凶，吉凶生大业。"这段话，若从象数角度理解，是在谈论揲蓍求卦的步骤；但若从义理角度理解，却是在讨论宇宙的生成模式。两种理解相去甚远，却能兼容在同一段文字中，缘于《周易》的筮法是对它所认为的宇宙生成模式的模拟。

为发掘《周易》的思想精髓，我们将在这一讲中从义理的角度研究《系辞》这段话的内容。

一、从太极到六十四卦

《系辞》这段话，可用图形表示：

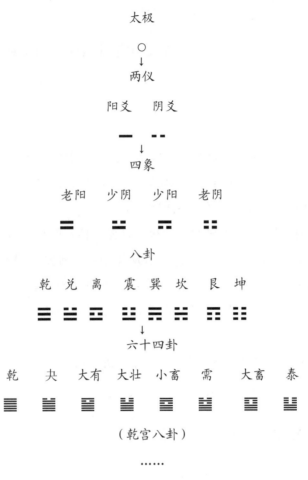

从太极到六十四卦

下面分层讲解。

（一）"易有太极"

《系辞》阐述宇宙的生成模式，第一句话是"易有太极"，提出了"太极"的概念。但对太极是什么，没有做具体解释，这就给后人的理解留下了很大的空间，并导致了分歧的产生。

1. 对"太极"理解的分歧

古今学者，都把太极理解为宇宙产生前的鸿蒙状态，也就是盘古氏开天辟地时的样子。对这一点，人们的看法并没有多大分歧；不过对这种状态是物质的还是精神的，人们的认识就有很大的不同了。具体可分为三派。

第一派，认为太极是包含了阴阳二体之"气"。东汉大儒郑玄说，太极是"淳和未分之气也"，此语见于王应麟的《郑氏周易注》。唐朝的孔颖达则在《周易正义》中说："太极是天地未分之前元气混而为一，即是太初、太一也。"北宋的张载在《横渠易说·说卦》中说："一物而两体，其太极之谓欤！"南宋的杨万里也说，"阴阳未分谓之太极，太极既分谓之阴阳"，"元气浑沦，阴阳未分，是谓太极"，"阴阳不测，至幽至神，无仪无象，太极是也"。这些都是唯物主义的解释。

第二派，认为太极是"理"。这是以南宋朱熹为代表的一些理学家们的看法。朱熹曾对下面将要介绍的周敦颐的《太极图说》做了客观唯心主义的改造，他删掉了《太极图说》中"自无极而太极"的"自"字，说"无极而太极"就是"无形而有理"。在他的话语体系中，无极等于无形，太极则等于理，这样就把太极是世界的本原改成了理是世界的本原。这是客观唯心主义的解释。

第三派，认为太极是"心"。这是宋明时期以陆九渊、王守仁为代表的心学家们的看法。曾因对《太极图说》的理解不同而与朱熹发生过激烈论争的陆九渊，从"心即理"的观念出发，把朱熹的"理为太极"改换成了"心即太极"，使太极变成了主观唯心主义的东西。

2. 《太极图》

为了形象说明"太极"的属性或特征，明初出现了一个前人见所未见的、由一对"阴阳鱼"构成的《太极图》：

赵撝谦公布的《太极图》

公布者叫赵撝谦，他在其《六书本义》中说，该图是南宋的蔡元定从四川青城山的一位隐士那里得来的。后来清朝的胡渭在《易图明辨》中判定它是从北宋的老道陈抟那里传出的。陈抟自号"扶摇子"，被宋太宗赐号"希夷先生"。希夷是虚寂玄妙的意思。《老子》有言："视之不见名曰夷，听之不闻名曰希。"河上公注曰："无色曰夷，无声曰希。"陈抟是一位传奇人物，据传活了118岁，从晚唐一直生活到北宋，因此人称"老祖"。他对内丹和易学都有很深的造诣。除了《太极图》之外，陈抟还被认为与一些重要易图的发明传播有关，如《先天八卦图》《后天八卦图》《河图》《洛书》等。在他之前，易学的体系是没有图的（要说有也不过是那些卦象），学术领域也没有形成太极理论。所以，不是儒家的陈抟，却是太极文化的创始人。继他之后，大儒周敦颐的《太极图说》、邵雍的《皇极经世》、张载的《太和论》、程颐的《程氏易传》等陆续出现，太极理论体系于是得以建立。

太极图

《太极图》中的"阴阳鱼"非常形象地说明了太极的本质特征——一物两体而阴阳未分。黑白两条"鱼"，分别象征阴阳两种尚未分化开来的"元气"。两个"鱼眼"表示阳中有阴、阴中有阳，阴阳在一定条件下可以相互转化，走向各自的对立面。注意，"阴阳鱼"呈S形旋转，阳（白）的在左边、阴（黑）的在右边，它们反映了古人"天道左旋，地道右转"的观念。两条"鱼"左白右黑，是不能错位的，"男左女右"的依据就在此。

《太极图》被称为"中华第一图"，许多地方都有其图形，在东方文化圈影响巨大。它是古代秘传下来的遗物，对其来历，人们有各种各样的猜测。其中一种见解认为，《太极图》的产生与古代的天象观测有关，这个图其实是先民用圭表以"立竿见影"的方式观测四季、分辨寒暑的日影观测图，它显示的是日影在一年中的盈缩情况。

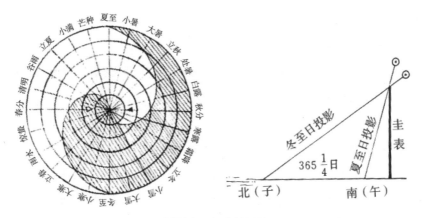

日影在一年中的盈缩

如果把它分成二十四等份，它就与一年的二十四节气相对应，每部分反映日影在15天中的变动。夏至这一天，太阳直射北回归线，是北半球白昼最长的一天。这一天正午，若用圭表在北回归线测量，在圭上是没有表的影子的。同样，冬至是北半球白昼最短的一天，这一天正午，若用圭表在北回归线测量，圭全部为表的影子所覆盖。

另外，地球像个轴心对着北极星方向自转的陀螺，它在自转的同时绕着太阳公转，赤道与黄道之间的夹角为23度26分21秒，这个夹角，正是《太极图》中的阴阳鱼鱼尾的夹角。

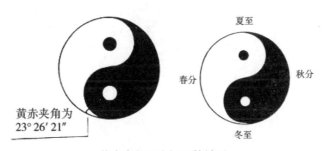

黄赤夹角与太极图的关系

3.《太极图说》

顾名思义，《太极图说》就是为解说《太极图》而作的文字，其作者是北宋的大儒周敦颐。陈抟的《太极图》经三传而达于周敦颐。周敦颐是湖南道州营道（今道县）人，他曾筑书堂于庐山莲花峰下，有一条濂溪从书堂蜿蜒流过，于是他把书堂命名为"濂溪书堂"，人们也就把他尊称为"濂溪先生"，称他的学说为"濂学"。周敦颐官位不高，只当过县主簿、县令、州判官、州通判等，长期从事刑狱工作，但学术成就很高，今天人们提及宋明的大儒，常说周、程、张、邵、朱、陆、王，周排在第一，可见其地位非同一般。周敦颐之学源于道家，但他不是道家，而是一位杂糅儒道的新儒家。

《太极图说》全文如下：

自无极而太极。太极动而生阳，动极而静；静而生阴，静极复动。一动一静，互为其根。分阴分阳，两仪立焉。阳变阴合，而生水、火、木、金、土。五气顺布，四时行焉。五行，一阴阳也；阴阳，一太极也；太极，本无极也。五行之生也，各一其性。无极之真，二五至精，妙合而凝，乾道成男，坤道成女。二气交感，化生万物，万物生生而变化无穷焉。惟人也，得其秀而最灵。形既生矣，神发知矣，五性感动而善恶分，万事出矣。圣人定之以中正仁义而主静，立人极焉。故圣人与天地合其德，日月合其明，四时合其序，鬼神合其吉凶。君子修之吉，小人悖之凶。故曰：立天之道，曰阴与阳；立地之道，曰柔与刚；立人之道，曰仁与义。又曰：原始反终，故知死生之说。大哉《易》也，斯其至矣！

这篇《太极图说》所"说"的《太极图》是这样的：

周敦颐的《太极图》

此图自上而下分为五层：第一层是一个大圆圈，象征化生万物的本体，即《太极图说》中的"自无极而太极"。第二层是一个黑白三轮图，也叫"水火匡廓图"，右标"阴静"，左标"阳动"，表示太极动而生阳，静而生阴，阴阳交错运行。第三层是五行交合图，也称"二五至精图"，象征阳变阴合而生五行。五行交系于上面的三轮图，表示五行以阴阳为根；五行又自相联系，代表相生的循环往复。下面与一个小圈相连，表示二气与五行妙合无间。第四层又是一个大圆圈，象征二五至精妙合而产生的结果秉承了男或女的气质，所以左边写"乾道成男"，右边写"坤道成女"。之所以以一个大圆圈来表示，是说阴阳或男女相合运用的是太极之理。第五层也是一个大圆圈，象征通过上述四个程序而化生出来的形态万殊的种种物体，所以下面有"万物化生"四个字。它也像太极一样被画成一个大圆圈，因为宇宙万物，不论大小巨细，都被认为是一个太极，用现代的话来说，任何事物都是矛盾的集合体。

4. 对"无极"与"太极"关系的争论

在学术界曾存在过"无极"与"太极"关系的争论。这个争论，是由周敦颐引起的。"无极"这个词出自《老子》第二十八章。《太极图说》的第一句是"自无极而太极"，意思是从无极生出太极，但南宋的朱熹在注解《太极图说》时删去了"自"字，把这句话改成了"无极而太极"，意思不明确，从而引发了争论。有人认为"太极而无极"意思是太极源于无极（周敦颐九江故家传本的首句是"无极而生太极"），无极指物质产生前不具任何确定形状和性质的混沌状态，而太极是"有了最初时空界限"和"最初质的规定性"的东西。"无极而太极"，是指事物从不具任何确定形态、动静不分的状态向初具形体和动静分化的状态的转化。周敦颐的意思如果是这样的话，那应该说违背了《系辞》的原意，因为这使太极由宇宙本原变成了从无极到两仪的中间环节。但也有论者认为"无极而太极"意思是太极在本质上是无极。

（二）"是生两仪"

两仪指从太极分化出来的阴阳两个矛盾着的方面，在《周易》中用 ▬ 与 ▬▬ 表示，即组成卦象的基本符号——阳爻和阴爻。两仪是对立的事物或事物的对立方面，例如乾与坤、天与地、动与静、昼与夜、黑与白、炎与凉、胜与负、开与关、上与下、尊与卑、贵与贱、君与臣、夫与妇、父与子、刚与柔、奇与偶、正与负、男与女、明与暗、开与合、左与右、仁与义、直与曲等等。阴阳对立是宇宙间的根本对立。《易经》把自然、社会、人生的一切变化，都看作阴阳交互作用的结果，这种认识包含了矛盾对立的观念与发展变化的观念。

世界上的事物千差万别，凡是具有上升、活动、刚健、明亮、温热、雄性、开辟等特征的，皆为阳；凡是具有下降、沉静、柔顺、黑暗、寒凉、雌性、闭阖等特征的，皆为阴。注意，在《周易》中，柔刚是阴阳的另一种表达形式。《说卦》说："立天之道，曰阴与阳；立地之道，曰柔与刚；立人之道，曰仁与义。"

（三）"两仪生四象"

阴阳是一对矛盾，有矛盾就会有分化，在《周易》看来，事物的分化是有序地进行的：由一到二，由二到四，由四到八，由八到六十四，以至万物。四象是两仪到八卦的过渡状态，它们由阳爻与阴爻自我或相互重叠而成，分别是老阳（太阳）、少阴、少阳、老阴（太阴）。如图：

阳　阴

━━　━━

老阳　少阴　少阳　老阴

从两仪到四象

四象尚不是具体的事物，而只是事物的某些方面的属性。人们对东、南、西、北四方的划分，对春、夏、秋、冬四季的安排，可能都与四象的观念有关。

（四）"四象生八卦"

四象只有两爻。在老阳、少阴、少阳、老阴之下各加上一爻，象便成了卦。因为每个象都可以与阳爻或阴爻结合，所以三画卦的总数为八个。如图：

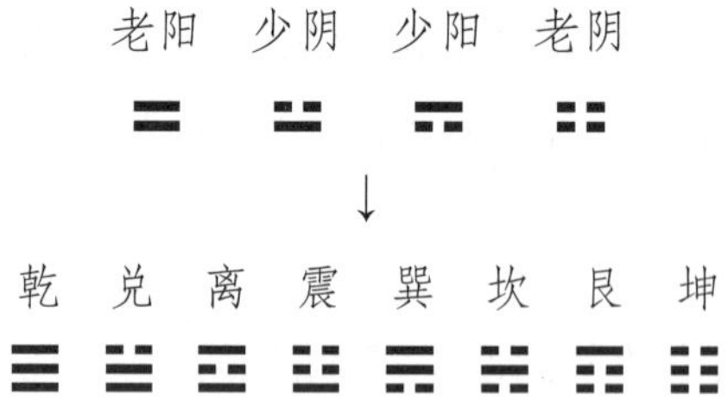

老阳　少阴　少阳　老阴

↓

乾　兑　离　震　巽　坎　艮　坤

从四象到八卦

从四象衍化出来的八卦已可象征具体事物。乾卦三爻皆阳，象征阳气升腾为天。坤卦三阴相叠，象征阴气下凝为地。震卦两阴下降，一阳上升，象征阴阳冲突，爆发为雷。艮卦一个阳爻叠在两个阴爻上面，外阳内阴，犹如山以坚石为表，内含阴湿。离卦上、下两阳共蓄一阴，象征火焰的外实内虚。坎卦是一个阳爻夹在两个阴爻之间，象征水以阴为表，外柔内刚。兑卦为一个阴爻在两个阳爻之上，表示阴在上，令下湿，是阳质被阴气软化之象，故为泽。巽卦是两阳升腾于阴爻之上，象征风的散发。

为方便初学者记忆八卦，南宋的朱熹在其《周易本义》中载录了以下这首《八卦取象歌》：

☰乾三连（天）　　☷坤六断（地）　　☳震仰盂（雷）　　☶艮覆碗（山）

☲离中虚（火）　　☵坎中满（水）　　☱兑上缺（泽）　　☴巽下断（风）

1. 卦德

每个卦都有其本质特征或属性，这种本质特征或属性被称为"卦德"。八卦之德分别是：

乾健（运行不息）　　坤顺（承天而行）

震动（惊动万物）　　巽入（无孔不至）

坎陷（水深成险）　　离丽（光明灿烂）

艮止（峛然不动）　　兑悦（荡漾感人）

2. 阴阳四卦及其卦序

在四象所衍生出来的八卦中，乾、兑、离、震四卦是四象与阳爻结合的产物，因此被称为"阳四卦"；巽、坎、艮、坤是四象与阴爻结合的产物，因此被称为"阴四卦"。记住这一点很重要。

阳四卦：☰乾 ☱兑 ☲离 ☳震（四象与阳爻结合）

阴四卦：☴巽 ☵坎 ☶艮 ☷坤（四象与阴爻结合）

注意，由四象所生的八卦次序是：乾一，兑二，离三，震四，巽五，坎六，艮七，坤八。

老阳　少阴　少阳　老阴

⚌　⚍　⚎　⚏

↓

乾　兑　离　震　巽　坎　艮　坤

一　二　三　四　五　六　七　八

☰　☱　☲　☳　☴　☵　☶　☷

八卦的次序

这个次序是宇宙分化的逻辑结果，不是人为安排的。它与下面将要介绍的先天八卦有密切的关系。

3. 先天八卦——《伏羲八卦》

按"易有太极，是生两仪，两仪生四象，四象生八卦"的步骤生成的八卦被称为"先天八卦"，它是从先天地而存在的宇宙本原——太极衍化出来的。因为其排列图式被认为出自伏羲，所以它又被称为《伏羲八卦》。

《伏羲八卦》唐以前未见，其图式是在宋版《周易》中出现的，应当是宋人根据《系辞》创制的。不过宋人创制这个图式并非全无所本，湖南长沙马王堆汉墓出土的帛书本《周易》的四个正卦（乾、坤、坎、离）就与《伏羲八卦》完全一样，只是四个隅卦（艮、兑、震、巽）各自右旋了一位。《伏羲八卦》图式如下：

《伏羲八卦》

这个图式具有以下特点：

第一，它是按"四象生八卦"自然形成的卦序来排列的，其卦序为乾一、兑二、离三、震四、巽五、坎六、艮七、坤八，运动方向呈"S"形。

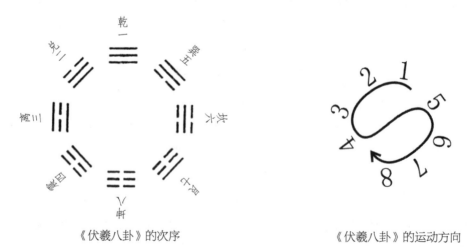

《伏羲八卦》的次序 　　　　　　　　《伏羲八卦》的运动方向

左边为阳四卦（乾→兑→离→震），从象征天的乾卦开始，到象征雷的震卦结束，表示"天道左旋"（天为阳），按逆时针方向运行；右边为阴四卦（巽→坎→艮→坤），从象征风的巽卦开始，到象征地的坤卦结束，表示"地道右转"（地为阴），按顺时针方向运行。古人对逆与顺的理解也与现代相反，他们以左旋（逆时针运行）为顺，以右转（顺时针运行）为逆。

细心的读者可能已从"天道左旋"和"地道右转"中发现了《伏羲八卦》与《太极图》的对应关系：

阳四卦为已生之卦　　　　　　　　　阴四卦为未生之卦

《伏羲八卦》与《太极图》的对应关系

《伏羲八卦》的阳卦顺行、阴卦逆行是太极内部阴阳矛盾运动的外化。由于《伏羲八卦》与阴阳互抱的《太极图》有着密切的关系，人们干脆便将《伏羲八卦》与《太极图》合二为一了：

包含《太极图》的伏羲八卦

第二，《伏羲八卦》的四个方位坐标，与现代地图的方位坐标恰好相反。也就是说，东在左，西在右，南在上（前），北在下（后）。古代以"四灵"与四方相配，以东方为青龙之象，西方为白虎之象，南方为朱雀之象，北方为玄武之象，因此，在传统上有"左青龙、右白虎、前朱雀、后玄武"的说法。

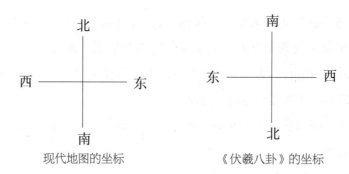

现代地图的坐标　　　　　　　《伏羲八卦》的坐标

这样一种方位安排，今人看起来可能不习惯。可不可以按现代地图的坐标，把八卦旋转180°，让北在上、南在下、东在右、西在左呢？不可以。因为这样旋转，代表天的乾卦便处在了下方，而代表地的坤卦则居于上方。这既违反了《周易》天尊地卑的原则，也与我们的常识不符。那么改变坐标，像现代地图那样，把乾卦所在的方位定义为北方、把坤卦所在的方位定义为南方行不行呢？也不行。乾是纯阳卦，没有理由被安排在寒冷的北方；坤为纯阴卦，也没有理由被安排在炎热的南方。因此这个方位坐标是调整不了的，硬要调整就违背了古人的文化观念。古代把江东称为"江左"，把江西称为"江右"，把山东称为"山左"，把广西称为"广右"，都是基于这个方位安排。市面上有一本关于八卦的书，其作者自作聪明地把《伏羲八卦》的方位进行了调整，反映了对传统文化理解的不到位。

第三，《伏羲八卦》存在四组对卦，它们阴阳相反，互为对错。四组对卦分别是：乾对坤，兑对艮，震对巽，离对坎。《说卦》说它们的功能分别是："天地定位，山泽通气，雷风相搏，水火[不]相射。"意思是，由乾卦代表的天与由坤卦代表的地是用来确定上下尊卑关系的，头顶着的就是天，脚踩着的就是地。艮卦表示西北多山，兑卦表示东南多水，山水会流向湖泊，湖泊之水又会蒸发为雨洒到山上。雷与风会在大气层中交相摩擦，形成雷动风起、风助雷势的场面。水与火性质相反，它们是相互排斥的，水会灭火，火能干水。四组对卦能感应通变，是由于它们的卦象阴阳相反、互为错卦。

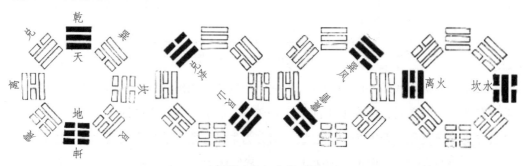

《伏羲八卦》中的对卦

4. 后天八卦——《文王八卦》

在易学领域，除了先天八卦——《伏羲八卦》外，还有一个后天八卦，这就是《文王八卦》。

在《周易》的传中，有一篇五行化了的文字，即《说卦》第五章。它运用五行相生之理，阐述了八卦的方位：

> 帝出乎震，齐乎巽，相见乎离，致役乎坤，说言乎兑，战乎乾，劳乎坎，成言乎艮。万物出乎震，震，东方也。齐乎巽，巽，东南也；齐也者，言万物之洁齐也。离也者，明也。万物皆相见，南方之卦也。圣人南面而听天下，向明而治，盖取诸此也。坤也者，地也，万物皆致养焉，故曰致役乎坤。兑，正秋也，万物之所说也，故曰说言乎兑。战乎乾，乾，西北之卦也，言阴阳相薄也。坎者，水也，正北方之卦也，劳卦也，万物之所归也，故曰劳乎坎。艮，东北之卦也，万物之所成终而所成始也，故曰成言乎艮。

上文明确说震卦在东方，巽卦在东南方，离卦在南方，紧接着的坤卦与兑卦没有明确说出方位，但根据文字可以推出它们分别在西南与西方。乾卦在西北，坎卦在北方，艮卦在东北。宋代学者根据这篇文字，创制出了一个与《伏羲八卦》不同的八卦图式，为了增加它的权威性，他们声称它是从周文王那里传下来的，因此叫《文王八卦》。

《文王八卦》

在《文王八卦》中，乾为西北，坤为西南，震为正东，巽为东南，坎为正北，离为正南，艮为东北，兑为正西，方位与《伏羲八卦》完全不同。我们不妨把二者对照一下：

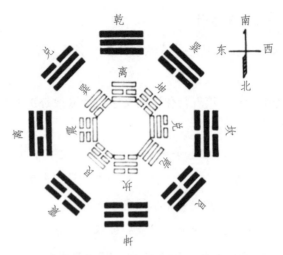

《伏羲八卦》与《文王八卦》方位的对照

为什么《文王八卦》的方位会发生这种变化呢？这可能与周初的历史有关。周族崛起于西方，以西为上，于是把地位最为重要、原居于南北的乾、坤两卦移到了西边，一个安在西北（乾），一个安在西南（坤）。在占筮中，凡占到西方都较为吉利，大概也是因为这个缘故。《说卦》的作者可能考虑到离卦代表火，因此把它从东方移到了炎热的南方，反之也将代表水的坎卦从西边移到了寒冷的北方，依旧与离卦相对。震为雷，春天一来，雷便作于东方，因此从东北移到了代表春天的东方；兑为悦，夕阳无限好，让人感到喜悦，故被安在西方；艮为山，卦德为止，因此被安放在流转过程结束的东北方。从流转方向来说，《文王八卦》从震卦开始，至艮卦结束，所进行的是顺时针的圆周运动。这一点与进行S形运动的《伏羲八卦》完全不同。

《文王八卦》被称为"后天八卦"，是因为在这个图式中，乾、坤两卦与其他六卦是"父母"与"子女"的关系。换言之，兑、离、巽、艮、坎、震六卦是由乾、坤二卦"生"出来的。《说卦》曾解释说：

> 乾，天也，故称乎父。坤，地也，故称乎母。震一索而得男，故谓之长男。巽一索而得女，故谓之长女。坎再索而得男，故谓之中男。离再索而得女，故谓之中女。艮三索而得男，故谓之少男。兑三索而得女，故谓之少女。

即乾为父，坤为母，震为长男（初爻为阳），坎为中男（中爻为阳），艮为少男（上爻为阳），巽为长女（初爻为阴），离为中女（中爻为阴），兑为少女（上爻为阴）。宋代的邵雍总结说："乾统三男于东北，坤统三女于西南。"

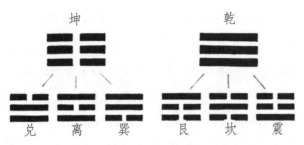

后天八卦中的"父母"与"子女"

有一本叫作《易经图典》的书形象地把上图表现为下图这个样子：

"乾坤六子"

《文王八卦》也有卦数。《伏羲八卦》只有八个数，但是后世的术家给《文王八卦》安排了九个数，即：坎一、坤二、震三、巽四、（中五）、乾六、兑七、艮八、离九。这样安排与《洛书》有关，我们留待下文再说。古人为这种安排编了一首歌诀以便于记忆："一数坎兑二数坤，三震四巽数中分，五寄中宫六乾是，七兑八艮九离门"。

《文王八卦》的数

《伏羲八卦》（先天八卦）与《文王八卦》（后天八卦）的关系是体与用的关系。先天八卦是本体，后天八卦为派用。先天八卦反映的是宇宙形成之前的状态，后天八卦反映的是宇宙形成之后的秩序。在方术中，较多地被应用于占卜的是《文王八卦》。罗盘中的八卦便是《文王八卦》。风水先生说"坤山艮向"指坐西南朝东北，说"巽山乾向"指坐东南朝西北，都是以《文王八卦》为根据的。

有的术家为了便于占算，把《文王八卦》移到了手指上，这是因为玩索需要而产生的发明。

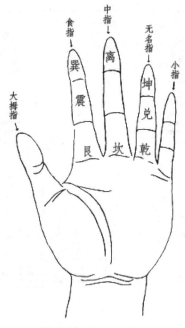

手掌上的《文王八卦》

（五）"八卦定吉凶，吉凶生大业"

自然、社会与人生是复杂的，仅靠八个单卦并不足以说明宇宙与社会的纷繁复杂现象，于是单卦便被重叠在一起，衍成了重卦，数量也由八个变为了六十四个，从而形成了更为丰富的事物象征体系。叠卦工作据说是由周文王来完成的。司马迁《史记》说："文王拘而演《周易》。""西伯盖即位五十年。其囚羑里，盖益《易》之八卦为六十四卦。"周文王（即西伯侯姬昌）曾因被怀疑有造反之念而被商纣王囚禁于羑里（今河南汤阴县北），他在寂寞无聊之中玩玩古而有之的八卦，并把它们叠为六十四卦，这种可能是存在的。不管是谁创造的，六十四卦其实是《系辞》所说的"刚柔相摩，八卦相荡"的产物。"刚柔相摩"是说阴阳的矛盾斗争，"八卦相荡"

是说单卦像"荡秋千"一般交换位置、叠为重卦。由两个单卦重叠而成的重卦共有六爻。古人说:"六爻之动,三极之道也。"三极也称三才,指天、地、人。因为任何事物都有阴阳两面,所以六爻是三极之道。在古人的观念中,万物变化都是按六个阶段进行的。六十四卦被用来说明世间万物的发展变化情状,因此说"吉凶生大业"。

从单卦衍化出的六十四个重卦共分八宫。乾宫是由乾卦衍化出来的八个卦,它们是:

乾 　夬 　大有 　大壮 　小畜 　需 　大畜 　泰

乾宫

兑宫是由兑卦衍化出来的八个卦,它们是:

履 　兑 　睽 　归妹 　中孚 　节 　损 　临

兑宫

离宫是由离卦衍化出来的八个卦,它们是:

同人 　革 　离 　丰 　家人 　既济 　贲 　明夷

离宫

震宫是由震卦衍化出来的八个卦，它们是：

| 无妄 | 随 | 噬嗑 | 震 | 益 | 屯 | 颐 | 复 |

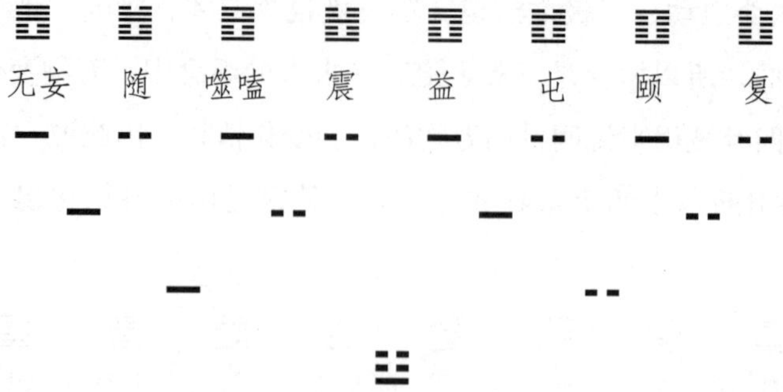

震宫

巽宫是由巽卦衍化出来的八个卦，它们是：

| 姤 | 大过 | 鼎 | 恒 | 巽 | 井 | 蛊 | 升 |

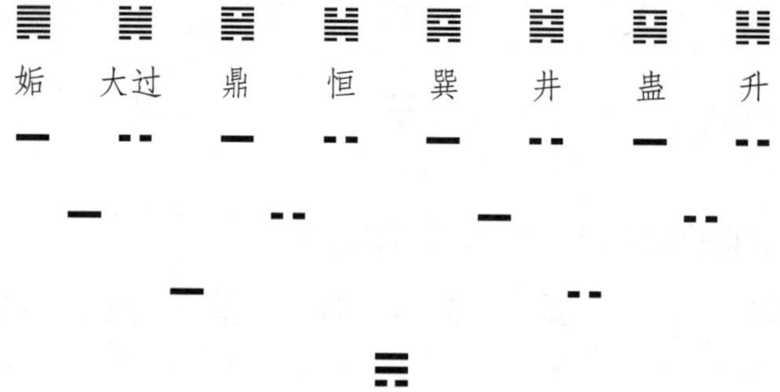

巽宫

坎宫是由坎卦衍化出来的八个卦，它们是：

| 讼 | 困 | 未济 | 解 | 涣 | 坎 | 蒙 | 师 |

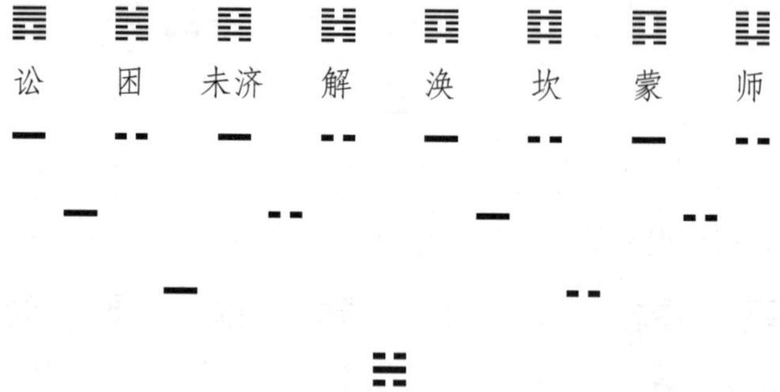

坎宫

艮宫是由艮卦衍化出来的八个卦，它们是：

遁 咸 旅 小过 渐 蹇 艮 谦

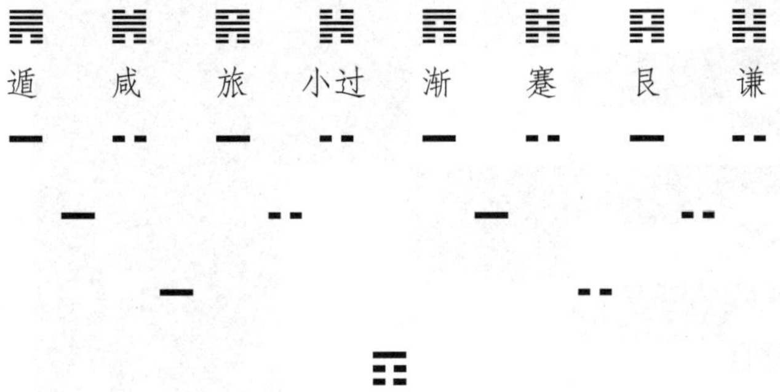

艮宫

坤宫是由坤卦衍化出来的八个卦，它们是：

否 萃 晋 豫 观 比 剥 坤

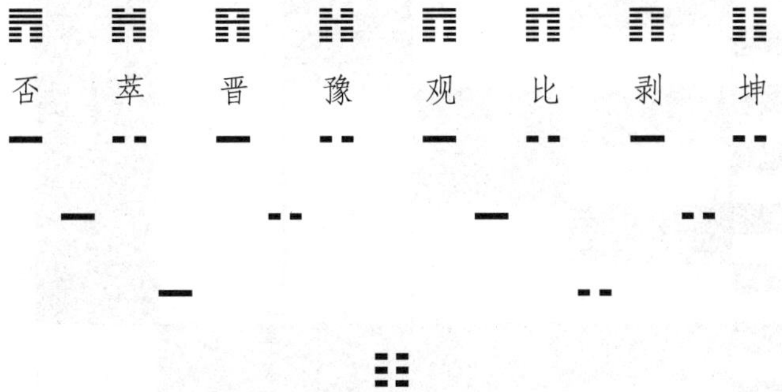

坤宫

二、六十四卦的次序

重卦共有六十四个，其排列形式则有多种，次序各不相同。

（一）《伏羲六十四卦》的次序

《伏羲六十四卦》是按照《系辞》所说的宇宙发生机制，由八个单卦衍化而成的八组重卦，它们是按乾、兑、离、震、巽、坎、艮、坤八宫的次序来排列的，实质上是《伏羲八卦》的逻辑放大，不过《伏羲八卦》是八个卦，而《伏羲六十四卦》是八组卦。

在朱熹的《周易本义》中，《伏羲六十四卦》被表示为下图的样子：

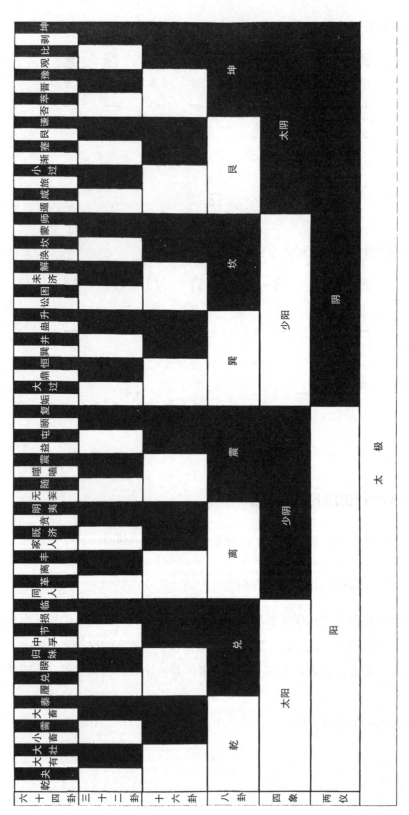

《周易本义》中的《伏羲六十四卦图》

在某些易学著述中，可以见到一个圆形的《伏羲六十四卦图》。此图的圆心是太极，以太极为中心一层一层地往外展开，依次是两仪、四象、八卦、六十四卦。白方格表示阳爻，黑方格表示阴爻。例如乾卦是六个白格，表示六爻皆阳，卦象为☰；大过卦从内圆到外圆格子分别是黑、白、白、白、白、黑，即阴爻、阳爻、阳爻、阳爻、阳爻、阴爻，卦象为☱。

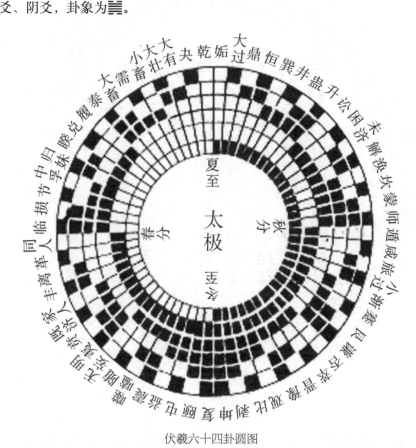

伏羲六十四卦圆图

此图看上去眼花缭乱，其实很有规律：左半图为乾、兑、离、震四组卦，每组八个卦，按"天道左旋"（逆时针）的方式排列；右半图为巽、坎、艮、坤四组卦，每组也是八个卦，按"地道右转"（顺时针）的方式排列。运行方式与《伏羲八卦》完全相同。

还有一个由方图和圆图组合成的伏羲六十四卦方位图，见于邵雍的书，据说出自陈抟所传：

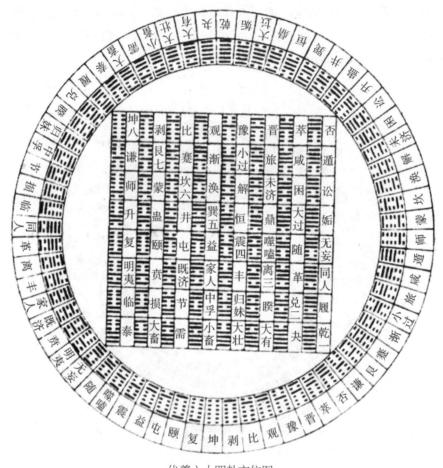

伏羲六十四卦方位图

此图是"天圆地方""天动地静"的古代观念的产物。方图代表地，也代表空间。图共八行八列，从右下角到左上角，依次为"乾一，兑二，离三，震四，巽五，坎六，艮七，坤八"。从下面第一行算起，每行一宫。例如第一行为乾宫（包括乾、夬、大有、大壮、小畜、需、大畜、泰八个卦），第二行为兑宫，第三行为离宫……圆图代表天，也代表时间。除了"位"，《周易》还讲"时"，时就是时间。卦运变化，要看方位，还要讲时序。圆图表示时间流转，佛教把时间流转称为"轮回"，易学则叫作"复"。这个圆图与上面的圆图完全相同，它其实是方图的变种。我们只需按"天道左旋""地道右转"的法则，像叠麻将一般，把方图下面的乾、兑、离、震四宫一排一排依次左旋排列，再把上面的巽、坎、艮、坤四宫一排一排依次右旋排列，组成一个圆圈，就可以了。

（二）《京房易传》的六十四卦次序

京房是西汉的著名易学家，因爱说阴阳灾异，汉元帝时"下狱死"。京房的理论来自他的老师孟喜与焦赣，正所谓青出于蓝，他的象数易学在深度上已超过了老师。京房的学说集中反映在《京房易传》和清人辑录的《京氏易》中。其六十四卦卦序则被转载在唐代陆德明的《经典释文》中。《京房六十四卦》也是按八宫排列的，不过其次序是乾、震、坎、艮、坤、巽、离、兑，与《伏羲八卦》不一样，它体现的是《说卦》"乾坤六子"的思想。也就是说，他是按《说卦》来排定八宫的。其排列方式为：先四阳——"父亲"（乾）与"三子"（震、坎、艮），后四阴——"母亲"（坤）与"三女"（巽、离、兑）。各宫之卦，则是按本宫（一世）卦、二世卦、三世卦、四世卦、五世卦、六世卦、游魂（七世）卦、归魂卦（八世卦）的次序排列的。如下表所示：

京房的八宫卦次序

本宫卦	爻变	乾	震	坎	艮	坤	巽	离	兑
二世卦	初爻变	姤	豫	节	贲	复	小畜	旅	困
三世卦	初爻与二爻变	遁	解	屯	大畜	临	家人	鼎	萃
四世卦	初爻至三爻变	否	恒	既济	损	泰	益	未济	咸
五世卦	初爻至四爻变	观	升	革	睽	大壮	无妄	蒙	蹇
六世卦	初爻至五爻变	剥	井	丰	履	夬	噬嗑	涣	谦
游魂卦	上爻、四爻不变，其余全变	晋	大过	明夷	中孚	需	颐	讼	小过
归魂卦	第五爻变，其余不变	大有	随	师	渐	比	蛊	同人	归妹

下面以乾宫为例加以说明。《周易》是讲天地间的变化之道的。宇宙万物时刻都在变。作为六十四卦之首的乾卦是个纯阳卦，阳极而阴生，于是初爻变阴，乾卦就

变成了姤卦，这便是二世卦。事物发展到极点，就会掉头走下坡路。当年袁世凯想当皇帝，他的儿子袁克文写诗劝他不要有此想法，其中有两句："遽怜高处多风雨，莫到琼楼最上层。"可是老头子不听，偏要过皇帝瘾，结果只坐了83天龙床，便在护国运动的浪涛中倒台了。姤卦第二爻变阴，然后是三世卦遁卦、四世卦否卦、五世卦观卦，直到六世卦剥卦，阳气被一点点地销蚀，只剩上九一点阳了。到这个地步，便不能往上变了，因为再往上变，六爻皆阴，便成了另外的一个宫主坤了。因此只好转头往下变，恢复第四爻的原样，成为晋卦。这是七世卦，又叫"游魂卦"。只所以这么叫，是因为在六世时本宫卦已岌岌可危，到了"气散魂游"的地步，要是不变回来，便完蛋了。从前人年纪大了常说自己"游魂于虚墓之间"，意思是说身还在人世，魂已到了阴间。最下面一卦归魂卦是大有卦，它把六世卦的下面四爻都变成了阳爻。八世卦之所以叫"归魂卦"，是因为这时下卦又变回了原先的模样。

《京房易传》中六十四卦的八宫排列体现了西汉时盛行的天、地、人、鬼"四易"思想，这是对天、地、人三才观的发展。《京房易传》卷二说："孔子《易》云：有四易。一世、二世为地易，三世、四世为人易，五世、六世为天易，游魂、归魂为鬼易。"京房的理论，反映了他试图打通天、地、人、鬼的努力。他这套东西被后世用于占筮，对方术影响很大。

朱熹《周易本义》中的《分宫卦象次序歌》，对《京房六十四卦》的八宫次序进行了重新排列，挪动了几宫的位置，可能是为了与《文王八卦》协调：

京房：乾、震、坎、艮、坤、巽、离、兑

朱熹：乾、坎、艮、震、巽、离、坤、兑

（三）《序卦》的六十四卦次序

通行本《周易》的六十四卦既不是按《伏羲六十四卦》的次序排列的，也不是按《京房易传》六十四卦的次序排列的，而是按《序卦》所说的事物发生次序排列的。其排列方式，被唐朝孔颖达的《周易正义》归纳为"二二相偶，非覆即变"。"二二相偶"，意思是每两卦为一对，交互相配。"非覆即变"，覆也称为综，指卦象颠倒，例如屯卦☵与蒙卦☶、震卦☳与艮卦☶；变也称为错，指阴阳相反，例如乾卦☰与坤卦☷、颐卦☶与大过卦☴。覆卦也称综卦，变卦也称错卦。（在六十四卦中，有四组卦是既变又覆的，它们分别是泰卦☷和否卦☰、随卦☱和蛊卦☶、渐卦☶和归妹卦☳、既济卦☵与未济卦☲。）按照上述规律，便形成了一个从乾卦开始至未济卦结束的序列：

1. 乾䷀　　2. 坤䷁　　3. 屯䷂　　4. 蒙䷃　　5. 需䷄　　6. 讼䷅

7. 师䷆　　8. 比䷇　　9. 小畜䷈　10. 履䷉　　11. 泰䷊　　12. 否䷋

13. 同人䷌　14. 大有䷍　15. 谦䷎　16. 豫䷏　　17. 随䷐　18. 蛊䷑

19. 临䷒　20. 观䷓　　21. 噬嗑䷔　22. 贲䷕　23. 剥䷖　24. 复䷗

25. 无妄䷘　26. 大畜䷙　27. 颐䷚　28. 大过䷛　29. 坎䷜　30. 离䷝

31. 咸䷞　32. 恒䷟　33. 遁䷠　34. 大壮䷡　35. 晋䷢　36. 明夷䷣

37. 家人䷤　38. 睽䷥　39. 蹇䷦　40. 解䷧　41. 损䷨　42. 益䷩

43. 夬䷪　44. 姤䷫　45. 萃䷬　46. 升䷭　47. 困䷮　48. 井䷯

49. 革䷰　50. 鼎䷱　51. 震䷲　52. 艮䷳　53. 渐䷴　54. 归妹䷵

55. 丰䷶　56. 旅䷷　57. 巽䷸　58. 兑䷹　59. 涣䷺　60. 节䷻

61. 中孚䷼　62. 小过䷽　63. 既济䷾　64. 未济䷿

《序卦》的六十四卦次序

前人为了便于记忆，编写了这首《上下经卦名次序歌》，载于南宋朱熹的《周易本义》中：

乾坤屯蒙需讼师，比小畜兮履泰否。

同人大有谦豫随，蛊临观兮噬嗑贲。

剥复无妄大畜颐，大过坎离三十备。

咸恒遁兮及大壮，晋与明夷家人睽。

蹇解损益夬姤萃，升困井革鼎震继。

艮渐归妹丰旅巽，兑涣节兮中孚至。

小过既济兼未济，是为下经三十四。

（四）帛书本《周易》的六十四卦次序

长沙马王堆帛书本《周易》的六十四卦次序与通行本不同，它也是从乾卦开始，至益卦结束，排列次序如下（卦名依通行本）：

1. 乾䷀　　2. 否䷋　　3. 遁䷠　　4. 履䷉　　5. 讼䷅　　6. 同人䷌

7. 无妄䷘　8. 姤䷫　　9. 艮䷳　　10. 大畜䷙　11. 剥䷖　12. 损䷨

13. 蒙䷃　14. 贲䷕　　15. 颐䷚　16. 蛊䷑　　17. 坎䷜　18. 需䷄

19. 比䷇　20. 蹇䷦　　21. 节䷻　22. 既济䷾　23. 屯䷂　24. 井䷯

25. 震䷲　26. 大壮䷡　27. 豫䷏　28. 小过䷽　29. 归妹䷵　30. 解䷧

31. 丰䷶　32. 恒䷟　　33. 坤䷁　34. 泰䷊　　35. 谦䷎　36. 临䷒

37. 师䷆　　38. 明夷䷣　　39. 复䷗　　40. 升䷭　　41. 兑䷹　　42. 夬䷪

43. 萃䷬　　44. 咸䷞　　45. 困䷮　　46. 革䷰　　47. 随䷐　　48. 大过䷛

49. 离䷝　　50. 大有䷍　　51. 晋䷢　　52. 旅䷷　　53. 暌䷥　　54. 未济䷿

55. 噬嗑䷔　　56. 鼎䷱　　57. 巽䷸　　58. 小畜䷈　　59. 观䷓　　60. 渐䷴

61. 中孚䷼　　62. 涣䷺　　63. 家人䷤　　64. 益䷩

马王堆帛书本《周易》的六十四卦次序

在上述八组卦中，前四组的上卦分别是乾、艮、坎、震，均为阳卦（或男卦），它们是按以乾（父）为首，以艮（少男）、坎（中男）、震（长男）为序排列的；后四组的上卦分别是坤、兑、离、巽，均为阴卦（或女卦），它们是按以坤（母）为首，以兑（少女）、离（中女）、巽（长女）为序排列的。这显然也是《说卦》"乾坤六子"说影响下的产物。这种排列同时突出了上卦与下卦的区别与八个经卦的地位，反映了《系辞》"八卦成列，象在其中矣。因而重之，爻在其中矣"的道理。

从时间上看，通行本的卦序产生应早于帛书本，因为解释它的《序卦》在汉初就已被人称引，而在战国魏襄王墓随葬的《易经》卦序，已与通行本一致。

要辨别与记忆六十四卦卦象，传统方法是熟背载于朱熹《周易本义》中的《分宫卦象次序歌》，它是对载于唐代陆德明《经典释文》中的汉代京房的八宫卦系进行调整排列而成的：

乾为天　　天风姤　　天山遁　　天地否　　风地观　　山地剥　　火地晋　　火天大有

坎为水　　水泽节　　水雷屯　　水火既济　　泽火革　　雷火丰　　地火明夷　　地水师

艮为山　　山火贲　　山天大畜　　山泽损　　火泽暌　　天泽履　　风泽中孚　　风山渐

震为雷　　雷地豫　　雷水解　　雷风恒　　地风升　　水风井　　泽风大过　　泽雷随

巽为风　　风天小畜　　风火家人　　风雷益　　天雷无妄　　火雷噬嗑　　山雷颐　　山风蛊

离为火　　火山旅　　火风鼎　　火水未济　　山水蒙　　风水涣　　天水讼　　天火同人

坤为地　　地雷复　　地泽临　　地天泰　　雷天大壮　　泽天夬　　水天需　　水地比

兑为泽　　泽水困　　泽地萃　　泽山咸　　水山蹇　　地山谦　　雷山大过　　雷泽归妹

第四讲　象数与义理

在易学领域，自古即有"象数之学"与"义理之学"两种学术体系的分别，我们可以把它们视作易学之树上的两个分枝，有人称为"一花两瓣"。《周易》不易懂，难点主要在对象数的理解上。象数内容复杂深奥，不容易搞明白。相对于象数，义理就容易掌握一些，《周易》在义理方面只是提出了一些思想原则与理论范式，供人讨论发挥的空间较大。故这一讲对象数与义理的介绍，以象数为重心。

一、象数之学

易学的理论体系包括符号系统与文字系统，象数属于符号系统。象数是"易象"与"易数"的合称。"象"指图形，"数"为数理。

象数的概念最早是《左传》提出来的。《左传·僖公十五年》载："龟，象也；筮，数也。物生而后有象，象而后有滋，滋而后有数。"这段文字首次提到了象与数的概念，并且谈到了二者的关系。先秦时代的人们提出象数的概念，是为了"通神明之德"和"类万物之情"，它们不仅为占筮操作提供了基本范式，而且也为后世的象数之学与义理之学提供了理论原点。

（一）象数学派

汉代是易学史上的一个重要时期，因为象数学派就是在这个时期产生并占据学术主导地位的。这一派在治易上有一个共同点，就是认为自然与社会的发展与卦象的变化是一致的，因此掌握了八卦与六十四卦的变化规律，就可以上判国家治乱兴亡、下决个人福祸吉凶。汉人所说的象数，不仅指卦爻之象与阴阳之数，而且融合了奇偶、天干、地支、五行、四时、十二月、二十四节气、七十二候等概念，构成一个庞大的理论系统。汉代象数学派的代表人物孟喜、京房、郑玄、荀爽、虞翻等人以象数解易，创立了卦气、纳甲、爻辰、互体等说，对后世产生了很大的影响。比如，汉代象数学派的开山祖师孟喜以卦气说解易，其理论在汉易象数学派中广为流传，从而深刻地影响了后来的学者。卦气说主要从卦爻象的阴阳变化出发来推测气候变化和人事吉凶。孟喜把一年的四时、十二月、二十四节气、七十二候、三百六十日都纳入了其解易的范围，他以坎、离、震、兑为四正卦，将二十四节气配入其中，因为每卦有六爻，所以每卦统领六个节气。他又发明了"十二消息卦"（也叫"十二辟卦"），把六十四卦中的泰、大壮、夬、乾、姤、遁、否、观、剥、坤、复、临十二卦抽出，让它们与一年十二个月相配。从复到乾，阳气逐渐增加，阴气逐渐减弱，这是阳息阴的过程；从姤到坤，阴气逐渐增加，阳气逐渐减弱，这是阴消阳的过程。而汉易的另一位代表人物京房则在此基础上创造出许多占算的体例，将卦气说、八宫卦说、阴阳二气说、五行说、纳甲说都纳入了自己的理论体系中，其所著《京房易传》影响很大。

由于他们的理论太复杂，曹魏的王弼、晋代的韩康伯等以老庄解易的义理派曾提出"得意忘象"的主张。但忘象不等于扫象与废象，相反，他们还发明了一些新的象数体例，如"一爻为主""初上不论位"之类。而以管辂、孙盛、干宝、郭璞为代表的一班象数派人物则继承汉易以象数解易的传统，与当时以玄学解易的义理派相抗衡。

唐代李鼎祚所著《周易集解》，是仅次于《周易正义》的易学典籍。他撰写此书，主要是想纠正《周易正义》重义理之学、轻象数之学的倾向。其书博采汉魏以来三十多家之说（其中多是象数派的议论），推崇汉易象数派的治易原则和方法，使许多珍贵的资料得以保存与流传。如果说孔颖达的《周易正义》是以义理学为主的总结性典籍，那么李鼎祚的《周易集解》则是以象数学为主的总结性典籍。

宋代的象数派也被称为图书派，其创始人是陈抟，北宋的代表人物有刘牧、周敦颐、邵雍等，南宋则有朱震、蔡元定等。该派的基本特征是以图书象数来解说易理，因此被清人称为"图书之学"。宋代的象数之学，除了有汉人的东西之外，还加入了《太极图》《先天八卦图》《后天八卦图》《河图》《洛书》等内容，使象数之学演变成了包含天文、历法、乐律、道教、养生在内的庞杂的理论体系。在宋人那里，几乎所有的义理都是通过对图书象数的阐发而获得的。陈抟继承了道教用图式解说炼丹过程的传统，用《太极图》《无极图》《龙图》（即《河图》《洛书》）讲解阴阳变易之数与乾坤坎离之象。刘牧以《河图》《洛书》来说明易理，使象数走向了哲理化。周敦颐的《太极图说》则由图式与解说两部分组成，他将道家的"无极"概念引入了儒家的解易系统，认为天地万物的形成演变过程是由无极到太极到阴阳二气再到五行，最后到万物与人类，为儒家的宇宙论提供了一个完整的理论框架。邵雍撰著了《皇极经世书》，以卦象推算古今的世运。他把注意力放在《伏羲八卦》与六十四卦的图式上，很少解释卦爻辞。他认为这些图式虽然无文，但是尽备天地万物之理。由于他着重讲数，所以其先天易学也被称为"数学"，他本人则被看成是北宋数学派的代表人物。

南宋的朱震（程颐的再传弟子）著有《汉上易传》《易图》《易丛说》，《易图》收集了北宋易学的各种图式共四十余幅，并以这些图式来解说《易经》。《易丛说》则对自汉以来的象数学进行了整理总结。朱熹的友人蔡元定认为河洛之数是《周易》卦象的来源，而河洛之数又出自自然之理。其子蔡沈继承了父亲的易学思想，将理和数统一起来，以数解理。

元明时期，程朱派易学取得了统治地位。由于朱熹的易学并不一概排斥象数之学，宋易中的图书之学又在这个时候发展成为易图学，其特征是把图像看成某种模式，用来解释世界的现象。易图学派在明代以来知德及方孔熙、方以智父子为代表。来知德提出了"舍象不可以言易"的命题，方氏父子则认为"虚空皆象数"，标志着象数之学发展到高峰。

到近代，有人则借易学的象数理论来讨论和解释数学、物理学、生物学、天文学方面的问题，赋予象数之学以"科学"的面目，这种借象论理的做法，被称为"科学易"。例如，零阳翁、李洲就曾在其《易学综述》一书中利用《周易》的阴阳互根理论以及相关卦象，来讨论分析生命细胞的合成问题。

（二）象学

象数之学又可分为"象学"与"数学"。象学偏重于形象分析，数学偏重于数理分析，它们都是象数之学的组成部分。

1. 象的分类

象不仅是《周易》的构成元素，而且也是易学的重要范畴。它的含义很丰富，在不同的语境中有不同的含意。它有时指自然、社会中所能看得见的物象，例如《系辞》说："见乃谓之象。""极其数，遂定天下之象。"有时特指天象，例如《系辞》说"在天成象，在地成形"，"天垂象"，"仰则观象于天"。有时又指对各种物象的模拟结果，例如《系辞》说"君子居则观其象而玩其辞"，"圣人立象以尽意，设卦以尽情伪"，"圣人设卦观象"。

近人蒋伯潜在《十三经概论·周易概论》中将象分为"现象""意象""法象"三种。他把现象定义为"一切事物之自然认为的静态或动态"，上文提到的"天垂象""在天成象""仰则观象于天""见乃谓之象"之象便是现象。意象指事物在认识主体——人的脑子里留下的形象，分为印象（记忆意象）与想象（创见意象）两种。蒋伯潜所说的意象，其实就是人脑对现象的加工形式。法象是《周易》取法的物象，如《系辞》所言："是故法象莫大乎天地，变通莫大乎四时。"也指《周易》所用的象征手段。《周易》用卦爻符号象征、模拟自然变化和人事吉凶，这是取法外象。用《系辞》的话来说："是故易者，象也；象也者，像也。""圣人有以见天下之赜，而拟诸其形容，象其物宜，是故谓之象。""天垂象，见吉凶，圣人象之。""分而为二以象两，挂一以象三，揲之以四以象四时，归奇于扐以象闰。"这些文字中的象都是法象。

也有学者把象分为物象与意象。物象指有形可见，或者虽然无形但可以感觉到的事物之象，前者为实象与虚象。实象如天、地、日、月、水、火、山、泽等，虚象如风、气等。意象是从物象中抽取、提炼出来的带有感性意义的概念。意象是物象的升华，物象是意象的基础。

《周易》的卦爻是典型的意象。它们从物象中提炼而来，又被用来比拟、象征万事万物，但它们本身并不是万事万物。易学领域中的太极、阴阳、四象等概念也是意象，它们均超出了物象的具体、实在形象，具有特定、抽象的意义。意象思维是《周易》最重要的思维方式。所谓意象思维，是指运用直观、感性、形象的图像符号，通过象征、类比、推理等手段，去认识、把握客观世界的思维方式。

2. 易象的类型

在易学领域中，最重要同时也是最基本的象，是爻象与卦象。

（1）爻象

《周易》归根结底，是一部讨论变化的书。因此对卦象变化的观察，便成为象学研究最重要的方面。而卦是由爻组成的，卦象变化首先表现为爻象变化。爻象包括两个层面的内容：一是爻画。《周易》中的爻画，只有阴、阳两种，这就是说爻画之象只有两种，非阳（—）即阴（- -）。阳爻代表阳性的事物，也代表事物阳的方面；阴爻代表阴性的事物，也代表事物阴的方面。也就是说，阳爻和阴爻代表一切对立的事物与事物的对立方面。爻的阴阳变化，会对卦象产生直接影响。二是爻位，也就是爻在卦中所处的位置。爻位分析是《易传》解卦所采用的重要方法。根据十翼的解释及前人的研究，爻位可从不同角度来进行观察分析：

始与终——一卦六爻，由下至上，表示时间的初始、进行与结束。在研究爻象的时候，人们对初、上两个爻位最为重视；三、四爻由于处在上、下体的交接部——

"之际"，在某些卦中亦从时间的角度加以注意。《周易》的筮辞，初爻与上爻，往往显明地使用与初、上时位相关的词语，例如乾卦的初爻说"潜龙"，上爻说"亢龙"，龙从"潜"到"亢"，体现了时间的变化。又如师卦初六说"师出以律"，讲部队出战；上六说"大君有命，开国承家"，讲战事结束后论功行赏，亦同样体现了时间的变化。

正与失——一卦六爻，分阴分阳。初、三、五是阳位，二、四、上是阴位。在爻位分析法中，有一对很重要的概念，这就是"得正"与"失正"。阳爻居阳位（奇数位）、阴爻居阴位（偶数位）为得正之象；阴爻居阳位、阳爻居阴位为失正之象。得正表示事物符合常理、顺应规律，因而吉利；失正则表示事物不合常理、违背规律，因而凶险。例如家人卦内卦的主爻六二与外卦的主爻九五分别是阴爻居阴位、阳爻居阳位，居中得正，因此《彖辞》说："家人，女正位乎内，男正位乎外，男女正，天地之大义也。"六二说："无攸遂，在中馈，贞吉。"意思是没有什么要实现，在家中主理厨务，正固吉祥。九五说："王假有家，勿恤，吉。"意思是君王到来，家基稳固。不用忧虑，吉祥。相反的例子，可以师卦为例。师卦六三说"师或舆尸，凶"，六四却说"师左次，无咎"。为什么呢？因为六三是阴爻居阳位，所处位置与身份不符，自然会产生问题。阴爻材质柔弱，没有正面克敌的本事，硬碰硬不行，选择退守，合乎逻辑。六四是阴爻居阴位，为得正之象，因而无咎。

尊与卑——在传统上，单卦自下而上三个爻位依次象征地、人、天三才。重卦则以初、二两个爻位象征地道，三、四两个爻位象征人道，五、六两个爻位象征天道。另一种说法是，重卦中的初爻为士民，二爻为大夫，三爻为诸侯，四爻为朝臣，五爻为天子，上爻为宗庙。因为象征的对象不同，爻位就有贵贱或尊卑之分。第五爻是至尊之位，为君位，故常常提到"王"。例如涣卦说"王假有庙"；而此卦六爻，只有九五提到"王"："涣，王居无咎。""王居"二字，已指明这是君位。比卦、家人卦，第五爻都以"王"为称。五爻位尊，则初、二、三、四各爻是相对的卑位，就不言而喻了。事实上，这些爻位在易学中的确常常被看作"臣位"。爻位虽有尊卑，但并不是至高之位最好。恰恰相反，在六十四卦中，除了特殊情况，凡上爻都不吉。因为高处不胜寒，物极必反。乾卦上九便说"亢龙有悔"。为什么龙会"悔"？因为它已经飞腾到孤高之处，成了太上，四顾茫然，无法再动。这就叫乐极生悲。其他一些卦的上爻，也有不少凶辞。例如比卦上六："比之无首，凶。"噬嗑卦上九："何校灭耳，凶。"中孚卦上九："翰音登于天，贞凶。"

中与偏——第二、第五两爻分处于下卦与上卦中间，因而所处之位为中位。在《周易》中，爻位中与不中，像正与不正一样，是极为看重的。如果处于中位，便是"得中"，象征做事能守持中道，行为不偏不倚；"失中"则象征不能守持中道，行为有悖中庸。阳爻居中位，被认为有"刚中"之德；阴爻居中位，被认为有"柔中"之德。六二与九五是既中且正之象，被称为"中正"，被认为最为美善。在吉的层次上，中高于正。《周易》的爻辞多次提到"中行"，六爻中也是二、五两爻吉辞最多。尚中的观念流传不衰，在《尚书》《论语》中都有表述，古代的"中庸"观念，追根溯源，即源于此。

应与敌——一卦之中，初爻与四爻、二爻与五爻、三爻与上爻，具有对应关系，至于实际有应还是无应，取决于是不是阴阳相对。阴对阳、阳对阴为"有应"，简称"应"；同阳同阴则"无应"，也叫"敌应"。有应意味着阴阳相感，彼此可以应答；无应意味着情不相协，难以为助。关于应的关系，可以损卦为例。此卦只有初九和六四说到"遄"（意思是迅速），初九为："已事遄往，无咎，酌损之。"意思是完事后迅速前往，没有过失，应当酌情减损。而六四为："损其疾，使遄，有喜无咎。"意思是消减毛病，使初九迅速到来，有喜庆而无过失。蹇卦六二说："王臣蹇蹇，匪躬之故"，九五是"王"，六二才会说"王臣"，这也是有应之例。无应之例，最典型的是艮卦，此卦上、下卦均为阴爻对阴爻、阳爻对阳爻，全部无应，因此此卦的《象辞》指出："上下敌应，不相与也。"

比与隔——"比"指两爻相邻，"隔"指两爻之间隔着别的爻。一卦之中，相邻两爻的关系都是比的关系，如初爻与二爻、二爻与三爻、三爻与四爻、四爻与五爻、五爻与上爻。不管有利还是有害，都是近比有力，远隔乏力。"远亲不如近邻"，便是这个意思。这个方面的例子以姤卦最为典型。此卦九二、九四都提到"鱼"（喻指某种利益），九二说"包有鱼，无咎，不利宾"，而九四却说"包无鱼，起凶"，这是为什么呢？因为九二与卦主初六是近比关系，而九四与初六是远隔关系。

承与乘（凌）——阴爻在阳爻下面叫作"承"（阴爻支持阳爻），阴爻在阳爻上面叫作"乘"（凌）（阴爻欺负阳爻）。爻有阴阳，阳爻刚，阴爻柔。拟于人事，在下者如果很柔顺，安于被领导，上、下便能融洽相处；在下者如果很刚强，上面有一个管他不住的"头儿"，上、下便会势逆难和。承与乘其实也是一种近比关系。承乘之象，可举四、五两爻来说明。在《周易》中，凡六四上承九五者（共十六例），爻辞无一不吉；相反，凡六五下凌九四者（亦十六例），爻辞多为凶，少数为吉是因为别的原因。

（2）卦象

卦象指八卦、六十四卦这些符号本身的形象，以及这些符号形象所象征的事物。《系辞》说"圣人设卦观象系辞焉"，"八卦成列，象在其中矣"，"立象以尽意，设卦以尽情伪"。从设卦到观象到系辞，是圣人作《易》的三个阶段。卦象是古人根据物象创制出来的，是对纷繁错乱的物象简约抽象的结果，因此它反过来又成为认识万事万物的媒介。

卦象又分为单卦之象与重卦之象。单卦就是八卦，共有乾、坤、震、艮、离、坎、兑、巽八种，分别象征天、地、雷、山、火、水、泽、风八种不同的事物。对单卦之象，《说卦》收集了当时的资料，做了详细汇总。除了八种原始象征物之外，八卦还象征别的相关的事物。例如：

动物之象——乾为马，坤为牛，震为龙，艮为狗，离为雉，坎为豕，兑为羊，巽为鸡。

身体之象——乾为首，坤为腹，震为足，艮为手，离为目，坎为耳，兑为口，巽为股。

家庭之象——即所谓"乾坤六子"。乾为父，坤为母，震为长男，坎为中男，艮为少男，巽为长女，离为中女，兑为少女。

方位之象——古人用八卦来代表四正四维（四隅），这样八卦就有了方位的意义。《伏羲八卦》的方位，乾为正南，兑为东南，离为正东，震为东北，坤为正北，艮为西北，坎为正西，巽为西南；《文王八卦》方位与《伏羲八卦》又不相同：乾为西北，坤为西南，震为正东，巽为东南，坎为正北，离为正南，艮为东北，兑为正西。

重卦是由单卦重叠而成的，因此由八个单卦代表的八种原始物象在重卦对事物的象征中起着十分重要的作用。例如，乾作为具有开创气质的阳刚元素，是创造宇宙万物的本始力量，坤作为具有顺承气质的阴柔元素，是创造宇宙万物的配合力量，这些特性，在重卦中会起到很明显的喻象作用。又例如，别卦艮由两个经卦艮组成，兼山而重静，是静上加静之象。重卦之象包括：

上下之象——在六十四卦中，有一些卦是依据其上、下两卦的物象关系立名的。例如，明夷卦，下离上坤，离为日，坤为地，日在地下，象征太阳落入了地下，光明被埋没、扼杀，所以卦名为"明夷"。既济卦，下离上坎，是火在水下燃烧、水能被火烧开之象，象征事已成（"济"是渡过了河）；反之，既是既济卦的反卦又是既济卦的覆卦的未济卦，下坎上离，是火燃于水上之象，这样的燃烧是无效的，故象征事未竟。

《周易》很重视上、下卦之间是不是存在交感。同性相违，异性相感。阳遇阴则通，阳遇阳则阻；同理，阴遇阳则通，阴遇阴则阻。因此，在《周易》中交感十分重要。分析的基本原则是：有交感则吉，无交感则凶。如益卦，上下三爻均有应；而且它上巽下震，震是阳四卦之一，巽是阴四卦之一，阳气上升，阴气下凝，上下有交感，因此是吉卦。又如泰卦，上坤下乾，阳气上升，阴气下凝，阴阳必然产生交感。有交感则吉，因此泰卦的《彖辞》说："天地交而万物通，上下交而其志同。"咸卦也是上、下三爻都有应，是"少男"追"少女"之象，以咸来命名，道理在此。咸卦的《彖辞》说："天地感而万物化生，圣人感人心而天下和平，观其所感，而天地万物之情可见矣。"相反，上、下之间不产生交感的卦就是不吉利的卦。例如否卦，阴气在下，阳气在上；睽卦，泽在下，火在上。为什么不产生交感就不好呢？因为事物不与外物发生反应，就意味着僵化、呆滞、停止和腐败。

主次之象——主次的意思，是说在一卦中存在着影响全局的卦主，即主爻。在一般情况下，主爻是第五爻，例如大有卦，卦象是五阳应一阴，为居于至尊之位的六五所拥有，这样六五便成了卦主。但在特定情况下，也存在着卦义因卦中的某爻（非第五爻）而起的情况。例如师卦，九二象征主帅，为卦主。姤卦，卦名为姤，是因为此卦一阴遇五阳，卦辞说"女壮，勿用取女"，因此初六就是卦主。非第五爻为卦主，说明即使是君主、尊上，有时也会失势。

象形之象——观察重卦时，有时会有"象形之象"。例如鼎卦，初六象鼎足，九二、九三、九四象鼎腹，六五象鼎耳，上九象鼎铉，此即为鼎形之象。实际上这个卦也全是以鼎器为说的。颐卦卦象上静下动，宋人李中正《泰轩易传》卷三说："颐卦二阳外周，四阴中虚，有颐颊（颐、颊都是指腮）之象，上止而下震，外静而内动，是颐养之象。颐肖离，离肖龟，全卦之体，有龟之象。龟以气为养，不求养于人，此养正之义。"元人龙仁夫《周易集传》卷三亦说："颐之爻，外刚中虚，有自然龟象。"

时令之象——最典型的是汉代孟喜发明的"十二消息卦"（又称"十二辟卦"）。"消"是消阳，即阳爻去阴爻来；"息"是息阴，即阴爻去阳爻来。十二消息卦为：

　　复卦䷗，一阳息阴，建子，十一月；

　　临卦䷒，二阳息阴，建丑，十二月；

　　泰卦䷊，三阳息阴，建寅，一月；

大壮卦☳☰，四阳息阴，建卯，二月；

夬卦☱☰，五阳息阴，建辰，三月；

乾卦☰☰，六阳息阴，建巳，四月；

姤卦☰☴，一阴消阳，建午，五月；

遁卦☰☶，二阴消阳，建未，六月；

否卦☰☷，三阴消阳，建申，七月；

观卦☴☷，四阴消阳，建酉，八月；

剥卦☶☷，五阴消阳，建戌，九月；

坤卦☷☷，六阴消阳，建亥，十月。

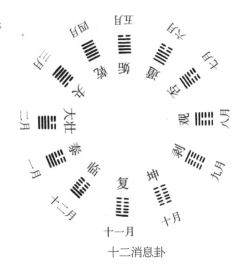

十二消息卦

圆图可以从中间断开，一阳一阴。左边的半个圆，从复卦开始有了阳气，复卦紧挨着右半圆的坤卦，所以说"一阳来复"。在节气中，复卦代表冬至。俗话说："冬至一阳生，夏至一阴生。"

为什么我们现在使用的农历，是以泰卦而不是以复卦为岁首呢？原来，古代各朝使用的历法，每年从什么时候开始，有建亥、建子、建丑、建寅、建卯的区别。所谓"建"是斗建，就是北斗的斗柄在北方天区所处的位置（天区被划分为十二等份）。夏建寅，以一月为岁首（正月）；商建丑，以十二月为岁首；周建子，以十一月为岁首；秦建亥，以十月为岁首。一年的开始叫作"正"，一月的开始叫作"朔"。朝代换了，就意味着时运发生了变化，因此往往要改正朔。历史上在改朝换代时，总有一些仁人志士宁肯掉脑袋也不肯奉新朝的正朔，就是因为奉了新朝的正朔便意味着承认了其统治的合法性。民国开始实行西历。民国元年（1912），湖南的一位保守的名士叶德辉对使用"阳历"——实为"洋历"——不满，曾贴出这副对联：

> 男女平权，公说公有理，婆说婆有理；
> 阴阳合历，你过你的年，我过我的年。

以象取象——在《易传》产生之后，象数派易学家们为了丰富取象的范围或内容，从卦象本身出发，创立了不少以象取象的体例，这些特殊的符号图式也是象。兹举几例：

飞伏：西汉京房所创。这是一种把显象于外的卦（"飞卦"）与隐伏于内的卦（"伏卦"）结合起来观察，以丰富本卦的卦义和内容、拓宽解易途径的方法。飞伏卦的情况比较复杂，比如八纯卦中的乾卦与坤卦互为飞伏，震卦与巽卦互为飞伏，坎卦与离卦互为飞伏，艮卦与兑卦互为飞伏。

互体：亦为西汉京房所创。这是一种以"互卦"之象推究卦爻辞的方法。所谓互体，指在一卦六爻中，除内卦与外卦两个经卦外，另有二、三、四爻三个爻画组成的一个经卦，和由三、四、五爻组成的一个经卦。按互体理论，一个别卦包含内卦、外卦、内互卦、外互卦四个经卦，卦中有卦，象里套象，四卦各有其象，产生各种关系，如任意变动一爻，全部关系都会随之改变。

半象：是三国虞翻的取象术语。指半体之象，即以三画卦的上两画或下两画作为半象。如兑卦上两画像坎卦的上半象，兑卦的下两画像乾卦的下半象。

大象：是明代来知德的取象术语，又称"像卦"，即将六画卦看成三画卦之象。如颐卦、中孚卦像离，称为"大离"；大过卦、小过卦像坎，称为"大坎"。原卦与像卦的意义有一定的联系，《彖辞》《象辞》可证者较多。

包象：是宋代林栗的取象术语，又称"包卦"，指六画卦上、下三画所包中间三画之象。如咸卦、恒卦，上、下三画为坤，中间三画为乾，是坤包乾；损卦、益卦，上、下三画为乾，中间三画为坤，是乾包坤。上、下三画可取上一画下二画，也可取上二画下一画。

参象：即参合两卦之象，以会通阴阳之变。通过参象可比类引申。如乾之坤，是君降为臣，为君不终之象；乾之兑，天降为泽，是天子降心逆火之象；坤之乾，是由地升天之象。

反象：包括"反卦"与"覆卦"两种卦象。

交象：又称"换象""上下易象"，是上下卦互相交换位置后形成的卦象。

此外，象学派学者还作专门化、定向化的开拓，创造了纳甲、卦气、爻辰等生象方法，进一步扩大了取象的途径，在某种程度上解决了卦爻辞与卦爻象的逻辑联系问题。其优点是把每卦六爻看成互相联系的整体，从而启发人们的联想，防止思维僵化拘泥；缺点是随象附会，终不免随意解说和烦琐复杂之弊。

（3）图象之学

这是从宋代开始出现的。宋代易学建立了"图书之学"，将汉代易象数学进一步哲理化。图书学派以陈抟为创始人。这一派参照道教以图来说明炼丹方式与过程的传统，用图来代替文字解释《周易》。他们所创造和演讲的图，有《先天太极图》、《无极图》、《龙易图》（即《河图》《洛书》）、卦图（包括《卦序图》《卦位图》《纳甲图》《卦气图》《爻辰图》《卦象图》《卦变图》《先天易图》《卦爻河洛图》）等等。

（三）数学

1. 数的概念

人类很早就有数的概念。郭沫若说，上古一、二、三、四都是手指的象形。儿童知数也是从数手指头开始的。由于手指为十个的缘故，很多民族都采用十进制计数，包括我们（也使用过十六进制）。古代罗马人用五进制，一五一十地数，显然是一手又一手的意思。玛雅人用二十进制，很可能是因为他们生活在热带，不穿鞋，数了手指又数脚趾。

数原本是用来计算的。《汉书·律历志》说："数者，一十百千万也。所以算数事物。"但在古人的观念中，除了计量之外，数还有一个更重要的功能，那就是通神显神。古人认为"神虽非数，因数而显"，"万物莫逃乎数也"。既然如此，人与神就可以通过数来进行沟通。《周易》正是一部通过数去探知神明想法的书。

随着文明的推进，数在逐渐被抽象化的同时，又被附加上了特定的思想文化观念与内涵。《说文解字》便赋予了数字一至十以阴阳和五行的观念：

一，惟初太始，道立于一，造分天地，化成万物。

二，地之数也。

三，天、地、人之道也。

四，阴数也。象四分之形。

五，五行也。从二，阴阳在天地间交午也。

六，《易》之数，阴变于六正于八。

七，阳之正也。

八，别也，象分别相背之形。

九，阳之变也。

十，数之具也。一为东西，｜为南北，则四方、中央备矣。

因此，在古代，数包含着数学计算、通神显神与阐理明道三大功能。由于通神显神功能的存在，数被披上了神秘的外衣，成为古代各种方术的重要工具，充当了占验的主角。

2. 易数

从大的方面来说，易学分为象数之学与义理之学两大块，而在象数之学中，与"象学派"相对而存在的是"数学派"。象学派偏重于从象的角度解释《周易》，而数学派则偏重于从数的角度解释《周易》。像象一样，数也是象数之学的重要组成部分，是易学的重要范畴。

在《周易》中，对数的应用是十分广泛的。占筮起卦，就是靠数来定象断占的。古人掐指一算，讲的也是数。《系辞》说"参伍以变，错综其数……极其数，遂定天下之象""极数知来谓之占"，《说卦》说"参天两地而倚数"，都反映了数在定象与断占方面的重要意义。

易学领域所涉及的数很多，比如：

（1）天地数

《系辞》说："天一地二，天三地四，天五地六，天七地八，天九地十。天数五，地数五，五位相得而各有合。天数二十有五，地数三十，凡天地之数五十有五，此所以成变化而行鬼神也。"这是说在十以内的自然数中，奇数为阳数，偶数为阴数，天地数之和是五十五。天地数等于《河图》数，也是五行的五个生数与五个成数的和，它被认为是成就万物变化的神妙之数。

（2）大衍数

《系辞》在讲了天地之数之后，紧接着便提出了"大衍之数"的概念。大衍数为五十，这是用来求卦的蓍草或竹策之数。大衍数是天地数（五十五）减去小衍数（五）的所得。古人认为通过它可以求得不同的卦象、爻象，从而贞知各种事物的奥秘，因而把它称为"大衍数"。大意是宏阔，衍是推衍、演算。也有学者认为大衍数就是天地数，即五十五。

（3）筮数

揲蓍求卦时，经过"四营三变"的过程后，所得的蓍草，只有二十四根、二十八根、三十二根、三十六根四种可能，它们分别是四的六、七、八、九倍。六、七、八、九这四个数，便是筮数，它们正好是《河图》的四个外围数。易学规定，六和八是偶数，属阴，六是老阴，八是少阴；七、九是奇数，属阳，七是少阳，九是老阳。《河图》将老阳和老阴的来历说成"参天两地"。所谓参天两地，是说老阳——九是五个生数中的三个阳数（一、三、五）组成的，老阴——六是五个生数中的两个偶数（二、四）组成的。

（4）先后天卦数

《伏羲八卦》作为先天八卦，它的数是按照"太极生两仪，两仪生四象，四象生八卦"的宇宙生成模式衍化而成的，具体是：乾一、兑二、离三、震四、巽五、坎六、艮七、坤八。同样，后天八卦（《文王八卦》）也有数的意义。它本应只有八个数，但是后世的术家习惯于把它们变成九个数，即坎一、坤二、震三、巽四、中五、乾六、兑七、艮八、离九，以和九宫数相配。

（5）河洛数

宋代是易数大发明、大发展的时代。其中引人瞩目的是刘牧发明了《河图》《洛书》数。陈抟传授易学，有象学、数学两种内容，其《龙图》着重讲数。所谓《龙图》，就是《河图》《洛书》。《河图》《洛书》都是用阴阳奇偶数组成的图形。《河图》数为五十五，《洛书》数为四十五，二者相加正好是一百。古人认为这里头包含了某种神秘因素。

除了上述几种数外，易学中还有许多别的数。例如策数、干支数、生成数、体用数、变化数等等。

3. 象与数的先后主次之争

从宏观角度来看，象数派是与义理派相对立的派别。但是在象数派内部，对象与数的关系又一直存在着谁先谁后、谁主谁次的争论。数学派强调数的作用，认为数是根本，奇偶二数生出阴阳二象。北宋的邵雍在《观物外篇》中说："太极，一也，不动。生二，二则神也。神生数，数生象，象生器。"又说："太极不动，性也。发则神，神则数，数则象，象则器，器则变，复归于神也。"数学派注重易数分析，着眼于爻的取数，将爻位之象也作为一种特殊的数看待，认为爻的上下往来、变化进退反映了万事万物的运动变化规律。与它相对立的象学派则主张象在数先，认为先有象而后有数，数因象而生。例如《左传·僖公十五年》："龟，象也；筮，数也。物生而后有象，象而后有滋，滋而后有数。"象学派注重对易象的分析，着眼于卦的取象，他们以卦象为出发点，用卦象来比拟宇宙万事万物，启发义理，数在他们眼中只不过是一种特殊的象而已。例如，宋代的周敦颐就偏讲象，他的《太极图说》被冯友兰评为"象学的一个标本"。

其实正如张其成在《易道主干》一书中指出的："'象''数'合一，'象''数'同源，无先后可分。'象'是'数'的形象化，'数'是'象'的另一种表达方式。"

4. 数术

易数学不仅是易学中象数之学的重要部分，而且在中国古代文化中亦产生过重要作用。古代文化中的"历数""律数""运数""礼数""气数"等，都与数相关。

与易数密切相关的一个概念是"数术"。数术又称"术数"，这个名词出现在两汉之间。数术是一门以数为工具进行预测的技术，它与同样具有神秘色彩的巫术、兵术、权术、医术、房中术共同构成了中国古代的方术或方技的主体部分，而方术或方技在今日被归入"神秘文化"的范畴。

数术的功用主要是预测推断人事的吉凶、国运的兴衰，并解释各种奇异的自然现象与社会现象，寻找趋吉避凶的方法和手段，这同巫术的功用基本相同。不同的是，巫术并不用数去演算，而数术所关注的要素与所采用的操作手段都是数。

汉代刘歆的官修目录学著作《七略》中的《术数略》将数术分为天文、历谱、五行、蓍龟、杂占、形法六类，班固《汉书·艺文志》沿用了这种分类法。这六类中蓍龟、杂占、形法（根据外形推测命运）明显是断占预测的手段，天文、历谱、五行看起来好像与后三类不同，其实没有什么不同，它们也是用来推往知来的。天文的早期形式是占星术，历谱与五行主要用于推算国家大运和朝代更迭。这六类数术都用数来占验。天文有三光、四象、五星、十二次、二十八宿；历谱有十干、十二支、二十四气、七十二候；五行强调数字"五"，有五时、五方、五色、五味、五材之说；蓍龟重视大衍数、揲蓍数；杂占、形法则运用干支、五行等数。后世产生的纳甲筮法、太乙神数、六壬神课、奇门遁甲、梅花易数、四柱命理、风水堪舆、紫微斗数等方术都属于数术。在中国，数术既是自然科学的开端，也是神秘迷信的源头，是理性与神性的交汇。

5. 易数学对古代数学的影响

易数学与数学是不同的。易数学是易学领域中侧重从数的角度判断事物的吉凶休咎的理论，而数学是研究客观世界的空间形式与数量关系的科学。

易学中的数与数学中的数既有联系又有区别。国际著名的中国科技史家李约瑟博士在其名著《中国科学技术史》中说，"我们无须举出这种数字象征主义的例子，因为它们（指易数）与真正的数学并没有共同之处"。这种说法是有一定道理的。我们的确不能将易学中的数与数学中的数相混淆。因为易数并不是科学意义上的数理或数值，而是易象的变种。它的一个重要特征是不被用于定量，而被用于定性。不过，李约瑟只看到了问题的一个方面。事实上，从易卦的起源、图式和结构可以看出，《周易》包含着丰富的数学内容，它对中国古代的数学有重要影响。这种影响也许是其作者意想不到的，却是客观存在的。

首先，《周易》奠定了二进制数学的基础。二进制数学，在古代只有两个国家取得了成就，一个是埃及，一个是中国，而中国比埃及要早。"故易有太极，是生两仪，两仪生四象，四象生八卦，八卦定吉凶，吉凶生大业"这段论述，就包含了二的累乘方这样一个数学式：

$$2,\ 2^2,\ 2^3,\ 2^4,\ 2^5,\ 2^6\cdots 2^n$$

欧洲的科学大家莱布尼兹曾对此进行过深入讨论。

其次，《周易》反映我国先民已懂得运用十进制进行运算。中国是从什么时候开始使用十进制进行运算的，已不可考，不过我们至少可以在《河图》《洛书》中看到这方面的例子。《河图》的天数（一、三、五、七、九的总和）为二十五，地数（二、四、六、八、十的总和）为三十，天地之数为五十五，这是五个生数和五个成数的总和。

再次，易卦的组成和排列形式孕含着排列组合法的萌芽。现代数学有一个分支——组合数学与运筹学，它在我国上古已初步产生。卦的组合排列方法相当于现代数学的重复排列。而《洛书》的数字排列属于组合数学的三阶幻方。

最后，《周易》用六十四卦来进行占筮，也包含着一系列的数学问题。比如，通过著策的计算从六十四卦和三百八十四爻中选出某卦和某爻作为断占的依据，这在现代数学里属于或然率的问题。

深入分析，还可以发现更多易数学与数学的关系的证据。例如杭辛斋的《易数偶得》曾对大衍之数进行过研究，发现它与勾股定理存在着对应关系（$3^2+4^2+5^2=50$）。

（四）《河图》与《洛书》

《河图》《洛书》被认为与八卦的创制有密切关系，它们也属于易学中的象数内容。《系辞》说："河出图，洛出书，圣人则之。"意思是说圣人受到《河图》《洛书》的启发而创造了八卦。《河图》《洛书》是一种与数相关，似文非文、介于可识与不可识之间的图案，非常神秘，有人说它们是古人结绳记数、结绳记事的遗存，有人说它们是简化了的古代星象图，有人说它们是无文字时代的气候图和方位图。虽然《系辞》提到了它们，但是它们在宋代才被公之于世，而传出者也是老道陈抟。不过陈抟所传的图式叫《龙易图》，并没有《河图》《洛书》的名称。第一次给这两个图命名的是北宋的易学家刘牧。关于它们的来历是一个谜，它们可能是宋人根据古文献的记述还原的，也可能真的来自远古。无论如何，《河图》《洛书》之名反映了中华文明起源于黄河、洛水流域的事实。

1.《河图》

按照宋人的说法,《河图》是上古流传下来的"圣物",它是伏羲创制的。据说,伏羲曾对日月星辰、季节气候、草木禽兽等做过深入的观察,最初他没能把自己的所见理出一个头绪来。有一天,在黄河中跃出了一匹"龙马",在见到"龙马"的这一刻,他陷入了一

龙马

种强烈的震撼中,因为他深切地感受到,在自己的主观思想与自己崇拜的客观世界之间,达成了一种莫名的和谐——那匹龙马身上是有图案的,这些图案与自己长期观察自然万物的意象十分吻合。于是他便把龙马身上的这些图案记录了下来,这就是《河图》。后来伏羲因为受到《河图》的启发,创制了八卦。

《河图》原本是圆形的,而后面将介绍的《洛书》是方形的,这表示天圆地方。不过,《河图》后来也被定型为方形的了。其圆圈由线条连接,白圈表示奇数(阳数),黑圈表示偶数(阴数)。它把从一到十的十个自然数按不同方位做了安排,记忆它的口诀是:"一六共宗居乎北,二七为朋居乎南,三八成友居乎东,四九同道居乎西,五十相守居乎中。"

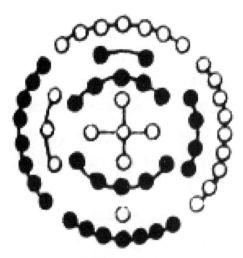

圆形的《河图》

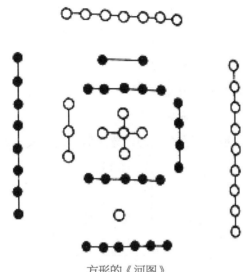

方形的《河图》

　　为什么是这样安排的呢？这与五行有关。《河图》其实是五行的生数与成数分置于各对应方位的结果。

　　五行的生数就是五行的相生之数。其说最早见于《尚书·洪范》："五行，一曰水，二曰火，三曰木，四曰金，五曰土。"孔安国传："皆其生数。"这就是说，五行的生数是一、二、三、四、五。《汉书·律历志》把它们交代得更为清楚："天以一生水，地以二生火，天以三生木，地以四生金，天以五生土。五胜相乘，以生小周。"

　　按照阴阳和合的理论，五行光有生数不行，还必须配以成数。唐朝的孔颖达在疏《尚书·洪范》时说：

　　　　《易·系辞》曰：'天一，地二；天三，地四；天五，地六；天七，地八；天九，地十。'此即五行生成之数。天一生水，地二生火，天三生木，地四生金，天五生土，此其生数也。如此则阳无匹，阴无耦，故地六成水，天七成火，地八成木，天九成金，地十成土。于是阴阳各有匹偶而物得成焉。故谓之成数也。

　　具体说，生数一配成数六，生数二配成数七，生数三配成数八，生数四配成数九，生数五配成数十。

　　而根据中国传统对五行方位的安排，上南为火、下北为水、左东为木、右西为金、中央为土，因此，五组生成数便被安排到了与其所属的五行相应的位置上。郑玄在注《系辞》时说："天一生水于北，地二生火于南，天三生木于东，地四生金于西，天五生土于中。地六成水于北，与天一并；天七成火于南，与地二并；地八成木于东，与天三并；天九成金于西，与地四并；地十成土于中，与天五并也。"这段话可提炼如下：

水（北）：生数为一，成数为六

火（南）：生数为二，成数为七

木（东）：生数为三，成数为八

金（西）：生数为四，成数为九

土（中）：生数为五，成数为十

生成数按其所属五行被安置在相应的位置之后，便形成了以下图式：

生数成数与五行方位的相配

把上图的奇数用白圈表示，偶数用黑圈表示，便成了《河图》。《河图》十个数的总和是五十五，它们被称为天地数，也叫河图数。

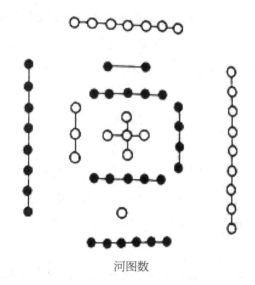

河图数

2. 《洛书》

传说《洛书》来自大禹治水。大禹治水时，有一只乌龟从洛水浮出，为大禹所得。这只乌龟的龟背上也有一些圆圈图案。《后汉书·五行志》载："禹治洪水，得赐《洛书》，法而陈之，《洪范》是也。"今传《洛书》确实有点像一只乌龟。

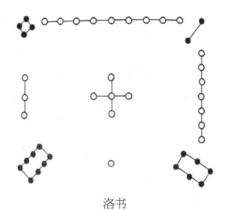

洛书

《洛书》的方位与《河图》一样，也是上南下北左东右西。它有九组用线条连接的圈圈，同样也是白圈代表奇数（阳数），分别代表一、三、五、七、九；黑点代表偶数（阴数），分别代表二、四、六、八。洛书数的和是四十五，这个数加上河图数的五十五，正好一百，古人因此觉得很神奇。对《洛书》数，古代有一首歌诀这样描述："戴九履一，左三右七，二四位肩，六八为足，五居中央。"一、三、九、七四个奇数表示四正，二、四、八、六四个偶数表示四隅。《洛书》的黑白圈若是用数字表示，便是"九宫算"：

九宫算

这是数学上最小的幻方。它可以有两种组合：一种是"米"字组合——按三纵三横两斜的方式，任意三个数字之和都是十五。一种是"卍"字组合——任意五个数字之和都是二十五。《洛书》的数与《文王八卦》的数是完全一致的，从这点可以看出《文王八卦》与《洛书》的密切关系。

二、义理之学

易学大树的另外一枝是义理之学。作为易学的两大要素之一，义理之学属于易学的文字表述系统。

（一）何为义理

《周易》的表达形式是象和辞，思想内涵是义和理。象分为卦爻象，辞分为卦爻辞，义理就是象和辞所蕴含的意义与道理，接近于今日所说的哲学思想。《易经》原本是一部筮书，但是古人在编创它的时候，有意无意地将他们在长期观察客观世界的过程中所获得的某些体验也化入了卦爻象和卦爻辞中，从而使《周易》包含了特定的思想内涵。这些思想内涵，有待于后人来认识和阐发。义理这个概念，初见于《礼记·礼器》："忠信，礼之本也；义理，礼之文也。"《系辞》没有提及这个概念，但对它有很多表述，例如："夫《易》，彰往而察来，而微显阐幽，开而当名，辨物正言，断辞则备矣。其称名也小，其取类也大，其旨远，其辞文，其言曲而中，其事肆而隐。""唯《易》与天地准，故能弥纶天地之道。""范围天地之化而不过，曲成万物而不遗，通乎昼夜之道而知。""夫《易》，广矣大矣……以言乎天地之间则备矣！""《易》有圣人之道四焉，以言者尚其辞，以动者尚其变，以制器者尚其象，以卜筮者尚其占。"这些议论，道出了《易经》具有丰富的思想内涵的事实。

义理是义和理的统称。义是解析卦爻象与卦爻辞所形成的概念判断，理是对义进一步阐释而形成的命题道理。义包含有理的成分，理则是义的伸延发挥。在《周易》中，有一些概念是被人们讨论得很多的，例如无极、太极、乾坤、阴阳、时位、道器、理气、体用、心物、刚柔、动静、神化、感应、始终、往复、变化、名实、性情、中正等。《周易》的理，从大的方面来看，包括本体之理（《周易》本有的道理）与载体之理（借《周易》发挥出的道理）两部分，其中不乏很有价值的理论。例如天人合一论（人应与自然和谐相处）、阴阳对立论（矛盾着的双方相互排斥相互斗争）、裁成辅相论（在遵循客观规律的基础上对自然环境加以辅助调节）、渐变突变论（从量变到质变）、物极必反论（事物在发展到顶点后会走向对立面）、执中守正论（凡事不能走极端）、变通趋时论（要通过相应的变化来适应社会的发展）、生生不息论（事物发展没有尽头）、居安思危论（处于安定状态时应保持警惕）等，内容非常丰富，我们在本书第一讲中已介绍过一部分。

在以往的实践中，易学界对《周易》的研究，一直存在着两种既相互联系又相互区别的方法：一种是对文字内容的训诂考证，一种是对经传义理的阐释引申。前者的重心在于弄清楚文本的字义句意，考辨卦象的构造逻辑，从而求索经传文字的本有意义；后者的重心在于揭示经传所蕴藏的思想内涵，或借经传来表达自己的哲学观念。两种方法各有侧重，但都对《周易》的理解、认识做出了贡献，值得我们去好好继承、借鉴。毕竟只有弄清楚文字内容，才可能真正了解义理。当然，在运用上述方法进行研究时，必须注意两点：一是对文字内容的训诂考证，不能脱离当时的历史条件与背景；二是对经传义理的阐释引申，不能脱离文本，任意发挥。

（二）义理学派

春秋时，就有人从义理的角度解释《周易》了，《左传》《国语》就记载有以卦理或卦德释卦的事例。如果"十翼"出自孔子之手是事实的话，那么孔子可以说是以义理解易的最早的杰出代表。正是因为《易传》的出现使《易经》获得了理论升华，进而发生了性质上的变化，从而使它由一部占筮书变成了一部哲学书。

汉易的主流是象数之学，而魏晋则是易学的大转变时期。这个时期的玄学义理派以老、庄的玄学思想阐发《周易》的义理，使义理之学成了易学的主流。三国魏王弼是义理之学的创立者，他注释《周易》继承了汉代古文经学的学风，以传的观点解释经文，注重义理，不讲卦气、卦变、纳甲和阴阳灾变，一扫汉易的烦琐、穿凿之风，使人耳目一新。他有一句名言，就是"得意忘象，得象忘言"。晋人韩康伯则从义理的高度进一步发挥了王弼的易学观，提出了"八卦备天下之理"的命题，将易学引向了更加思辨的道路。由于王弼义理派将无形之理视为《周易》的根本，这样就在哲学上导出了"无"是天地万物本原的结论，导致易理的玄学化，使《周易》与《老子》《庄子》相并列，成为三玄之一。

唐初孔颖达作《周易正义》，以王弼、韩康伯的易注为本，但并不完全唯王、韩是从，对其他流派的观点和说法亦多有吸收肯定，实际上是对王弼派易学的修正和改造。其中最引人注意的一点是将玄学的"贵无论"引向了"崇有论"，重新肯定了元气说和阴阳二气说。这是易学由汉易向宋易过渡的标志。此书的产生，使义理之学成了官定的正统易学。

宋易是古代义理派易学发展的新阶段。宋易是一种理论形态，它开创于北宋，解易风气却延续到清初。开其权舆者是北宋初的胡瑗。将易学学说高度哲理化，是宋易的特征之一。宋代的义理学派与王弼黜象数重义理的学风一脉相承，但是王弼是以玄学解易，宋代的义理学派则是以儒理解易。从治学风气看，宋代义理学派具有共同点，但这并不表示他们的易学主张一致。事实上，他们创立的易理是各不相同的。在北宋的义理派易学中，有人偏重于取义，因而形成了以程颐为代表的理学派易学体系；有人偏重于取象，因而形成了以张载为代表的气学派易学体系。南宋则有基本立场是义理派同时兼收象数派观点的朱熹的易学体系，有叶适等功利学派人物的实用易学体系，有陆九渊等心学派人物的唯心易学体系。

程颐的《伊川易传》是理学的奠基性著作之一。程颐认为理是易之体，象是理之用。因象明理、以理解易是程颐易学的基本方法，而引史入易、以史说理则是程颐易学的另一特点。借助儒理解《易》，程颐构建了以理本论为特征的理论体系，使理或天理成为易学的最高范畴。张载著有《横渠易说》，其易学吸收了王弼的一些理论，通过观象来求义。他继承和改造了孔颖达与程颐等人的观点，以阴阳二气解《易》，提出了"气"是宇宙本体的主张，体现了唯物论的立场。

南宋时期，程氏易学成为易学的主流，其中有杨万里著《诚斋易传》，开创了程氏易学，大倡引史证易之风。他认为《周易》是讲人事得失、社会治乱的变化规律之书。理学大师朱熹著有《周易本义》《易学启蒙》等著作。他重义理而不废象数，以程氏的理论为骨干，融合周敦颐、邵雍、张载及朱震等各家的观点，建立了一个庞大的易学体系。他把卦爻象看成是太极展开的结果，认为太极（理）借助于阴阳（气）的动静变化衍生出了世界。他以"太极生两仪、两仪生四象、四象生八卦……"的法则来解释自然社会的联系变化及世界的生成，将理视为天地万物的本原和总则，使易学的宇宙生成论体系转变成了理本论体系，易学之理转化成了理学之理，对儒家哲学的发展做出了重大贡献。

元明清义理学派基本继承了宋代的义理之学。明末清初，王夫之从义理的角度对宋明以来的易学进行了一次大总结。他早期的易著，为其读《周易》时的考辨之作；后期的易著，则表达了其深邃的易学思想。其易学并非就《周易》而论《周易》，而是借《周易》来体认天人之理，从而营建自己精深的哲学体系。他主张义理，但不否定象数。李光地的《周易折中》，则是清代最有影响的义理派易学著作。乾嘉汉学大兴，义理消退，宋易占主导地位的局面终结。

近现代，由于西方新思潮的输入，以及新文化运动对儒学的批判，易学研究呈现出全新的局面。一批学者如王国维、顾颉刚、闻一多、高亨等从哲学、历史学、社会学、民俗学、文字学、训诂学等角度出发，致力于对卦爻辞做出合理解释。他们的研究虽未脱离传统的学术，但能应用新理论新方法打开眼界，因此硕果迭出，取得了很大的成就。另一批学者则运用西方自然科学的理论、观点和方法来研究《周易》，或者把《周易》的理论应用于天文、医学、生物、建筑、养生等领域的研究，刷新了易学的新局面。

虽然义理派研究角度和方式方法因时而异、因地而异、因人而异，但是其注重阐释、发挥《周易》的思想内涵的基本特征是不变的。

（三）象数与义理的关系

这个问题可以从以下两个方面来加以认识：

第一，《周易》的哲学属于特殊形式的象征哲学，它的道理是通过象数来喻示的。也就是说，象数与义理之间存在着互补关系，象数是义理的寄存形式，义理是象数的理论发挥。这就是说，象数中隐含着义理。例如阴阳二爻，便喻示了宇宙万物的对立、矛盾之理；八卦之象，则展示了天、地、雷、风、水、火、山、泽八种事物及其所分别具有的"健""顺""动""入""陷""丽""止""悦"的属性。因此，讲义理离不开象数，你可以像王弼所说的那样"得意忘象"，但不能"扫象"，否则易学就不成其为易学了。总之，象数是《周易》的根基和出发点，而包括筮理与哲理在内的义理则是《周易》的功用与归宿。《系辞》说"圣人立象以尽意，设卦以尽情伪，系辞焉以尽其言，变而通之以尽利，鼓之舞之以尽神"，便反映了义理与象数的密切关系。

第二，经与传都包含义理，经以其卦爻象与卦爻辞构成易学的第一级义理诠释系统，传以其传文构成易学的第二级义理诠释系统。经以讨论筮理为主，兼含哲理，它喻示各卦各爻的象征意义，说明吉凶休咎的理由。如果我们将《易经》的卦爻辞与甲骨卜辞相比较，可以发现卦爻辞在任何一个方面的水平都超过了卜辞，其内容更整齐、更全面，也更进步。例如，卜辞只有吉、凶两种结果，而且吉凶不能相互转化；而卦爻辞认为人的主观行动可以影响休咎。又例如，卜辞与卜象之间不存在逻辑上的联系，而卦爻辞与卦爻象之间存在着密切的逻辑联系。经还包含了一些哲学思想的萌芽。例如，它常用自然现象比拟人事。乾卦九五"飞龙在天，利见大人"是一例，大过卦九二"枯杨生稊，老夫得其女妻，无不利"又是一例，这反映了它是把天道与人事作为一个整体来观照的，这种思维对后世中国哲学"天人相通""天人合一"观念的形成有很大影响。又例如，经常常谈论许多对立的东西。例如，吉与凶、得与失、往与来、得与丧、大与小、夫与妻、乾与坤、泰与否、益与损、既济与未济、明夷与晋、君子与小人等等，这反映了它对事物的对立统一关系有深刻的了解。不过，由卦爻象和卦爻辞喻示的义理往往若明若暗，它们是在传产生后才获得明确的阐释的。《彖辞》《象辞》《文言》《说卦》《序卦》《系辞》《杂卦》从不同角度论说经文，使《周易》的理论内涵获得了淋漓尽致的发挥。传不仅讨论占筮之理，更重视事物的阴阳变化之理，它的阐释，使迷信转化成了理性，宗教转化成了哲学。

因此，象数如骨肉，义理如血脉，骨肉血脉本属一体，不应割裂。因此，研习《周易》，宜经传并重、象数义理并重，不应偏主偏废。

第五讲 《周易》的占筮法

前文已介绍，《周易》原是一部筮书，是后世各种方术的源头。它是经过了后世学者的逐步诠释发挥，才演变成一部哲学书的。作为一部"学究天人"的作品，经在传产生以前，主要功用是占筮；"十翼"产生后，它的内容才被引到人文方面，但占筮的功能依然存在。《系辞》说"《易》有圣人之道四焉：以言者尚其辞，以动者尚其变，以制器者尚其象，以卜筮者尚其占"，"以卜筮者尚其占"就是被作为"圣人之道"的一个方面来看待的。象数之学与义理之学共同构成了易学的理论体系，而筮法是象数之学的核心，它在易学中一直是备受关注的内容。因此，研习《周易》，不能对筮法完全没有了解，因为它是易学文化的一个组成部分。但是，了解《周易》的筮法，首先要形成正确的态度。

一、 以科学的精神对待古代的占验术

对待古代的占验术，我们一定要坚持科学的精神。坚持科学的精神，就要自觉抵制旁门左道。

人们了解自然与社会有两个不同的向度：一个是过去，一个是未来。因为想了解过去，所以便产生了历史学这门学问；因为想知道未来，所以便产生了各种各样的占验术。所谓占验术，就是用超现实手段来预料事物未来情状的各种手段。古代科学不发达，人们无法对各种自然现象与社会现象获得清楚、透彻的认识，只好希冀借用占筮手段获得上苍的垂示，以推往知来。古话说"天机不可泄露"，但是人们却总是想掌握"天机"。

从理性角度分析，事物的发生、发展和变化与占验结果是没有必然联系的。但为什么过去与现在，又有这么多的术士被吹得那么"神"，这么多的贞问结果被说得那么"灵验"呢？其实所谓的"神"与"灵验"，是有很多因素支撑的。第一是巧合猜中。术士信口开河，胡侃乱吹，恰好说对的可能性是存在的。我说你们家有两兄弟，而你是老大，这个判断便有可能是事实。第二是概率使然。世间的事物，从大的趋势来说非吉即凶，说对与说错的概率各占百分之五十，因此说对了也不奇怪。第三是认

识偏差。操术者若占而能中，人们会说他厉害；若所占不中，人们通常却只会认为他"学艺未精"，而不会去怀疑他所采用的方术手段本身。第四是心理作用。术士提供占验结果时多闪烁其词，说话模棱两可，能让你捉摸上老半天；而想来想去，常常是越想越像、越像越想，开始半信半疑，最后却信了十分。第五是宣传效应。术士说错了，人们通常会视作游戏；说中了，便会十分惊讶，从而大肆宣扬；这样一传十、十传百，"大仙"的能耐便被传布开来了。最后是遁词作用。平时，人们在谈论占验术时说"心诚则灵"，"心诚则灵"的反命题便是"心不诚便不灵"，这种说法，显然是为术士占不准准备的托词，目的是让问卜者自己揽下责任。

因此，关于术士之"神"、占卜之"灵验"的传说都是无稽之谈，概不可信。必须以辩证唯物主义与历史唯物主义的立场、方法去认识它们，不能陷于迷信。我们注意到，现代易学领域存在着不少迷信现象。有些人以"学者"面目出现，本质上却是江湖术士，他们片面宣扬、吹嘘《周易》的筮法，说得天花乱坠、神乎其神，好像一旦掌握了它，便能上通天文、中知人事、下晓地理，对六合之内的事无所不晓，怪力乱神的味道很浓。他们所宣扬的不是科学，而是披着科学外衣的现代巫术。我们认为，运用《周易》的义理，是可以对事物的发展走向做出大致正确的判断，从而把握事物发展的可能性与必然性的，从这个意义上来说，《周易》确有数往知来的功能。但《周易》不是神谕。如果说它真有某种预测功能，这种功能也是建立在其一系列充满哲理与智慧的理论之上的，例如天人合一论、阴阳对立论、裁成辅相论、渐变突变论、物极必反论、执中守正论、变通趋时论、生生不息论、居安思危论等等。

《礼记·五经解》曾这样评论《周易》："洁净精微，《易》之教也。"洁净的意思，是纯而不杂，这是哲学角度的评价；精微的意思，是密而不疏，这是科学角度的评价。但同时它又说："其失也贼。"这个"贼"字，用得很妙！的确，学《易》，如不走正道，就会堕入旁门八百、左道三千，像江湖术士那样贼头贼脑。我们研习《周易》，很重要的一条，是要区分学与术。《周易》的价值在学不在术，因此不能视易学为算命术，更不能以术代学；而是要发扬儒家的人文传统，研究、继承、吸收《周易》正面的东西，例如它的阴阳平衡哲学、它的整体系统思想，它的天人协调观点，它通过"天行健，君子以自强不息"一语阐发出来的奋斗精神，它通过"地势坤，君子以厚德载物"一语阐发出来的宽容精神。《荀子·大略》说："善为《诗》者不说，善为《易》者不占，善为《礼》者不相，其心同也。"这是很深刻的告诫。

二、易筮方法

（一）卜与筮的区别

古代的占验术常被笼统地称为占卜、占筮、卜筮或贞问。从大的方面来看，它们被分为两类：一类是"卜"（也称"龟"），一类是"筮"。两类方法都产生于殷商时代。它们虽然都是贞知未来的手段，但是具体操作方式有很大的差别。

1. 使用的材料或工具不同

《周礼·曲礼》说："龟为卜，策为筮。"卜以龟甲或兽骨为材料，合称"甲骨"。为什么用龟甲？因为龟是长寿之物，有"灵龟"之称，所以古人认为用它的甲壳作占验材料特别灵。那时人们占卜，多用老龟的甲壳。南怀瑾说，获取龟甲的手段很残忍：先用重物把老龟压着，然后用火燎它的尾巴，它痛得受不了，身体便会"嗖"的一声从龟甲中窜出，这种乌龟被叫作"脱壳乌龟"。乌龟脱壳之后，一具完整的龟甲便获得了。占卜也用猛兽之骨，因此说"甲骨"。

筮所用的材料是蓍草，这种草据说人食后可长寿。能使人长寿之草自然是"灵草"。没有蓍草，也可用竹签，《系辞》把算卦工具称为"策"，说"乾之策二百一十有六，坤之策百四十有四"，便是用竹签的意思。比较而言，筮法在南方更为流行，因为取材方便。屈原在《离骚》中说："索藑茅以筳篿兮，命灵氛为余占之。"意思是"找来了灵草和细竹啊，请灵氛为我占筮之。"现在西南地区的少数民族还常用蓍草占筮。甲骨质地较硬，故有很多能保存至今；蓍草容易腐烂，故很难保存下来。

2. 断占方法与程序不同

卜法与数不相干，它无须演算，也没有预先编定的筮辞。占卜时先在甲或骨上钻孔，然后用火灼；甲骨遇热，会在孔沿四周形成裂纹。有经验的卜师，便可以通过裂纹的形状和走向分析事物的吉凶休咎，断占结果常常刻在甲骨上。现今存世的殷墟甲骨文，便来自占卜。卜是一个象形字，表示甲骨的裂纹。《说文》释卜："灼剥龟也。象炙龟之形。一曰象龟兆之纵横也。"卜法主要关注象，它不属于数术。

筮法是用蓍草按特定程序进行演算，在获得某个结果之后，再根据事先编好的筮辞的提示，来判断事物的吉凶休咎。这种方法，称揲蓍求卦。筮法主要关注数，属于数术。

古人常常把卜法和筮法的结果相参证，结合分析。不过在他们的心目中，这两种断占方法地位并不是等同的，古人曾有"筮轻龟重""筮短龟长"的说法。例如《左传·僖公四年》载："初，晋献公欲以骊姬为夫人，卜之不吉，筮之吉，公曰：'从筮。'卜人曰：'筮短龟长，不如从长。'"杜预注："物生而后有象，象而后有滋，滋而后有数，龟象筮数，故象长数短也。"北魏郦道元《水经注·赣水》："昔有人于此沙得故冢刻砖，题云西去江七里半，筮言其吉，卜言其凶，而今此冢垂没于水，所谓筮短龟长也。"因此古人在贞问大事时常两法并用，先筮后卜。他们有时还会把筮法的贞问结果刻在甲骨上。近现代出土的一些甲骨刻有筮数，就是由于这个缘故。

易筮也被称为易占，它是古代的重要占验手段之一。古人比较迷信，几乎做任何一件要事都要在事前算上一卦，以乞求神灵对事情的前景给出某种启示。例如，要不要与某国打一仗啊，打仗能不能旗开得胜啊，是否应当与某国结盟啊，出门往某个方向走有没有危险啊，要不要娶某个女人为妻妾啊，等等。在特别庄重的场合，为表示"心诚"，求占者需"退藏于密"，一个人在隐蔽的净室里洗心涤虑，斋戒沐浴。斋戒不是戒斋，不是不沾荤腥只吃素，而是不御、不乐、不吊。不御就是不近女色，不乐就是不搞娱乐活动，不吊就是不吊唁问丧。沐浴也不是通常的洗澡，而是用一种香草酿造的酒——秬鬯浸泡身体。

（二）揲蓍求卦的程序

《周易》的揲蓍求卦程序记载在《系辞》里，其文谓：

> 大衍之数五十，其用四十有九。分而为二以象两，挂一以象三，揲之以四以象四时，归奇于扐以象闰，五岁再闰，故再扐而后挂。……是故四营而成易，十有八变而成卦。八卦而小成，引而伸之，触类而长之，天下之能事毕矣。

这段文字很简要，一般人不易理解。好在南宋朱熹在《周易本义·筮仪》中，对其操作方法与程序进行了具体的解说，其整个过程可归纳为"四营十八变"。营就是经营，变就是变化。四营十八变的意思是经过四步经营、十八次变化，便可求得一卦。

《系辞》说"大衍之数五十，其用四十有九"，意思是用五十根蓍草（或竹策）做占筮工具，但在开始求卦前要先抽掉一根，虚一不用。为什么要虚一？因为要用它来象征太极。这个步骤相当于我们在讨论《周易》的宇宙万物生成模式问题时所说的"易有太极"。

在这里先辨析一下天地之数与大衍之数的关系。《系辞》在介绍筮法之前提到：

"天一地二，天三地四，天五地六，天七地八，天九地十。天数五，地数五，五位相得而各有合。天数二十有五，地数三十，凡天地之数五十有五，此所以成变化而行鬼神也。"这是说天数（阳数）共有五个——一、三、五、七、九，地数（阴数）也有五个——二、四、六、八、十，天地之数（阴阳之数）合起来为五十五，"此所以成变化而行鬼神也"一语，说明参与占筮演算的蓍草总数应该是五十五，而不是五十。但《系辞》却说"大衍之数五十"，这可能有问题。金景芳曾写过一本叫《易通》的书，在此书中他认为"大衍之数五十"后面脱了"有五"二字。高亨《周易古经今注》、徐志锐《周易大传新注》均采此说。汉代的纬书《易纬乾凿度》的确说"大衍之数五十有五"。要是这样的话，大衍之数就是天地之数。

但也有学者认为大衍之数是天地之数（五十五）减去小衍之数（五）。至于为什么要减去小衍之数，在传统上没有合理的解释。有人说五代表五行——水、火、木、金、土，有人说五代表五方——东、南、西、北、中，有人说五代表天上的五星。不管代表什么，总之参与演算的蓍草不能是五十五根，而只能是五十根。为什么？因为求卦时用不着这么多蓍草！如果我们硬要对此事讲出点什么道理来，那比较合理的解释便是要有资源储备。你做生意总得有点周转金吧？你炒股总得有点风险准备金吧？你打仗总得有后备队吧？你过日子总得留点储蓄以防万一吧？总之，做什么事都不能把本钱耗尽，占筮也是这个道理。

1. 第一营——"分二"

《系辞》说"分而为二以象两"，意思是把四十九根蓍草任意分为两部分，放在左右两边。"两"指天地或阴阳。这个步骤，相当于本书"《周易》的宇宙万物生成模式"一讲里说的"是生两仪"。

2. 第二营——"挂一"

《系辞》说"挂一以象三"，即从右边的蓍草中任意取出一根，夹在左手的小指与无名指之间，用以代表人。象三的"三"，指天、地、人三才。

3. 第三营——"揲四"

《系辞》说"揲之以四以象四时"，意思是将左边的蓍草以四根为一组分数，又用同样的方法来数右边的蓍草。揲就是数。四根四根地数，是要象征一年四季。这个步骤，相当于本书"《周易》的宇宙万物生成模式"一讲里说的"两仪生四象"。

经过揲四后，蓍草的余数只有两种可能：不是四便是八。因为把四十九根蓍草分成两半之后，以四根一组来析分，其结果必然是：如果左边剩一根，右边就剩三根；如果左边剩两根，右边就剩两根；如果左边剩三根，右边就剩一根。如果两边都不剩，就把最后四根视为余数。

4. 第四营——"归扐"

《系辞》说"归奇于扐以象闰，五岁再闰，故再扐而后挂"，意思是将左边蓍草的余数夹在左手的无名指与中指之间（一扐），把右边的余数夹在左手的中指与食指之间（二扐），这就是"归奇于扐以象闰"。奇就是余数，象闰是象征闰月。"五岁而再闰，故再扐而后挂"，五年有两个闰月，两扐表示"五岁再闰"。"挂"在这里意思是放置，即把两扐的余数与"挂一"那根蓍草合在一起。

以上分二、挂一、揲四、归扐四个步骤加在一起，导致了一变的产生，即"四营而成易"，易就是变化。一变之后，占筮者左手上的蓍草，不是五便是九。

再将左右两边的蓍草混而为一（左手上挂一和归奇之数不用，蓍草总数为四十根或四十四根），按上述的四营步骤再进行一次，导致二变的产生。二变之后，筮者左手上的蓍草，总数不是四便是八。

接着，再将左右两边的蓍草混而为一，按上述四营步骤再进行一次，导致三变的产生。三变之后，筮者左手上的蓍草，不是四便是八。

经过三变之后，桌面上剩下的蓍草只有四种可能——二十四根、二十八根、三十二根或三十六根，拿它们来揲四（等于除以四），结果便是六、七、八或九，这四个数字称为筮数。根据三变的结果，便可以确定一爻是阳还是阴了。九、七是奇数，为阳爻，九是老阳，七是少阳；六、八是偶数，为阴爻，六是老阴，八是少阴。这就是"三变而成爻"。

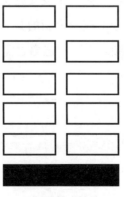

初爻的产生

四种结果与"老少阴阳"的关系如下：

蓍策	二十八	三十二	三十六	二十四
阴阳	少阳	少阴	老阳	老阴
属性	不变爻	不变爻	变爻	变爻
筮数	七	八	九	六

　　既然三变可得一爻之象，那么十八变便可自下而上地得到六爻之象；六爻之象得，一卦就产生了。这便是"十有八变而成卦"。

　　"八卦而小成。引而伸之，触类而长之。"八卦仅象征八种基本物象，因此只能说是小成。把它扩大延伸为六十四卦，就可以触类旁通，大大扩拓认识事物的范围。到了这个时候，"天下之能事毕矣"。把《周易》的数理弄通，天下万事的道理就没有不知道的了。能做到一占就知，甚至未卜先知，"显道神德行"，"是故可以酬酢"——对天下万物都能应付裕如，到了这样的境界，就"可与佑神矣"！注意，佑神不是要神来帮助，而是要去帮助神。

（三）解卦方法

　　通过揲蓍求卦的方法获得卦象只是占筮的第一步，更重要的是要对所得结果进行解释。古人是怎样以求卦结果来判断事物的吉凶休咎的呢？上文提到，四营十八变求得一个卦，各爻或为老阳或为老阴，或为少阳或为少阴，结果是不一样的。易筮对它们的处理原则是"老变少不变"，老阳、老阴是变爻（动爻），少阳、少阴是不变爻（静爻）。变爻会由阴变阳或由阳变阴，不变爻则保持原样不变。由于爻变，本来所求得的卦（术语叫"遇卦"）就会形成一个新的卦（术语叫"之卦"）。这种情形，被称为"遇某之某"，例如"遇颐之丰""遇离之需"等等。

遇颐之丰（三、四、上爻变）

遇离之需（二、四、五、上爻变）

乾、坤两卦各增设有一个虚拟爻用九与用六，就是为了解决"遇乾之坤"或"遇坤之乾"的难题而进行的安排。

《左传·闵公元年》曾载："毕万筮仕于晋，遇屯之比。辛廖占之，曰：'吉，屯固，比入，吉孰大焉！其必蕃昌。'……公侯之卦也。"这是说毕万将到晋做官，不知前景好不好，于是求了一卦。遇卦为屯卦。第二爻为老阴，发生爻变，由阴变阳，因此之卦为比卦，这就是"遇屯之比"。

南宋的朱熹曾与他的学生蔡元定合撰《易学启蒙》，在书中归纳出了七条断占法则：

一爻变，用遇卦变爻的爻辞来断占。

两爻变，用遇卦两个变爻的爻辞来断占，以居上一爻为主、居下一爻为辅。

三爻变，用遇卦及之卦的卦辞来断占，以遇卦为主、之卦为辅。

四爻变，用之卦两个不变爻的爻辞来断占，以居下一爻为主、居上一爻为辅。

五爻变，用之卦不变爻的爻辞来断占。

六爻都变，需分别不同的情形来处理：若卦成为乾或坤，乾卦以"用九"的爻辞来断占，坤卦以"用六"的爻辞来断占；其他卦则用之卦的卦辞来断占。

六爻都不变，用本卦的卦辞来断占。

上述七条是朱熹与蔡元定从古代记载中归纳出来的断占法则，以之来比对《左传》《国语》所记筮例，有相合的，也有不相合的。刘大均的《周易概论》有一篇《变占探讨》，文章以春秋事实为例，证明上述法则有蠡测的成分。事实上，古代的筮家常常缘象求占，方法灵活多样，并非执一而定；而且他们在占筮时，还要兼取"互体""卦气""纳甲""五行""象中取象"等理论以及八卦的诸多喻象来分析所得的结果，情况要复杂得多。

其实，断占除了要观察动爻与静爻之外，还要看从遇卦到之卦的发展趋势。比如占皇位能不能坐稳，若筮得"遇乾之坤"就很糟糕，因为这是预示由天到地，由阳变阴。

《周易》的筮辞吉多凶少，因此占筮很容易得好运气。宋代郑樵在《奥论·无咎悔亡》篇讲得很直率："自《易》之既作而观之，则六十四卦未有一卦不可为也，三百八十四爻未有一爻之不吉也。《易》之爻辞，有所谓无咎者，夕惕若、厉无咎之类是也。"当代有位学者曾将《周易》的断占之辞分为七类进行统计，结果发现所得是一条两头低、中间高的概率曲线，吉辞占百分之七十一，凶辞占百分之二十九。

（四）古代筮例

在古代，易筮运用的范围十分广泛，但凡行军打仗、结聚会盟、营构经商、嫁娶生育，甚至出走叛逃、遭贬被谪，都要算上一卦，以测吉凶。至于在占筮时如何判断事物的吉凶休咎与利弊得失，则因人而异。《左传》与《国语》共有筮例二十二个，它们分为两种类型：

第一种类型，引证《周易》的经文来说明某个问题，或者佐证自己的观点。例如《左传·昭公元年》载：

> 晋侯求医于秦，秦伯使医和视之，曰："疾不可为也，是谓近女室，疾如蛊……"赵孟曰："何谓蛊？"对曰："淫溺惑乱之所生也。于文皿虫为蛊，谷之飞亦为蛊。在《周易》女惑男、风落山谓之蛊，皆同物也。"

在这里，医和只借用了《周易》蛊卦的卦象来分析晋侯的病症，未直接讨论占筮。

第二种类型，用《周易》的筮法来贞知事物的吉凶休咎与利弊得失。例如《左传·襄公二十五年》载：

> 齐棠公之妻，东郭偃之姊也。东郭偃臣崔武子，棠公死，偃御武子以吊焉。见棠姜而美之，使偃取之。偃曰："男女辨姓，今君出自丁，臣出自桓，不可。"武子筮之，遇困之大过，史皆曰："吉！"示陈文子，文子曰："夫从风，风陨，妻不可娶也。且其繇曰：'困于石，据于蒺藜，入于其官，不见其妻，凶。''困于石'，往不济也。'据于蒺藜'，所恃伤也。'入于其官，不见其妻，凶'，无所归也。"崔子曰："嫠也何害？先夫当之矣！"遂取之。

这是说老婆死了不久的齐国大夫崔杼去吊唁棠公之丧，他见齐棠公的遗孀棠姜长得漂亮，就心生倾慕，想把棠姜娶作继室。但其手下认为不妥，理由是崔杼与棠姜同姓，故劝他勿娶。崔杼算了一卦，所得结果是"遇困之大过"，即困卦六三变为了九三。当时的史官都说筮得的结果好，只有陈文子不以为然。他认为：第一，大过卦下体为巽，即风，而风有陨的特征，故"妻不可娶也"。第二，按断占原则，如果一卦中有一爻变，就用遇卦变爻的爻辞来断占。"遇困之大过"是第三爻发生了变动，而困卦六三为："困于石，据于蒺藜，入于其官，不见其妻，凶。"可是崔杼已被棠姜迷住，便辩解说："棠姜是寡妇没有什么关系了（嫠指寡妇），娶她就算真的不好，其霉气也早已在她的亡夫身上应验过了。"最终还是娶了棠姜。

尚秉和先生的《周易古筮考》一书从历代史籍中辑录了不少筮例，其中一则是：

唐代有个叫路宴的人，夜间上厕所时遇到了一名想暗害他的刺客，但刺客最终没有动手，因为他发觉路宴是一个正直的人。惊魂未定的路宴赶紧请了一位叫董贺的人替他算了一卦，筮得夬卦第二爻变，董贺说："根据卦象和爻辞，确实有人想加害您，但现在灾难已过，您不用担心了。只要持中守正，必能长保平安。"后来路宴果然没有再碰到祸患。董贺为什么有此结论呢？这次筮得夬卦第二爻变，卦象由夬卦☱变为了革卦☲，术语叫"遇夬之革"。按占断规则，用遇卦第二爻的爻辞来断占。夬卦九二为："惕号，莫夜有戎，勿恤。"意思是，只要警惕呼号，夜夜都保持戒心，就不会有忧虑。

明代名士张岱著有一本《夜航船》，书中记载了一个关于筮者仝寅的故事。仝寅是安吉人，年轻时不小心弄瞎了一只眼，于是也像许多盲人那样研习易筮之法，据说断占多中。当时明朝发生了"土木堡之变"——正统十四年（1449），英宗朱祁镇在宦官王振的怂恿下，亲率五十万大军，御驾亲征蒙古瓦剌部，结果战败于山西大同，在退至河北怀来县土木堡时被俘。皇弟朱祁钰即位，是为代宗（景泰帝），明军在于谦等人的主持下保卫京师，打退了瓦剌部的进攻。英宗被俘后，有一位宦官裴当向仝寅讨问吉凶祸福。仝寅筮得乾卦初九之爻，即"遇乾之姤"，初爻生变，乾卦变成了姤卦。而仝寅解释说："大吉！龙，君象也。四、初之应也。龙潜跃，必以秋应，以庚午浃岁而更。龙，变化之物也；庚者，更也。庚午中秋，车驾其还乎！还则必幽勿用，故曰'或跃'应焉。或之者，疑之也。后七、八年必复位。"后来，瓦剌部首领也先见以英宗为人质要挟明朝的目的无法达到，军事进攻又不奏效，便于景泰元年（1450）——也就是仝寅所说的庚午年——放了英宗。八年后英宗发动政变，复辟帝位，改元天顺，把弟弟景泰帝赶下了台。而这个半瞎的仝寅因为有先见之明，获得了一个锦衣卫百户的官职。

（五）易筮的流变

《周易》的筮法流传到西汉后，又有了较大的发展与变异，后来更在民间衍化为各种占验术，成为方术的源头。情况颇为复杂，兹择其要者简介之。

1. 金钱课

汉代的京房对《周易》的筮法做了发展与改造。他的贡献之一，是发明了钱蓍法，即金钱课。其法是用三枚铜钱代替蓍草，一次同时掷于地上，以有字的正面为阳，没有字的背面为阴，若遇三枚皆正为老阳，其数为九；若遇三枚皆背为老阴，其数为六；若遇两枚正一枚背则为少阳，其数为七；若遇两枚背一枚正则为少阴，其数为八。用此法并不需要四营，掷一次得一爻，相当于三变；掷六次成一卦，相当于十八变。比如，有人占筮抛了六次铜钱，自初爻至上爻结果是：

二正一背　少阳（七），记为 ━（上爻）

二背一正　少阴（八），记为 ▄▄（五爻）

三正　　　老阳（九），记为 ━（四爻）

二正一背　少阳（七），记为 ━（三爻）

三背　　　老阴（六），记为 ▄▄（二爻）

二背一正　少阴（八），记为 ▄▄（初爻）

这样就得到了一个旅卦☲☶。其中二爻为老阴、四爻为老阳，均是变爻，要阴阳互变，这样，旅卦就变成了蛊卦☶☴（"遇旅之蛊"）。知道了卦象，按照占筮法则来解说，就可以获得断占结论了。这种筮法因为在唐末宋初被一个自称"麻衣道者"的人记录在一本叫作《火珠林》的书里，所以也被称为"火珠林法"。

金钱课的原理与蓍草揲卦无异，操作程序却比正宗的易筮法简便得多，只要用三个铜板，哗啦一掷，结果就出来了，因此汉以后在民间十分流行。唐代诗人于鹄写过一首《江南曲》："偶向江边采白蘋，还随女伴赛江神。众中不敢分明语，暗掷金钱卜远人。"可见当时金钱课已很普及。现在在街肆摆摊的卖卜先生，也有很多采用此法。金钱课流行后，原来用蓍草演卦的方法反倒鲜为人知了，成了在朝廷庙堂里和士大夫学者中才采用的方法。

2. 梅花易数

《周易》的揲蓍求卦之法复杂烦琐，令人望而生畏；而以掷钱求卦虽然大大简化了流程，但毕竟还需依傍工具，并不尽如人意。于是到了后来，就出现了"梅花易数"之法。梅花易数据说是北宋的邵雍发明的，这种占筮方法不仅革了揲蓍的命，而且也革了金钱课的命。这是一种很简易的求卦方法，什么都不要，两手空空，随时随地都能得卦。一个人进门，看他站的方位、看当时的时间、看他穿什么衣服，一个卦象就获得了。其法有很多细分，综括而言之，有按年、月、日、时来求卦、按来人方位来求卦、按字的笔画字数来求卦、按事物的尺寸来求卦等等，下面介绍其中两种。

一种是按年、月、日、时求卦。

梅花易数规定，以年、月、日的总数求上卦，以年、月、日、时的总数求下卦和变爻。卦以除八求得、变爻除六求得。数字的确定方法为：子年为一，丑年为二，寅年为三，卯年为四，辰年为五，巳年为六，午年为七，未年为八，申年为九，酉年为十，戌年为十一，亥年为十二；月、日与当月、当日的数目相同；时从子时到亥时，计数方法与年同。分别算出年、月、日和年、月、日、时的总数后，除以八，根据所得的余数，按照先天八卦的卦序（乾一、兑二、离三、震四、巽五、坎六、艮七、坤八）便可求出上、下卦。比如年、月、日相加总数除以八的余数是五，上卦便是巽；年、月、日、时的总数除以八的余数是一，下卦便是乾；不管是上卦还是下卦，如果总数被八除尽，便以八为余数，以坤为卦。求出上、下卦之后，再以年、月、日、时的总数除以六，如果所得的余数是一，就以初爻为变爻；如果所得的余数是二，就以第二爻为变爻；依次类推。按梅花易数，变爻只会出现一个。比如：

2012年（壬辰）农历九月十七日

总数：5+9+17=31　31除以8，余数为7

上卦为艮七

20:30，酉时

5+9+17+10＝41　41除以8，余数为1

下卦为乾一

得卦大畜

变爻：41除以6，余数为5，第五爻变

遇大畜之小畜

一种是按字的笔画数求卦。

按字的笔画数求卦的原则是，先计算出字的笔画数，然后以先天八卦为序（"乾一、兑二、离三、震四、巽五、坎六、艮七、坤八"），笔画超过八画的从第九画起再从"乾一、兑二……"算下去，算至哪一卦就以哪一卦为卦象。以所有字的总笔画除以六，所得的余数就是变爻。具体而言，有一字占、二字占、三字占、四字占、五字占五种。一字占为太极混沌，如果结构分不开，不可得卦；如果阴阳（偏旁）已判，就以字的左偏旁为阳，右偏旁为阴；或上偏旁为阳，下偏旁为阴。以"杨"字为例，左半的"木"为四画，取为上卦，四画为震；右边的"易"为九画，取为下卦，九画为乾。于是所得的本卦便是大壮卦☱。"杨"字的总笔画为十三，十三除以六，余数是一，初九为变爻，之卦为恒卦☳。

二字占为两仪平分，以第一字为上卦，第二字为下卦。三字卦像三才，以第一字为上卦，以第二、第三字为下卦。四字卦为四象，可以平分字数，按笔画求得上、下卦。五字占为五行，以前面两个字为上卦，后面三个字为下卦。

3. 焦氏易

焦氏指西汉的学者焦赣，即焦延寿。他是京房的老师，在易学方面影响较大。他写有一部《焦氏易林》，是专讲占筮的。他的占筮方法因此被称为"焦氏易"。《焦氏易林》很特别，对《周易》的卦爻辞它通通不用，而是自己另起炉灶再来一套。它根据每个卦均可变化成六十四卦中任何一卦的规律，将六十四卦排成了4096种卦，每种卦变都附有一则四言韵语，称"林辞"，供占筮对照使用。

经传释译

下编

上 经

乾卦第一

 乾下乾上

《序卦》说："有天地，然后万物生焉。"

在传世的《周易》文本中，六十四卦是按事物发生次序来排列的，这个次序是《序卦》提出来的。《周易》以乾、坤两卦来统领另外的六十二卦，反映了阴阳相辅相成的观念，是对天地创造万物的作用的共同肯定。毕竟一个巴掌打不响，事物的产生并不是由单方面的力量推动的。在乾、坤两卦中，乾排第一，又反映了阳刚力量占主导地位的观念。重阳刚，意味着轻阴柔。

乾卦乾下乾上，它是八纯卦之一，六爻皆阳，是阳气纯极之象，象征天。

乾是指太阳初升时天空的通泰状态。《周易》为什么不直接把这个卦命名为天呢？宋人李衡在其《周易义海撮要》中是这样解释的："天者，乾之形；乾者，天之用。"也就是说，天与乾是体与用的关系。乾卦除了象征天之外，还象征许多其他事物，《说卦》说："乾为天，为圜，为君，为父，为玉，为金，为寒，为冰，为大赤，为良马，为老马，为瘠马，为驳马，为木果。"天是万物产生与变化的原始动力，具有生生不息的功能，因此乾德为健。《周易》的作者认为，天很雄毅刚健，其特征与古代传说的动物——龙很相似。龙是人想象出来的三栖动物，能在水里、地上、空中生活。它体型巨大，有角像鹿，身圆像蛇，有鳞像鱼，有爪像蜥蜴，常常隐显往来于三界中，飞腾跳跃，兴云化雨，其雄猛的性格与天十分相合，因此，《周易》以龙为乾卦的喻象，来说明天道的变化、阴阳的消长和人事的进退。在自然的意义上天最高，在社会的意义上君最高，因此《周易》又把天道与君道相提并论，把乾看作君象。这样，在中国的文化传统中，"天""龙""君"便发生了紧密的关系，三位一体。后世的人们把皇帝称为"天子"，把他的样貌称为"龙颜"，把他的后代称为"龙种"，把他穿的衣服称为"龙袍"，把他的座椅称为"龙床"，把顶撞皇帝叫作"批龙麟"，都源于此。

乾卦六阳息阴，在"十二消息卦"中代表夏历（农历）四月、周历六月。"十二消息卦"是反映一年十二个月的阴阳变化的一组卦，它是汉代的孟喜提出来的。消是消阳，息是息阴。

乾　元亨利贞。

"乾"是卦名，"元亨利贞"是卦辞。《易经》共有六十四个卦，卦辞也有六十四条。卦辞与爻辞合称"筮辞"，它们都是经的组成部分。筮辞原是占筮的答案，但在《周易》走上哲学化的道路以后，它们被理解成了说明各卦或各爻性质的文字。把八卦演为六十四卦并为各个卦撰写卦辞者，传说是周文王。据载他曾被商纣王关在羑里（今河南汤阴县北）的监牢里，闲着无事，便用心研究各个卦象。如果这个传说属实，卦辞便是他研究卦的心得。

"元亨利贞"属断占之辞，它是对天的性质的评价，意思是说乾具有"元亨利贞"的特征。在《周易》中，不少卦都涉及它们，因此必须先弄清楚它们的意思。在词语结构上，这四个字可作偏正关系理解，也可作并列关系理解。主张前者的人把句读定为"元亨，利贞"，主张后者的人把句读定为"元、亨、利、贞"。人们对这四个字含义的理解也不尽一致，例如，《子夏易传》说："元，始也；亨，通也；利，和也；贞，正也。"南宋大儒朱熹把元理解为大，亨理解为通，利理解为宜，贞理解为正。而现代易学家高亨却认为："元，大也；亨，即享祀之享；利，即利益之利；贞，即贞卜之贞也。"笔者采纳朱熹的意见。

【译文】

乾　大为亨通，有利正道。

初九　潜龙勿用。

"初九"是爻题，即爻的名称。它的意思是，初始之爻是阳爻。《周易》用"九"表示阳爻，用"六"表示阴爻。本卦从初九的"潜龙勿用"到用九的"见群龙无首，吉"，都是爻辞。爻辞是用来说明各爻的性质或内容的，它们也是经的组成部分。六十四卦，每卦六爻，共有三百八十四条爻辞。乾卦和坤卦还各多了一条虚拟爻——用九和用六，严格地说它们并不是爻辞，而是用辞，因为在卦中它们没有对应之爻。关于爻辞的来历，一说是周文王作的，一说是周公作的，但都不可靠。分析卦是自下而上进行的，从初爻开始，接着是二爻、三爻、四爻、五爻、上爻。

本卦从初九到上九，象征了阳刚力量从初生到成长、到发展、到壮大、到鼎盛、再到衰亡的过程。"潜龙勿用"反映的是隐忍状态，它的意思是说，在条件尚不具备的时候，要像潜在水中的龙那样韬光养晦，隐藏不露。之所以"勿用"，是因为阳气初生，力量太弱，与其急于冒头，不如先修养德性、蓄积才学，等到机会合适的时候再施展宏图。初九作为阳爻，具有刚毅的性质，但是它居于一卦的下方，地位最低，尚无能力主事，所以以"潜龙"为喻象。

【译文】

初九　巨龙潜藏在水中，不要有所作为。

九二　见龙在田，利见大人。

九二像初九一样也是爻题，表示第二爻是阳爻。前面的"见"读为"现"。在初位尚处于潜藏状态的巨龙，此时已显现在地面上。"田"指原野。《周易》的经中有好几个"田"字，只有这个是指原野，其余都是指畋猎。阳爻本质刚健，九二又处在下卦的中间这个有利的位置，难免要进取。爻辞即暗寓具有中庸之德的君子在经过前一阶段的隐忍之后，开始崭露头角了。"利见大人"是说有利于晋见圣明的尊者。有大人提拔，才可能施展抱负、发挥才华。"大人"暗指上面的九五。为什么"利见"？因为圣明的人物在初出世时往往需要人来辅佐，故多能礼贤下士，容易接近。历史上就有"文王访贤""三顾茅庐"的故事。在分析爻象时，《周易》常常看重第二、第五两爻，因为它们分处于下卦与上卦的中位，是"得中"之象。九二以刚履柔，中而不正，还不是上佳之爻。

【译文】

九二　巨龙显现在地面，利于晋见大人物。

九三　君子终日乾乾，夕惕若，厉，无咎。

九三以阳爻居阳位，是得正之象。但从二爻上升到三爻，却偏离了中位，表示有失中道。而三阳相叠，也不免过分刚强。因此地位升了一格，反而变得有危险了，爻辞便是对危险的警示。"乾乾"就是"健健"，即持续不停地努力的样子。"夕"是夜晚，"惕"为警惕。"若"是语末助词，意思是"像……的样子"。"厉"，有人释为"严厉"，也有人释为"严谨"，其实是"危险"。《文言》说"君子进德修业，故乾乾因其时而惕，虽危无咎矣"，就是以"危"来释"厉"的；《经典释文》和《广雅释诂》均把"厉"训为"危也"。在《周易》的经中，用"厉"断占的卦爻辞共有二十七条，都是危险的意思。"厉，无咎"，是说危险，但没有灾殃。在《周易》中，"悔""咎""凶"都指灾祸，"咎"的程度比"悔"重、比"凶"轻。这一爻如果用来讲人事，是说一个人在有了一定地位后，更需要努力奋进与小心谨慎，这样才能防止灾祸发生。

【译文】

九三　君子终日不息地努力奋进，到晚间又能保持警惕，纵有危险，但不会有灾殃。

九四　或跃在渊，无咎。

这句爻辞是承上文而言的，主语仍是龙。龙是三栖动物，但主要生活在水中，敖广、敖钦、敖闰、敖顺就号称"四海龙王"，因此"或跃在渊"，是龙在根据地的进取之象。从九三到九四，不仅脱离了需要"夕惕若"的险境，而且位置也从下卦升到了上卦，实现了质的飞跃。这个时候，龙当然可以考虑积极进取了。事得其宜，岂会有咎？但是九四处于上卦的下位，而且以刚履阴，不中不正，并没有达到理想境界。大家要注意"或跃在渊"的"或"，这是一个虚词，表示跃跃欲试又犹豫不决。而下面的"跃"也只是腾跳，还不是飞起。为什么龙会这样？九四是阳爻，性质刚健，刚健就会有进取之心；但第四个爻位是阴位，阴意味着退守。正是阴阳之间的矛盾，导致了九四的进退不定。注意，"无咎"并不是没有问题，而是有过失而能弥补。《系辞》便说"无咎"是"善补过也"。

【译文】

九四　巨龙在深渊中不时跳跃，没有灾殃。

九五　飞龙在天，利见大人。

九五位于上卦的中间，而且以刚爻履阳位，"大中至正"，是至为理想之爻。这一爻，后来被认为是君位，成为以上佳之德而居至尊之位的王者的象征，被称为"九五之尊"。"九"是阳数之极，"五"是阳数之中。乾本是纯阳之卦，性格极为刚健，阳气从初九蓄积到九五，已十分旺盛，这个时候，最得乾道的精华，因此说"飞龙在天"。巨龙到了这个境界，天时、地利、人和一应俱备，已摆脱了一切束缚，拥有无限的发展空间，可以自由自在地腾空飞翔，而再无须瞻前顾后、左顾右盼了。此爻用于比拟人事，是说刚健中正的非凡人物高居大位，正在施展宏图。"大人"君临天下，自有必要接受万民的瞻仰，因此爻辞说"利见大人"。九二的"利见"，是说"大人"会主动访求在野的鸿儒而为我所用；九五的"利见"，则是提醒君子应自觉向"大人"靠拢，以获重用。

【译文】

九五　巨龙在天上翱翔飞舞，利于晋见大人物。

上九　亢龙有悔。

上九是乾卦的极上之爻，它已处于一卦的顶端，其上再没有更高的位置了。正所谓物极必反、物盛则衰，故其爻性反而不理想。三国王肃说"穷高曰亢"，"亢"就是过高。穷则事尽，高则易危，古话说"皎皎者易污，侥侥者易折"，巨龙飞到"穷高"之处，既不能上升，又无法下降，进退两难，不免"有悔"。《说文解字》："悔，恨也。从心，每声。"在《周易》中，"悔"是指因困厄而忧虑。《系辞》说："悔吝者，忧虞之象也。""悔吝者，言乎其小疵也。"经共有三十四条涉"悔"的卦爻辞。"亢龙有悔"的局面之所以出现，是因为上九累积了前头五个刚爻的阳气，已刚强至极，从而只知道前进，不懂得后退。古人说"乐极生悲""盈满必溢"，便是这个道理。假如把九五看作至尊之位的话，那么上九便是太上之位。在《文言》与《系辞》中，都指出过这个位置的尴尬："贵而无位，高而无民，贤人在下位而无辅，是以动而有悔也。"当年乾隆帝当了六十年皇帝后，便带着"十全武功老人"的荣耀退位，把帝位让给了儿子嘉庆帝。待住进了养心殿，才发现"养心"的日子其实很憋屈。郑板桥曾写过一首诗评论此事："南内凄清西内荒，淡云秋树满宫墙。由来百代明天子，不肯将身做上皇。"

【译文】

上九　腾飞至极的龙会有悔恨。

用九　见群龙无首，吉。

六十四卦中，乾卦和坤卦在六爻之外，还虚拟了一条在卦上看不到的"用爻"，这是为了解决占筮时碰到"遇乾之坤"和"遇坤之乾"的难题而做的安排。揲蓍求卦时，如果六爻的筮数全是老阳或老阴，便会分别出现上述局面。一个纯阳卦会变成纯阴卦，在于阳极而阴生，这与上九会向对立面转化的道理相同，只不过上九是一爻变，用九是一卦变。"见"读"现"。"群龙"指本卦的六个阳爻。"无首"是说没有领头的，没有领头的就意味着没有尾随的，全部的"龙"地位都相同。在我们的印象中，"群龙无首"似乎是乱糟糟的局面，为什么用九说它"吉"呢？因为群龙虽然性格刚健，但是假若彼此地位平等、大家都没有争强好胜之心，局面反而祥和。我们可以国际上的"圆桌会议"来说明这个问题。出席会议者都是各国的国家元首或政府首脑，如果其中的某个与会者一定要当大家的"老大"，会议便没法开。大家平等地坐在圆桌周围讨论问题，则局面祥和。我们可以把"群龙无首"理解为领导群体中的民主制度。高亨《周易古经今注》说"群龙无首"，是由于"群龙在天，为云所蔽，而仅见其身尾足也"，别为一解。

"用九"是总括六爻的纯九之义，它带有超然物外、冷静观察分析事物的发展变化情况的意思。它并不具体地指哪一爻，但哪一爻都和它有关。历史上的一些隐士、高人便是"用九"者，他们影响了历史，却不显山不露水；他们做着很高明的事情，人们却毫不知晓；他们不受世俗的规则束缚，在政治上拥有很高的自由度，无所谓上台，也无所谓下台。

【译文】

用九　出现了群龙没有领头的局面，吉利。

《彖》曰：大哉乾元！万物资始，乃统天。云行雨施，品物流形。大明终始，六位时成，时乘六龙以御天。乾道变化，各正性命，保合大和，乃利贞。首出庶物，万国咸宁。

这是本卦的《彖辞》。《彖辞》也称为《彖辞传》，它是解释各卦的传文，属于"十翼"，每卦都有，通常跟在卦辞后面，但是乾卦跟在整个经文的后面，用"《彖》曰"二字标明。"彖"是古代传说的动物，据说牙齿很硬，能把铁咬断。"彖"意思是"断"，断什么？断卦义。《彖辞》是后人撰写的读经心得。它本来是和经分开，独立成篇的，后来因为与经的关系密切，便被合在了一起（东汉郑玄所为）。时至今日，它已成为《周易》不可分割的部分。

《彖辞》试图以天的法则来说明乾的意义，它将"元亨利贞"看成天之"四德"来进行解释。拿《彖辞》与原始朴实的卦辞来相比较，可以发现它在理论上已有高度发挥。

"大哉乾元！万物资始，乃统天"一句，是释"元"之义。"元"有大与始的意思，因此说"大哉""资始"。"资"是赖以。《系辞》说"天地之大德曰生"，而万物生命都来自乾元，它有这么了不起的贡献，自然有资格统领自然界。

"云行雨施，品物流形"一句，是释"亨"之义。古人认为，生命的源泉是"气"，有"气"流转，生命才有活力。而"云行雨施"正是自然界的"气"流转畅通的表现。天即通过云行雨施把它本具的生气传布到每个角落，从而使各种各样的事物形成品类与形体。"品物"是使事物成类，"流形"是使形体化生。

"大明终始，六位时成，时乘六龙以御天"一句，是释"利"之义。有人说"大明终始"是指太阳运行不息，每天升起来又降下去。在天地万物中太阳最为灿烂，因此说"大明"。此种讲法不正确，因为在《周易》中，象征太阳的是离而不是乾。

"大明终始"意思是说乾卦极为清楚地显示了变化的终始之理。"六位时成"是说乾按时间顺序，从潜伏，到显现，到努力，到跃动，到飞腾，到盈满，完成了一卦六个阶段的变化。"六位"是指六个爻位，它们表示事物发展的不同阶段。"时乘六龙以御天"，是说乾利用六条巨龙（暗指六个阳爻）实现了对自然的控制。

"乾道变化，各正性命，保合大和，乃利贞"一句，是释"贞"之义。"乾道"就是天道。天道的变化，使事物的"性"与"命"都合乎自然法则，因此说"各正性命"。古人把物之所受称为"性"，比如说鸟会飞、鱼能游之类，"性"就是属性；古人把天之所赋称为命，比如蜉蝣命短，龟鹤寿长，"命"是生存的长短。"保合大和，乃利贞"，意思是使事物保持高度和谐，就利于正道。

"首出庶物，万国咸宁。""首"就是"元"。万物资元而始，因此说"首出庶物"。"庶物"就是众物。"万国咸宁"一句，以"元"来比拟"元首"。天下万邦，有伟大领袖的英明领导，因而安定祥和。"咸"是全，"咸宁"就是国泰民安。《彖辞》作者在讲完"四德"之后，再次提及"元"，是说明"元"既并列于"四德"，又在"四德"中特别重要。

【译文】

《彖辞》说，多么伟大啊，乾之元！万物都依赖你而获得生命的开端，你理所当然地具有统领自然的资格。云气流转，雨霖普降，使物成其类，形体化生。乾十分明确地显示了事物的终始之理，按时间顺序完成了六个爻位的变化，不时驾着六条巨龙来控制大自然。天道的运行变化，使事物的属性与生命都合乎法则，能保持和融合自然的极端和谐，就利于正道。元气使众物产生，天下万邦全都安宁祥和。

《象》曰：天行健，君子以自强不息。

这是本卦的《象辞》。《象辞》也称《象辞传》，它是传的一部分，属于"十翼"。六十四卦是高度抽象的符号，为了使人们较容易理解它们的象征意义，《象辞》通常用自然界所能观察或感知得到的事物来解释卦象。《彖辞》只有一种，《象辞》却有两种：一种是总论卦象的，叫作"大象"；一种是分论爻象的，叫作"小象"。不知什么原因，乾卦的小象是合在一起的，而自坤卦起，各卦的小象都分系于对应的爻辞。

"天行健，君子以自强不息"，这是人皆能诵的名言。在这句话中，作者提出了"法天"——以天为楷模的思想。为什么要法天？因为天崇高伟大，大公无私。它与地配合，创造出自然界的万物，却不求回报；它雄毅刚健，日复一日地运行，从不知休止。君子应当效法天道，奋发图强，努力不懈，追求进步。

【译文】

《象辞》说，天道运行刚健不已，君子应顺承天道，奋发图强，不断努力。

"潜龙勿用"，阳在下也。"见龙在田"，德施普也。"终日乾乾"，反复道也。"或跃在渊"，进无咎也。"飞龙在天"，大人造也。"亢龙有悔"，盈不可久也。"用九"，天德不可为首也。

"小象"一爻一爻地分论、解释爻象。为什么初九要"潜龙勿用"？《象辞》说，因为"阳在下也"。阳气位于下面，刚刚萌生，还不旺盛，因此不宜轻举妄动。为什么九二说"见龙在田"？"德施普也"。以龙为喻象的大人物出现在人们的视野之后，想做一番事业，就会以自己的德行去感化四方。九三讲"终日乾乾"，这是说要持续不停地反复实践天则。九四说"或跃在渊"，是说这个时候形势已不错，上进不会有什么问题。九五所说的"飞龙在天"的境界是伟大人物成就的，因此说"大人造也"。上九说"亢龙有悔"，是警告"盈不可久也"，一个国家在达到了强盛顶点之后，往往便会走下坡路。"用九"告诉人们的道理是"天德不可为首"，也就是说阳刚之道不是争强好胜，而是刚柔兼济。"天德"就是乾的属性。

【译文】

"潜龙勿用"，是由于初生的阳气还在下面。"见龙在田"，意味着大人物的德行将普施四方。"终日乾乾"，是说要持续不断地实践天则。"或跃在渊"，是说审时前进才没有灾殃。"飞龙在天"，是大人物才能成就的境界。"亢龙有悔"，是说盈满不可能持久。"用九"，是说天的属性否定争强好胜。

《文言》曰：元者，善之长也；亨者，嘉之会也；利者，义之和也；贞者，事之干也。君子体仁足以长人，嘉会足以合礼，利物足以和义，贞固足以干事。君子行此四德者，故曰"乾，元亨利贞"。

《文言》也是传的组成部分，属"十翼"。在六十四卦中，只有乾、坤二卦有《文言》，因为这两卦被认为是进入易学殿堂的门户，十分重要。在形式上，我们可以把《文言》看成是附在乾、坤二卦之后的两篇小论文。乾卦的《文言》较长，共有六节，这是第一节。《彖辞》对经的解释以自然为主，《象辞》对经的解释倾向于人文方面，《文言》对经的解释则完全从人事角度出发。它认为"元"是众善的统领，"亨"是美好的会集，"利"是义气的和合，"贞"是事物的骨干，这种解释与《象辞》已有很大差距。从这种理解出发，《文言》进一步提出：君子以仁为体因而有资格领导他人，会集了各种美好因而符合礼的准则，使别人获得利益因而与义和合，正道坚固因而能使事业树立。君子实践了这四种德行，因此"元亨利贞"。"体仁"是以仁为体。"仁者，爱人"，能做到以仁为体，自然"足以长人"。"利物"的"物"不是指事物，而是指人，即"人言物议"的"物"，"厚德载物"的"物"。"干事"是使事有骨干，也就是使事业立得起来。从这里我们可以看出，《文言》把自然之理移植为社会之理，把"乾之四德"引申为"人之四德"，其理论充满了儒家的色彩。

【译文】

《文言》说：元，是众善的尊长；亨，是美好的集合；利，是义气的和谐；贞，是事物的骨干。君子以仁为体足以领导他人，诸美集合足以合于礼制，利益他人足以与义相和，正道坚固足以成就事业。君子实践这四种德行，所以说"乾，元亨利贞"。

初九曰"潜龙勿用"，何谓也？子曰："龙德而隐者也。不易乎世，不成乎名，遁世无闷，不见是而无闷。乐则行之，忧则违之。确乎其不可拔，潜龙也。

从这个自然段始至解释完上九止，是第二节，分别解释各爻。《文言》通过"孔子"之口说，初九的"潜龙勿用"讲的是龙隐而不露的德行。这些德行表现为：不因世俗而改变所守，不追求世间的虚名，隐逸山林不觉得苦闷，主张不被接纳也不会忿忿不平。事情称心就去做，有担忧就不干。对什么是"潜龙"，作者是这样理解的：确立了坚定不可动摇的意志，就是潜龙。他们在思想上、精神上有其主张，不是墙头草。

【译文】

初九说"潜龙勿用"，是讲什么呢？孔子说："是讲龙隐而不露的德行。不因世俗而改变意志，不热衷于成就人间的虚名，逃避浊世不会感到苦闷，见解主张不被接纳也不会感到苦闷。事情称心就做，有担忧就不干。确立坚定不可动摇的意志，这就是潜龙。"

九二曰"见龙在田，利见大人"，何谓也？子曰："龙德而正中者也。庸言之信，庸行之谨。闲邪存其诚，善世而不伐，德博而化。《易》曰：'见龙在田，利见大人。'君德也。"

九二说"见龙在田，利见大人"，"孔子"认为这是讲龙端正而不偏的德行。九二居于下卦中位，所以这么说。那么"龙德而正中者"是怎么体现出来的呢？"孔子"解释说，它体现在"庸言之信，庸行之谨"中。这两个"庸"字，都由上面的"中"而来。李鼎祚说："庸，常也。""庸言"就是平常的说话，"庸行"就是平常的行动。有学者把这两句话释为"把一般的话都说得正确，把一般的行动都做得慎重"，与文意有出入。有此德行者，可"闲邪存其诚，善世而不伐，德博而化"。"闲"是"闲驹"的闲。门中有木，是为了防止畜牲逃出，这里解作防范，"闲邪"就是防范邪意。"善世"既可以理解为使世人向善，也可以理解为自己行善于世，对社会有正面的贡献。"不伐"是不自我夸耀。"孔子"还认为，"见龙在田，利见大人"所反映的是君王之德。这一解释与经有距离，九二中而不正，还不能说是"正中"；它体现的也不是"君德"，而是君子之德。

【译文】

九二说"见龙在田，利见大人"，是讲什么呢？孔子说："是讲龙端正不偏的德行。它体现在平常说话的有信、平常行动的严谨。防范邪意而保持诚心，贡献社会而不自我夸耀，德行博大普化天下。《易经》说：'见龙在田，利见大人。'讲的是君王之德。"

九三曰"君子终日乾乾，夕惕若，厉，无咎"，何谓也？子曰："君子进德修业。忠信，所以进德也。修辞立其诚，所以居业也。知至至之，可与言几也。知终终之，可与存义也。是故居上位而不骄，在下位而不忧。故乾乾因其时而惕，虽危而无咎矣。"

九三爻辞说"君子终日乾乾，夕惕若，厉，无咎"，"孔子"认为这句话的核心是"进德修业"。"进德"就是提高德行、追求进步。"进德"靠什么？他认为靠"忠信"。"忠"指对人对事尽心，今日还有"忠于职守"一语。"信"是对承诺负责，讲话算数。"修业"既可以理解为学习知识、提升技能，也可以理解为建立功绩。居业靠什么？"孔子"说靠"修辞立其诚"。"修辞"意思是"修饰言语"，学会恰当地讲话。经过训练，人的言行举止会彬彬有礼，容易把心中的诚恳表现出来。"知至至之"讲的是进德，意思是要把握机会，知道应该达到就努力去达到。一个人能"知至至之"，说明他很会把握时机，"孔子"认为与这种人可与"言几"——讨论机微之事。"知终终之"讲的是居业之事，意思是事情该了则了，应结束就果断结束，该致仕便致仕，老子不是说"功成名遂身退"么？"孔子"认为有这种决心的人才可与他保持友情（"存义"即"存宜"）。因此人应当心平气和地生活，做到居于尊贵地位而不骄慢，比如当官不趾高气扬，被人使唤也不忿忿不平。君子如果能自强不息而又保持警戒之心，纵有危险也不会有灾殃。

【译文】

九三说"君子终日乾乾，夕惕若，厉，无咎"，是讲什么呢？孔子说："君子增进德行，修持功业。忠义有信，才能增进德行；修饰言辞使诚信树立起来，才能保住事业。懂得应该达到就努力达到，这样的人才可以与他探讨机微。懂得应该结束就立刻结束，这样的人才可以与他保持友情。应该居于尊贵位置而不骄纵，居于低微位置而不忧虑。因此应该勤勉不懈但不时保持警惕，这样虽然有危险，但是没有灾殃。

九四日"或跃在渊，无咎"，何谓也？子曰："上下无常，非为邪也。进退无恒，非离群也。君子进德修业，欲及时也，故无咎。"

九四说龙"或跃在渊，无咎"，为什么呢？"孔子"说这与龙的志趣相关：上下无常，并不是出于邪念；进退无恒，并不是想脱离群体。君子进德修业，是为了把握时机，因此没有灾殃。"上下无常""进退无恒"本来是指龙"或跃"的状态，但在这里被引申来讲人事："上"指居于领导地位，"下"指处在被领导地位；"进"指出来做官，"退"指隐居不仕。君子为了进德修业而抓紧时间，当然不会有咎。

【译文】

九四"或跃在渊，无咎"讲什么呢？孔子说："或上或下没有规律，并不是出于邪念。时进时退没有定准，并不是想离开群体。君子增进德行，修持功业，是想把握时机，所以没有灾殃。"

九五日"飞龙在天，利见大人"，何谓也？子曰："同声相应，同气相求。水流湿，火就燥，云从龙，风从虎。圣人作而万物睹。本乎天者亲上，本乎地者亲下，则各从其类也。"

"孔子"在解释九五的"飞龙在天，利见大人"时说，声调相同，就会产生应和。古代讲十二律吕，就有"黄钟之声作，林钟之声应"的说法。早上鸡啼一声，别的鸡就会跟着啼；但如果是牛叫，鸡便不会跟着叫。气息相通，就会相互吸引。好朋友就是同气相求者，因为他们有共同语言。水往低湿处流，火向干燥处烧，云随龙舞而起，风伴虎啸而生。对"圣人作而万物睹"这句话，应注意"物"字，很多学者把它解成"事物"，又把"睹"解成"显著"或"出现"，这样理解是不正确的。"物"在这里指人。朱熹《周易本义》说："物犹人也。"此"物"是"人言物议"的那个"物"。这句话的意思是，圣人有所作为，万人就会一起观瞻。以天为本的喜欢上，以地为本的喜欢下。比如禽鸟喜上天，草木喜附地。生物的本性不同，喜好就不同。这是古代的名文，司马迁《史记·伯夷列传》曾借以引申发挥。

【译文】

九五说"飞龙在天，利见大人"，是讲什么呢？孔子说："同类的声音互相应和，同样的气息互相求合。水流向低湿处，火烧向干燥处，云随着龙舞涌现，风伴着虎啸生出。圣人有所作为，万民便一齐观瞻。以天为本者亲近上面，以地为本者亲近下面，各种事物都是归向自己的类别的。"

上九曰"亢龙有悔"，何谓也？子曰："贵而无位，高而无民，贤人在下位而无辅，是以动而有悔也。"

这段话在《系辞》中也出现了，而且一模一样，显然是错简的原因。对"亢龙"为何"有悔"，"孔子"做了解释。"贵而无位"，是从卦位上来分析的。九五已是至尊之位，不可能还有比它更尊之爻。上九表面上在九五之上，实际上没有地位。它只是被放在神台上供着，高高在上，脱离民众，"贤人在下位而无辅"，故不免"动而有悔"。以前的国君常自称"孤家"或"寡人"，这固然是尊的表示，但何尝未包含"亢"的寂寞呢！"贤人"指九三，即"终日乾乾，夕惕若"的君子。按应爻说，上九与九三无应，因为它们都是阳爻。

【译文】

上九说"亢龙有悔"，是讲什么呢？孔子说："尊贵而没有实际地位，高高在上而没有群众支持，贤良处在下面的位置而辅佐不了他，所以有所行动便会心生悔恨。"

"潜龙勿用"，下也。"见龙在田"，时舍也。"终日乾乾"，行事也。"或跃在渊"，自试也。"飞龙在天"，上治也。"亢龙有悔"，穷之灾也。乾元"用九"，天下治也。

这是《文言》第三节，以"时"与"位"为重点，精炼解释各爻的爻辞。为什么"潜龙勿用"？"下也"。下就是地位低。"时舍"便是暂时居留。扬雄《太玄经·去》"舍彼枯园"范望注："舍，居也。""终日乾乾"，是说君子在努力做事，因此说"行事"。"或跃在渊"，是将要飞翔的龙想先测试一下自己的本事。"飞龙在天"是九五的喻象，是君临天下、海晏河清的境界，因此说"上治"。"亢龙有悔"，问题出在"亢"字上，"亢"是穷高，因此说是"穷之灾"。乾元"用九"而"天下治"，其道理与"见群龙无首，吉"一样。

【译文】

"潜龙勿用"，是说地位低下。"见龙在田"，是说暂时居留。"终日乾乾"，是说正在实践。"或跃在渊",是说自测本事。"飞龙在天",是说君临天下。"亢龙有悔",是说穷极招殃。乾元"用九",是说天下大治。

"潜龙勿用",阳气潜藏。"见龙在田",天下文明。"终日乾乾",与时偕行。"或跃在渊",乾道乃革。"飞龙在天",乃位乎天德。"亢龙有悔",与时偕极。乾元"用九",乃见天则。

这是第四节,所解释的也是爻象,但角度改为以自然为重点。"潜龙勿用",是阳刚之气还处在潜藏状态。"见龙在田"之时,天下已出现欣欣向荣的气象。"天下文明"意思是说整个世界文采辉煌。"终日乾乾",是说君子努力不懈,与时俱进。而当龙"或跃在渊"之时,"乾道乃革"——天道便改变了,世界的局面将更新。"飞龙在天"意味着君王居于至尊之位,因此说"乃位乎天德"。"亢龙有悔",是因为龙随着时间发展走到了尽头。古人认为,事物发展由"时运"控制,时来运转,时去运尽。乾元"用九",体现的是天的法则,这个法则便是六阳俱老,必然转阴。《文言》这段话强调要把握时机,跟上时代的步伐。

【译文】

"潜龙勿用",是由于阳气还处在潜藏状态。"见龙在田",天下万物文采辉煌。"终日乾乾",说明能与时俱进。"或跃在渊",说明天道已经革新。"飞龙在天",是说居于至尊之位。"亢龙有悔",说明随着时间已走到了尽头。乾元"用九",体现的是天道运行的规律。

乾元者,始而亨者也;利贞者,性情也。乾始能以美利利天下,不言所利,大矣哉!大哉乾乎,刚健中正,纯粹精也!六爻发挥,旁通情也。时乘六龙,以御天也。云行雨施,天下平也。

《文言》开头曾讨论过"元亨利贞",此处又再次讨论,不过这次不是围绕经文展开,而是围绕《彖辞》展开的。《文言》此处阐释的是《彖辞》开头所说的"大哉乾元"。乾元创造万物的力量很伟大,无所不通,无所不畅,因此说"始而亨者也"。《文言》还认为,"利贞"是乾元"性情"的发挥。接着进一步赞美乾,说它"始能以美利利天下,不言所利",意思是普遍施惠于天下却从不提自己的贡献,这太伟大了!乾有很多值得赞叹的美德,它刚强雄健、大中至正、纯粹不杂,真是了不起啊!六个阳爻的作用一旦发挥,便能够与周围的人事物情广泛贯通。注意,"六爻发挥,旁通情也"这句话,原是说利用《周易》的筮法,可以通过各爻的变化去贞知未来的情状,进行预测。从更广深的角度认识,则可以理解为乾发挥了六个阳爻的作用，就像按时序驾驭六条巨龙，控制自然。这些巨龙飞腾翱翔在天空中，导致行云降雨，带来天下的繁盛。

【译文】

乾元，首创万物而无所不畅；利贞，是性情的体现。乾一开头就能够用自己的完美功能施利于天下，却从来不提自己的作用，真是伟大啊！乾不是很伟大吗，它刚强健壮，大中至正，纯粹不杂，真是精之又精啊！所以它的六个阳爻的作用一旦发挥出来，便能对周围物情触类旁通。就像依时序驾驭六条巨龙以控制自然。这些龙行云施雨，给天下带来太平。

君子以成德为行，日可见之行也。潜之为言也，隐而未见，行而未成。是以君子弗用也。

从此处开始是第六节，本节再从伦理角度阐释六爻的道理。这一段解释初九。"君子以成德为行"，"成德"，便是完善德业。这是君子行动的出发点；而其努力，便是每天都能体现出来的行动。"潜龙勿用"的"潜"的意思，是指"隐而未见，行而未成"，君子处在这样的境地，便应遵循"弗用"的原则。

【译文】

君子以完善德业为行动的出发点，其努力每天都够体现在行动中。所谓潜，就是隐藏而没有显露出来，行动而没有取得成果。所以君子应暂时别施展抱负。

君子学以聚之，问以辩之，宽以居之，仁以行之。《易》曰："见龙在田，利见大人。"君德也。

这是解释九二的文字。强调君子要从学、问、宽、仁四个方面训练自己。"君子学以聚之"的"聚"，是积累的意思。"问以辩之"意思是要通过提出问题明辨是非；"辩"同"辨"。"宽以居之"意思是要以宽广的心胸兼容并包，"宽"是宽大，"居"是处事很能包容。"仁以行之"意思是一切行动都要贯彻仁爱之心。在这里《文言》坚持认为"见龙在田，利见大人"是说"君德"，实际上是君子之德。这段文字，已有《中庸》"博学之，审问之，慎思之，明辨之，笃行之"之说的雏形。

【译文】

君子通过学习来积累知识，通过提出问题来辨别是非，以宽广的胸怀包容万物，以仁爱的心肠从事行动。《易经》说："巨龙出现在原野，利于晋见伟大人物。"说的是君王之德。

九三，重刚而不中，上不在天，下不在田。故乾乾因其时而惕，虽危无咎矣。

这是解释九三爻象的。"重刚"是说九三以阳爻居阳位。也有人认为是说九三与初九、九二三阳相迭。九三虽然"重刚"，但爻位已偏离下卦的中位，因此说"不中"。作者认为这个爻位不太理想。按照传统的易学理论，一卦六爻，与天、地、人三才存在对应关系：初爻、二爻代表地道，三爻、四爻代表人道，五爻、上爻代表天道。九三处在"人道"的位置，所以说"上不在天，下不在田"——上离"天"还有不少距离，下面却脱离了事业发展的根据地。位置存在缺陷，难免会有危险，只有"乾乾因其时而惕"，才"虽危无咎"。

【译文】

九三，二阳相迭却不在中位，上面未达于天，下面离开了地。所以只有勤勉不懈而不时保持警惕，才能做到虽有危险但没有灾殃。

九四，重刚而不中，上不在天，下不在田，中不在人，故或之。或之者，疑之也，故无咎。

这是解释九四爻象的。"重刚"之说，与实际不符，"重"字当为衍文。除了以阳爻居阴位之外，九四的情形与九三很接近，也是"上不在天，下不在田"。但《文言》说九四"中不在人"，就与易象不合了，九四其实处在"人道"的位置。作者还解释说，由于这个缘故，经文中使用了"或"（"或跃在渊"）字。"或"的意思，是指有所犹疑；因为犹疑，所以无咎。

【译文】

九四，刚健而不居中位，上未达于天，下远距于地，中将离于人，所以有"或"之说。或，是犹疑的意思，犹疑，所以没有灾殃。

夫大人者，与天地合其德，与日月合其明，与四时合其序，与鬼神合其吉凶。先天而天弗违，后天而奉天时。天且弗违，而况于人乎？况于鬼神乎？

这是解释九五的文字。九五爻辞是"飞龙在天，利见大人"。在这里《文言》对以九五为象征的"大人"做了推崇备至的讴歌：说他"与天地合其德"，他的德性与天地相合；说他"与日月合其明"，他的光辉像太阳、月亮一样普照天下；说他"与四时合其序"，他所推行的政令与自然节令很合拍；说他"与鬼神合其吉凶"，他确定事情的吉凶祸福很准确，与鬼神的想法很一致。他如果有什么举措先于天时而行，天也不会违拗他，因为他的做法合乎天道。"后天而奉天时"，是说他的举措即使在天有所示以后才实行，也不会落后于天变化的时序。《文言》最后感叹："天且弗违，而况于人乎？况于鬼神乎？"在《周易》的经中并没有"鬼神"的概念，《文言》引入了这个概念。

【译文】

大人，他的德行与天地的德性相合，他的圣明与太阳、月亮的光明相合，他施政的顺序与春、夏、秋、冬的次序相合，他了解吉凶的灵验与鬼神的奥妙相合。他先于天的所示行动，天并不会违逆他；他后于天的所示行动，却依旧是遵奉天的时序。天尚且不违逆他，更何况人？更何况鬼神？

亢之为言也，知进而不知退，知存而不知亡，知得而不知丧。其唯圣人乎？知进退存亡而不失其正者，其唯圣人乎？

这是最后一段，解释上九，重点在说一个"亢"字。作者认为所谓"亢"，是在进退、存亡、得丧的对立中，只懂得矛盾的一个方面而不懂得另一个方面。而圣人并不是如此，他们把矛盾对立的两个方面都吃得很透。本段在标点方面，绝大多数点校者都把它当成两个排比句来看待，句子的结尾都是"其唯圣人乎"。这样标点，句子整齐，可是第一句的"其唯圣人乎"说不通，"圣人"应为"愚人"。本处的标点，采纳的是尚秉和的意见。《文言》讲两次"其唯圣人乎"，是为了加强语势。

【译文】

所谓亢，说的是只懂得前进不懂得后退，只懂得生存而不懂得衰亡，只懂得获取而不懂得丧失。该只有圣人才能这样吧？——既懂得前进后退、生存衰亡的道理而又不去失其正确立场的，该只有圣人才能这样吧？

坤卦第二

　坤下坤上

《序卦》说:"有天地,然后万物生焉。"

天地的存在,是万物化生的前提。根据事物的发生次序,坤作为创造万物的配合力量,排在第二位。朱熹说:"阴之成形,莫大于地。"在人们所能见到的事物范围内,阴的形象,最大的是地。

坤卦坤下坤上,是"阴气极纯"之象,象征地。

坤卦也是八纯卦之一,它由上下两个三画的坤卦组成,六爻皆阴。"坤"的意思是地气舒展。乾与坤互为错卦,它们一个代表天,一个代表地:一个纯阳,一个纯阴;一个至健,一个至顺,性质完全相反。就像世界上没有哪种动物比龙更善于在高空飞腾那样,也没有哪种动物比马更善于在大地上驰骋,因此《易经》把龙作为乾的喻象,而以马作为坤的喻象。当然这马不是公的,而是母的——牝马。牝马象征坤之顺,正如龙象征乾之健。地顺天、阴顺阳、牝顺牡、雌顺雄、妻顺夫、臣顺君、子顺父,在古代被人们认为是宇宙的根本法则。在社会政治层面,乾代表君,坤代表臣。在中国文化中,乾天、龙、君三位一体,坤则地、牝马、臣三位一体。

在本卦中,无论是经还是传,所强调的都是坤虽然在创造万物的过程中发挥了重要作用,但是它本身没有自主性,它只是乾的配合角色。乾给生命提供起点,坤使生命作育完成。阴阳和合,相辅相成;阳主阴从,阳始阴成。这是《周易》的思维基石,也是传统文化的核心思想。

坤卦六阴消阳,在"十二消息卦"中代表夏历(农历)十月、周历十二月。

坤　元亨,利牝马之贞。君子有攸往,先迷后得主,利。西南得朋,东北丧朋。安贞,吉。

坤卦是吉卦,因为它的卦辞也有"元亨利贞"四个字,不过"利贞"要讲条

件——只是利"牝马之贞"。为什么"元亨"的坤卦"利贞"要讲条件？因为坤在配合乾创造万物的过程中没有自主性，它必须在乾的支配下，像柔顺的牝马一般行走在正道上，其"元亨"之德才能有效发挥。"君子有攸往，先迷后得主，利"。"君子"在政治结构中是指从属于天子的臣，是阴性的。"攸"相当于"所"，这个字在经中常出现。"迷"，《韩非子·解老》篇说是"失其欲往之路而妄行者"，即想往东却到了西，想往北却到了南。君子想到哪里去发挥自己的才能是好事，但是其属性决定了他很依赖君王的正确指引。这就是"后得主，利"的原因。"西南得朋，东北丧朋"，"朋"既可理解为朋友，也可理解为朋贝。如果理解为朋友，便是指人和；理解为朋贝，便是指得财。为什么说"西南得朋，东北丧朋"？看《文王八卦》就明白了。在其图式中，坤卦正是代表西南方位。在自己的地头上做事，天时、地利、人和都能占到，这便是"得朋"之理；相反，在东北方位做事，人生地不熟，就容易"丧朋"。卦辞的最后结论是："安贞，吉。"安于正道，顺乾而动，就会吉利。

【译文】

坤　大为亨通，有利于母马的守正。当君子有所行动的时候，先迷失了正途，后又找到了主人，有利。往西南方向会得到朋友，往东北方向会失去朋友。安守正道，吉利。

《象》曰：至哉，坤元！万物资生，乃顺承天。坤厚载物，德合无疆。含弘光大，品物咸亨。牝马地类，行地无疆，柔顺利贞。君子攸行，先迷失道，后顺得常。"西南得朋"，乃与类行；"东北丧朋"，乃终有庆。安贞之吉，应地无疆。

《象辞》以大地之道来述坤卦之义。我们不妨把"至哉，坤元！万物资生，乃顺承天"与乾卦《象辞》中的"大哉乾元！万物资始，乃统天"来对照一下，二者只是关键字眼不一样：一个是"大"，一个是"至"。"大"是伟大、恢宏的意思，"至"是到了极点的意思。这两个字眼都是在赞美，但角度与层次不同。一个是"始"，一个是"生"。"始"，指生命的开端，古人叫"气之始"；"生"，指生命的育成，古人叫"形之生"。一个是"统天"，一个是"顺承天"，这反映二者主与从、领导与跟随的关系。"坤厚"便是地实。大地厚实，故能负载万物，而负载万物正是地无边无际的包容美德的显现。"含弘光大，品物咸亨。""含"是蕴藏，"弘"是丰富，"光"是显赫，"大"是盛大。乾卦的《象辞》说乾"品物流形"，这里说坤"品物咸亨"。"品物"是使物成品类，"咸亨"是全都通顺。这些话，是对坤的赞美，核心思想是胸怀广远，大度包容。"牝马地类，行地无疆，柔顺利贞"，解释了为什么用牝马做坤的喻象。牝马与大地的属性相同，它在大地上不停地行走，表现出无限的韧性，这种柔顺品格利于守持正道。"君子攸行，先迷失道，后顺得常"解释"君子有攸往，先迷后得主"。"西南得朋"之后，便有了同路人，因此说"乃与类行"；"东北丧朋"本来不利，为何说"乃终有庆"？因为"后顺得常"，顺天，就会恢复常态，不利只是暂时的。这反映了作者看问题的远见。总的来说，"安贞之吉，应地无疆。""安贞"就是守正，它带来的吉利，像地一般，是无边无际的。

【译文】

《象辞》说，多么完美啊，坤之元！万物都依赖你而生长，因为你顺承于天。地体厚实而负载万物，德性合乎无穷无尽。你包容弘富，显赫盛大，滋养万物，全都亨通。"牝马"是地一类的动物，能走极远极远的路，这种柔顺的品德利于正道。君子有所行动的时候，起先迷路是由于失了大道，后来却以顺随回归正常。"西南得朋"，于是与同伴携手共行；"东北丧朋"，最终还是有喜事。安守正道的吉利，相应合于地道而无穷无尽。

《象》曰：地势坤，君子以厚德载物。

"大象"解释整个卦。"地势坤"等于说"地势顺"，因为坤德为顺。君子看到了地的样子，便明白了"厚德载物"的道理。"厚德"是使动用法，意思是使德变厚。厚德才可以承载、容纳万物。乾卦的"大象"要求君子法天，是要效仿天之健，自强不息；此卦的"大象"要求君子法地，是要效仿坤之顺，厚德载物。这是两方面的不同要求。范仲淹在《岳阳楼记》中所说的"居庙堂之高，则忧其民；处江湖之远，则忧其君"，体现的便是坤卦的精神。

【译文】

《象辞》说，地的形势和顺，君子因而效法坤之道，增进德操，容载万物。

初六　履霜，坚冰至。

《象》曰："履霜""坚冰"，阴始凝也。驯致其道，至坚冰也。

前面一段是爻题与爻辞，后面一段是解说此爻意思的"小象"。《周易》从坤卦开始，便把"小象"分附在相应的爻辞之后。虽然经传性质不同，但是人们在研读文本时已习惯于把它们作为一个整体来看待。

初六强调见微知著。它是最下位的阴爻，表示阴气刚刚形成。坤卦六爻皆阴，阴气会越来越重，爻辞用气候现象来说明其特征："履霜，坚冰至。"提示人们在踩着薄霜的时候，便要想到未来会有坚冰出现。霜通常出现在深秋。气候再冷一些，就会形成坚冰。"冰冻三尺，非一日之寒。"世间的事情，无论是吉是凶，是好是坏，都由"渐"而来，因此要有预见性。

《象辞》说，"'履霜''坚冰'，阴始凝也。""坚冰"应为衍文。"驯致其道，至坚冰也。""驯"就是"顺"，"致"意思是实现、完成、达到。阴气凝结成霜后，会按其规律发展，结果必然是坚冰出现。

【译文】

初六　脚踩薄霜，坚冰必会出现。

《象辞》说，提到"履霜""坚冰"，表示阴气开始凝结。按阴的演变规律发展，必然有坚冰出现。

六二　直方大，不习无不利。

《象》曰：六二之动，直以方也。"不习无不利"，地道光也。

六二在坤卦的地位，相当于九五在乾卦。它居中得正，爻象至佳。其他诸爻，则各有毛病：初六位偏阴弱，六三不中不正，六四虽正不中，六五中而不正，上六阴盛敌阳。因此六二的爻辞最好："直方大，不习无不利。"前辈学者在解读这句爻辞时存在一些问题，有人把它逗为"直方，大不习，无不利"，因为读不通，便说"大"为衍文；有人则把"方"理解为"方国"，把"直"说成是"省"，说"直方"就是省方——巡视方国。其实"直方大"是就地的形态而言的。先民生活在中原，人们无论朝哪个方向看，地平线都是笔直的，这是"直"；"天圆地方"是古人的观念，坤为地，故说"方"；大地广阔，无边无际，这是"大"。"直方大"又从指地的特征演变为说坤的美德——正直、端方、广大。三者紧密联系：有正直的心灵，才会有端方的行为；有端方的行为，才能成就宏大的功业。坤有这样的德行，当然"不习无不利"了。需要提醒的是，"不习"是听诸而然、不刻意追求，不是不学习、懒惰。"不习无不利"，暗喻坤作育万物是在乾的支配下的行为，而非自然而然的行为，正如《系辞》所言："乾以易知，坤以简能。"历史上有很多"不习无不利"的例子。比如西汉初的"萧规曹随"，又比如文景时期的"休养生息"。

《象辞》说，六二的变化，所显示的不外是正直而端方。"以"就是"而"，是个连词。"不习无不利"是因为地的法则焕发了光辉，地的法则便是顺从。

【译文】

六二　正直、端方、广大，不刻意学习，也不会有什么不利。

《象辞》说，六二爻的变动，无非是直遂而方正。"不习无不利"，是因为大地的法则焕发了光芒。

六三　含章可贞。或从王事，无成有终。

《象》曰："含章可贞"，以时发也。"或从王事"，知光大也。

六三强调含蓄。六三居下卦的上位，代表有了一定地位的人臣。"含章可贞"，意思是含藏才华，能够守持正道。"章"是指外表的美丽文采。这一点在为君王做事时更应努力做到。为什么要"含章"，因为不能抢了王者的风头，就像月光不是月亮本有的，而是折射阳光的结果。"无成有终"，"无成"并不是没有成就，而是有成不告、有功不居。一个深谙"含章"之道的人不可能"无成"。有论者把"有终"理解为"一定要干到底"，或理解为"尽忠职守"，均不得要领。"无成有终"的意思是没有功劳反而有好的结果，这句话充满了哲理。

《象辞》强调，含藏才华并不是始终不发，始终不发，才华被辜负了。才华在该发挥时就要发挥，但是发挥才华不是为了邀功请赏，而是为了做实事。《象辞》还解释，"从王事"而能"无成有终"，是"知光大"的体现。"知"读为"智"；"光大"就是"发扬光大"的"光大"。

【译文】

六三　隐藏才华，守持正道。有时辅佐君王施政，没有成就反而有好结果。

《象辞》说，"含章可贞"，意味着在适当的时候发挥。"或从王事"，是智慧光辉宏大的体现。

六四　括囊，无咎无誉。

《象》曰："括囊""无咎"，慎不害也。

六四强调收敛。古代的人，官当到一定时候，便"致仕"，向皇帝"乞骸骨"，希望平安回乡，养老"退思"，这便是卦中"括囊"的意思。"括"是结扎、收束。"囊"是装东西的布袋。布袋有两种：一种是两头有口的"橐"，一种是一头有口的"囊"。"括囊"是把口袋扎紧了。这可不是说捞了一批金银财宝，然后装进口袋里带回家；而是说要管束好自己，谨言慎行。这样做可能会使自己没有声誉，却也不会有灾殃。六四是得正之爻，但是居于上卦的下位，而且以柔履阴，因此做事需要倍加谨慎。

《象辞》解释，"括囊""无咎"，是说谨慎才不会有灾祸。

【译文】

六四　结扎好口袋，既没有灾殃也没有声誉。

《象辞》说，"括囊""无咎"，谨慎才不会有灾祸。

六五　黄裳，元吉。

《象》曰："黄裳，元吉"，文在中也。

六五强调恪守坤道。爻辞为何会扯上"黄裳"呢？学界对此有两种看法：一种认为黄是地的颜色；一种认为黄在五行中是土的对应色，见下表：

五　行	木	火	土	金	水
方　位	东	南	中	西	北
颜　色	青	赤	黄	白	黑

五行说是在春秋时才盛行开来的，不过它的渊源可能很早。"裳"指内衣。说内衣不说外衣，暗喻谦卑。六五为什么会谦卑？因为它中而不正。我们可以把这句爻辞与乾卦九五的"飞龙在天"对比一下，如果说九五是帝王之象的话，六五便是"垂帘听政"之象。其听政者虽然地位尊贵，但毕竟以柔履阳，故仍需恪守坤道，这样做才"元吉"。

《象辞》解释说："黄裳，元吉"，是因为"文在中也"。"文"是指衣裳的纹饰，"中"指里面。王夫之说："衣着于外，裳藏于内，故曰在中。"这里是用黄裳的纹饰来指代人的美德。汉语简约而多义，《象辞》把"中位"的"中"暗换成了"其中"的"中"。

【译文】

六五　黄色内衣，大为吉利。

《象辞》说，"黄裳"而"元吉"，文饰在其中。

上六　龙战于野，其血玄黄。

《象》曰："龙战于野"，其道穷也。

上六前积五阴，阴气本已很重，又以柔爻履阴位，阴气更是盛到了极点。于是一向柔顺、对乾阳服服贴贴的坤阴，也亢奋起来了，居然想要与乾阳一争短长。结果原野上便出现了阴阳对抗的局面。爻辞以青龙与黄龙的搏斗来说明对抗的惨烈："龙战于野，其血玄黄。"天玄地黄，双方交战，血肉横飞。

《象辞》分析，"龙战于野"局面的出现，是阴的法则发展到极致的结果。这说明旧局面已走到了尽头，形势将发生根本性的变化。但不管局面如何变，阳主阴从、阳始阴成的原则不会变。有论者把"其道穷也"理解为"此路不通"。"龙战于野，其血玄黄"的例子在历史上很多，东汉后期宦官与外戚的倾轧便是一例。

【译文】

上六　龙与龙在旷野中战斗，它们流出的血黑黄相杂。

《象辞》说，"龙战于野"，是由于纯阴已发展到尽头。

用六　利永贞。

《象》曰：用六永贞，以大终也。

像用九一样，用六是为了占筮需要而增设的虚拟爻。求卦时如果出现"遇坤之乾"的局面，断占就要用到用六。一个纯阴卦会变成纯阳卦，是因为六爻都是老阴，阴极而阳生。从哲学角度去认识，"用六"与"用九"都是为了提醒人们注意事物的整体变化，而不是局部的变化。明白这个道理，就有利于长久守持正道。

《象辞》解释，用六提及的"永贞"，会有盛大的结果。

【译文】

用六　利于永守正道。

《象辞》说，用六的永贞，会有盛大的结果。

《文言》曰：坤至柔而动也刚，至静而德方，后得主而有常，含万物而化光。坤道其顺乎！承天而时行。

从此处至结束，是坤卦的《文言》。它从人文的角度阐发了经蕴含的思想，对《彖辞》与《象辞》的见解也做了引申、发挥。为什么说"坤至柔而动也刚"呢？因为坤虽然阴柔，但是它坚忍不拔，配合乾创造万物永不停息，这是典型的"柔中有刚"。地最静穆，显现出稳重、方正的品格，因此说"至静而德方"。"德方"意思是属性方正，其说本自古人"天圆地方"的观念，但"方"在这里由自然意义上的"平直方正"转移到了人文意义上的"稳重端正"。"后得主而有常"一语是对卦辞"先迷后得主"的发挥，不过《文言》没有提"先迷"。天道运行很有规律，地顺天而行也很有规律，这便是"有常"。"含万物而化光"，是对地生养万物的贡献的赞扬。"坤道其顺乎！承天而时行"一句，是说地道之顺表现得最典型的，是上承天道，依时序而运动。

【译文】

《文言》说：坤极其柔顺但运动刚强，极其静穆而性质方正，后有乾为主宰从而行有定规，普载万物并把它们发扬光大。坤之道是多么柔顺啊！它秉承天的意志而按时序运动。

积善之家，必有余庆；积不善之家，必有余殃。臣弑其君，子弑其父，非一朝一夕之故，其所由来者渐矣，由辩之不早辩也。《易》曰"履霜，坚冰至"，盖言顺也。

此段解释初六"履霜，坚冰至"。它的意思是说，就像薄霜会发展成坚冰一样，善与恶的积累也有一个由少及多的过程。"必有余庆"和"必有余殃"，是说会有意想不到的喜事或灾难出现，福祥或者祸害都会传及子孙后代。这话有防微杜渐的意思，也有善有善报、恶有恶报的意思，反映出先秦时代人们已有因果报应的观念。如不读《周易》，很多人会误以为"因果报应"观念出自佛教。当然，中国古代的因果观与印度佛教的因果观有所不同：印度讲"三世"——前世、今生、来世，中国讲"三代"——祖上、本人、后代。刘备临死前吩咐阿斗"勿以善小而不为，勿以恶小而为之"，就是基于后者的观念。从这一点可以看出人类文化的相异性与同构性。"臣弑其君，子弑其父，非一朝一夕之故，其所由来者渐矣，由辩之不早辩也"一句，是有感于春秋战国时代不孝、不仁、不义之事屡有发生而发的。一种社会现象成形，通常由来已久，不是一朝一夕之事，关键在于能否及早察觉。"辩"即"辨"。爻辞原意是说事物发展总是由小到大、由轻而重的，《文言》却把阐释的角度改为防微杜渐和因果报应，与经意有距离。"《易》曰'履霜，坚冰至'，盖言顺也。""顺"是"慎"的通假字，指谨慎。

【译文】

修积善行的家庭，必定会有意外的喜庆；专做坏事的家庭，必然会有意外的灾殃。臣下逆杀君王，儿子逆杀父亲，都不是一朝一夜酿成的，而是长期积累的恶果，只是应该察觉而没有察觉罢了。《易经》说"履霜，坚冰至"，大概是说谨慎吧。

"直"，其正也；"方"，其义也。君子敬以直内，义以方外，敬义立而德不孤。"直方大，不习无不利"，则不疑其所行也。

此段解说六二的"直方大，不习无不利"，不过只解释了"直"与"方"，未解释"大"。"'直'，其正也；'方'，其义也。""其"是代词，指"坤"；而在"其"前面暗藏了一个"言"字。即"直"说的是坤的端正，"方"说的是坤的节义。这种解释体现了儒家的观念。"君子敬以直内，义以方外，敬义立而德不孤"，"敬"是指恪守某种信念，有敬畏、严肃、专致、自觉等意思，可以翻译为"敬慎"。"直内"的"直"和"方外"的"方"都是动词，前者是说要使内心正直不曲，后者是说要使行为符合外在规范。最后一句，是说当一个人达到了"直方大，不习无不利"的境界后，就无需对他的所作所为有疑虑和担心了，因为这样的人内方外正，胸襟宏大，讲仁义礼智信，境界已非一般人所可及。

【译文】

"直"所说的，是坤的端正；"方"所说的，是坤的节义。君子以敬慎使内心思想正直不偏，以节义使外部言行合乎规范，敬慎与节义树立，德行就不孤立了。"直方大，不习无不利"，则无须怀疑君子的所作所为了。

阴虽有美，含之以从王事，弗敢成也。地道也，妻道也，臣道也。地道无成而代有终也。

此段解释六三"含章可贞。或从王事，无成有终"。强调要"含藏从主"。君子固然有才华有美德，但平时必须含藏收蓄，尤其是在做"王事"的时候更不好居功。就好像月亮，到十五的晚上才亮一亮，且光而不耀、柔和如水，这是一个原则。这种"含藏从主"的原则也适用于一切居从属地位的事物——包括大地、妻子、臣下等等。乾卦象征天道、夫道、君道，讲的是主导者的原则；坤卦象征地道、妇道、臣道，讲的是从属者的原则。"地道无成而代有终也。""代有终"，意思是以"有终"代"无成"。

【译文】

阴柔虽然有美德，但是应该含藏收蓄地佐助君主施政，不好自我称扬成就。这是地的道理，也是妻的道理、臣的道理。地的道理是无所谓成就反而有好结果。

天地变化，草木蕃；天地闭，贤人隐。《易》曰"括囊，无咎无誉"，盖言谨也。

此段以自然变化之理来比拟人事，解释六四的"括囊，无咎无誉"。试比较一下，前后两个"天地"有什么不同？"天地变化，草木蕃"，前一个"天地"，讲的是自然界的变化，用草木茂盛喻百业兴旺；"天地闭，贤人隐"，后一个"天地"，指在政治意义上居于支配地位的君王和处于从属地位的臣子。君臣乖离、上下隔塞，贤人难以施展才华，自然只能退隐不仕。"《易》曰'括囊，无咎无誉'，盖言谨也。""盖"是发语词，大概的意思。君子觉得时世不对，便应当小心一点，把自己方方面面的长处——包括才华——都收束起来。从前有句老话，"乱世多财是祸胎"，其实有时候，"多才"也是祸胎。

【译文】

天地变化，草木茂盛；天地闭塞，贤人退隐。《易经》说"括囊，无咎无誉"，大概是说要谨慎吧。

君子黄中通理，正位居体，美在其中而畅于四支，发于事业，美之至也。

此段解释六五的"黄裳，元吉"。对"黄中"，论者有五花八门的解释，依笔者理解，这是指黄裳穿在身体里面，暗喻调养内心的"中和之气"。"通理"，不是通情达理，而是中医所说的使身体经络通畅。"正位"就是位置恰当，"居体"即安放身体。"美在其中而畅于四支"是说美质存在于内心而能畅顺传布到全身，"四支"即"四肢"。"发于事业，美之至也"，是说这种美质如果外化为事业，就美到极点了，因为这个时候体内和体外实现感通，达到了一致。南怀瑾《易经杂说》说："《大学》思想出在乾卦，《中庸》思想出在这里，这是我的专利。"说的有些道理。《大学》说："苟日新，又日新，日日新"，强调的是终日乾乾，自强不息，不断进步。《中庸》第一章说："致中和，天地位焉，万物育焉。"与这里说的道理确有某些联系。

【译文】

君子好比黄裳居中，使身体的脉络通顺，在恰当的位置上安身，美质存在于内心而畅布于四肢，一旦外化于事业中，就美到极致了。

阴疑于阳，必战。为其嫌于无阳也，故称"龙"焉。犹未离其类也，故称"血"焉。夫"玄黄"者，天地之杂也，天玄而地黄。

这一段解释上六的爻辞"龙战于野，其血玄黄"。对"阴疑于阳"的"疑"，有人理解为"怀疑"，这是不正确的。朱熹说："疑，谓钧敌而无小大之差也。"意思是势均力敌。笔者认为这个"疑"字是指阴与阳不和。阴气太旺，发展到能与阳对抗的地步，就会一反常态，与阳相抗起来。到这个时候，阴阳恶战就在所难免了。"为其嫌于无阳也，故称'龙'焉。"这句话解读的难点在"嫌"字。"嫌"不是嫌忌，而是误以为。（《周易集解》本作"嫌于阳也"，如按此本，则"嫌"可解为嫌忌。）阴气极盛，误以为已无阳存在，于是乎就自己称起"龙"来。其实坤的喻象是牝马，不是龙。牝马是阴类动物，气再盛也是阴气，因此说"犹未离其类也"。《文言》说"故称'血'焉"，便是暗示这一点，血是阴类物质。"夫'玄黄'者，天地之杂也，天玄而地黄。"这是解释"玄黄"的意思。既然说"天地玄黄"，就暗示天地阴阳的界限仍可分得清楚。

【译文】

阴阳势均力敌，必然发生战斗。因为阴误以为没有阳了，所以它自称"龙"。阴毕竟是阴，所以提到"血"。所谓"玄黄"，指的是天地颜色相杂，天为玄色，地为黄色。

屯卦第三

 震下坎上

《序卦》说："盈天地之间者唯万物，故受之以屯。屯者，盈也；屯者，物之始生也。"

屯卦震下坎上，是"雷动雨润"之象，象征生命诞生。

屯卦是一个"生命卦"，生命是天地赋予的，因此排在乾、坤两卦之后。"屯"字在甲骨文中形状就像一颗发芽的种子，上有嫩茎，下有细根。从卦体来看，屯卦是一幅雷雨并作的画面。《说卦》说："雷以动之，雨以润之。"万物生长，都有赖于雷的催生、雨的滋润。卦辞很吉祥，说明经对雷雨催生、滋润万物的贡献与作用是肯定的，赞美的。但是《彖辞》按其作者自己的理解，把着眼点放到了雷动与水陷上，认为屯卦中心是说生命成长的艰难，看法与经不大一样。

屯卦从雷雨并作的卦象本身引生出一种理念，这就是，混沌初开之时是建功立业的好机会，君子应当积极把握，勇于进取。当然，这个时候秩序未立，社会不安，也会碰到许多不确定的因素，进取者应辨明形势，把握方向，以免陷于混乱，进退两难。卦中六爻，便通过不同的物象讲述处屯之道。

屯　元亨，利贞。勿用有攸往，利建侯。

屯卦也有"元亨利贞"四字，乾、坤的美德被它占全了，这是为什么？因为世间万物都是天地交感的产物，生命所流转的更是乾坤所赋予的生气。卦辞往吉的方面讲，说明经强调的是生命的美好祥和。在"元亨利贞"的背景下，自然不用到处奔波，就能够建功立业。"建侯"字面意思是建立侯国，可理解为创立基业。

【译文】

大为亨通，利于正道。无须到处奔波，适宜于建立侯国。

《彖》曰：屯，刚柔始交而难生，动乎险中，大亨贞。雷雨之动满盈，天造草

昧。宜建侯而不宁。

《彖辞》对屯卦的看法比较负面，它看到的是生命成长过程中遭受雷轰雨打的艰难，因此说"刚柔始交而难生"，与卦辞的见解明显不同。"刚柔始交"就是阴阳始交，"刚"与"柔"，分别指下震与上坎，震雷阳刚，坎水阴柔。不过"刚"也有可能是指前头的乾卦，"柔"也有可能是指前头的坤卦，天地阴阳相交，化育了万物。"刚柔始交而难生"似是一个生活规律，如有情人相爱，要经过许多波折才能"终成眷属"。"动乎险中"，是就上下卦的关系而言的，下震为动，上坎为险。"大亨贞"是"元亨利贞"的省略。既然"动乎险中"，怎么又说"大亨贞"呢？其道理就像闹革命，过程是艰难曲折的，而目标是光明的。"雷雨之动满盈，天造草昧"，意思是自然界出现雷雨交加的场面，是天在创造万物。"草"是杂乱无章，"昧"是冥晦不明。也有人认为"草昧"就是草木。上述局面如用于比拟人事，则"宜建侯而不宁"，即应利用混沌初开的形势创建基业，不要苟且偷安，所谓"乱世出英雄"，就是这个道理。"不宁"，有人释为不安定、有动乱发生，有人释为忙得不可开交，笔者认为是不苟且偷安。

【译文】

《彖辞》说，屯，是阳刚与阴柔二气开始相交而困难产生之象，表示震动于坎险之中，大为亨通纯正。雷雨的动荡充满天地之间，是天正在原始混沌中创世。这时适宜于建立基业，不应偷安。

《象》曰：云雷屯，君子以经纶。

"云雷屯"，是说屯卦之象。屯卦上卦为坎，坎为水，而云就是水；下卦为震，震为雷。君子从雷雨并作的卦象中获得启示，在社会变局来临前，应对未来做出某种安排。"经"意思是编织，"纶"是丝制的绶带；"经纶"本义是编丝带，引申义是创兴大事，比如制作礼教、建立法制等等。

【译文】

《象辞》说，云在雷上，便是屯卦之象。君子因而经纶天下。

初九　磐桓。利居贞，利建侯。

《象》曰：虽"磐桓"，志行正也。以贵下贱，大得民也。

初九有不少优点：首先，它是下震的唯一阳爻，性格刚健；其次，它以刚履阳，是当位之爻；最后，它与六四阴阳有应。这些优点决定了它有向上发展的要求。但是它毕竟是下位之爻，地位低卑，因此行动遇到困难、障碍。对"磐桓"，学者们有不同的理解。一种说法是，"磐"是石头，"桓"是树木，石头压在树木上，树木就只能从石头边上长出，"磐桓"就是枝蔓在石头下虬结生长的样子。另一种说法是，"磐桓"就是"盘桓"，即逗留不前。为什么逗留不前？因为初九力量较弱，而上有坎险阻拦。上进是必然的，但不能孟浪。这一爻用于比拟人事，是说具有雄心的君子谋求施展抱负。"利居贞，利建侯"。"居贞"是守正，"建侯"是建立侯国。

《象辞》说，初九虽然"磐桓"，但是志向、行动均得当，因此大有前途。"正"是就初九的当位及其与六四的有应而言的。"以贵下贱"，是说初九条件不错，却甘居下位；不过正是这种纡尊降贵的姿态，使它能与下层民众建立密切联系，获得老百姓的广泛支持。《象辞》强调了在下位的好处。

【译文】

初九　逗留不前。利于守持正道，利于建立侯国。

《象辞》说，虽然"磐桓"，但是志向、行动正当。以尊贵的身份下居卑位，必然大得民望。

六二　屯如邅如，乘马班如，匪寇婚媾。女子贞不字，十年乃字。

《象》曰：六二之难，乘刚也。"十年乃字"，反常也。

爻辞是在讲婚嫁的事情。六二以柔爻履阴位，而且位于下卦中心，柔中得正，爻性很优越。更难得的是，它还与刚中得正的九五阴阳有应，是天生的一对。但很不巧，它以阴凌阳，与初九的关系没有理顺，因此行动受到制约。爻辞正反映了这种微妙的局面。"屯如"意思是聚集在一起，"屯"与"囤"同；"邅如"意思是转来转去。"如"是语末助词，等于"啊""呀"。"乘马班如"，"班"是有一群人簇拥着。"匪寇婚媾"是说他们不是来打家劫舍的，而是来求亲的。"匪"在古代汉语中常用为"非"。"女子贞不字，十年乃字。"六二表示良家妇女，品性坚贞。如何理解"字"？有人说这个"字"字是"孕"字，后来写错，就将错就错了。我们现在可以把"字"理解为出嫁。古代女子到了及笄之龄，便要取个"字"，准备出嫁。如果还未嫁，就叫"待字闺中"。为什么六二"贞不字"？因为它看不上来求亲的！求亲者是谁？本卦四阴二阳，六二的"婚配对象"不是初九便是九五。南怀瑾认为六二的"心上人"是初九，它说"小人"九五想横刀夺爱。其实应爻九五才是六二的"心上人"，"第三者"反倒是初九。初九地位低下，与六二门不当户不对，只好依仗着近在六二身边的优势，死皮赖脸相求。但六二很坚贞，就是"不字"。时间考验爱情，十年之后，妄求者去，正应者合，女子"乃字"。

《象辞》说，六二有它的难处。问题出在哪里？在"乘刚"。"乘"是易学术语，与"承"相反。"乘"是阴爻在阳爻之上，象征凌阳；"承"是阳爻位于阴爻之上，象征援阳。此处是六二乘初九，不把初九放眼里。《象辞》还认为"十年乃字"是违反常理的行为。按古代的标准，女孩子到了十四五岁就应嫁人了，如果二十四五岁还未嫁，那是成问题的。有人认为六二"十年乃字"，是因为它以柔凌刚，太霸道，没人敢娶。

【译文】

六二　聚集啊徘徊啊，骑着马，有一班人簇拥着，这可不是来了强盗，而是求婚的队伍。不过那姑娘守正不嫁，十年后才嫁。

《象辞》说，六二的难处，在于其以柔凌刚。"十年乃字"，违反了常理。

六三　即鹿无虞，惟入于林中。君子几不如舍，往吝。

《象》曰："即鹿无虞"，以从禽也。君子舍之，"往吝"，穷也。

这一爻讲打猎。六三爻性不怎么好。它不在中位，又以柔履阳，不仅不中不正，而且与上六同阴无应，因此行动稍为轻率，就会陷入困险。六三的上面，毕竟有一个坎卦！"即鹿无虞"的"即"，意思是就、近，"即鹿"就是紧追野鹿。有人认为"鹿"应为"麓"，即山上长满树木的地方。"虞"为虞人，是古代管理山泽的官。王者狩猎，通常需要虞人引领。"即鹿无虞"意思是狩猎时没有向导。这是一种比喻，说明条件若不成熟，效果就会打折扣。古训说"逢林不入，穷寇勿追"，迷路于山林，会是什么后果可想而知。从狩猎这件事，作者推导出一个道理：君子与其追逐，不如放弃。若不停追逐下去，必然会陷于困厄。"几"意思是见机而作。"吝"通"遴"，指行路难。

《象辞》对上述道理做了解释："'即鹿无虞'，以从禽也。""以从禽"就是以己从禽，即被猎物牵着鼻子跑。"君子舍之，'往吝'，穷也。""穷"，就是穷于术，即手段已使尽，没有办法了。

【译文】

六三　紧追野鹿却没有向导帮助，只好钻入山林中。君子应见机而作，与其追求不如放弃；追逐下去，必陷困厄。

《象辞》说，"即鹿无虞"，是由于被猎物牵着鼻子跑。君子应该放弃此事，"往吝"，说明手段已使尽。

六四　乘马班如，求婚媾。往吉，无不利。

《象》曰：求而往，明也。

六四以柔履阴，是得正之象，而且与初九正应，因此爻辞比较吉利。爻辞说"乘马班如，求婚媾"，可以大胆追求自己的爱情，就是这个道理。六四的基本条件决定了它走下去是吉祥的，"往吉，无不利"，因此"妹妹"应当"大胆地往前走"。

《象辞》解释说，为了追求而前往，前途光明。有人认为"明"是指相互了解情况，也有人认为"明"是指明智，都不得其宜。

【译文】

骑马有一班人跟着啊，追求婚配。前往必然吉祥，没有什么不利。

《象辞》说，为了追求而前往，前途光明。

九五　屯其膏，小，贞吉；大，贞凶。

《象》曰："屯其膏"，施未光也。

九五本居上佳之位——大中至正，且与六二正应，爻辞居然不好，这是为什么呢？原来，它居于上坎的中心，而坎德为陷，暗喻它陷入了险境。更大的问题是，本卦存在新老两个"猴王"并峙的局面——九五暂时还是至尊的人物，但其地位正面临着"志行正也，以贵下贱，大得民也"的初九的竞争。初九在基层，有群众基础，发展下去必然会对九五的权威地位构成威胁。因此九五虽居尊位，爻辞却不好。"屯其膏"，"屯"在这里读为囤，是积聚的意思。"膏"本义是油脂，喻指利益、好处。也有人把它理解为雨水，因为古代"坎雨称膏"。"小，贞吉；大，贞凶"，很令人费解。句读不一致，理解更有分歧。笔者所见到的几种有代表性的解释是：

为小事得其正，尚可成；为大事得其正，亦必败。（高亨）

小步子稳妥，会成功；大步子要守正，以防止失败。（徐澍、张新旭）

如果聚集得少，就合于正道而吉利；如果聚集得多，即使合于正道也凶险。（宋祚胤）

柔小者，守持正固可获吉利；刚大者，守持正固以防凶险。（黄寿祺、张善文）

如是小事，保持纯正，还会吉祥；如是大事，即或保持纯正，也难免凶险。（孙振声）

笔者的理解是：膏泽聚积不多，正道尚吉利；膏泽聚积过多，正道会凶险。

对爻辞的理解直接影响到对《象辞》的理解。"屯其膏，施未光也"，"光"指

"光大"。全句的意思是"囤集膏泽，说明施予不广"。

【译文】

九五　膏泽聚积不多，尚可保持吉利；膏泽聚积过多，难免会有凶险。

《象辞》说，"屯其膏"，说明施予不广。

上六　乘马班如，泣血涟如。

《象》曰："泣血涟如"，何可长也。

这一卦有三次骑马的场面，每次都有一大群人跟着，这是最后一次，局面特别糟糕，竟然"泣血涟如"了！为什么？上六存在三大问题。哪三大？一是以柔履阴且居极上之位，阴气极重，面临物极必反的局面；二是以柔乘刚，欺凌九五；三是下乏援助，与六三无应。因此景况堪虞，进既不得，退无可守，日子过得战战兢兢的。"泣血"是说眼睛哭出了血，"涟如"形容泪水像雨水般流个不断。《说卦》第十一章说坎"为血卦"，所以爻辞冒出了"血"字。血为阴物。

《象辞》对上六的困境做了评论："'泣血涟如'，何可长也。"对"何可长"，有两种理解：一是说苦日子哪里还会长久，因为上六已处坎险之末；一是说来日已无多，因为已出现"泣血涟如"的局面。

【译文】

上六　骑马有一班人跟着啊，血泪像雨水般地流下呀。

《象辞》说，"泣血涟如"，哪里能够长久呢。

蒙卦第四

 坎下艮上

《说卦》说："屯者，物之始生也。物生必蒙，故受之以蒙。蒙者，蒙也，物之稚也。"

今本《周易》是按照"二二相偶，非覆即变"的方式排列的。变卦也叫错卦，指各爻阴阳相反，例如乾卦与坤卦；覆卦也叫综卦，指卦象颠倒，例如屯卦与蒙卦。变卦提醒人们要注意事物的矛盾变化，覆卦则提醒人们要注意从正反两方面观察事物。

蒙卦坎下艮上，是"见险而止"之象，象征幼稚。

蒙卦跟在屯卦之后。屯卦是"生命卦"，生命在其初始阶段往往弱小，不过会慢慢成长起来。人在年少时都很幼稚，啥事都不懂，不懂事就需要接受教育，因此蒙卦又有启蒙之义，是一个"教育卦"。后世把儿童入学称为"发蒙"，把私塾叫作"蒙馆"，把《千字文》《三字经》《幼学琼林》《弟子规》《增广贤文》等一类专为孩子们编写的图书称为"蒙学读物"，都源于此。

《礼记·学记》说："玉不琢，不成器；人不学，不知道。"古代对传道授业、启蒙育智是相当重视的。蒙卦讨论了教育的多方面问题，涉及教育的目的，教育者与被教育者的关系，教育的原则、方式与手段等。从此卦可以了解到，在古代，教育是一个宽泛的概念，人们常常是政教不分、刑教不分的。

蒙　亨。匪我求童蒙，童蒙求我。初筮告，再三渎，渎则不告。利贞。

与前三卦相比，"元亨利贞"少了一个"元"字。为什么？因为"元"有大的意思，而儿童还小。没有"元"，意味着童蒙之亨只是"小亨"。"小亨"也可以变"大亨"，蒙童们毕竟年轻，前途光明，充满希望。卦辞首先以先生的口气讲教育原则。先生说，我可不像那些办补习班的人那样，出于赚钱的目的而求孩子们读书，是孩子们向我求教我才教他们的。对这些小家伙的提问，初次提出我会解答；但如果孩

子们再三乱问，那就是轻慢，轻慢就不予解答了。这样做，有利于守持正道。在这里，作者提出了一个尊师重学的问题。本来先生对学生，应该有问必答；但是有的学生调皮，常常为问而问，或者不肯动脑筋只想先生把答案都告诉他，这便有渎师道了。作者认为对这种行为不应纵容。

其实"初筮告，再三渎，渎则不告"原是筮辞，即占筮的答案，讲的是占筮的原则。意思是不可以因对所得结果不满意而重来，筮个不停就有渎神灵了。

【译文】

蒙卦：亨通。并不是我求孩童学习，而是孩童向我求教。初次提问要解答，再三乱问就是轻慢，轻慢就不予解答。这样做有益于正道。

《彖》曰：蒙，山下有险。险而止，蒙。蒙亨，以亨行时中也。"匪我求童蒙，童蒙求我"，志应也。"初筮告"，以刚中也。"再三渎，渎则不告"，渎蒙也。蒙以养正，圣功也。

蒙卦坎下艮上，艮德为止，坎德为陷，因此说"山下有险"，"险而止"。孩子出门，遇到山岭阻隔、江河纵横的环境，不知路该如何走，便暂时不前，这不是什么坏事，总比莽撞前行要好。小孩子们还有很多时光，只要能畅通地奉行趋时尚中的原则，未来就是亨通的。《彖辞》提出了一个教育的主体与客体的关系问题。主体便是先生，以阳爻九二为象征；客体便是学生，以众阴爻为象征。作为教育者，先生自然在品德学问上具有优势，《彖辞》说"初筮告"以刚中也，即是说九二德才兼备。作为受教育者，学生自然应该虚心向学，主动请教。学生有意求学，先生有意施教，双方一拍即合，这便是"志应"。为什么"渎则不告"？因为渎蒙——亵渎了启蒙的理念。作者还提出了"蒙以养正"的观念，说这是"圣功"。"蒙"指幼童固有的单纯本质；"正"指君子应确立的正大品格。"蒙以养正"意思是人要在孩童阶段就培养出浩然正气来。由此可见，古人在教育问题上很注重品格的养成。

【译文】

《彖辞》说，蒙卦之象，是山下有险。有险而不前，便是蒙。蒙昧而亨通，是因为能通达地奉行趋时尚中的原则。"匪我求童蒙，童蒙求我"，是说志同道合。"初筮告"，是由于教育者刚毅而合乎中庸之道。"再三渎，渎则不告"，是说受教者违背了启蒙的初衷。使幼稚者养成正气，这是圣人的功业。

《象》曰：山下出泉，蒙。君子以果行育德。

蒙卦坎下艮上，因此"山下出泉"是蒙卦之象。泉水滥觞时只是涓涓细流，但之后会越流越大，最终汇成江河。君子从这个卦象中悟出了一个道理，这就是人在少年时代便应果敢行动，培养良好的品德。这种观念有战国时代的人们外加的成分，经原本只有"育德"的说法，而没有"果行"的意思。后世的一些人文观念，例如饮水思源、山高水深、源远流长等等，可能都与此卦有关。

【译文】

《象辞》说：山下流出泉水，这便是蒙。君子因此而领悟到果敢行动、培养德性的道理。

初六　发蒙，利用刑人。用说桎梏，以往吝。

《象》曰："利用刑人"，以正法也。

初六讨论启蒙教育的方法，涉及了"刑教"的问题。旧时蒙馆授课，童子不听讲，先生就用戒尺打。儿子顽皮，老子也打。待到儿子成了老子，又打他的儿子。《三字经》就有"苟不教，父之过；教不严，师之惰"的说法。最"严"的教育方法是体罚。体罚在今天是不被接受的，但古代人们的看法不是这样。古人认为，小孩子调皮，给一点体罚，会有利于他的成长。"用说桎梏，以往吝"，便是这个意思。"用"是假设，"说"通"脱"。"用说桎梏"，是说假使脱去枷锁，意思是管教不严。

《象辞》赞同卦辞的主张，说"利用刑人"有利于"正法"。这里所说的"正法"，是端正法度。

【译文】

初六　启发蒙昧，宜用刑罚来对待其人。如果没有桎梏的束缚，发展下去会有问题。

《象辞》说，"利用刑人"，是为了端正法度。

九二　包蒙吉。纳妇吉，子克家。

《象》曰："子克家"，刚柔接也。

九二是蒙卦的主爻，在卦中代表先生。此爻爻辞很吉利，为什么？因为九二是一个充满活力的阳爻，居下卦中位，与六五正应，因此在事业、生活上都春风得意。在学校它是教育者，围绕着它受教育的分别是初六、六三、六四、六五。这些阴爻们资质各异、水平参差，这就要求当先生的能大度包容；而刚健弘毅、深谙中庸之道的九二正具有一颗"包蒙"之心，因此局面很吉祥。有的学者把"包蒙"理解为"被众阴爻所包""众学生围绕着蒙师听教诲"，如果这样理解，"包蒙"就应写作"蒙包"。在家庭生活方面，这位教育家也很顺心——"纳妇吉，子克家"。"妇"指与九二正应的六五。九二是阳爻，相当于丈夫；六五是阴爻，相当于妻子。夫妻和合，家庭就兴旺发达，儿子也能负起持家的重任。

《象辞》说"子克家"是因为"刚柔接也"。"刚"，指九二；"柔"，指六五。"刚柔接"意思是阴阳有应，夫妻能够沟通。

【译文】

九二　包容童蒙吉祥，娶妻吉利，儿子能持家。

《象辞》说，"子克家"，是由于阳刚与阴柔相节制。

六三　勿用取女。见金夫，不有躬，无攸利。

《象》曰："勿用取女"，行不顺也。

六三是阴爻，代表女人，"金夫"是指与它有应的上九。六三与上九阴阳有应，它的婚姻本应是不错的。但这个女人太没有修养，见了有钱有地位的男人——"金夫"，便忘乎所以。"不有躬"是说举止失当。男女交往，在传统上是男求女，在这宗亲事中却是女子主动追求男子。爻辞说娶这种没有修养的女人当老婆没有什么好处。"躬"是身体，"不有躬"是说行为举止有失规矩。有人说是丢了身家性命，恐怕还不至于这么严重。

《象辞》解释"勿用取女"，说原因是六三"行不顺"，这是从爻位分析得出的结论。从爻位上看，六三至少有三个缺陷：一是居下卦的上位，不中；二是以柔履阳，不正；三是压制九二，凌刚。

【译文】

六三　不要娶这个女人，她见到了有地位的男人，便举止失当。娶这样的女人没有一点好处。

《象辞》说，"勿用取女"，因为她行为不检点。

六四　困蒙，吝。

《象》曰："困蒙"之吝，独远实也。

六四作为阴爻，爻性其实比六三好不了多少。它居于上卦下位，同样不中。比六三强一点的是以柔履阴，是当位之爻。但是它与初六无应，与二阳尤其是与实力派九二又相隔，因此孤立无援，易陷于困境。吝即"遴"，指行路难。

六四陷于困境的根本原因，《象辞》认为是"独远实也"。"实"指两个阳爻。在《周易》中，"实"指阳爻，"虚"指阴爻。对六四而言，上九够不着，九二又被隔开了，所以说"远实"。

【译文】

六四　陷于蒙昧，前进困难。

《象辞》说，陷于蒙昧的困境，是由于独自行动，远离实力派人物。

六五　童蒙，吉。

《象》曰：童蒙之吉，顺以巽也。

除了以柔履阳、居位不正之外，六五身上包含众多的优点：它居于至尊的中位，上承上九，下应九二，上下关系都处理得很好，因此爻性很吉祥。

《象辞》中的"顺"意思是听话，"巽"意思是谦虚。因为六五是柔中之爻，所以这么说。

【译文】

六五　童蒙，吉祥。

《象辞》说，童蒙的吉祥，在于听话而谦逊。

上九　击蒙，不利为寇，利御寇。

《象》曰：利用御寇，上下顺也。

上九以刚爻而居本卦极上，地位既高，阳气又盛，且以刚履阴，不中不正，因此对童蒙的手段不免刚强严厉。击蒙就是狠狠地打孩子。爻辞认为这种严厉手段要做两面看，并不见得一无是处，它对将来成为强盗的人固然没有好处，但对将来要防御强盗的人却有好处。这两类人都会模仿这种暴力手段来对付他人，不过性质不同：前者是以暴侵善，后者是以暴制暴。

《象辞》说它对防御强盗有好处，是由于"上下顺"。上下顺有两重意思，一重是说上九与六三阴阳有应，二重是说上九与六五是顺承关系。

【译文】

上九　以严厉手段教育童蒙，对会成为强盗的人没有好处，对防御强盗却有好处。

《象辞》说，对防御强盗有好处，是因为上下和顺。

需卦第五

 乾下坎上

《序卦》说："物稚不可不养也，故受之以需。需者，饮食之道也。"

需卦乾下坎上，是"云在天上"之象，象征等待。

《序卦》的前一句话没有说错，后一句却有一些问题。以"饮食之道"作为需卦的义旨，于理不通，因为经只有九五提到饮食，但那是为了喻指九五的从容，实际上与饮食无关。

需字上部为"雨"，下部为"而"，是个会意字，表示一个人站着，头顶着一个盆在等天下雨。上古社会，雨水对农业生产来说是极为重要的。从卦象来看，需卦表示云还在天上，水气尚未凝结。天旱日久，人们急切需要雨水来滋润大地，但是水凝成雨有一个过程，急也急不来，只能耐心等待。从卦德来看，需卦下乾为健，上坎为险。乾是纯阳卦，以它的雄毅刚健之质，是不会长期甘愿屈身于坎水之下的，但正如《系辞》所说："夫乾，天下之至健也，德行恒易以知险。"既然"知险"，就不会冲动冒失，做违背规律的事。但等待不是永久的，时机一旦来临，它就会果敢行动，入险而出险。

需道之义，是先待而后进。下乾主旨是等待，因为前头有险；上坎主旨为进取，因为已入于险，需奋进以脱险。

需 有孚，光亨，贞吉，利涉大川。

"孚"是会意字，它是母鸡孵蛋之"孵"的本字，上半部分表示鸡爪，下半部分表示鸡子，意思是小鸡会被按时孵化出来。按时在这里引申为守信，即"有孚"。"光亨"是光明亨通。"贞吉"是正固吉利。"利涉大川"的"大川"指上坎。卦辞给需卦这么定性，可从两个角度来认识：首先，下乾为纯阳卦，其性质刚毅雄健，一旦时机合适，必定努力进取。其次，本卦的主爻九五以刚履阳，高居尊位，是大中至

正之象，这个优秀主体虽陷坎险，但以其品格，必然有能力突破险境。

【译文】

需 有诚信，大为通顺，正道吉祥，利于渡涉大河。

《彖》曰：需，须也。险在前也。刚健而不陷，其义不困穷矣。"需，有孚，光亨，贞吉"，位乎天位，以正中也。"利涉大川"，往有功也。

《彖辞》说，"需"就是必须。必须什么？必须等待。为什么要等待？因为"险在前"。这个"险"，就是上坎，坎德为陷。下面的乾卦雄毅刚健，无论遇到什么样的艰难险阻都不会走向绝路，因此说"其义不困穷矣"。下文解释需卦为什么具有卦辞所归纳的品格，因为主爻九五"位乎天位，以正中也"。"天位"就是君位，即第五个爻位。这个在"天位"的九五，具有大中至正的品格，因而有能力涉越横亘于前的大河。而可以想见，险阻一旦突破，走下去就会有好结果了，"往有功也"。

【译文】

《彖辞》说，"需"是等待的意思。因为险阻在前面。刚毅雄健而不陷于险阻，从道理上讲就不会走上绝路。"需，有孚，光亨，贞吉"，是因为主爻九五位居天位，大中至正。"利涉大川"，走下去必有成果。

《象》曰：云上于天，需。君子以饮食宴乐。

需下卦为乾，上卦为坎，因此云升于天是需卦之象。《象辞》认为，出现这个场面，君子先不用干什么，只需品品美食、享受生活就可以了。"饮食宴乐"暗含陶养精神以等待时机的意思。《象辞》对此卦的认识角度，与《彖辞》显然不同。

【译文】

《象辞》说，云在天上，就是需卦之象。君子因而品尝美食、安享其乐。

初九 需于郊，利用恒，无咎。

《象》曰："需于郊"，不犯难行也。"利用恒，无咎"，未失常也。

在古代，城墙之内为"邑"，城墙之外为"郊"。"需于郊"，说明已离开城邑。初九以阳爻居阳位，本来就刚健好动，加上为它的应爻六四所吸引，是不可能老待在城里面不出来活动的。郊失去了城墙的保护，但毕竟还是在邑的旁边，离危险的"大川"尚远，因此能利用恒常的条件保证安全。"无咎"是问题不大。险境的象征是上坎，初九距离它最远，因此有此说。

《象辞》解释说，初九在城郊等待，去城不远，说明还有防危避险的意识，能不犯难而行动。至于"利用恒，无咎"，则是说行动还合乎常理。

【译文】

初九　在城郊外等待，利于运用恒常的条件，没有灾殃。

《象辞》说，"需于郊"，意味着不犯难行动。"利于恒，无咎"，没有违背常道。

九二　需于沙，小有言，终吉。

《象》曰："需于沙"，衍在中也，虽"小有言"，以终吉也。

"沙"是近水之地，人到此地，尚未入水，但离坎险已近了一步。"小有言"意思是出现了一些流言蜚语。九二爻辞有点不好，因为它居位不正却一心想动。不过九二只是离险较近，本身还没有陷于险中，而且它以阳刚之质居柔守中，小小闲言对它也构不成实质性伤害，故最终还是吉利的。

《象辞》说，等待在沙滩，意味着"衍在中也"。"衍"指宽衍、宽绰；"中"表面上是说九二居于下卦之中，真正意思是说它心胸宽广、能兼容并包。君子有这么好的品格德性，一点流言蜚语自然影响不大，并不妨碍九二最终能取得好结果。

【译文】

在沙滩上等待，稍受流言蜚语中伤，最终还是吉利的。

《象辞》说，"需于沙"，内心宽广。虽然"小有言"，最终结果吉利。

九三　需于泥，致寇至。

《象》曰："需于泥"，灾在外也。自我致寇，敬慎不败也。

九三爻辞很凶。"泥"指河岸与河水间的泥淖之地。"需于泥"，是说将陷入险境，大祸就要临头了。爻辞用"致寇至"形容情势的危险。为什么九三局面突然就变得这么糟糕了呢？从爻象看，九三紧挨坎险，与九二相比，离"大川"又近了一步。九三是一个履阳位的刚爻，它两阳连迭，又不在中位，故阳气充盈而性格好动，加上受应爻上六吸引，这些因素都决定了它会不顾一切冒险向前，哪怕陷入灾祸。

《象辞》认为，"需于泥"时，灾祸还在外部。为什么这么说？因为九三虽然紧挨着坎险，但它本身还是内卦的一部分。外部灾祸，你不主动招惹，是不会来的。至于"自我致寇"，那就是咎由自取了。到这个时候，只有保持敬慎才能立于不败之地。

【译文】

九三　在泥淖中等待，招致强盗到来。

《象辞》说，"需于泥"，灾祸还是外在的。自己招惹强盗，只有敬慎才能避免败局。

六四　需于血，出自穴。

《象》曰："需于血"，顺以听也。

《说卦》说："坎为血卦，为隐伏。""需于血"就是在坎险中等待，穴象就是隐伏之象。"血"在这里是指杀伤之地。六四已经进入外坎，处境相当危险，随时都可能受到伤害，因此爻辞用"血"来警告其不利。"出自穴"是说从洞穴中出来，意思是脱离危险。

六四已在险中，最后还能脱险。为什么? 六四与初九正应，有后盾。天地之义，阳主阴从，现在涉险时机已到，六四自然会听从初九的号令，顺势向前，以出坎险。《象辞》的"顺以听"，便是这个意思。

【译文】

六四　在血泊中等待，自洞穴出。

《象辞》说，"需于血"，顺从而听命。

九五　需于酒食，贞吉。

《象》曰: 酒食、贞吉，以中正也。

九五处在至尊之位而有刚健中正的品格，德能服众，才可排险，因此"贞吉"。"需于酒食"体现了九五面对险境时的从容、自信。"是大英雄方显真本色"，历史上，东晋统帅谢安在"淝水之战"的表现，便是这一爻的诠释。

《象辞》说，需于酒食还贞吉，是因为九五居中得正。

【译文】

九五　在酒食中等待，正固吉利。

《象辞》说，酒食而正固吉利，是因为九五居中得正。

上六　入于穴，有不速之客三人来，敬之终吉。

《象》曰："不速之客来，敬之终吉"。虽不当位，未大失也。

"穴"是险陷之地；"速"是邀请，"不速之客"是不请自来的客人。"三人"指下乾的三个阳爻。上六身为阴爻，处于坎险的极上之地，处境困难。"入于穴"是说它进入了险境。看到出险的条件已成熟，原先一直在等待的下乾三阳便前来帮助上六脱险了。说它们是"不速之客"，是由于三个阳爻中只有九三与上六有应，至少有两个是不邀自来的。但不管如何，它们的到来总是出于好心，因此柔顺的上六对三位"男子汉"一视同仁，均持敬慎态度。最后它终于在三人的帮助下突破了险阻，取得了完美的结局。

《象辞》说上六"虽不当位"，与爻位说不合。上六以柔履阴，是当位之象。作者可能是说下三阳只有九三与上六有应，初九、九二不邀自来，属于管"分外之事"。《象辞》认为，在上六需要帮忙时果断出手，也算不上是"大失"罢。

【译文】

上六　进入危险的洞穴，有三个不速之客到来，敬待他们，结果吉利。

《象辞》说，"不速之客来，敬之终吉"。虽然所居位置不当，但是算不上大过失。

讼卦第六

 **坎下乾上**

《序卦》说："饮食必有讼，故受之以讼。"

讼卦坎下乾上，是"天水违行"之象，象征争讼。

讼卦是需卦的综卦，形象颠倒，意义也相反。需是说等，讼是说争。"讼"是个会意字，左"言"右"公"，意思是人各执一词，在争辩时相持不下，于是对簿公堂，由官家判定是非曲直。所以，讼卦是一个"民事卦"。《周易》还有一个"刑事卦"，叫噬嗑卦。

从卦象来看，讼卦下坎为水，上乾为天。华夏文明发源于黄河流域，按照先民的生活体验，天体与大河的运行方向相反，是天地间最大的争衡之象：日月星辰每天都是东起西落，而黄河之水的流向却总是自西向东。因此《象辞》说，"天与水违行，讼。"从卦德来看，本卦上乾下坎，外刚内险，用以喻人，表示一个人内怀险诈之性而外现刚蛮之势，心术不正却强横好讼。

本卦上、下卦的对应之爻代表争讼的双方。但九五具有双重的象征性：在上、下卦关系上，它被用来代表争讼的一方；但在整个卦中，它又被用来代表断讼者。《周易》遵奉中和之道，以争讼为不善。因此六爻之义都以不讼得吉，成讼却"终凶"。这提醒人们，争讼并非好事，为人处世不宜逞强，所谓"逢人留一线，日后好相见"，相争时当退则退，能让即让。而断讼者则应秉持公正的原则。

讼 有孚，窒，惕，中吉，终凶。利见大人，不利涉大川。

讼卦的"有孚"，与需卦所说的"有孚"不同。它不是指守信，而是说出言要有据。与人争讼，你总得有点根据，否则便是无理取闹了。"窒"是说争讼双方无法交流、违碍不通。这个结论既出自下坎与上乾的冲突，也出自九二与九五的敌应。兴讼双方往往"话不投机半句多"。卦辞说，对这种局面应保持警惕。"中吉，终凶"，是说争讼要适可而止，若非要斗个鱼死网破，无非两败俱伤。"终凶"，则是就上九而言的，因为它是讼卦的终爻。"利见大人"的"大人"，指以断讼者的面目出现的九五。它刚健中正，论素质、论能力均可保证判决的公平。"不利涉大川"，"大川"指下坎。涉河是险事，争讼也是险事，因此说"不利"。

【译文】

讼　要有道理，窒塞，警惕，中途息讼吉利，争到最后凶恶。利于与大人物相见。不利于涉渡大河。

《彖》曰：讼，上刚下险，险而健，讼。"讼，有孚，窒，惕，中吉"，刚来而得中也。"终凶"，讼不可成也。"利见大人"，尚中正也。"不利涉大川"，入于渊也。

"上刚下险"，是就讼卦的上下体关系而言的，"上刚"指上乾，"下险"指下坎。"上刚下险"就是外健内谄。险"（阴险）与"健"（强横）两种品性糅合在一起，争讼就在所难免了。卦辞说"讼，有孚，窒，惕，中吉"，是因为"刚来而得中也"。"刚来"不是刚到来，而是以强硬形式出现，这是隐指九二，它居下卦的中位，因此说"得中"。"终凶"，是表示不宜兴讼，因为争讼是结怨的行为。"利见大人"，是说作为断讼者的九五能以公正的态度进行判决，因为它居中得正。"不利涉大川"，古代的水上交通工具很差，人们都把坐船过河看作险事，大家如果不能做到同舟共济，一旦江心翻船，就会一齐掉到深渊里去。

【译文】

《彖辞》说，讼，上乾刚健下坎险恶，阴险而刚健，不免成讼。"讼，有孚，窒，惕，中吉"，是因为从刚强开始而在适中时结束。"终凶"，是因为争讼没有胜利者。"利见大人"，是因为大人物崇尚中庸与公正。"不利涉大川"，是说会掉到深渊里。

《象》曰：天与水违行，讼。君子以作事谋始。

本卦坎下乾上，荀爽曾解释："天自西转，水自东流，上下违行，成讼之象也。"因此天水违行是讼卦之象。君子受到这个卦象启发，在一开始做事时，就会考虑怎样防止与化解矛盾，避免"开头是兄弟，结尾是仇人"的情形出现。

【译文】

《象辞》说，上天与大河的运行方向相反，这是讼卦之象。君子因而从开始做事就考虑息讼的问题。

初六　不永所事，小有言，终吉。

《象》曰："不永所事"，讼不可长也。虽"小有言"，其辩明也。

初六是阴爻，居位不中不正，而且居本卦的下位，材质柔弱低卑，因此没有实力与人争讼。"不永所事"的"永"是长久的意思。事物是辩证的，在打官司的问题上，不与人争，兴许会招来一些流言蜚语——"小有言"，比如说你胆小啦、怕事啦、软弱啦，但最终还是吉祥的。

《象辞》说，"不永所事"并不是坏事，争讼本来就是不应旷日持久的。初六虽然遭遇一些非议，但是经过申辩后就会真相大白。

【译文】

初六　不坚持争讼之事，会遇到一些流言蜚语，但最终还是吉利的。

《象辞》说，"不永所事"，是因为争讼本来就不应旷日持久。虽然"小有言"，但事实真相终究可以辩说清楚。

九二　不克讼，归而逋。其邑人三百户，无眚。

《象》曰："不克讼，归逋"，窜也。自下讼上，患至掇也。

九二居于下坎的中间位置，表示处于险的核心。它是失位之爻，和它的争讼对象九五相比，明显处于劣势。九五以刚履阳，集刚健、居中、得正、位尊等多种优势于一身，品格非九二所可比。两阳敌应，九二发现自己并不是九五的对手，就选择了弃讼，退回并逃走。官司没有打赢本是坏事，但坏中也有好，城邑里的三百户人家因为九二的弃讼而没有受到牵连。"无眚"是说没有过失、灾祸。

《象辞》说，因讼事不利而归逋，等同于逃窜。以卑下的身份与尊贵的人物争讼，胳膊扭不过大腿，硬斗下去，招祸会像俯身拾物那么容易。"掇"的本意是捡东西。

【译文】

九二　争讼不赢，便退出跑掉。他那三百户邑人，并没有灾患。

《象辞》说，"不克讼，归逋"，等同于逃窜。以卑下的身份与尊贵的人物争讼，招来祸患简直就像俯身拾物那样容易。

六三　食旧德，贞厉，终吉。或从王事，无成。

《象》曰："食旧德"，从上吉也。

在占代，卿大夫由封地内的老百姓来供养，叫"食邑"。"食旧德"就是靠过去获得的禄位过日子，暗示安分守己。六三是柔爻，材质柔弱，居位不正，本来就不是有实力的争讼者，而六三也有自知之明，始终不与人争，因此爻辞不言讼。但即使如此，正道还是有危险，这是为什么呢？因为六三处在上下卦之交，这是一个进退之地，极易惹是非。好在六三能安分守己，所以最终还是逢凶化吉了。"或从王事，无成"，不是说没有成就、贡献，而是说有成就、贡献，但不居而自夸。爻辞与坤卦六三所说的"含章可贞。或从王事，无成有终"非常接近，所传达出来的信息都是"不争"。

《象辞》"从上吉也"的"上"是指上九，它与六三是应爻。按理，上九以刚健之质居穷极之地，是会争讼到底的；但六三一切都让着它，并不与它争，"一个巴掌拍不响"，讼事便难成立。六三这样做，果真获得了吉利的结果。

【译文】

六三　享受旧有的俸禄，正道虽然会遇到危险，最终还是吉利的。有时参与君王的事业，没有什么成就。

《象辞》说，"食旧德"，因顺从于上而吉祥。

九四　不克讼，复即命，渝。安贞，吉。

《象》曰："复即命，渝，安贞"，不失也。

九四是一个好讼的泼皮。它以刚履阴，又处在偏位，既不能守正，也不懂得中庸之道。好在它的应爻初六以争讼为戒，官司才没有打起来。大概是受初六的忍让态度感染，它也缓和了自己的情绪。"复即命"的"复"指返回，"即"指趋就，"命"是命数。"渝"意思是指改变了原有的习性。这样就能实现安居正固，获得吉利的结果。

《象辞》说，九四能像爻辞所说的那样改变自己，就没有什么过失了。

【译文】

九四　停止争讼，返就天命，改变旧习。安居正固，吉利。

《象辞》说，"复即命，渝，安贞"，没有过失了。

九五　讼，元吉。

《象》曰："讼，元吉"，以中正也。

九五以阳刚之性而具中正之德，因此在整个卦中又被用来代表具公信力的断讼者。作为"法官"，他品质很好，不像有的人，"吃了原告吃被告"，因此有能力有威望调和冲突，对未讼者感而化之，对已讼者曲而直之，使事情向好的方向发展。"讼"在这里不应理解为争讼，而应理解为断讼。

《象辞》指出，断讼大吉的原因是九五品格中正。

【译文】

九五　断讼，大吉大利。

《象辞》说，"讼，元吉"，是因为居中得正。

上九　或锡之鞶带，终朝三褫之。

《象》曰：以讼受服，亦不足敬也。

上九处讼卦之极，因此爻辞讲成讼后的结果。"锡"通"赐"，"鞶带"是朝廷命官衣服上的大腰带，暗寓高官厚禄。上九以刚履阴，不中不正，在争讼中总是不肯退让；而与它有应的六三并不与它相争，事事都相让，因此上九总是能在争讼中得益。"鞶带"便是它所得利益的象征。但是得好处只是一时的，好讼成性，难免惹祸。后来它在一朝之内便三次被剥夺了官爵与禄位。"褫"是剥夺的意思。

《象辞》说，"会闹的孩子有奶吃"，靠争讼而获得厚禄，不足为敬。

【译文】

上九　或许会赏赐他官服大带，不过最终在一朝之内便三次被剥夺。

《象辞》说，凭争讼而获高官厚禄，那不值得尊敬。

师卦第七

坎下坤上

《序卦》说:"讼必有众起,故受之以师。师者,众也。"

师卦,坎下坤上,是"行险而顺"之象,象征战争。

作为一个"军事卦",师卦主要阐述兴师动众作战的道理。卦被命名为"师",有以下依据:从卦象来看,本卦一刚统五柔,唯一的阳爻在下卦的中位,五阴分列于其前后,很像统帅领兵出征的样子。从卦体关系来看,本卦外顺内陷,表示所发动的战争是顺天应命之举,但军事行动本身会有危险。同时也表示,战争要取得胜利,必须外顺形势而内有谋略,所谓"兵不厌诈"。

师卦没有讲具体的兵法,只是讲了战争的原则。强调军队必须是正义之师,统帅应当老成持重、能以中道处事。出征要纪律严明,讲究战略战术,不能轻率冒进。战争结束后,对有功的将士要论功行赏,对成事不足、败事有余的小人不能重用。整个卦凶多吉少,说明战争残酷,用兵宜慎。

师　贞,丈人吉,无咎。

卦辞首先为"师"定性——"贞"。"贞"就是正。这样说是有根据的:在本卦中,刚中的九二与柔中的六五正应,象征统兵的元帅获得了朝廷授权,因此出征是上合君意、下顺民心的行动。正义战争必然是顺天应命、师出有名的。"丈人"指大众推服的老帅,在卦中由主爻九二代表,它是战场作战的总指挥。上古的"汤武革命",分别讨伐夏桀与商纣,就是由威望很高的"丈人"(伊尹与吕尚)担任统帅的。

【译文】

师卦　正义,老成的元帅吉利,没有灾殃。

《彖》曰:师,众也;贞,正也。能以众正,可以王矣。刚中而应,行险而顺,

以此毒天下而民从之，吉又何咎矣！

"师"是一大群军人的集合，因此说"众也"。"贞"就是正，正义。"能以众正，可以王矣"，是说出征者众望所归，有能力把广大老百姓凝聚起来，打一场吊民伐罪的正义战争，因此是王者之师。"刚中而应"，是说主爻九二居下卦中位，而与在尊位的六五有应。这说明这次出战虽然不是御驾亲征，但获得了朝廷的正当授权。"行险而顺"，是就下卦为坎、上卦为坤而言的，坎德为险，坤德为顺。引申的意思是战争虽然危险但是进程顺利。战争哪怕深得民意，也是要付出代价的，因此下文有"毒天下"之说。"毒"就是害，即破坏。为什么"毒天下"还万民风从？因为不破不立。为了未来，有一点损失，那算不了什么——"吉又何咎矣"。清代学者俞樾把"毒"理解为"督"，意思是管治，亦通。

【译文】

《彖辞》说，师是众人的统称，贞表示正。能够发动众人参加正义战争，就可以成就王业。内中刚强而外有响应，行动危险但进攻顺利，这场战争破坏天下，民众却风从响应，吉利着呢，哪来的灾殃？

《象》曰：地中有水，师。君子以容民畜众。

师卦下坎上坤，因此说地中有水是师卦之象。《象辞》说君子从这个卦象中悟出了"容民畜众"的道理。"畜"同"蓄"。因为仗并不是天天打，所以古代常常寓兵于民，有点像今日的生产建设兵团，或者预备役。能"容民畜众"，兵员就有了源源不绝的保证，就像地下之水，取之不尽而用之不竭。有人把"容民畜众"理解为把人聚集在一起，这不够全面。

【译文】

《象辞》说，地里面有水，这就是师卦之象。君子因而容养万民，集合大众。

初六　师出以律，否臧，凶。

《象》曰："师出以律"，失律凶也。

初六表示战争开始，讲军队出征。"师出以律"，是说士兵行军要遵从号令、踏正节拍。"律"本指军乐。俞樾说："古时出师必吹律，律和则知士卒同心。""吹律"就是奏军乐，这样做一可以使队伍步伐整齐，二可以使战士斗志昂扬。更深一层意思，则是说军队出征要强调纪律。"臧"是善、好。"否臧"就是不好。什么不好？爻辞未予说明。有人认为指战争非正义，这种解释就跟《象辞》发生冲突了。其实是说纪律不好。律乱，那就很凶险。

《象辞》说，爻辞强调"师出以律"，是因为没有纪律就会遭遇凶险。汉朝的飞将军李广骁勇善战，但疏于军纪，结果前头屡建奇功，后来却全军覆没，这就是"失律凶也"的典型例子。

【译文】

初六　军队出发要讲纪律，纪律涣散，就有凶险。

《象辞》说，"师出以律"，因为没有纪律，军队很凶险。

九二　在师中吉，无咎，王三锡命。

《象》曰："在师中吉"，承天宠也。"王三锡命"，怀万邦也。

九二一阳统五阴，是本卦的主爻，代表军中的统帅。为什么九二居下位也能成为卦主从而专制其事呢？原因就在"在师"——正率军作战。古话说"将在外，君命有所不受"，在前线作战，统帅通常拥有指挥队伍的绝对权力，可以便宜行事，因为战场形势瞬息万变。九二居下卦中位，有刚中之德，表示性格刚毅而处事得当。它以刚履阴，看似失正，但由于他统军的权力是朝廷授予的，因此吉而无咎。事实上这位统帅领兵作战能力也的确出色。从朝廷对他多次嘉奖——"王三锡命"即可得知。

"锡"通"赐"，《周礼》说三锡命为：一命受爵，二命受服，三命受车马。

《象辞》说，九二"在师中吉"，是因为它深获朝廷——"天"的宠信。"天"，指与九二有应的六五。"王三锡命"，是因为统帅征伐有力，所向披靡，降服、安抚了许多国家。

【译文】

九二　在军中吉祥，没有过失，君王多次赐命嘉奖。

《象传》说："在师中吉"，是因为获得君王的恩宠。"王三锡命"，是因为安抚了许多国家。

六三　师或舆尸，凶。

《象》曰："师或舆尸"，大无功也。

六三"上不在天，下不在地"，在师卦中性质最差，这体现在：一、居位不中；二、质柔用刚（不正）；三、以阴凌阳，与主帅九二关系不顺；四、陷在坎险。这一爻，象征有勇无谋、志大才疏的将校。由这样的将校领兵作战，结果可想而知。"舆"是大车，此处用作动词，"舆尸"就是运尸体，暗指吃了败仗。"或"表示可能。春秋时晋国的"驸马爷"赵穿就很像六三。他被封为邯郸君，本质上是一个养尊处优、骄奢张狂的公子哥儿，不懂打仗，却自视甚高。结果在河曲之战中扰乱了主帅赵盾的战略部署，导致晋军大败于秦军。

《象辞》解释，军队运载尸体，表明作战没有取得任何成果。

【译文】

六三　军队可能运载尸体回来，凶险。

《象辞》说，"师或舆尸"，没有取得任何战果。

六四，师左次，无咎。

《象》曰："左次，无咎"，未失常也。

"次"是时间超过两天的驻扎。《左传·庄公三年》："凡师，一宿为舍，再宿为信，过信为次。"古代文化，尚右轻左。右丞相高于左丞相，右侍郎高于左侍郎。古人用来激励、警戒、鞭策自我的格言，也是挂在座位右边的，称"座右铭"。而左往往含有贬义。比如"左迁""左道""被发左衽""意见相左"等。"左次"就是撤退。为什么撤退"无咎"？撤退意味着脱离险境，能保存实力，总比冒失送死好。上述结论，是从爻位分析得出的。六四是阴爻，居上卦的下位，材质柔弱，战斗力本来就不强，不能与人硬拼；但它以柔履阴，是得正之象，而且脱离了下坎的险境，当退能退，也就有惊无险。

《象辞》说六四撤退没有违背常道，故败而无咎。"常"指战争规律，这个规律就是"打得赢就打，打不赢就走"。强调在战争中保存实力的重要性。

【译文】

六四　军队后撤，没有灾殃。

《象辞》说，"左次，无咎"，因为没有违背常道。

六五　田有禽，利执言，无咎。长子帅师，弟子舆尸，贞凶。

《象》曰："长子帅师"，以中行也。"弟子舆尸"，使不当也。

"田"在这里指畋猎。《周易》的筮辞，除了"见龙在田"的"田"是指原野外，其余的都是指畋猎。"田有禽"，意思是畋猎获得了禽兽，这里是以猎物喻战利品。"利执言"，军队打了胜仗，胜利者自然有号令四方的威势权力。六五虽然高居尊位，且有柔中之德，但不是卦主。它是一位弱主，自己没有统兵的能力，打仗还得依仗德高望重的"长子"，也就是"丈人"。由九二担任统帅，战争进程本来不错。可惜统帅英明，将校却无能，故战损还是很多。"弟子"指以六三为代表的将校。第五个爻位虽为尊位，但六五以柔履阳，是失正之象，因此爻辞有一半是不好的。

《象辞》解释了为什么由"长子"统军还会出现"贞凶"的问题。九二以刚中应六五的柔中，能按中道行事，指挥得当，故有资格"帅师"。但其部下志大才疏、莽撞无能，统帅用人有失，对此负有责任。

【译文】

六五　畋猎获得了禽兽，有利于号令四方，没有灾祸。元帅统领军队，将校运载尸体，说明正道还是遇到了凶险。

《象辞》说，"长子帅师"，因为按中道行事。"弟子舆尸"，是由于用人不当。

上六　大君有命，开国承家，小人勿用。

《象》曰："大君有命"，以正功也。"小人勿用"，必乱邦也。

上六是最后一爻，既表示师卦之终，也表示坤顺之极，象征战争结束，于是统帅带着队伍班师回朝。有战争就会有牺牲，虽然这次出征队伍曾遭挫折，但胜利的天平还是倾向了正义的一方。打了胜仗，就要论功行赏。朝廷在这一点上很开通，"大君"颁布诏令，要奖励参战的有功人员。《左传·桓公二年》："天子建国，诸侯立家，卿置侧室，大夫有贰宗，士有隶子弟。"功劳最大的被封为开国的诸侯，功劳小一点的也被封为有家可传的卿大夫。对那些心术不正、品行有亏的小人，则不予重用。

《象辞》解释说，"大君"之所以颁布诏令论功行赏，是因为想使有战功者能获肯定。不重用小人，是怕小人将来祸害国家。

【译文】

上六　君王传下奖赏诏令，有功将领或者裂土开国，或者采邑传家，但小人不予任用。

《象辞》说，"大君有命"，是为了褒扬战功。"小人勿用"，是因为小人必然祸害国家。

比卦第八

坤下坎上

《序卦》说："师者，众也。众必有所比，故受之以比。"

比卦坤下坎上，是"水地无间"之象，象征亲比。

比卦是一个"人际关系卦"，讲人与人之间相亲相辅、择善而从的道理。它是师卦的综卦。如在军队里，众人聚在一起时间久了，就难免会产生亲密的情感。"铁打的营盘流水的兵"，在军营中每年都发生退伍老兵眼泪汪汪地与战友告别的情形。

《说文》说"二人为从，反从为比"。"比"字在甲骨文中是两个人相随而立的样子。"比"字若有一边反过来，便成了"北"——"背"的本字。"北"是相背，"比"是相随。从卦体来看，此卦上卦为坎、下卦为坤，是流水亲密无间贴着地面流淌之象。从卦象来看，像师卦一样，比卦也是由一个阳爻与五个阴爻组成的卦，不过阳爻由九二变成了九五。刚毅雄健、大中至正的九五素质显然更佳，因此也更有凝聚力。它作为卦主高居尊位，一副领袖的模样，下面的阴爻都是它的追随者，以能亲比它为荣。

"物以类聚，人以群分"，若想一个群体、一个组织、一个政党、一个国家有力量，其成员就应当发自内心地亲比领袖，向具有中正刚健之德的核心人物靠拢；而核心人物也要以仁人爱物之心对待民众，接纳他们的亲比。

比　吉。原筮，元永贞，无咎。不宁方来，后夫凶。

比卦是吉卦。吉的道理不难理解：人人都追随领袖，上下关系清晰明确，整体局面就祥和美好。对"原筮"的意思，学界有不同的解释，有人认为是在原野占筮，有人认为是原来的占筮；依笔者的意见，是推原占筮的结果。这样做，得出的结论是"元永贞"——宏大，永久，正固，从而"无咎"。"不宁方来"的"方"，一说是方国，也就是地方的诸侯；一说是"才"，"方来"就是刚到来。不管哪种说法正确，"来"者都是下面的几个阴爻。来哪里？九五身边。来干什么？亲比它、辅佐它。为什么要这样做？因为它陷于坎险之中，正处于"不宁"的状态。只有上六的表现不一样。"后夫"指上六，"后"是后来的"后"，不是皇后的"后"。卦辞断言它凶险，是因为它以柔凌刚，不肯亲比九五。

【译文】

比卦　吉利。推原占筮，宏大、永久、正固，没有灾殃。不安宁方国来，后来者凶险。

《彖》曰：比，吉也。比，辅也，下顺从也。"原筮，元永贞，无咎"，以刚中也。"不宁方来"，上下应也。"后夫凶"，其道穷也。

比卦是吉卦，"比"意思是辅助。为什么吉？因为它下顺于上。"顺"既是就下坤而言的（坤德为顺），也是就下四爻都是阴爻而言的。众阴爻顺从的是主爻九五。亲比九五者最积极的无疑是六二，因为它中和柔顺而与九五有应。推原占筮，结果是"元永贞，无咎"，原因是"刚中"——九五具有刚健中正的性质。"不宁方来"说明九五与六二上下有应。"后夫凶"是说居于末位的上六已日暮途穷，处在无路可走的状态，到这时才想起亲比九五，已无济于事。

【译文】

《彖辞》说，比卦，吉利。比，就是辅助，意味着在下者顺从于上。"原筮，元永贞，无咎"，是由于九五刚健中正。"不宁方来"，意味着上、下有呼应。"后夫凶"，是因为它已穷途末路。

《象》曰：地上有水，比。先王以建万国，亲诸侯。

比卦坤下坎上，因此说"地上有水"是比卦之象。这个卦象显示水与地亲密无间，从而让先王明白了建立万国与亲抚诸侯的重要性。宋代的大儒程颐说："建立万国，所以比民也。亲抚诸侯，所以比天下也。"史载，夏时执玉帛者万国，成汤有七千七百七十三国，成周有一千八百国。诸侯越多，侯国的力量就越弱、对天子的依附性就越强。注意，《象辞》理解的"比"是以上比下，与《彖辞》所说的"下顺从也"不同。

【译文】

《象辞》说，地上面有水，这就是比卦之象。先世的君王因而建立万国，亲抚诸侯。

初六　有孚比之，无咎。有孚盈缶，终来有它吉。

《象》曰：比之初六，有它吉也。

初六是阴爻，位于本卦最下位，以柔履阳，不中不正，且离主爻九五最远，材质不怎么好。可是为什么爻辞却说它"吉"呢？事物辩证就在这里。因为它有自知之明，清楚自己地位低微、缺陷很多，只有获得九五的青睐才可能改变处境。于是它拿出满腔诚意，主动亲近九五。"有孚"就是有诚意，"比"是亲近，"之"是指九五。初六这样做有百利无一害，许多问题都解决了，因而说"无咎"。爻辞用水之"盈缶"来比喻初六诚意满怀。"缶"是未上釉的瓦罐，外部朴素，不加纹饰，暗示初六不是靠姣好的外表取悦于人，而是靠真诚与人亲近。爻辞最后一句"终来有它吉"的"它"指什么，不是很明确。有人认为指六四，说初六想向九五表忠，可是心意无法传达，便通过六四当"中介"。这种讲法与应爻说不合，初六与六四都是阴爻，同性相斥无应，它们之间不可能有交流。笔者认为"它"是指"孚"，即诚意。

《象辞》说，比卦初六因有诚而吉。历史上像初六这样地位低卑而能以诚获得主上青睐者很多，三国时的诸葛亮就是一例。

【译文】

初六　心怀诚意而主动依附九五，没有灾殃。心中的诚意像水灌满了瓦罐子，最终因为有诚意而吉利。

《象辞》说，比卦的初六，因有诚意而吉利。

六二　比之自内，贞吉。

《象》曰："比之自内"，不自失也。

比卦六二有许多美德而几乎没有缺陷，它位于下卦的中位，并以柔履阴，是中正之爻。不仅如此，它还与主爻九五有应，具有柔顺、中和、得正、有应四大优点，因此爻性贞吉。爻辞说"比之自内"，是因为六二在内卦。"自内"引申为六二对九五的亲近是出自内心的主动，"之"指九五。

《象辞》的"不自失也"，是说六二没有失去自己的本性。

【译文】

六二　依附九五发自内心，正固而吉利。

《象辞》说，"比之自内"，没有丧失自我。

六三　比之匪人。

《象》曰："比之匪人"，不亦伤乎？

六三是偏爻，且以柔履阳，不中不正，与它为邻的六二、六四和与它敌应的上六都是阴爻，同性相斥，都不是其亲比的对象，因此爻辞说"比之匪人"。"匪人"不是匪徒，也不是不正派的人，而是不合适的人。孔子曾提醒人们，与人相结交，要注意对象是否合适。友有益友，也有损友。"友直（正直），友谅（真诚），友多闻（博学），益矣；友便辟（谄媚逢迎），友善柔（阳赞暗谤），友便佞（花言巧语），损矣。"所交为益友，就有利于进德修业；所交为损友，就会萎靡不振。

《象辞》没有直接说六三不好，而是对它没有可亲比者表示哀叹，暗含嘲笑。

【译文】

六三　所依附的都不是合适的对象。

《象辞》说，"比之匪人"，不让人感伤么？

六四　外比之，贞吉。

《象》曰：外比于贤，以从上也。

按照爻位感应规则，与四爻对应的是初爻。但在本卦中，初六也像六四一样是阴爻，同性无应。于是六四便把亲比对象由内卦转到了外卦，主动向在其旁边的主爻九五靠拢，这便是"外比之"。九五爻性极佳，刚毅雄健，大中至正，亲近这样的优秀人物，自然"贞吉"。

《象辞》认为六四向外亲近的是品质优秀的人。六四以柔履阴，是得位之爻，而且能承九五，它对九五的亲近，合乎以下从上的法则。

【译文】

六四　向外依附九五，正固吉利。

《象辞》说，向外依附贤人，合乎以下从上的法则。

九五　显比。王用三驱，失前禽。邑人不诫，吉。

《象》曰："显比"之吉，位正中也。舍逆取顺，"失前禽"也。"邑人不诫"，上使中也。

九五集合了许多优秀品质。就性质而言，它是阳爻，刚健雄毅；就位置而言，它居位恰当，既中亦正；就关系而言，它有六四相承而下应六二。因此很多人愿意亲比它，而它也具有尊者风度，欣然接纳亲比。"显比"就是显示亲近，显比的主体是九五。下面以狩猎为喻，赞扬九五的宽宏大量。《史记·殷本纪》记载有这么一件事：商汤有一次畋猎，听到张网的人祷告："四方的禽兽，都进入我们的网罟吧！"商汤心想不对，这样做岂不是把所有动物都杀绝了吗？于是叫人撤去正面的网，只留下三面。并且祷告："你们这些禽兽呀，想往前跑的就往前跑，命中注定要被我捕猎的，才落入网罟。"《礼记·王制》也有"天子不合围"之说。"王用三驱"，就是网开一面。网开一面的结果，会让那些有力前奔的禽兽逃脱——"失前禽"，只有那些乖乖等着捕捉的禽兽才会成为猎物。来者不拒、去者不留，体现了王者的中正之德与仁爱之心。他对禽兽都这么好，对治下的老百姓就更不用说了，因此城邑里的人都自觉与他亲近而用不着劝导。这样一种上下融和的局面是很吉利的。有人举出《诗·小雅·车攻》的《毛诗诂训传》（简称《毛传》），称"王用三驱"是用"三驱之礼"（一乾豆，二宾客，三充君之庖），这种说法不对，因为《象辞》有"舍逆取顺"的说法。

《象辞》从爻位说的角度，指出九五能显示接纳亲近的态度，是由于居中正之位。又指出"失前禽"是"舍逆取顺"的结果。所谓"舍逆取顺"，是说想逃走的就让它逃走，只有自投罗网者才把它捉了。邑人无须劝诫就向王者亲近，依附王者，是因为王者教他们掌握了中庸之道。老子曾说："太上，不知有之；其次，亲而誉之；其次，畏之；其次，侮之。"意思是最高明者是民众感觉不到王者的存在，其次是民众亲近王者并赞扬他的功德，再其次是民众畏惧王者，最差者是民众以轻蔑态度对待王者。"显比"应当是"亲而誉之"的境界。

【译文】

九五　显示依附。君王狩猎用三面合围，失去前面的禽兽。城里的百姓无须劝导而自觉亲近君王，吉利。

《象辞》说，"显比"的吉利，在于位置端正居中。舍弃抗拒的，留下顺从的，会"失前禽"。"邑人不诫"，是由于上头使他们懂得了中道。

上六　比之无首，凶。

《象》曰："比之无首"，无所终也。

上六就是卦辞所言的"后夫"。本卦五个柔爻，只有它一意孤行，不肯与九五亲比。它以柔履阴，阴气很重；又位于一卦的顶上，处坎险之极；还以阴凌阳，与九五是逆比关系，犯了与人相处的大忌。所以爻辞很凶。乾卦用九"见群龙无首"得吉，比卦上六"比之无首"得凶，是由于条件不同。

《象辞》说上六无法实现与九五的亲近，难得善终。《诗经·大雅·荡》说："靡不有初，鲜克有终。"有初尚且不一定有终，无初又哪里会有终呢？

【译文】

上六　亲比没有首领，凶险。

《象辞》说，"比之无首"，没有好结果。

小畜卦第九

 乾下巽上

《序卦》说："比必有所畜也，故受之以小畜。"

小畜卦乾下巽上，是"小有畜积"之象，象征小储。"畜"同"蓄"。

小畜卦六爻之中，只有六四是柔爻，其他都是刚爻。魏晋的王弼说："夫少者，多之所贵也。寡者，众之所宗也。一卦五阳而一阴，则一阴为之主矣。"因此此卦的主爻是六四，卦义是阴柔畜阳刚。这六四就像穆桂英，以柔履阴，居位正当，且与初九有应，德才兼备，有足够的实力担当一卦的主角。

何以见得此卦是小畜之象呢？本卦上巽下乾，下乾的三个阳爻都刚健好动，有向上发展的要求，但是它们的行动被主爻六四拦住了。六四并不是不想让这些阳爻向上，它只是想让它们积聚足够的力量之后才这么做。其道理就好比江中之水，被拦河坝蓄到一定高程后泄出，才会有动能。因为此卦之义是以柔畜刚，力量有限，所以只是"小畜"。

本卦旨在揭示事物发展中"小畜大""柔畜刚"的道理。畜聚主体是小者、阴者，畜聚规模比较有限。其卦名的"小"，既代表阴，也指程度；"畜"，则兼有"畜聚""畜养""畜止"之义。聚物可以养物，又可以止物。虽然卦主是阴爻，但卦义还是以扶助阳刚为目的的。封建社会的贤臣谏阻君主，便是小畜之例。

小畜 亨。密云不雨，自我西郊。

小畜卦巽上乾下，是风行于天之象。风能行于天，说明气流畅通，最终必然是水气凝聚为雨。"密云不雨"，说明水气的蓄聚过程还没有完成。传说卦辞是周文王被囚禁时写成的，其时周族也正在暗中积聚力量，准备推翻商纣王的统治，周在殷的西方，故有"自我西郊"之说。"我"是文王自道。另一说，在《文王八卦》（后天八卦）中，乾在西北，巽在东南，故本卦的运动方向是从西北到东南。这是以施泽未

通，来明"小畜"之义。

【译文】

小畜卦　亨通。阴云密布但没有下雨，从我西方的郊野来。

《彖》曰：小畜，柔得位而上下应之，曰小畜。健而巽，刚中而志行，乃亨。"密云不雨"，尚往也。"自我西郊"，施未行也。

"柔得位"，是指主爻六四以柔履阴；"上下应之"，是说它与初九阴阳正应。也有人说是指六四阴柔得位而有应于上、下诸阳。卦辞说小畜卦"亨"，这里对为什么"亨"做了解释："健而巽，刚中而志行，乃亨"。"健而巽"意思是刚健而谨慎，这是就卦体而言的，小畜卦乾下巽上。"刚中而志行"是就下乾中的九二的性质而言的，它是阳爻，居于中位，故说"刚中"。阳爻的刚健性质决定了它不会满足于现状，一定会运动；而动则不滞，不滞则亨。《彖辞》又解释说，"密云不雨"意味着"尚往也"，"尚往"就是重视前进，暗示乾卦的三个阳爻都有向上发展的要求。"自我西郊"，是说还没有到施雨之时。

【译文】

《彖辞》说，小畜卦，阴爻居正位而上下相互呼应，称为小畜。德性刚健而谨慎，阳爻居于中位而有志于运动，于是亨通。"密云不雨"，要重视发展。"自我西郊"，意味着施雨还未进行。

《象》曰：风行天上，小畜。君子以懿文德。

本卦乾下巽上，因此"风行于天"是小畜卦之象。《象辞》认为君子应当效法这一卦的精神，"以懿文德"。"懿"作为名词，指美好的东西；"文"为动词，是"文过饰非"的"文"，意思是修饰、妆扮；"以懿文德"就是用美好修饰自己的德性品行。这句话暗示小畜尚不是大显身手之时。

【译文】

《象辞》说，风行于天上，就是小畜卦之象。君子因而用美好修饰德行。

初九　复自道，何其咎？吉。
《象》曰："复自道"，其义吉也。

初九以刚履阳，是得正的阳爻，刚健好动，动则上行，但其行为受到六四的阻拦。初九与六四是应爻，彼此相感。初九被六四这个"大姑娘"柔声柔气地一劝，它就回归了本位，这就是"复自道"。回归本位符合畜养之义，因此不仅无咎，而且得吉。清代学者李光地说："处下居初而有刚正之德，上应六四为其所畜，是能顺时义而止，退复自道之象。不唯无咎，而且吉矣。复谓返也。"

《象辞》指出"复自道"包含吉祥的意思。

【译文】

初九　恢复本有的状态，哪来的灾殃？吉利。

《象辞》说，"复自道"，在道理上吉祥。

九二　牵复，吉。

《象》曰：牵复在中，亦不自失也。

九二也是阳爻，爻性喜动不喜静，它与六四无应，也不是亲比关系，因此，六四并不能直接让它停下来畜养。好在初九从"心上人"六四那里明白了畜养的道理之后，不仅自己不再鲁莽上行，而且还把九二这个"哥们儿"拉了回来。为什么说"牵复，吉"？因为假若九二往上冲，就会偏离中位。

《象辞》说"牵复在中，亦不自失也"，是指依旧保持在中位。有人认为九二是因九五的作用而"复"：九五亲比六四，九二受到它的牵制，不得不返回本位。这样理解有两点不可通：第一，九五在九二前头，如果是它发挥了作用，爻辞就应说"阻"而不是"牵"；第二，九二、九五都是刚爻，彼此相敌，不应有应。

【译文】

九二　被牵回来，吉利。

《象辞》说，被牵回到中位，也没有丧失自我。

九三　舆说辐，夫妻反目。

《象》曰："夫妻反目"，不能正室也。

九三居下卦之上，六四居上卦之下，它们挨在一起，关系却不好；用来比拟人事，恰似一对同床异梦的"夫妻"。男的九三承初九、九二而来，又以刚履阳，重刚不中，心很野，非常好动，一心想着外面的风花雪月。而女的六四也不是省油的灯，它不在中位，不懂什么中和之道，而且还很强势，以阴凌阳。其实，九三只是六四名义上的"丈夫"，并不是六四的"心上人"，六四的应爻初九才是。因此，六四看九三总是不顺眼。双方不免发生冲突，爻辞用"舆说辐"来比拟"夫妻反目"。"舆"是车子，"说"通"脱"，"辐"是车轮中凑集于中心毂上的直木。辐脱落，车就动不了了。

《象辞》说夫妻反目，是由于九三没能耐，管不住"老婆"。"正室"指解决六四凌九三的问题。

【译文】

九三　车子辐条脱落，夫妻反目成仇人。

《象辞》说，"夫妻反目"，未能端正家庭关系。

六四　有孚，血去惕出，无咎。

《象》曰：有孚，惕出，上合志也。

六四作为小畜卦的主爻，想以一柔畜众刚，阻止下乾三阳的上进，显然是有困难的。好在她以柔履阴，是得正之象，而且上与九五亲比、下与初九正应，故能获得九五的信任与初九的支持。有了这些力量的支持，危险就消失了，警戒之心也不复存在。"血"暗寓危险，"惕"指戒备之心。

《象辞》指出，有诚意，戒心卸去，是因为上下志同道合。

【译文】

六四　有诚意，血灾离去，戒心卸除，没有灾殃。

《象辞》说，有诚意，戒心卸除，是因为上下志同道合。

九五　有孚挛如，富以其邻。

《象》曰："有孚挛如"，不独富也。

九五是上吉之爻，下有六四相承，二人肝胆相照，团结合作，关系很亲密，因此爻辞说"有孚挛如"。"孚"是有诚意，"挛"意思是连。《经典释文》："挛，马云：'连也。'""如"是语气助词。"挛如"就是连绵不绝的样子。有人说"挛"是痉挛，痉挛后就手指曲握，这种解释较为勉强。"富"相当于"实"，指阳爻，此处专指居于吉位的九五，它殷实富有，并且大公无私。它的富既是物质的，也是精神的。"邻"指六四。

《象辞》说九五"不独富也"，意思是有中正之德的九五会把自己的富有化为大家的富有。

【译文】

九五　诚意连绵不绝，使近邻也富有。

《象辞》说，"有孚挛如"，说明不独自富有。

上九　既雨既处，尚德载。妇贞厉，月几望，君子征凶。

《象》曰："既雨既处"，德积载也。"君子征凶"，有所疑也。

上九位于小畜卦的最上，表示畜聚的终极。这时巽风积云成雨的过程完成了，于是天上下起了雨，这就是"既雨"。"既处"是就下乾那三个一直想向上的阳爻而言的。它们经过一段时间的畜养后，上到了极上之地，便停下来不动了，这便是"既处"。从"密云不雨"到"既雨既处"，反映了对功德圆满的追求——按北宋程颐的解释，"尚德载"的"载"是积满的意思，"德载"也就是功德圆满。六四以阴畜阳、以柔制刚，至此获得了理想结果。但阴不能过盛，过盛就会由畜阳变抗阳。"妇贞厉，月几望"，是说阴盛抗阳的情形。"妇""月"均是阴物，"望"是月满，与"朔"相对。在阴盛抗阳的情况下，君子的行动会变得很凶险。"征"指行进。

《象辞》把"德载"解释为"德积载"，说明载有"积"的意思。"有所疑"的"疑"，就是坤卦《文言》所说的"阴疑于阳必战"的"疑"，即阴亢进后与阳不和。

【译文】

上九　下雨，停留，崇尚功德圆满。女子的正固有危险，月亮行将圆满，君子出动有凶险。

《象辞》说，"既雨既处"，说明功德圆满。"君子征凶"，因为与阳有所不和。

履卦第十

兑下乾上

《序卦》说："物畜然后有礼，故受之以履。"

履卦兑下乾上，是"尊卑有别"之象，象征循礼。

履卦是一个"行为卦"。"履"有遵行、执守的意思。它是小畜卦的综卦。《序卦》的"物畜然后有礼"，与"仓廪足而知礼仪，衣食足而知荣辱"的意思接近。在古人眼中，物质文明与精神文明存在着密切关系，在物质生活没有获得基本保障之前，遵守礼仪只是一句空话；在物质生活获得基本保障后，就要考虑用礼仪来规范、制约人们的行动了。

本卦定名为履，基于以下理由：从卦体来看，履卦上乾下兑，象征天的乾卦在上方，象征泽的兑卦在下方，表示在社会中，上下尊卑各有分别，不能逾越。从卦德来看，兑德为悦，乾德为健，上乾下兑，恰如一个满脸堆笑、点头哈腰的下属，亦步亦趋地跟在一个严厉刚强、气势逼人的上司之后。这位下属只有恪守本分，小心翼翼地按礼制要求行顺用柔，做到"温良恭俭让"，才可以得吉。

本卦阐述的是循礼而行的道理。卦中各爻，根据不同的环境、条件，分别述说"履"的情状。值得注意的是，在卦中九五贞厉，上九却贞吉，这一点与其他卦大不一样。这是由履道决定的。卦中各爻，居阴位者爻辞皆吉，说明履道宜柔不宜刚。柔者履阳，会遭凶险；刚者履阴，却能得吉。道家的理论可能受到了此卦的启示。

履　履虎尾，不咥人，亨。

"履"作名词指鞋子，作动词指踩踏、行走。卦辞中的"履"与"如履薄冰"的"履"意思相同，指踩，"履虎尾"就是踩到了老虎的尾巴上。"咥"与"啮"意思接近，是咬的意思。老虎是一种凶猛的动物，俗话说"老虎屁股摸不得"，老虎的尾巴更踩不得，可是这里说踩了老虎的尾巴，它却不咬人，这是为什么呢？因为踩得不重。"亨"是说化险为夷、逢凶化吉。这个结论，得自上卦为乾、下卦为兑。"老虎"以刚健的乾卦来代表，踩"虎尾"者以属德为悦的兑卦来代表。卦辞以人踩虎尾为喻象，说明谦恭温和可以化险为夷。传说周文王把八卦演成六十四卦是在被商纣王囚禁期间，因此，卦辞多有危机感，这一卦尤为明显。

【译文】

履卦　踩到了老虎尾巴，老虎不咬人。亨通。

《彖》曰：履，柔履刚也。说而应乎乾，是以"履虎尾，不咥人，亨"。刚中正，履帝位而不疚，光明也。

履卦是"柔履刚"之象。"柔"指下兑，"刚"指上乾，这是就卦德而言的，乾德为健（刚），兑德为悦（柔）。也有人认为，"柔"是指主爻六三，它紧跟在刚健的乾卦后面，这大概不对，因为六三的爻辞说它被老虎咬了。"说而应乎乾"，"说"同"悦"。由于下兑态度和悦，脚步轻柔，因此即使踩了老虎的尾巴，老虎也不咬人。老虎对此没有过激反应，自然亨通。最后一句是说九五雄健刚强，具有大中至正的美德，它光被四表，有资格大大方方地高踞君位而不需内疚。

【译文】

《彖辞》说，履卦，是柔和踩踏阳刚之象。和悦而与刚健相应，因此"履虎尾，不咥人，亨"。刚强的九五大中至正，登上帝位而不感到内疚，光辉而圣明。

《象》曰：上天下泽，履。君子以辩上下，定民志。

履卦兑下乾上，因此上天下泽是履卦之象。天高地低是自然的法则，而与地相比泽更低，履卦通过天与泽的关系，更进一步强化了上下尊卑的观念。而君子正是由于获得履卦之象的启示，而明白辨别上下、安定民志的道理的。"辩上下"意思是区分尊卑，"定民志"意思是让老百姓各安于其位而不逾礼制。"辩"同"辨"。

【译文】

《象辞》说，上面是天下面是泽，这就是履卦之象。君子因此区分上下等级，安定民众的心志。

初九　素履往，无咎。

《象》曰：素履之往，独行愿也。

"素"指质朴无华。"素履往"是说穿着没有纹饰的鞋子行走。履道贵于用柔，初九以刚履阳，富有阳刚之质，本不符合用柔的原则；但它处在履卦的最下位，就像一位涉世未深、富有理想的阳光少年一般，对那些风花雪月的东西并不关心，只是本色地朝前方迈进。爻辞说无咎，王弼注："履道恶华，故素乃无咎。"《中庸》中也有"君子素其位而行"的说法。

《象辞》的"独行愿也"，意思接近我行我素、特立独行。

【译文】

初九　质朴地迈向前方，没有灾殃。

《象辞》说，以质朴的步履迈向前方，专致地践行理想。

　　九二　履道坦坦，幽人贞吉。

　　《象》曰："幽人贞吉"，中不自乱也。

"坦坦"意思是路很平坦。九二以刚履柔，且处于兑卦的中位，最能践行中道，因此判定它行的是平坦的大道。道路平坦，本可疾行，但九二没有那样做。为什么？因为它与九五无应，且为六三所凌。在这种背景下，宜静不宜动，最好能像古代的隐士一般贞静自守。"幽人"就是幽居不出之人。一个人，能做到恪守中道、不求闻达于诸侯，自然贞吉。有人认为"幽人"是指被监禁的周文王。

《象辞》把"幽人贞吉"的原因归结为"中不自乱也"，是说九二能固守其位，不为外界所干扰。"中"意义双关，既指爻所在的中位，也指人的心中。

【译文】

九二　行进的道路十分平坦，隐士正固吉利。

《象辞》说，"幽人贞吉"，因为能固守中道，使方寸保持不乱。

　　六三　眇能视，跛能履，履虎尾，咥人，凶。武人为于大君。

　　《象》曰："眇能视"，不足以有明也。"跛能履"，不足以与行也。咥人之凶，位不当也。"武人为于大君"，志刚也。

"眇"是指少了一只眼睛，俗称"独眼龙"；"跛"是瘸腿，还可勉强走路。六三是问题很多的阴爻：它以柔履阳，且位于下卦上方，本来就不中不正；还以柔凌刚，在能守持中道的九二头上作威作福。它材质柔弱却争强好胜，尾随于雄健刚强的乾卦之后，不知前头走的是一头"猛虎"，于是一不小心就吃了大亏。爻辞便反映了局面的凶险。它目眇能视却无法通观全局，足跛能履却无法践行中道，于是不小心踩到了老虎的尾巴上，而且踩得很重，结果被老虎狠咬了一口。这种局面很凶险，就像"武人为于大君"。"武人"就是古人常说的"一介武夫"。"武人"与不求闻达于诸侯的"幽人"不同，他刚愎自用，一意孤行，自然会惹来祸害。

《象辞》评论，"目眇能视"，意味着看不清楚；"足跛能履"，意味着不能利索行走。六三之所以遭遇被老虎狠咬一口的凶险，是由于所处的位置不当。"武夫为大君作战"，那是由于争强好胜。

【译文】

六三 独眼能看，跛脚能走，踩到了老虎的尾巴，老虎咬人，凶险。就像武夫为君王作战。

《象辞》说，"眇能视"，意味着看不清楚；"跛能履"，意味着不能利索行进。六三遭遇被咬的凶险，因为所居之位不当。"武人为于大君"，是由于逞强好勇。

九四　履虎尾，愬愬，终吉。

《象》曰："愬愬，终吉"，志行也。

紧跟六三的后面，九四又踩了一次老虎的尾巴，却没有遇到凶险，只被吓了一跳。"终吉"，到底还是吉利的。"愬愬"是恐惧的样子。为什么九四也发生闪失却不出现问题呢？这与爻位有关。九四以刚履阴，表示它刚健而懂用柔守顺之道。而且它与高踞尊位的九五相邻，正所谓"伴君如伴虎"，其一举一动都必须谨小慎微，这样就避免了凶险。"终吉"。

《象辞》评论说，九四尽管受了惊吓，还是一心一意前进。

【译文】

九四 踩到了老虎的尾巴。很恐惧，最终吉利。

《象辞》说，"愬愬，终吉"，一心前行。

九五　夬履，贞厉。

《象》曰："夬履，贞厉"，位正当也。

"夬"是坚决、果敢的意思。王弼注夬卦曾说："夬者，明法而决断之象也。""夬履"，就是刚决而行。《周易》各卦，九五爻辞多吉，但这一卦却不是如此，爻辞说它"贞厉"——正道遇到了危险，这是为什么呢？因为本卦下卦为兑，而兑德为悦，象征九五的"下属"一个个都和悦驯服、唯命是从。它们太过恭顺了，就导致了九五独断专行。而且九五与九二无应，出了问题下面也没有人辅助、支援。因此九五尽管居至尊之位，也免不了有危险。这一告诫意义相当深远。从这可以看出《周易》看问题的辩证。

《象辞》提醒，九五以刚爻履尊位，本来是正当的，可是在"夬履"之时，正道依旧免不了危险。

【译文】

九五　刚决而行，正道危险。

《象辞》说，"夬履，贞厉"，哪怕居位正当。

上九　视履，考祥，其旋元吉。

《象》曰：元吉在上，大有庆也。

上九处于履卦的终极之位，在这个位置上，有必要回顾一下履道的长短得失，"视履，考祥"就是这个意思。"视履"是说看看行进情况，"考祥"是说审视吉祥的情况。"旋"意思是"周旋"，这里指整个过程。结论是行动虽有闪失，结果还是大为吉祥的，因为能遵循履道。

《象辞》所说的"元吉在上"，是指在上位。结果大吉大利，自然值得庆贺。

【译文】

上九　察看行迹，审视休祥，其整个过程大吉大利。

《象辞》说，大吉大利在上位，值得大加庆贺。

泰卦第十一

 乾下坤上

《序卦》说:"履而泰,然后安,故受之以泰。泰者,通也。"

泰卦乾下坤上,是"阴阳相交"之象,象征通泰。

按照《序卦》的说法,王道坦坦,就履而泰,在经过了"履"的行动过程之后,自然与社会便出现了通泰的局面。

本卦象征天的乾在下,象征地的坤在上,似乎违反了自然法则,不应是吉卦。乾是最大的阳,坤是最大的阴。《周易》判断一个卦吉或不吉,关键看其上下体之间是否有交感。有交感就是吉卦,没有交感就不是吉卦。本卦阴气浊而自上下凝,阳气清而自下上升,阴阳二气相交,因而是吉卦。卦辞也是用阴阳相交之象阐明事物通泰之理。经中通篇都没有"泰"字,因此解读起来比较困难,不过避乱保泰、初泰虑否的道理还是能看得出来的。

泰卦三阳息阴,在"十二消息卦"中代表夏历(农历)一月、周历三月,是一年的开始。故民间在农历新年来临时有"三阳开泰"之说。

泰 小往大来,吉,亨。

在《周易》中,"大"与"小"有时是就乾阳、坤阴而言的。相对于乾阳,坤阴为小;相对于坤阴,乾阳为大。"往"与"来",表示不同的运动方向。"小往大来"是说阴气自上往下,阳气自下来上,阴阳发生交感。这句话也可以引申为付出少,收益大。

【译文】

泰卦 阴气浊而自上下凝,阳气清而由下上升,吉祥,亨通。

《彖》曰:"泰,小往大来。吉,亨。"则是天地交而万物通也,上下交而其志同也。内阳而外阴,内健而外顺,内君子而外小人。君子道长,小人道消也。

《象辞》认为，卦辞说"泰，小往大来，吉，亨"，这既是就自然而言的，也是就社会而言的。因此，泰卦既是天地阴阳相交而万物通泰的象征，也是上下沟通无碍、志同道合的象征。从卦体来看，内乾是阳卦，外坤是阴卦，因此说"内阳而外阴"。从卦德来看，乾德为健，坤德为顺，因此说"内健而外顺"。此卦用来比拟人事，便是"内君子而外小人"之象。君子与小人是对立的，君子之道增长，小人之道就会消损，因此就吉利亨通。

【译文】

《象辞》说，"泰，小往大来。吉，亨。"也就是说天地交感而万物通泰，上、下交流而心志相同。内卦为阳而外卦为阴，内心刚健而外表顺从，亲近君子而疏远小人。君子之道在增长，小人之道在消损。

《象》曰：天地交，泰。后以财成天地之道，辅相天地之宜，以左右民。

天地交感是阴阳发生交感，因此天地交感是泰卦之象。"后"不是后来之"后"，而是君后之"后"，这里是指君王。"财成天地之道，辅相天地之宜"，意思是应当在尊重客观规律的基础上，对自然加以恰当的调节，以更好地发挥天地的功能。"财"是"裁"的通假字，"裁成"是裁修完成，"辅相"是辅助相佐。"裁成辅相"是《周易》的重要义理，涉及天人关系问题。作为人君，应遵循这样的原则来管理民众。"左右"作支配、统治解。

【译文】

《象辞》说，天地交感，是泰卦之象。人君因而按天地的道理制定政策，按天地的道理去采取措施，以支配民众。

初九　拔茅茹，以其汇，征吉。

《象》曰："拔茅""征吉"，志在外也。

初九居于本卦下位，是阳气始生之象。然而以一阳升进，力量不足，需要联络同道。同道便是九二、九三，它们都是阳爻。初九以"拔茅茹"为喻说明团结合作、一阳动而三阳并动的道理。"茅"是茅草，"茹"指根系相牵。面对着根系缠成一团的茅草，一个人要把它拔起来很困难，众人合力协作才容易有效果。"以其汇"便暗指众人合作，"汇"意思是同类相集；"征吉"是说持续下去吉利，"征"的本义是远行。

《象辞》解释，拔茅而征吉，是因为初九有向外发展的志向。初九在内卦，随着阳气的逐步增进，必然会向外卦的方向发展，因此说"志在外也"。

【译文】

初九　拔除根须牵连的茅草，需聚集众人的力量，持续下去才吉利。

《象辞》说，"拔茅""征吉"，志向在外面。

九二　包荒，用冯河，不遐遗，朋亡，得尚于中行。

《象》曰："包荒"，"得尚于中行"，以光大也。

这一段爻辞比较费解。有人说，"包"是"匏"，即"瓠"；"荒"是大、空，"包荒"就是空葫芦。用空葫芦渡河，去不了多远，大家就都掉到了水里，结果朋友都淹死了。虽然损失巨大，但是与朋友一同渡河还是值得肯定的，因为这样做符合中道。这样解释颇显牵强。依笔者之见，"包荒"就是包容宏大，说的是人的气度；"冯河"就是徒步涉水。这个词与讲徒手与老虎搏击的词"暴虎"，组合成了一个成语"暴虎冯河"。以包容宏大的气度徒步过河是显得很有魄力，不过行动到底还是出现了意外。当过河的人走到江河的不远处时，带在身上的物品落到了水里，钱也丢了。"遐"意思是远；"遗"是丢失、落下；"朋"是朋贝的朋，指两串贝壳（每串五个），上古用作货币。虽然有此遗憾，但是敢于毅然涉水还是合乎中行的要求的。"中行"讲法的提出与九二居于下卦的中位有关。九二虽是中爻，但以刚履阴，不正，出差错也正常。

《象辞》解释，"包荒"，"得尚于中行"，说明了九二之德的光大。

【译文】

九二　包容宏大，以此气度渡河，泅出不远便有物落水，货币丢失了，然而这样做是崇尚中行的表现。

《象辞》说，"包荒"，"得尚于中行"，说明九二之德的光大。

九三　无平不陂，无往不复。艰贞无咎，勿恤其孚，于食有福。

《象》曰："无往不复"，天地际也。

"无平不陂，无往不复"是说没有平地就没有陡陂，不前往就没有折返，这是一句很有哲理的话，合乎辩证法。"艰贞"指在艰难困苦中坚守正道，能这样做就没有咎害。"勿恤其孚，于食有福"是说不要担心它的诚意，在饮食方面有口福。意思是经过执着的艰苦奋斗，就会有好的结果。"恤"是担心，"其"应当是指九三。九三已离中位，继前头两阳而处于下卦的最上，已到变化的临界点，因此作者以"无平不陂，无往不复"来提示事物将发生变化。

《象辞》解释了"无往不复"之理：不管走得多远，天地终有边际。这样说，是因为九三处在乾卦与坤卦的交接处。

【译文】

九三　没有平地就没有陡陂，不前往就不会折返。在艰难困苦中守持正道就没有灾殃，不用担心它的诚意，在饮食方面有口福。

《象辞》说，"无往不复"，是因为在天地间有边际。

六四　翩翩，不富以其邻，不戒以孚。

《象》曰："翩翩，不富"，皆失实也。"不戒以孚"，中心愿也。

"翩翩"是小鸟飞翔的样子。六四已达于上卦，超过了乾阳上升的极限，坤阴应当下凝、回落，如果再像鸟一般往上飞就没有好处了。"翩翩"暗示六四是阴爻。"不富"在《周易》中是指代阴爻的词语，就像"富"与"实"指代阳爻。"不富"就是不实，因为阴爻中间是虚的。"不富以其邻"，是说三个阴爻一个挨着一个。穷有穷的好处，大家都没有钱，用不着防备他人，大家彼此信赖。

《象辞》说"翩翩，不富"皆失实，从爻象来说是指它们都不是阳爻，从引申义来说是指它们都不殷实、没有什么财富。对"不戒以孚"的状态，大家都心甘情愿。

【译文】

六四　翩翩飞翔，其邻居也不富有，无须相互防备，大家都有诚信。

《象辞》说，"翩翩，不富"，都不殷实。"不戒以孚"，是大家心中之所愿。

六五，帝乙归妹，以祉元吉。

《象》曰："以祉元吉"，中以行愿也。

据历史学家考证，"帝乙归妹"是殷商时的真实事情。帝乙是商纣王的父亲，他把女儿嫁给了周文王。"妹"是少女的通称。这件事被认为双方都很有福气，大吉大利。"祉"是福祉。爻辞多为虚说，这一爻却是实说。《周易》的筮辞有一些是真实记录，归妹卦也提到这件事。六五居本卦的尊位，作为卦主，它柔顺得中，具有中庸之德，因此能降低身段下嫁他人。它的婚姻对象是与它阴阳正应的九二，这个刚健的对象亦居中位，也有中庸之德，不过当时尚不是君王。

《象辞》说，"以祉元吉"，是因为掌握了中庸的原则，从而能将心中的理想实现。

【译文】

六五　帝乙嫁女，有福气而大吉大利。

《象辞》说，"以祉元吉"，是由于奉行中道而得遂所愿。

上六　城复于隍，勿用师，自邑告命。贞吝。

《象》曰："城复于隍"，其命乱也。

"复"同覆，"隍"是护城壕。"城复于隍"意思是城墙倒在了护城壕里，这是势颓的征兆。为什么会出现这个局面？因为上六居泰卦顶上，物极必反。遇到了这样的局面该怎么办？爻辞说不宜兴师动众，应待在城邑里求上苍保佑。如果想以军事手段挽回颓势，后果适得其反。"邑"在字面上指城邑，对于王者而言指国都。无论如何，局面总有些不妙，断占之辞为"贞吝"，说明出了问题。

《象辞》解释说，"城复于隍"，说明泰卦发展到上六后已变得不妙，局面已由治转乱。

【译文】

上六　城墙倾倒在护城壕里，不宜出动军队，应当在都城里求上苍保佑。正道遇到了艰难。

《象辞》说，"城复于隍"，反映命数已乱。

否卦第十二

 坤下乾上

《序卦》说："泰者，通也。物不可以终通，故受之以否。"

否卦坤下乾上，是"阴阳不交"之象，象征闭塞。

否极泰来，泰极否来，否与泰发展到极致，都会向其对立面转化，因此泰卦之后，便是与其卦义完全相反的否卦。否卦与泰卦既互为综卦，也互为错卦，不仅卦象颠倒，阴阳也相反。否卦的卦辞、《彖辞》、《象辞》以及部分爻辞很像是泰卦的"镜像"，词语结构相似乃至相同，意思却相反。否卦上卦为乾，下卦为坤，阳气轻清而上升，坤气重浊而下凝，阴阳二气相互乖离，彼此不能产生交感，因此是凶卦。不过虽然如此，爻辞也还是有不少吉语的，初六、九四、九五、上九甚至可视为吉爻，这体现了《周易》的辩证性。

否卦三阴消阳，在"十二消息卦"中代表夏历（农历）七月、周历九月。

否　否之匪人，不利君子贞，大往小来。

卦辞说否卦所象征的天地阻隔、阴阳闭塞的局面不合乎人道，也不利于君子守正。"匪"同"非"，表示否定。泰卦的卦辞说"小往大来"，否卦则倒过来说"大往小来"，因为乾坤已易位。"大"与"小"是就乾阳、坤阴而言的。相对于乾阳，坤阴为小；相对于坤阴，乾阳为大。大往是阳气自下往上，小来是阴气自上来下，意思是阴阳不发生交感。这句话也可以进行引申，理解为付出多、收益小。

【译文】

否卦　否卦所象征的状态不合人道，不利于君子守正，阳气自下往上，阴气由上来下。

《彖》曰："否之匪人，不利君子贞，大往小来"，则是天地不交而万物不通也，上下不交而天下无邦也。内阴而外阳，内柔而外刚，内小人而外君子。小人道

长，君子道消也。

《彖辞》说，卦辞的"否之匪人，不利君子贞，大往小来"一语，如果从自然的角度理解，是天地阴阳不交而万物不通泰的象征；如果从社会的角度去理解，则是上下交流阻隔、君臣意见相悖、国不像国的象征。"内阴而外阳"是就卦象而言的，内坤是阴卦，外乾是阳卦。"内柔而外刚"是就卦德而言的，坤的属性柔顺，乾的属性刚健。这一卦的卦象若用来比拟人事，便是"内小人而外君子"之象。小人之道增长，君子之道就会消损。泰、否两卦都提到道的消长，这是因为两卦都属于"十二消息卦"，它们身上都透露着阴阳变化的消息。

【译文】

《彖辞》说，"否之匪人，不利君子贞，大往小来"，是说否卦是天地不交而万物不通的象征，这种局面上下乖离闭塞，天下等于没有邦国。内卦为阴而外卦为阳，内心柔顺而外行刚健，这是亲近小人而疏远君子的象征。小人之道增长，君子之道就消减。

《象》曰：天地不交，否。君子以俭德辟难，不可荣以禄。

天地不交就是阴阳不交，这是否卦之象。君子从这个卦象中获得启示，因而收敛才华以避除灾祸，明白了不可以贪图荣华富贵、追求高官厚禄的道理。"俭"读为"敛"；"辟"同"避"。

【译文】

《象辞》说，天地没有交感，就是否卦之象。君子因而收敛才华以躲避灾祸，不贪图荣华富贵，不追求高官厚禄。

初六　拔茅茹，以其汇，贞吉，亨。

《象》曰："拔茅""贞吉"，志在君也。

否卦初六的爻辞，与泰卦初九几乎一样，它们都以茅为象，因为两卦都是群阳与群阴相叠，像茅茹一般虬结牵连。不过两爻取象虽同，喻义却不同。泰卦是三阳同类并进（上升），否卦是三阴同类同退（下降）。断占之辞一个是"征吉"，一个是"贞吉，亨"，差别不大；这说明只要进退与爻性相合，亦可得吉。《周易》充满了辩证法思维，它是随时取义、变动无常的。否卦下三阴与上三阳全部有应，但在爻辞中完全看不出这种关系，这是因为在否塞状态下，上下之应已无法实现。

《象辞》对否卦初六的解说，与对泰卦初九的解说，只有一个字不同，前者是"志在君也"，后者是"志在外也"。说"志在君"有些费解，因为六二才是在至尊之位的九五的应爻。可能《象辞》是想说，初六在卦中地位虽低，但能独善其身而有兼济天下之志。

【译文】

初六 拔除根须牵连的茅草，聚集众人的力量，正道吉利，亨通。

《象辞》说，"拔茅""征吉"，志向在辅佐君王。

六二 包承，小人吉，大人否，亨。

《象》曰："大人否，亨"，不乱群也。

"包承"意思是包容承受。在本卦中，六二虽然也属阴柔之辈，但是它与另外两个阴爻相比，居中得正，材质还是稍好一些，故多少有包容承受之心。在天地否塞、小人得势的背景下，"大人"自然会受到压制。但这是暂时的，最终还会有出头之日，故"亨"。

《象辞》指出"大人否"还"亨"，原因在于"不乱群"。乱群，就是扰乱群体，大人与小人厮混在一起，同流合污。

【译文】

六二 包容承受，小人吉利，大人否闭，亨通。

《象辞》说，"大人否，亨"，是因为群体不相混杂。

六三 包羞。

《象》曰："包羞"，位不当也。

"包羞"就是包含羞辱，意思是行为恶劣却恬不知耻。为什么这样评说六三呢？因为六三居位不正，且偏离了中位。要说优点，它也有一点，那就是与上九有应，可是在上下否塞的背景下，这一优点无法发挥出来，与尚有包容心的六二比较，它只是纯粹的小人。

《象辞》说，六三所以"包羞"，是因为以柔履阳，居位不当。

【译文】

六三 包含羞辱。

《象辞》说，"包羞"，是因为居位不当。

九四 有命无咎，畴离祉。

《象》曰："有命无咎"，志行也。

从六三到九四，局面发生了显著变化，首先是否塞的世道已过去一半，所谓"否极泰来"，局面井始由黑暗向光明转化了。其次九四是阳爻，属于上卦的一部分，是"君子"群体的一员。九四的阳刚性决定了它有冲破否塞的要求，而且这样做并不会遇到什么大麻烦，因为这是天命。但是它以刚履阴，未极其刚，雄毅不够，在这种情况下，只有与同道九五、上九相援手，大家团结一致、齐心协力，才会达致目标。"命"，是天命。"畴离祉"意思是朋类附丽于福祉。"畴"是同道、朋类，指九五、上九；"离"是附丽；"祉"是福祉。

《象辞》说，因为"有命无咎"，所以九四义无反顾、矢志前行。

【译文】

九四　有天命就无灾殃，朋类附丽于福祉。

《象辞》说，"有命无咎"，因此矢志前行。

九五　休否，大人吉。其亡其亡，系于苞桑。

《象》曰：大人之吉，位正当也。

经过不断努力，局面到九五出现了变化，上下阻隔的局面终于中止了。"休否"意思是停止了否塞。有人把"休"理解为善美，似不通。局面能扭转，是因为大人九五大中至正，是一位圣明的尊者，自有力量结束上下的阻隔，使否返于泰。这时，"小人吉，大人否"变成了"大人吉"。但九五头脑非常清醒，明白否塞的局面虽然改变了，而导致否塞的因素还在，说不定哪一天形势又会逆转过来，因此必须安而不忘危，存而不忘亡，治而不忘乱。"其亡其亡，系于苞桑"是譬喻的说法。"苞桑"是丛生的桑树。

《象辞》说，局面转变成了"大人吉"，是由于九五居中正之位。

【译文】

九五　中止否塞，大人吉利。就要灭亡了，就要灭亡了，命已挂在了苞桑上。

《象辞》说，大人的吉利，是由于居中正之位。

上九　倾否，先否后喜。

《象》曰：否终则倾，何可长也。

上九是否卦的终极，物极必反，否塞局面到这里便倾覆了，从前日子过得灰溜溜的人，这时终于眉开眼笑、喜从心生。

《象辞》解释，事物总是会走到尽头的，否塞局面最终还是倾覆了，哪里可能长久存在下去呢。

【译文】

上九　倾覆否塞，先否塞，后欢喜。

《象辞》说，否塞终究会倾覆，哪里能长存呢。

同人卦第十三

 离下乾上

《序卦》说："物不可以终否，故受之以同人。"

同人卦离下乾上，是"天下有火"之象，象征和同。

同人卦是一个"团结卦"，阐述的是天下和同的道理。其卦表示在苍穹下的旷野上燃着一堆篝火。上古时，每逢重要节庆或有重要典礼，人们都会围火而聚，或歌或唱，举行某种庆祝仪式。这种祥和局面被称为"同人于野"。"同人"现在也写作"同仁"。和同，就是要人与人和谐相处，突破否塞造成的隔阂。

柔顺中正的六二是本卦的唯一阴爻，因此是主爻。它与九五有应，以一阴统五阳，上下五阳都听命于它，这是卦名为"同人"的道理。

要实现和同，就要破除一人、一家、一族、一地乃至一国的私见，抱着大公无私的精神，从道义出发，异中求同。同人卦所阐述的"和同"观念，与《礼记·礼运》所说的"大道之行也，天下为公"的大同理想有相通之处，在我国古代思想史上具有进步意义。当然，"和同"只是一种愿望，要实现并不容易，所以卦中六爻，反映着不同的情状。

同人 同人于野，亨。利涉大川，利君子贞。

"同人于野"，说明和同必须有广阔的背景与磊落的境界；反过来，能在旷野中集合一大群人，让大家听你召唤，也能反映出和同的主体在民众中具有的广大感召力。有这样高威望的人，能不亨通么？本卦内卦为离，外卦为乾，表示和同的主体内心光明、行动刚健，有能力带领民众克服困难、冲破险阻，因此说"利涉大川"。"利君子贞"是说有同人之德的人将无往不通、无行不利，这是就主爻六二而言的。六二具有柔顺中正的美德，与九五有应，很符合人们对君子的期望。

【译文】

同人卦 与人和同于旷野之中，亨通。利于渡过大河，利于君子守正。

《彖》曰：同人，柔得位得中而应乎乾，曰"同人"。同人曰"同人于野，亨。利涉大川"，乾行也。文明以健，中正而应，君子正也。唯君子为能通天下之志。

"柔得位得中"的"柔"指主爻六二，"得位"是说它以柔履阴，"得中"是说它居于下离卦的中位，"应乎乾"是说它与上乾九五有应。《彖辞》中前三个"同人"，第一个指卦名，第二个是说和同于人，第三个指卦本身。《彖辞》说，卦辞的"同人于野，亨。利涉大川"，指乾的行为，也就是刚健的行为。"文明以健"的"文明"指下离，"健"指上乾；"中正而应"，说的是六二与九五的关系，它们都是中正之爻，且阴阳有应。这种品格特征若用于比拟人事，相当于说正人君子，所以说"君子正也"。《彖辞》最后说，唯有品格完美的君子才可能理解天下人的想法，促成和同的局面。

【译文】

《彖辞》说，同人，柔爻当位并得中，且与上乾的中爻有应，所以能和同于人。同人卦说"同人于野，亨。利涉大川"，因为乾道利行。文明而刚健，居中得正而有应，这是君子的正道。只有君子才能理解天下人的想法。

《象》曰：天与火，同人。君子以类族辨物。

上乾是天，下离是火，因此说天与火是同人卦之象。君子效法这个卦象，聚类成族，分辨万物。注意，"聚类"是乾天的本事，"辨物"是离明的功能。

【译文】

《象辞》说，天与火便是同人卦之象。君子因而聚类成族，分辨万物。

初九 同人于门，无咎。
《象》曰：出门同人，又谁咎也？

卦辞说"同人于野"，而初九爻辞说"同人于门"，和同的地点不同。初九是初爻，故以出门为言。它以刚履阳，性格重刚，却与九四无应，表示与人交往不分厚薄亲疏，能在基层与百姓打成一片。以这种态度与人相处，自然不会有什么咎害。

《象辞》特别点明"于门"是出了门在外面。

【译文】

初九 与人和同于门外，没有灾殃。

《象辞》说，出门就能与人和睦相处，怎会有灾殃呢？

六二　同人于宗，吝。

《象》曰："同人于宗"，吝道也。

"宗"指宗派。六二是本卦的主爻，它柔顺中正，与刚健中正的九五阴阳相应，本应是吉利之象；但是同人卦主张天下大同，不赞同搞宗派，因此与某爻有应反而被认为是思想狭隘，有失"同人于野"的意旨。说其"吝"，根据在此。

《象辞》指出，只和本宗本派的人和同，是产生问题的根源。

【译文】

六二　与人和同于宗派中，有缺失。

《象辞》说，"同人于宗"，是缺失的根源。

九三　伏戎于莽，升其高陵。三岁不兴。

《象》曰："伏戎于莽"，敌刚也；"三岁不兴"，安行也？

"戎"是军队，"莽"是草丛。"伏戎于莽"意思是把军队埋伏在茂密的草莽中。为什么要这么做？这涉及九三与九五的关系。六二是本卦唯一的阴爻，作为主爻，诸阳都想与它亲近，包括九三。但是六二与九五是应爻，它并不想理会九三；横隔在六二与九五之间的九三遂蠢蠢欲动，想以武力"夺爱"。可是它既不在中位，又与上无应，材质并不好，想与刚强雄健、大中至正的九五对决，绝无胜算。因此他只好来阴的，设伏兵于草莽，并不时在高陵上观察，看看能否寻得打击对手的机会。但埋伏了三年，机会还是没出现。也有人把"三岁不兴"理解为伏击战失败，三年都未能恢复元气。

《象辞》说，"伏戎于莽"，是由于敌人太厉害。《象辞》所说的"敌"，指九五。它又说"三岁不兴"，怎么行得通？

【译文】

九三　在茂密的草莽中埋伏军队，登上高陵瞭望。三年无法兴兵。

《象辞》说，"伏戎于莽"，是由于敌人太刚强；"三岁不兴"，如何行事？

九四　乘其墉，弗克攻，吉。

《象》曰："乘其墉"，义弗克也。其吉，则困而反则也。

九四是不中不正的刚爻，其性格、处境、能力、想法都与九三差不多，它也想打六二的主意，但六二的"心上人"是九五，九四达不到目的，气不打一处出，便向九五寻衅。"乘其墉"的"乘"是打主意，"墉"是城墙，"乘其墉"意思是对九五搞突然袭击。有人把"乘其墉"理解为登上了城墙，似不可通，登上了城墙，怎么还说"弗克攻"？

《象辞》认为，九五比九四要优秀得多，以九四的实力，是不可能攻得下九五的"城墙"的。攻不下，就只能算了。九四以刚履阴，懂得妥协之道，并不像重刚的九三那么强项，故困而知返，返而获吉。"反"同"返"。

【译文】

九四　想打城墙的主意，未能攻下来，吉利。

《象辞》说，"乘其墉"，按理是攻不下的。吉利，是因为陷入困境后能反过来按正确的方式行事。

九五　同人，先号咷而后笑，大师克相遇。

《象》曰：同人之先，以中直也。"大师相遇"，言相克也。

"号咷"就是嚎啕，即哭喊。"先号咷而后笑"，是一出悲喜剧。这剧是怎么上演的呢？原来，刚健中正的九五与柔顺中正的六二阴阳相应，它们走到一起本来天公地道。然而九三与九四从中作梗，一个设伏，一个攻城，百般破坏。这便是"先号咷"的原因。然而亲近终究是以道义、实力、信念为基础的，正如《系辞》所言："二人同心，其利断金。"九五与六二作为应爻，最终还是走到了一起，这便是"后笑"。"大师"即大军，比喻两股会合的力量。九五居尊位，人君应以天下为务，但在本卦中九五独私六二，这有悖和同原则，因此爻辞不言君道。

《象辞》说，同人的前提是中直，中直就是中正，九五、六二均具有这样的品格。"相克"，是说攻克了目标。

【译文】

九五　和同之人，先嚎啕大哭，后破涕为笑，大军实现了会合。

《象辞》说，和同于人的前提，是中正。"大师相遇"，是说攻克了目标。

上九　同人于郊，无悔。

《象》曰："同人于郊"，志未得也。

上九处在外卦的边缘，与卦中各爻都无应，只好在位置偏僻的郊外物色和同对象。这个地方人口稀少，固然难获同志，不过远离内争，上九也就无悔了。

《象辞》所说的"志未得"，既可理解为上九不得志，也可以理解为大同局面没有实现。

【译文】

上九　在郊外与人和同，没有悔恨。

《象辞》说，"同人于郊"，意味着志向还没有达到。

大有卦第十四

 **乾下离上**

《序卦》说："与人同者，物必归焉，故受之以大有。"

大有卦乾下离上，是"普天昌明"之象，象征富盛。

大有卦是同人卦的综卦，和同产生大有，大有促进同。国家昌盛、社会繁荣、百姓富庶，在古今都是人们的心愿，因此大有卦也是吉卦。富盛不仅指物质方面，也包括精神方面。卦辞为"元亨"，表明了对富盛的赞扬。社会富盛，意味着天下昌明。本卦乾下离上，表示乾阳创始万物，离火普照四方，正是天下昌明的象征。

本卦唯一的阴爻是六五，它柔居尊位，作为主爻统领诸阳。《周易》以阳为大，故卦称"大有"。"大有"其实是"有大"。六爻之旨，是大有后仍要守顺谦下、诚恳待人。太过富盛，既易致奢侈，也易招妒忌，因此爻辞有告诫之语。

大有　元亨。

大有卦的主爻六五是居尊位的阴爻，象征一个顺应天命、深得人心的温和君主（或女王）形象，其领导国家，取得了出色的成就，实现了社会的富盛。故大为亨通。

【译文】

大有卦　大为亨通。

《彖》曰：大有，柔得尊位，大中而上下应之，曰"大有"。其德刚健而文明，应乎天而时行，是以"元亨"。

"柔得尊位，大中而上下应之"，说的是主爻六五。它高贵而中庸，富有感召力，上下五阳都听命于它，因此卦称"大有"。"其德刚健而文明"，是说本卦下乾上离，兼有乾阳的刚毅与离火的光明两种属性，行动能顺应天的法则、遵循时令的次序。对"应乎天"，可有两种理解：一是九二应六五，而六五居于天位；二是六五应九二，而九二是乾卦的中爻。无论如何，都是"元亨"之象。

【译文】

大有卦，柔爻居于至尊的位置，盛大中庸，上下诸阳都听命于它，因此叫"大有"。它的属性雄毅刚健而光辉灿烂，行动能顺应天道、遵循时序，因此"元亨"。

《象》曰：火在天上，大有。君子以遏恶扬善，顺天休命。

下乾为天，上离为火，所以说火在天上是大有卦之象。君子受到此卦的启发，因而遏制邪恶之事，弘扬美善之德，顺应天的法则，以使命变得更好。"休"意思是好，在此处用作动词。

【译文】

《象辞》说，火在天上，就是大有卦之象。君子因而遏制邪恶，弘扬美善，顺应天道，以获好命。

初九　无交害，匪咎，艰则无咎。

《象》曰：大有初九，"无交害"也。

人一富有，就易于滋生骄纵奢侈之心。不过这种问题在初九身上并没有发生，因为它初出道，与外部没什么交往，就没有因此而带来的弊端，不存在"炫富"的问题，"匪"同"非"。"无交"的根据是初九与九四无应。初爻是打基础的阶段，在实现富有前对创业之难有过体验，就不会有灾殃。

《象辞》只是强调本卦初九无交往之弊。

【译文】

初九　没有交往带来的弊端。享富未必致咎，懂得艰难就不会有灾殃。

《象辞》说，大有卦初九，"无交害"。

九二　大车以载，有攸往，无咎。

《象》曰："大车以载"，积中不败也。

九二以刚履阴，得中有应，用于拟人，代表性格刚毅而态度温和、处事中庸而获宠于君的臣子。它十分富有，财物要用大车来载，去哪里都没有什么问题。

《象辞》说大车所载之物，能聚积于家中，就不会衰落。说"中"，是因为九二是中爻。

【译文】

九二　用大车载物，往哪里去，都没有灾殃。

《象辞》说，"大车以载"，累积于家中，就不会败落。

九三　公用亨于天子，小人弗克。

《象》曰："公用亨于天子"，小人害也。

对"公用亨于天子"的理解，学者们分歧很大。有人认为是大家都纳税于朝廷，有人认为是天子庆祝丰收，有人认为是臣下获食于天子。笔者认为，"公"指诸侯。九三处在下卦的上位，正是诸侯之位。前面说过，一卦六爻，尊卑不同：初爻为士民，二爻为大夫，三爻为诸侯，四爻为朝臣，五爻为天子，上爻为宗庙。"用亨"即"用享"，意思是朝献。诸侯在富裕之后，贡献于天子，是合乎逻辑之事，小人没有这样的思想境界，故做不到。

《象辞》进一步说，小人不但不会像诸侯那样朝献，而且还会为害天下。

【译文】

九三　诸侯给天子朝献。小人做不到。

《象辞》说，"公用亨于天子"，小人为害天下。

九四　匪其彭，无咎。

《象》曰："匪其彭，无咎"，明辨晢也。

九四四阳相叠，是最富有之象，而其所处为近君的朝臣之位，要是用事不当，难免像"红顶商人"胡雪岩那样惹祸。好在九四以刚履阴，懂得收敛之道。"匪其彭"的"匪"是否定词；"彭"通"膨"，意思是膨胀。爻辞暗示富不宜过分，亦不宜张扬，要"闷声发大财"。

《象辞》指出"无咎"的关键在明辨智慧。"晢"是明智。

【译文】

九四　不是它膨胀，没有灾殃。

《象辞》说，"匪其彭，无咎"，说明其明辨智慧。

六五　厥孚交如，威如，吉。

《象》曰："厥孚交如"，信以发志也。"威如"之吉，易而无备也。

六五居尊以柔，高贵中和，且与九二有应，用来比拟人事，表示在上者以诚待下。"厥孚交如，威如"，意思是以诚恳与人交往，而威风自显。"厥"是"其"，"孚"是"诚"。"如"是语气助词。

《象辞》说"厥孚交如"，是指以诚信体现志向。又说"威如"的吉利，在于能在人不知不觉中改变现状，作用很大。

【译文】

六五　其诚信能交接上下，仪态威严，吉祥。

《象辞》说，"厥孚交如"，是指以诚信体现志向。"威如"的吉利，在于能在人不注意时改变现状。

上九　自天佑之，吉无不利。

《象》曰：大有上吉，自天祐也。

一般的卦，上爻多有危机，但大有卦上九满而不溢、极却不反，这是因为上九居离卦之上而得明之极，对富有的利弊有清楚的认识。行顺乎天，必获天佑，终极之爻，亦"吉无不利"。

《象辞》认为大有卦上爻为吉，是由于有来自天的护佑。"祐"通"佑"。

【译文】

上九　获得来自天的护佑，吉祥而无所不利。

《象辞》说，大有卦的上爻吉，是由于有来自天的护佑。

谦卦第十五

 **艮下坤上**

《序卦》说："有大者，不可以盈，故受之以谦。"

谦卦艮下坤上，是"内止外顺"之象，象征谦虚。

什么是谦虚？谦虚是一种人生态度，也是一种君子的美德。"满招损，谦受益"，懂得谦虚之道的人，对自己的才能、长处、成就、贡献从不夸耀，临事不与人争。但不与人争不等于示弱，相反，谦虚在本质上是强者之道，是在有实力前提下的相让。谦虚是要讲原则的，在必要时谦虚的人也会积极行动，有所作为。

本卦的象征意义——谦虚，可从两个角度来认识：一方面，内艮为止，外坤为顺，用于比拟人事，表示一个人内知抑止而外示柔顺；另一方面，下艮为山，上坤为地，本来拔地而起的高山下缩到了地下，高而不居，试问世上还有什么比这更谦虚的？

谦虚有百利而无一害，因此在六十四卦中，谦卦是唯一六爻都没有问题的卦（下三爻俱吉，上三爻无不利）。卦意只要谦虚即得吉，并不像别的卦那样，需要"中""正""承""应""比"等条件支持，这反映了《周易》对谦虚的高度肯定。

谦　亨，君子有终。

卦辞认为，只要谦虚，就一切亨通；君子谦虚，会有好结果。《诗经》说"靡不有初，鲜克有终"，君子有终，是因为懂得内法艮止、外师坤顺，知道谦虚。《周易》的断占之词，最吉祥者是"元亨利贞"四德，为什么谦卦只说"亨"呢？因为谦卦的主旨是谦让，"元"作为物首不合乎卦义，"利"并不是谦者所当求，"贞"已含于谦的行动中。

【译文】

谦，亨通，君子有好结果。

《彖》曰：谦，亨，天道下济而光明，地道卑而上行。天道亏盈而益谦，地道变盈而流谦，鬼神害盈而福谦，人道恶盈而好谦。谦尊而光，卑而不可逾，君子之终也。

《彖辞》阐述的是谦道致亨之理。它说天的法则是施惠于下而光辉灿烂，地的法则是由低卑的地方向上发展。有人说这两句话的意思是天的法则是阳气下降，地的法则是阴气上升，这把阴阳之气的运行方向说反了。《彖辞》又从天、地、鬼、人的不同角度来说谦之理：天的法则是损盈满而增谦虚，地的法则是变盈满而向谦卑。鬼神的法则是为害盈满者却赐福于谦逊者，人的法则是讨厌盈满而喜欢谦虚。谦逊受敬于人而光芒四射，虽然低卑却不能超越，这是君子"有终"的原因。最后一句，"谦尊而光，卑而不可逾"，意思是君子不与人争却是强者。中华文化是很强调谦虚的，儒家讲温良恭俭让，道家讲道德、讲退让，墨家讲兼爱，都与谦虚相关。因为全盘肯定谦虚，所以《彖辞》很特别，不像其他卦那样讨论爻位关系。

【译文】

《彖辞》说，谦，亨通。天的法则是施惠于下而光辉灿烂，地的法则是低卑地向上发展。天的法则是损缺盈满而增益谦虚，地的法则是改变盈满而使其流于谦卑。鬼神的法则是为害盈满者而赐福于谦逊者，人的法则是讨厌盈满而喜欢谦虚。谦虚受敬于人而光芒四射，卑下却不能超越，这就是君子的结果。

《象》曰：地中有山，谦。君子以裒多益寡，称物平施。

上坤为地，下艮为山，因此地中有山是谦卦之象。君子受到卦象的启发，明白了减损有余而补充不足、衡量物品而平均施予的道理。"裒多益寡，称物平施"是对盈虚关系的申述，落点在"均贫富"，主旨与强调谦虚的《彖辞》不同，反映了早期的平均主义思想。

【译文】

《象辞》说，地下面有山，这就是谦卦之象。君子因此减损有余而增益不足，衡量物品而平均施予。

初六　谦谦君子，用涉大川，吉。

《象》曰："谦谦君子"，卑以自牧也。

初六本有多方面的缺陷。身为阴爻，材质柔弱，此其一；处于一卦最下，地位低卑，此其二；以柔履阳，居位不正，此其三；上与六四无应，没有援助，此其四。缺陷这么多，为什么还有能力"涉大川"并且获"吉"呢？关键在"谦谦"。"谦谦"

就是谦让再谦让，这是君子的风范。一个人能有这样的风范，就会无往不胜，哪怕是冒险犯难横渡大河，也是吉利的。"大川"的象征，是由六二、九三、六四组成的坎卦。按照"象中取象"的理论，这是一个"内互卦"。爻辞表明，谦虚与积极进取并不冲突。

《象辞》说，极为谦让的君子，以谦卑的态度自我约束。"牧"字在甲骨文中是手持棍棒驱赶牛之象，其本义是放养牲口，引申为统治、管理。

【译文】

初六　谦之又谦的君子，凭其态度渡越大河，吉祥。

《象辞》说，"谦谦君子"，谦卑而能自我约束。

六二　鸣谦，贞吉。

《象》曰："鸣谦，贞吉"，中心得也。

"鸣谦"，意思是对谦虚产生共鸣。六二材质柔顺，居中得正，且亲比主爻九三，在卦中代表把谦虚践行到了极致的人。其精神引起了人们的共鸣，故纯正吉祥。

《象辞》说，六二获此美誉，来自其心中的体认。"中心得"，指对谦虚深有领会。这是基于六二是下卦的中爻而得出的结论。

【译文】

六二　谦虚产生共鸣，纯正吉祥。

《象辞》说，"鸣谦，贞吉"，来自其心中的体认。

九三　劳谦，君子有终，吉。

《象》曰：劳谦君子，万民服也。

九三是谦卦中唯一的阳爻，以一阳为五阴所包，似乎很像大观园里头的贾宝玉，周边有一群女孩子围着，很容易被宠坏。不过九三不存在这方面的问题，因为它与上六有应，表示谦道有终。爻辞提出了"劳谦"的概念，对它的意思，注家分歧很大，有人说是"有功劳而谦"，有人说是"因谦虚而劳累"，黄寿祺、张善文的《周易译注》把其理解为"勤劳谦逊"，比较切合原意。勤劳谦虚的人总会有好结果，能够得吉。

《象辞》说，勤劳而谦让的君子，会使万民推服。

【译文】

九三　勤劳谦虚，君子有好结果，吉祥。

《象辞》说，勤劳谦虚的君子，万民推服。

六四 无不利，㧑谦。

《象》曰："无不利，㧑谦"，不违则也。

这是倒装句。"㧑"是挥的意思，指发挥。"㧑谦"，就是发挥了谦之道。从爻位的一般观察方法来看，六四以柔乘刚，是有一点问题的；但是在谦卦中情况不同，它居位端正，能发挥谦之道，就无所不利了。

《象辞》解释，"无不利，㧑谦"，是因为没有违背原则。

【译文】

六四 没有不利，发挥了谦让之道。

《象辞》说，"无不利，㧑谦"，是由于没有违背原则。

六五 不富，以其邻。利用侵伐，无不利。

《象》曰："利用侵伐"，征不服也。

六五是阴爻，因此说"不富"。居尊位为什么还"不富"？这与它的邻居有关。"其邻"指挨着六五的六四与上六，它们都是阴爻。在《周易》中，"富"与"不富"，像"实"与"不实"一样，分别指阳爻与阴爻。就本卦中，"不富"还被引申为"虚"（谦虚）。六五以阴爻居尊位，象征以柔顺、中和、谦虚示人的君王。由这种极具威望的人统兵作战，必无往而不胜。

《象辞》对"利用侵伐"进行了解释，特意说明，征伐对象是不肯顺服者，言外之意是六五不好战。

【译文】

六五 不富有，与周围邻居有关。利用威望经略讨伐，无所不利。

《象辞》说，"利用侵伐"，征讨不肯顺服者。

上六 鸣谦，利用行师，征邑国。

《象》曰："鸣谦"，志未得也。可用行师，征邑国也。

像六二一样，上六也说"鸣谦"。本爻是谦卦的极点，这时谦虚之名已远播，引起了四方共鸣。在这种情势下用兵作战，声讨那些不肯顺服的邑国是很有利的。这些邑国不服，是因为把谦虚当成了软弱。

《象辞》指出，谦虚获得共鸣，并不意味着志向已实现，因此还会有出兵征战、讨伐邑国的行动。

【译文】

上六 谦虚获得共鸣，利用声望出兵，讨伐不肯顺服的邑国。

《象辞》说，"鸣谦"，志向未遂。可以利用声望出兵，讨伐不肯顺服的邑国。

豫卦第十六

 坤下震上

《序卦》说："有大而能谦必豫，故受之以豫。"

豫卦坤下震上，是"顺响而动"之象，象征安逸。

豫卦是谦卦的综卦，谦虚能使别人感觉愉快，也能使自己感觉愉快，因此跟在谦卦之后的是豫卦。"豫"之义近于"愉"或"娱"。本卦被定义为"豫"，是因为卦体有欢乐自在之意：本卦上震为动，下坤为顺，是众人随着锣鼓声翩翩起舞的样子；而一卦之中，主爻九四以一阳贯五阴，像是领舞者。

豫卦主要阐述的是对待安逸的态度问题。它的卦名虽然为"豫"，但爻辞并没有多少安逸感，反倒是不断警示：人生于忧患而死于安逸。卦中初六的"鸣豫"、六三的"盱豫"、上六的"冥豫"所说的都不是生道，六五也只是由于得中才"恒不死"。因此，人不能溺于安逸，否则会陷于危机。

豫　利建侯行师。

"建侯"的直接意思是建立侯国，"行师"的直接意思是行军打仗。"建侯行师"的真正意思，是创建新基业、打出新局面。

【译文】

豫卦　利于建立侯国、行军打仗。

《彖》曰：豫，刚应而志行，顺以动，豫。豫顺以动，故天地如之，而况"建侯行师"乎。天地以顺动，故日月不过而四时不忒。圣人以顺动，则刑罚清而民服。豫之时义大矣哉！

"刚应"就是"应刚"，"刚"指本卦的主爻九四；"刚应而志行"者，是卦中的五个柔爻。"顺以动"是就上下卦的关系而言的：下坤为顺，上震为动。《彖辞》接着说，顺时势而动，连天地都是这样，更何况"建侯行师"呢。天地正因为

顺时势而动，所以日月运行不会产生错误，四季变化不会出现偏差。"忒"就是误差。同样，圣人顺时势管治天下，则刑罚清正而民众悦服。因此豫的现实意义可大了！

【译文】

《彖辞》说，豫，阳刚获得呼应而按想法行动，顺时势而动，就是豫。豫顺时势而动，连天地都是这样的，更何况建立侯国、行军打仗呢。天地顺时势而动，因此日月运行不会出错，四季变化不会有失。圣人顺时势而治理天下，刑罚清正而民众悦服。豫的现实意义大着呢！

《象》曰：雷出地奋，豫。先王以作乐崇德，殷荐之上帝，以配祖考。

豫卦坤下震上，因此，《象辞》说震雷轰动、大地振奋就是豫的卦象。豫是自在和乐的体现，古代的圣王因而效法此卦的精神，创制音乐，歌功颂德，并虔诚地把盛礼进献天帝、配祀先人。"殷"是虔诚，"荐"是进献，"配"是配祀，"祖考"是已故的祖先。

【译文】

《象辞》说，震雷轰动、大地振奋，是豫卦之象。古圣王因而创制出音乐来，以歌功颂德，并把盛礼进献天帝、配祀祖先。

初六　鸣豫，凶。

《象》曰：初六鸣豫，志穷，凶也。

初六以柔履阳，居位不正，本来就是小人之象。它与主爻九四有应，在上能获应援，因此有点忘乎所以。"鸣豫"的意思是对安逸自鸣得意。初六是豫之初，安逸才刚刚开始，便得意地大喊大叫，显然浅薄，以这种方式生活，会很凶险。

《象辞》对初六鸣豫之凶的原因做了分析，认为这是"志穷"所致。"志穷"就是不思进取、耽于逸乐。

【译文】

初六　对安逸自鸣得意，凶险。

《象辞》说，初六对安乐自鸣得意，因为不思进取，凶险啊。

六二　介于石，不终日，贞吉。

《象》曰："不终日，贞吉"，以中正也。

"介"古文写作"砎"，意思是坚硬。"介于石"就是比石头还硬。六二是中正之爻，表示信念坚定，不易受安乐的环境感染。"不终日"就是不整日。"不终日"怎么样？学者们对此有很不一样的看法。笔者认为是不终日沉溺于安逸中。

《象辞》指出六二"不终日，贞吉"，是由于它是中正之爻。

【译文】

六二　比石头还硬，不整日溺于安乐，正道吉利。

《象辞》说，"不终日，贞吉"，是因为它品格中正。

六三　盱豫，悔。迟有悔。

《象》曰：盱豫有悔，位不当也。

"盱"是举眉扬目，"盱豫"是阿谀奉迎取悦于人。六三的这种行为动机不纯，故"有悔"。"有悔"是根据六三的爻位特征做出的判断。它以柔履阳，不中不正，本来就有小人的心性；而近在主爻九四身边，又为它察颜观色创造了条件。清人王引之解释，"有"通"又"；"迟有悔"意思是迟疑不改，悔之又悔。

《象辞》指出六三盱豫有悔，与其居位不中不正有关。

【译文】

六三　媚上取悦，必有悔恨。迟疑不改，悔之又悔。

《象辞》说，媚上取悦，会有悔恨，是因为所处位置不当。

九四　由豫，大有得。勿疑，朋盍簪。

《象》曰："由豫，大有得"，志大行也。

主爻九四在豫卦是安逸的核心，能让人欢乐自在，因而富有感召力，在各方面都有所得。爻辞说对它的成就是不必怀疑的，从它身边友朋云集就可以看得出来。"盍"同"合"；"簪"是束发的用具，此处用作动词，意思是聚集。古人把聚会称为"盍簪"，即出自此。

《象辞》说因安乐而收获巨大，说明九四的志向已广泛实现。

【译文】

九四　因安乐自在，而收获极大。不用怀疑，朋友就云集在其身边。

《象辞》说，"由豫，大有得"，说明志向已广泛实现。

六五　贞疾，恒不死。

《象》曰：六五"贞疾"，乘刚也。"恒不死"，中未亡也。

安逸最易溺人，六五阴柔不正，却在尊位上沉溺于豫，因而情势相当危险，就好比人得了重病。"贞疾"是正道出了问题,"恒不死"是长久不会死亡。

正道为什么会出问题?《象辞》做了解释:是由于六五以柔乘刚,与九四的关系没有理顺。与下有应的卦主九四众望所归,而居于尊位的六五则威权尽丧。为什么得疾又"恒不死"?因为六五是中爻,中和之气毕竟尚未耗尽。在历史上,威权已失却久疾不死之例很多,清朝在其末世苟延残喘便是一例。

【译文】

六五 正道得病,长久不会死亡。

《象辞》说,六五"贞疾",因为以柔凌刚。"恒不死",说明中气尚未耗尽。

上六 冥豫成,有渝无咎。

《象》曰:冥豫在上,何可长也?

上六是豫卦的极上之爻,处于安逸的顶点,是以最热衷于享受,整日通宵达旦地寻欢作乐。"冥"是昏暗,"冥豫成"意思是通宵作乐的局面形成。这样下去难免会陷于危机,因此爻辞说有所改变,才不会出现问题。"渝"就是改变;上六处于豫之极,故有变之义。爻辞的意思是,冥豫虽成,有渝仍善。

《象辞》指出,因为位于终极之位,"冥豫"的局面哪里还能长久呢?

【译文】

上六 通宵达旦作乐的局面形成,有改变才没有灾殃。

《象辞》说,在终极之地通宵作乐,哪里能长久呢?

随卦第十七

 震下兑上

《序卦》说："豫必有随，故受之以随。"

随卦震下兑上，是"湖震波随"之象，象征追随。

能让人感到自在，就会有很多人追随你，这是随卦排在豫卦后面的道理。

本卦以随为义，可从多个角度观察。从上下关系看，本卦表示湖泊深处有震，水波就会随震而动；从内外关系看，本卦内动外悦，表示追随出于心甘情愿。从人伦关系看，震是长男，兑是少女，长男为少女所吸引，因而有追随的行动。有人认为，此卦被定名为随，与归妹卦有关。归妹意为嫁女，女嫁随郎，故雷泽归妹卦上下易体，便成了泽雷随卦。

相随之道，以阳为主，以阴为从。随卦六爻，三阳三阴，因比而相随，即六二随初九，六三随九四，上六随九五，主从关系很清楚。爻辞论随，讲的是随人之义；《彖辞》与《象辞》论随，讲的却是随时之义。无论如何，卦中表达了它在"相随"问题上的准则，这就是，无论是人伦关系中的上随下下随上、己随人人随己，还是日常生活中的朝作晚息、遇事随时，都应不违正道，诚心向善。

随　元亨，利贞，无咎。

无论何种类型的追随，都是人发自内心的自觉行动，追随者与被追随者的关系是自然、和合、融洽的，因此随卦是上吉之卦，元亨利贞俱备。

【译文】

随卦　大为亨通，利于正固，没有灾殃。

《彖》曰：随，刚来而下柔，动而说，随。大亨贞，无咎，而天下随时。随时之义大矣哉！

"刚来而下柔"，说的是上下卦的关系。《周易正义》说："刚谓震也，柔谓兑

也。""刚来"指震动，"下柔"是说阳卦震处在阴卦兑的下面。"动而说"，"说"同"悦"，是通假字。内震为动，外兑为悦，说明追随是心甘情愿的。在"大亨贞，无咎"的背景下，天下随时而动。民众因势而随，逐时而用，是一件意义很大的事情，因此说"随时之义大矣哉"。

【译文】

《彖辞》说，随卦，指阳刚到来而居于阴柔的下方，动而喜悦的相依相随之象。大为亨通，利于正固，没有祸害，于是天下民众随时而动。随时的意义大着呢！

《象》曰：泽中有雷，随。君子以向晦入宴息。

本卦上兑为泽，下震为雷，因此说"泽中有雷"是随卦之象。"晦"指夜晚，"宴"指安静。"向晦入宴息"是说在入夜后进入安静休息的状态。这是对《彖辞》提出的随时之义的发挥。另有一种说法，在《文王八卦》（后天八卦）中，震代表东方，是太阳升起的方位；兑代表西方，是太阳下山的方位。随卦震下兑上，暗示君子每天都要按时间节奏生活，白天勤奋工作，晚上回家休息。

【译文】

《象辞》说，泽中有雷，是随卦之象。君子因而在入夜时安静休息。

初九　官有渝，贞吉，出门交有功。

《象》曰："官有渝"，从正，吉也；"出门交有功"，不失也。

初九是下震之主，震德为动，动就意味着发生变化，故爻辞说"官有渝"。"官"表示初九是主爻，"渝"是变化。初九以刚履阳，是当位之象，表明其变化是合道有理的，因此爻辞说"贞吉，出门交有功"。"出门交有功"意思是到外面结交有好的效果。

《象辞》指出，"官有渝"是为了遵从正道，故吉祥；而"出门交有功"，是因为所随不失公心。

【译文】

初九　官事有变化，守正吉祥，到外面结交会有好的效果。

《象辞》说，"官有渝"，遵从正道，故吉祥；"出门交有功"，因为所随不失公心。

六二　系小子，失丈夫。

《象》曰："系小子"，弗兼与也。

六二是阴爻，与它有关系的阳爻有两个：一个是居于下位的初九，被称作"小子"；一个是与它有应的九五，被称作"丈夫"。按应爻理论，六二的追随对象应为九五；可是它弃有应而从不正，把近在身边的初九当成了追随对象。心系"小子"的代价是失去了"丈夫"。

《象辞》指出，六二既然倾心于"小子"，就不可能两头兼顾，失去"丈夫"是合乎逻辑的。这是告诫人们，随人应正当并专一。

【译文】

六二　心系小子，失去丈夫。

《象辞》说，"系小子"，不能两头兼顾。

六三　系丈夫，失小子。随有求得，利居贞。

《象》曰："系丈夫"，志舍下也。

此爻所说的"小子"依旧是初九，"丈夫"却变成了九四。六三与上六无应，与初九又隔着个六二，只好把心思放在近比的九四身上。就像一个女子，迷上了身边的壮汉，便冷落了远隔的少年。九四居朝臣之位，是有根基的"成功人士"，能满足六三各方面的需求；不像初出茅庐的初九，什么能耐都没有。爻辞认为六三因上随九四而下失初九值得，利于安居守正。"随有求得"，意思是有求必应。

取舍与志向有关，《象辞》说六三心系"丈夫"，是随上舍下、弃卑从高的表现。

【译文】

六三　心系丈夫，失去小子。随有求而得，利于安居守正。

《象辞》说，"系丈夫"，意味着随上舍下。

九四　随有获，贞凶。有孚在，道以明，何咎？

《象》曰："随有获"，其义凶也。"有孚在道"，明功也。

"随有获"指六三对九四的成功追随，这本是好事，却也产生了问题——九四接纳六三，侵害了九五的利益。九五作为主爻，理应众阴来随，然而九四在近君之位阻隔了阴爻的来归之路，有"震主"之嫌，故爻辞说"贞凶"。九四是失位之象，与初九亦无应，故爻辞不怎么好。不过在本卦中，六二随初九、上六随九五，均以阴凌阳，随而无孚；唯有六三随九四是以柔承刚，随而有孚。因此爻辞说："有孚在，道以明，何咎？"

《象辞》指出，九四获六三追随，其义凶险，并不是什么好事。不过如果能著信于道，也可彰显功德。《象辞》把爻辞读成"有孚在道，以明何咎"，句读有误。

【译文】

九四　获人追随，正道凶险。有诚信存在，道得以彰显，会有什么灾殃呢？

《象辞》说，"随有获"，道理上凶险。"有孚在道"，能彰显功德。

九五　孚于嘉，吉。

《象》曰:"孚于嘉，吉"，位正中也。

九五是本卦的主爻，它以阳居尊，得正中实，是"孚于嘉"——忠诚于美善——之象。能忠诚于美善，哪会不吉利呢？

《象辞》认为爻辞这么说，是由于九五所处的位置正当合度，不偏不倚。

【译文】

九五　忠诚于美善，吉祥。

《象辞》说，"孚于嘉，吉"，是因为九五是中正之象。

上六　拘系之，乃从，维之。王用亨于西山。

《象》曰:"拘系之"，上穷也。

上六已处追随之极，与下敌应，向上无路，不得已只好接受本为其所凌的九五。它对九五其实不是追随，而是不得已而服从。"拘系之，乃从，维之"既说明了九五的强制，也反映了上六的就范；"维"是用绳子捆绑。本卦上卦为兑，而在《文王八卦》（后天八卦）中兑代表西方，故爻辞说"王用亨于西山"。"王"在爻象上指九五，实际上隐喻周王；"亨"通"享"，即祭祀；"西山"是位于周都城附近的岐山。周王在西山祭祀，大概是想让神祇知道，他出师讨伐不肯归服者，是为了促成天下随周的局面。

《象辞》指出，上六被拘系，是因为上面已没有出路。

【译文】

上六　把它绑住，只好乖乖就范。周文王在西山祭祀。

《象辞》说，"拘系之"，因为往上已无路可走。

蛊卦第十八

 巽下艮上

《序卦》说："以喜随人者，必有事，故受之以蛊。蛊者，事也。"

蛊卦巽下艮上，是"气流不通"之象，象征积弊。

蛊卦是随卦的综卦，卦象彼此颠倒。随人过分，就易于同流合污，导致腐败敝乱局面的产生，这是蛊卦跟在随卦之后的道理。"蛊"是个会意字，表示器皿中有食物生蛆。其卦象表示气流为山所阻，空气不流通，食物自然就易腐烂。从人伦的角度观察，巽为长女，艮是少男，长女诱惑少男，也是蛊象，《左传》把它称为"女惑男，风落山"。

蛊的形式多种多样，食物腐烂生蛆是蛊，人体碍滞得病是蛊，社会政治混乱也是蛊。出现蛊象就必须整治，因此本卦虽以蛊为名，中心内容却是治蛊。经传所述，主要是除弊起衰、振民育德的道理。

蛊　元亨，利涉大川。先甲三日，后甲三日。

"元亨"所说的不是有蛊的局面，而是治蛊的结果。卦辞说"利涉大川"，是想鼓励治蛊者在有为之时不畏险阻。"先甲三日，后甲三日"，是说治蛊所需的时间。甲是天干之始，因此被用作转化弊乱的标志。"先甲三日"是甲日前三天，即辛、壬、癸；"后甲三日"是甲日后三天，即乙、丙、丁。弃弊换新的过程，就在这个时间段内完成。

【译文】

蛊卦　大为亨通，利于渡过大河。时间从甲日前三天开始，到甲日后三天结束。

《彖》曰：蛊，**刚上而柔下，巽而止，蛊。蛊，元亨，而天下治也。"利涉大川"，往有事也。"先甲三日，后甲三日"，终则有始，天行也。**

"刚上而柔下"，是说上艮刚健为阳、下巽柔和为阴。因为阳气清而上升、阴气

浊而下凝，所以蛊卦上下体之间没有交感。"巽而止"是说风遇到了不动的山，空气流通不了，腐败就产生了，因此卦名为"蛊"。蛊并非好局面，卦辞却不错，这是为什么呢？因为有蛊必治，而经过整治，局面就会焕然一新。这就是"元亨，而天下治也"的依据所在。《彖辞》认为"利涉大川"意味着"往有事也"，暗示治蛊虽然能实现目标，但是过程将比较曲折。《彖辞》还说，无论如何，经过特定时间的整治，旧局面结束，新局面将开始，天道就是这样运行的。

【译文】

《彖辞》说，蛊卦，指阳刚之气向上，阴柔之气向下，巽风而艮止，因而成蛊。治蛊，大为亨通，天下大治。"利涉大川"，是说往前会有事情发生。"先甲三日，后甲三日"，反映出旧局面的结束便是新局面的开始，天道就是这样运行的。

《象》曰：山下有风，蛊。君子以振民育德。

本卦上艮为山，下巽为风，因此说山下有风是蛊卦之象。君子看到这个卦象，就明白了振奋民众、培育道德的道理。《象辞》这么说，是因为腐败的局面不可能自动消失，君子必须积极作为。

【译文】

《象辞》说，山下面有风，就是蛊卦之象。君子因而振奋民众，培育道德。

初六　干父之蛊，有子，考无咎，厉，终吉。
《象》曰："干父之蛊"，意承考也。

初六是蛊卦的初爻，表示腐败开始。蛊之为灾，非朝夕可成，必有一个日积月累的过程。蛊卦假定腐败局面是前辈遗留下的，所以几乎每爻都提到父母之蛊。"干"是干预的"干"，意思是整顿、治理。初六蛊不深，事易济，因此爻辞说"有子"。"有子"意思是后代能干、治蛊有效。而有能干的儿子处理局面，必定能清除腐败、重振家声。"考"是指亡父。而家庭虽然遭遇危险，最终还是吉祥的。初六以柔履阳，不仅不当位，而且与六四无应，故说"厉"；但能以阴承阳，与九二的关系顺当，因而"终吉"。

子干父之蛊，行为主体虽然不同，但整治的想法一脉相承，因此《象辞》说"意承考也"。"意承考"就是继承父辈的遗志。

【译文】

初六　整治父亲遗留下的蛊象，儿子能干，亡父获安，危险，但最终还是吉祥的。
《象辞》说，"干父之蛊"，继承父辈的遗志。

九二　干母之蛊，不可贞。

《象》曰：“干母之蛊”，得中道也。

九二刚中，上应六五，因此在本卦中被看成能干的儿子为母亲收拾蛊局之象。九二以刚履阴，六五以柔处阳，均不当位，表示治蛊存在着正当性的问题。问题出在什么地方？出在母之蛊事涉内戚，治蛊本来不是外甥的责任。九二如果用力过猛，就会伤亲；如果用力过轻，就会伤义。

那应该怎么办呢？只能是秉持公心，奉行中庸之道。《象辞》所说的“得中道”，是就六五与九二均为中爻而言的。

【译文】

九二　整治母亲遗留下的蛊象，未能师出有名。

《象辞》说，“干母之蛊”，奉行中庸之道。

九三　干父之蛊，小有悔，无大咎。

《象》曰：“干父之蛊”，终无咎也。

九三以刚履阳，过于刚强；又偏离了中位，做事不很注意分寸；加上与上六有应，执行力很强，干事风风火火。以这样的风格来整治父亲遗留下的蛊局，难免有闪失。不过它居位正当，又处在下巽里头，表明治蛊动机纯正，而且怀有孝心，因此爻辞说它“小有悔，无大咎”。

《象辞》也说九三“终无咎”，这是对爻辞“无大咎”的引申。

【译文】

九三　整治父亲遗留下的蛊象，有一点悔恨，没有大的咎害。

《象辞》说，“干父之蛊”，终究没有咎害。

六四　裕父之蛊，往见吝。

《象》曰：“裕父之蛊”，往未得也。

“裕”是宽容、姑息的意思。六四以柔履阴，材质柔弱，难于担当，加上以阴凌阳，对事情的看法与九三相左，因此对父亲遗留下的蛊局采取了容忍的态度，不愿刨根问底、彻底整顿。有蛊不治，局面自然会越来越糟，因此爻辞说“往见吝”。“吝”通“遴”，指行路难。

《象辞》也说裕父之蛊，发展下去没有好结果。

【译文】

六四　容忍父亲遗留下的蛊象，长此以往，会很糟糕。

《象辞》说，"裕父之蛊"，发展下去没有好结果。

六五　干父之蛊，用誉。

《象》曰："干父之蛊"，承以德也。

六五是得中的柔爻，它居一卦的至尊之位，且下与九二有应，材质极好，在治理父亲遗留下的蛊局时，既能刚柔相济，又能秉持中道，因此赢得了声望。这种情形，历史上不乏其例。比如殷代的太甲、周朝的成王虽是弱主，却能在伊尹、周公的辅佐下整治弊政，从而有明君之誉。

《象辞》认为整治父亲遗留下的蛊象，是为了继承先辈的美德。

【译文】

六五　整治父亲遗留下的蛊象，赢得美誉。

《象辞》说，"干父之蛊"，是为了继承先辈的美德。

上九　不事王侯，高尚其事。

《象》曰："不事王侯"，志可则也。

对蛊局的整治至六五已臻圆满，故上九不再言蛊。高风亮节之士，在危难局面结束后，往往功成身退，辞荣谢宠，不再与闻国事。上九位处边远而无应于内，是超然物外的无位逸民的象征，故爻辞说它"不事王侯，高尚其事"。古代那些襟怀淡泊、清介自守的人，知止有道、功成身退的人，不理世务、独善其身的人，均属此类。

《象辞》认为"不事王侯"是高洁的品行，不为官家效命，专心自修，值得效仿，这种抱负可以成为处世的准则。

【译文】

上九　不事奉王公侯爵，处世高尚。

《象辞》说，"不事王侯"，这种抱负可以成为准则。

临卦第十九

 **兑下坤上**

《序卦》说："有事而后可大，故受之以临。临者，大也。"

临卦兑下坤上，是"临岸察远"之象，象征临御。

临卦是一个"领袖卦"，"临"字的本义，是由上往下看。卦象表示泽上有高地，仿佛有一位大人物站在上头，威风凛凛地雄视远方。《序卦》说"大也"，便是指此。

临卦阐述了临御的义旨。爻辞讲的是不同形式的统治术，目的是要采用适当的方式与手段来发挥领导者的力量，实现对国家、社会或组织的有效管理。临卦强调阳临阴、刚临柔、上临下，侧重于揭示上统治下、尊统治卑、君主统治臣民的道理。卦辞以大为亨通、利于守正来赞美临御之道，又以"至于八月有凶"为喻，发盛极必衰之诫，目的是使统治者预防盈满，以长久临众。

临卦二阳息阴，在"十二消息卦"中代表夏历（农历）十二月、周历二月。

临 元亨，利贞。至于八月有凶。

临卦以二阳息阴，阳气越来越盛，而且刚中的九二与柔中的六五阴阳相应，因此是吉卦。卦辞中有"元亨利贞"，四德俱备。不过，时令是会发展变化的，八个月之后，便是以观卦为代表的夏历八月（周历十月）了。观卦四阴消阳，在"十二消息卦"中恰恰是二阳息阴的临卦的反面，因此说"至于八月有凶"。《周易》以阳为君子，阴为小人，认为以阴消阳是凶事。

【译文】

临卦 大为亨通，利于正固。过八个月有凶祸。

《彖》曰：临，刚浸而长，说而顺。刚中而应，大亨以正，天之道也。至于八月有凶，消不久也。

《彖辞》说"刚浸而长，说而顺"就是临卦。"刚浸而长"是指临卦二阳息阴，在"一阳来复"的基础上增加了一个阳爻，因为这个时候是夏历（农历）十二月、周历二月，所以阳气还会继续增强，最终到夏天完全逼退阴气。"浸"是逐渐的意思。"说而顺"，"说"就是"悦"，指下兑，兑德为悦；"顺"指上坤，坤德为顺。"刚中而应"，是说居于下卦中位的九二与居于上卦中位的六五阴阳相应。"大亨以正"是卦辞"元亨利贞"的另外一种表达。"天之道"就是君临之道。《彖辞》还解释说，"八月有凶"，是说阴消阳的过程不会太久，因为时令在不断循环。在"十二消息卦"中，阳去阴来称"消"，阴去阳来称"息"。

【译文】

《彖辞》说，临，指阳刚之气逐渐增长，喜悦而和顺。阳爻居于中位而有呼应，大为亨通而正固，这是天的法则。说到八月有凶祸，阴气消阳的过程也不会维持很久。

《象》曰：泽上有地，临。君子以教思无穷，容保民无疆。

下兑是泽，上坤是地，地泽结合，就是临卦之象。《象辞》不说"地下有泽"而说"泽上有地"，是在强调以上临下之义。君子看到这个卦象就悟出了这个道理：应当通过无穷的教导启发，来达到无尽地包容、保护民众的目的。为什么会悟出这个道理？因为兑泽渊深无穷，坤地博大无疆。

【译文】

《象辞》说，湖泊上面有地，就是临卦。君子因而通过无尽的教导启发，来无止境地包容、保护民众。

初九　咸临，贞吉。

《象》曰："咸临，贞吉"，志行正也。

"咸"读为"感"，"咸临"是有感而临，成为能与百姓沟通的领导者。所谓有感，是指初九与六四是应爻。初九以刚履阳，为得正之象，上又与以柔履阴的六四有应，爻性的确不错，因此断占结论是正固吉祥。

《象辞》从初九的爻位得出了其"志行正"的结论，"志行正"是说它思想、行为都合乎社会的要求，从而受群众拥护。

【译文】

初九　有感而临，贞正吉祥。

《象辞》说，"咸临，贞吉"，其思想、行为都很端正。

九二　咸临，吉无不利。

《象》曰："咸临，吉无不利"，未顺命也。

九二是居下卦中位的阳爻，而且与阴爻六五相应，因此爻辞也说"咸临"——受到感召而临御，断占结果也同样吉祥。初九之吉，得自于得位正；九二之吉，则得自于刚中。刚得势必上进，获吉则无不利。按照"十二消息卦"的变化规律，"刚浸而长"的趋势还会继续，阳气息阴发展下去，必将出现"三阳开泰"的局面。

从爻象来看，九二上为四阴所凌，位置比较尴尬，可是为什么爻辞却断定它"吉无不利"呢？《象辞》给出的解释是"未顺命也"。"未顺命"意思是九二没有顺其自然。

【译文】

九二　有感而临，吉祥而无所不利。

《象辞》说，"咸临，吉无不利"，因为听从感召而没有顺其自然。

六三　甘临，无攸利。既忧之，无咎。

《象》曰："甘临"，位不当也。"既忧之"，咎不长也。

与初九、九二的"咸临"不一样，六三之临是"甘临"。所谓甘，就是以甜言蜜语笼络民心。这样的领导，往往精于口舌而拙于行动。这样做自然没有任何好处。这是就六三的性格特点而得出的结论。六三位于下兑的上位，兑德为悦，故善用甘说悦人。但六三性质柔弱，不中不正，下凌二阳，上与上六无应，问题很多。尽管如此，爻辞认为，六三如果能有所觉悟的话，还是没有什么问题的。这是勉人迁善之语。

《象辞》指出，六三"甘临"的原因在"位不当也"。六三位不当，既包括以柔履阳、不中不正，也包括下凌二阳、与上无应。它懂得"忧"与否，是咎"长"与"不长"的前提。

【译文】

六三　以甜言蜜语来临御，没有任何好处。既已懂得忧虑，就没有祸害了。

《象辞》说，"甘临"，是由于居位不正当。"既忧之"，祸害就不长久了。

六四　至临，无咎。

《象》曰："至临，无咎"，位当也。

所谓"至临"，就是尽心而临。"至"是到、极的意思。至临是临御的最优姿态与最高境界，"无咎"并不奇怪。

六四为什么能做得这么好？《象辞》做了解释："位当也。""位当"有两层含意：一是指它近君而能以柔履阴，二是指它与下方的初九阴阳相应。这意味着六四懂得守正用贤。历史上那些为了国家的事业而鞠躬尽瘁的贤达，便是这样的人物。

【译文】

六四　尽心临御，没有祸害。

《象辞》说，"至临，无咎"，因为居位正当。

六五　知临，大君之宜，吉。

《象》曰："大君之宜"，行中之谓也。

"知"同智。《中庸》所说的"惟天下至圣，为能聪明睿知，足以有临也"便是"知临"的境界。六五居至尊之位，代表中顺之君。作为柔中之爻，它与下方的刚中之爻九二阴阳相应，表示临事能不自用而任人，敢于放手，把任务交给那些能为其效劳的贤能来完成。因为以国家之大，若事事都亲力亲为，必应接不暇。这样一种巧妙的临御方式，便是"大君之宜"。

《象辞》说"大君之宜"与"行中"是同义词。为什么这样说呢？因为任人的六五与被任的九二都在中位，双方都能践行中庸之道。

【译文】

六五　以智临御，伟大的君王合当如此，吉祥。

《象辞》说，"大君之宜"，是践行中道的说法。

上六　敦临，吉无咎。

《象》曰：敦临之吉，志在内也。

上六处于临卦上位，居高临下，达到了临御的极致，通常物极必反，并不吉祥，但在这一卦中却被认为"吉无咎"，这是为什么呢？原因在一个"敦"字。"敦"便是敦厚。上六是坤卦中的阴爻，性格本来就柔顺，加上以柔履阴，极懂用柔之道。因此尽管身居高位，却能敦厚待人。这种姿态是很了不起的，故爻辞给予高度肯定。刘备的本事，在群星璀璨的三国时代并不突出，却靠敦厚待人的姿态聚集了大批贤能，最终打出了一片江山。

《象辞》特别指出，敦厚处事之吉，来自"志在内"。"志在内"，是指重视内卦中的初九、九二两个刚爻，因为它们代表着阳气的发展。

【译文】

上六　敦厚地临御，吉祥而没有祸害。

《象辞》说，敦厚处事的吉祥，反映了志趣在内。

观卦第二十

 **坤下巽上**

《序卦》说："物大然后可观，故受之以观。"

观卦坤下巽上，是"风行地上"之象，象征视察。

观卦阐释的是观察之道。人如果像风行于地一般巡视各地，那是什么都能看得到的，故卦名为观。观是双向的，或由下观上，或由上观下。本卦二阳在上，四阴在下。四阴自下观上，瞻仰二阳的威仪；二阳则自上观下，视察四阴的各种状况。两种形式的观各有其用，不过本卦主要强调自上观下。《彖辞》说"大观在上，顺而巽，中正以观天下"，《象辞》也说"先王以省方，观民设教"。

本卦的主爻九五是中正之爻，它高居尊位，下拥万民，但爻辞不言吉，只是说"无咎"，这是为什么呢？因为观卦四阴消阳，阴逼阳退的局面还在持续，九五已岌岌可危。阴气若再发展下去，此卦便会变成一阳独存的剥卦。危机不除，何敢言吉？

观卦四阴消阳，在"十二消息卦"中代表夏历（农历）八月、周历十月。观卦是临卦的覆卦，正是临卦所说的"八月之卦"。

观　盥而不荐，有孚颙若。

"盥"是在祭祀前洗手；"荐"是敬献祭品。"孚"在这里指虔诚；"颙"意为肃敬；"若"是虚词，相当于"然"；"颙若"就是庄严肃敬的样子。卦辞的意思是，祭祀才刚刚开始，最隆重的时刻还没有来到，气氛就已经相当庄严了。本卦讨论祭祀问题，有两个原因：一是观卦四阴二阳，卦形很像一座用于祭拜天地祖先的宗庙；二是礼之可观者，莫盛于祭祀。

【译文】

观卦　还未献祭就洗手，真是虔诚而肃敬啊。

《彖》曰：大观在上，顺而巽，中正以观天下，观。"盥而不荐，有孚颙若"，下观而化也。观天之神道，而四时不忒。圣人以神道设教，而天下服矣。

"大观"指居于卦体上方的阳爻九五，象征雄视天下的圣王。"顺而巽"等于说"顺而逊"，指下坤与上巽的关系：坤为顺，巽为逊。"中正"是说主爻九五居于上卦的中位，而且以刚履阳，因为德性上佳，所以有资格居高临下、视察万邦。《彖辞》还说，卦辞"盥而不荐，有孚颙若"说的是来自上方的视察使民众受到了感化。圣人为何具有这等威望呢？因为他能够观察天上的神道，而使四季的时序不出现误差。"四时不忒"在豫卦的《彖辞》中也出现过，"忒"意为误差。圣人用神道来建立教化体系，使天下的民众感服不已。

【译文】

《彖辞》说，宏大的视察来自上方，柔顺而谦虚，居中守正以视察天下，这就是观卦。"盥而不荐，有孚颙若"说的是通过视察感化民众。观察天上的神灵之道，从而使一年四季的时序不出偏差。圣人按神灵之道来建立教化体系，天下民众真是感服不已啊！

《象》曰：风行地上，观。先王以省方，观民设教。

上巽为风，下坤为地，因此"风行地上"是观卦的卦象。古代的圣王正是效法此卦的精神，去巡视各地、体察民情风俗，从而建立起教化体系的。"省"意为巡视；"方"是方国，即诸侯国；先王相当于《彖辞》所说的圣人，是古代的圣王。

【译文】

《象辞》说，风运行于地上，就是观卦之象。古代的圣王巡视各地，体察民情风俗，建立教化体系。

初六　童观，小人无咎，君子吝。

《象》曰：初六，童观，小人道也。

初六是观卦的初爻，居一卦的最低之位，所以爻辞以"童观"为喻。儿童幼稚，眼光不免浅近。小人为眼界所囿，也像儿童一般，会看不到居于尊位的九五的圣明。不过下愚者不会有人与其较真，故无咎。承负着重大政治责任的君子就不同了，如果他也像小人这样眼光浅近，就有问题了。

《象辞》指出，初六的童观，体现的是小人之道。意思是说不必较真。

【译文】

初六　童蒙之观，小人没有灾殃，君子会有麻烦。

《象辞》说，初六，童蒙之观，是小人所用的方式。

六二　窥观，利女贞。

《象》曰：窥观，女贞，亦可丑也。

六二是下坤的核心之爻，柔中得正，且与九五有应，因此爻辞说"女贞"。"窥"也写作"阚"，意思是偷看。其实这两个字古义有一点小差别：窥是从洞中看，阚是从门缝看。古代的女子足不出户，又害羞，对来人好奇，又不敢大大方方地出来相见，只能窥观。这样做有点偷偷摸摸，却合乎"妇道"，因此利于女了守贞。

不过《象辞》认为，窥观虽然利于女子守贞，但是这样做说到底还是不怎么得体的。潜台词是，堂堂正正的男子，不应像女子那样扭扭捏捏地看人。

【译文】

六二　偷窥，利于女子之贞。

《象辞》说，偷窥，女子贞洁，不过令人羞愧。

六三　观我生，进退。

《象》曰："观我生，进退"，未失道也。

"观我生"的意思，是察看自己的人生状况。为什么要这样做？因为要确定进退之策。六三居于下卦之上、上卦之下，这是一个进退之地。人在这个位置上如何行动，取决于对人生过程的回顾总结。有人认为六三说的是审视内政的问题。

《象辞》说"观我生，进退"并没有"失道"。作者之所以这么辩说，是因为六三以柔履阳，本来是失正之象，但坤德为顺，处顺之极的它能在极顺之时回顾过去，随宜进退，这样做并没有违背人生的准则。

【译文】

六三　观察自己的人生，决定进退。

《象辞》说，"观我生，进退"，没有违背人生准则。

六四　观国之光，利用宾于王。

《象》曰："观国之光"，尚宾也。

"国之光"，指九五，因为九五刚中得正，雄居君位，是本卦的至尊之爻。观莫明于近，六四距圣君九五最近，"观国之光"最明，不仅能看得到君德之美，而且能见得着国仪之盛。"观光"一词，语源便出于此。有明君在上，怀才抱德之士自然愿意仕进朝廷、匡济天下，因此这是最有利于当君王宾客的时候。"宾于王"，就是"仕于朝"。有人认为六四说的是审视外交的问题。

《象辞》说的"尚宾"，意思是尊重贤人。古代的才德之士入朝，天子需待以宾客之礼，故贤人称"宾"。接待之礼，便是"待遇"。

【译文】

六四　观瞻国家的显赫，有利于当君王的宾客。

《象辞》说，"观国之光"，说明尊重宾客。

九五　观我生，君子无咎。

《象》曰："观我生"，观民也。

主爻九五刚中至正，居至尊之位，下有代表民众的四个阴爻对其仰而观之，因此是君王之象。爻辞说"观我生"，指的是君王的自我察看，自我认识，自我反思，自我审视；因为国家的治乱、民生的好坏均与君王施政的得失息息相关。"君子无咎"，意思是能存君子之道，便可阻小人之进。

因为君王通过观察民生便可以知道自己施政的得失，所以《象辞》认为，"观民"等于"观我生"。

【译文】

九五　观察自己的人生，君子没有灾殃。

《象辞》说，"观我生"，等于视察民众。

上九　观其生，君子无咎。

《象》曰："观其生"，志未平也。

上九是不当位的阳爻，又处于观卦的极上，代表超然于世外的高人隐士。他们必定是贤者，因此爻辞称他们为"君子"。他们既然在政治体制中没有位置，便只能以局外人的身份冷观时世。"观其生"的"其"，是指处于执政地位的九五。君子只是冷观王者治道，对时政并未加以干预，因而无咎。

《象辞》说"志未平"，是因为君子虽隐于山野，但正所谓"处江湖之远，则忧其君"，用世之心多少还是有的。

【译文】

上九　观察他的人生，君子没有灾殃。

《象辞》说，"观其生"，心志未能平息。

噬嗑卦第二十一

 **震下离上**

《序卦》说："可观而后有所合，故受之以噬嗑。嗑者，合也。"

噬嗑卦震下离上，是"雷威电明"之象，象征治狱。

《周易》有两个卦与官司有关。一个是"民事卦"讼卦，一个是"刑事卦"，噬嗑卦。从卦名来看，噬是咀嚼，嗑是合着嘴巴，噬嗑就是将嘴里的食物咬碎咬烂。噬嗑卦的卦形与颐卦很相似，颐卦像一张布满牙齿的嘴，噬嗑卦则在嘴中咬了一块硬物，表示惩处罪犯。从卦体来看，噬嗑卦上卦为离，下卦为震，雷电合章，威明相兼，象征案情的审判者以雷霆万钧之势、明察秋毫之心来断狱用刑。从卦形来看，本卦初九、九四、上九三个阳爻分别代表脚枷、手枷、颈枷，是对负有重罪的犯人用狱之象。初爻"屦校灭趾"、上爻"何校灭耳"，也都是以脚枷、颈枷为喻象。有一些易学家认为，本卦首尾两爻初九与上九是受刑之象，中间的四爻六二、六三、九四、六五是用刑之象。

本卦以噬嗑为喻阐述刑罚要义，认为法治是社会安定的保障，为了保护良善、维持社会秩序，必须以雷霆之威、电火之明来打击罪犯，清除罪恶。

噬嗑 亨，利用狱。

噬嗑卦被定性为"亨"，道理不难理解。严厉地惩治社会中的犯罪分子，就能还民众以安宁公平。用狱之道，在威与明，这两点由上离下震组合成的噬嗑卦全都具备，因此说"利用狱"。

【译文】

噬嗑卦 亨通，有利于断狱用刑。

《彖》曰：颐中有物曰噬嗑，噬嗑而亨。刚柔分，动而明，雷电合而章。柔得中而上行，虽不当位，利用狱也。

噬嗑卦的卦形，就像嘴巴一般的颐卦咬着一块硬物，表示人犯被抓住了。因此

《彖辞》说"颐中有物曰噬嗑"。这块"硬物"便是阳爻九四。"噬嗑而亨"反映的是法治的精神，清除了害群之马，社会就能正常运转，故亨。"刚柔分"，一说指的是下震与上离的关系：震为长男，离为中女；另一说指卦中阳爻与阴爻相间。无论怎样解释，"刚柔分"都意味着明辨，而明辨是察狱之本。"动而明"是说下震与上离的属性，震德为动，离德为明。"雷电合而章"，"雷"指震卦，"电"指离卦，雷震电闪，合而彰显。彰显什么？彰显威势。有威则人不敢不畏，能照则事没有隐情。"柔得中而上行"，"柔得中"是指六二与六五，它们分处下卦与上卦的中位。"上行"说的是爻的运动方向。"不当位"指的是作为治狱者的六五，它以柔履阳。为什么不当位也能"利用狱"？因为六五居位尊贵，且是得中之爻。在吉的层面上，"中"高于"正"。"利用狱"，意思是有利于治狱。

【译文】

《彖辞》说，颐卦口中有物就是噬嗑卦，噬嗑就亨通了。阳刚与阴柔相分别，震动而光明，雷鸣电闪配合而彰显威势。柔爻得中而向上运行，虽然不当位，亦利于治狱。

《象》曰：雷电噬嗑，先王以明罚敕法。

"雷电"分别指下震与上离，噬嗑卦就是由它们组合而成的。雷威而电明，古代的圣王从噬嗑卦的这一卦象中获得启发，从而申明刑罚、颁布法律。敕在古代是自上告下之词，意思是颁布。

【译文】

《象辞》说，雷鸣电闪就是噬嗑卦之象。古代的圣王因而申明刑罚，颁布法律。

初九　屦校灭趾，无咎。

《象》曰："屦校灭趾"，不行也。

初九代表罪犯。它的地位最低，在本卦中相当于狱案的开始。因罪犯系初犯，性质不是很严重，故受罚也轻。"屦"是鞋子，在这里用为动词，意思是套着；"校"是木制的枷。"屦校灭趾"意思是脚上被套了木枷，而木枷遮住了脚趾头。受了罚为什么还说"无咎"？因为罪犯犯罪后受到惩罚，迷途知返，能止恶于初，也是一件幸事，比不知悔改而衍成大恶者要好得多。

《象辞》说"不行也"，表面的意思是走不动了，深层次的意思是罪不再犯。从爻位来看，"不行"的原因，和初九与九四无应有关。

【译文】

初九　套着木枷，遮没了脚趾，不算是灾殃。

《象辞》说，"屦校灭趾"，不继续行进了。

六二　噬肤灭鼻，无咎。

《象》曰："噬肤灭鼻"，乘刚也。

六二是治狱者。它嫉恶如仇，痛恨罪犯，下手很重，爻辞以"噬肤灭鼻"为喻。"噬肤灭鼻"是说在噬咬肌肤时把人家的鼻子也毁了。有学者把此语理解为吃肉遮住了鼻子，可能未得其实。六二是中正之爻，出发点是要惩治犯罪，治狱是公平的，因此纵使施刑过重也无咎。

《象辞》解释说："噬肤灭鼻"，是由于六二乘刚，这是根据爻位关系而作的判断，但真正的意思是说六二要压制不肯认罪的犯人。

【译文】

六二　噬咬肌肤，毁了鼻子，没有灾殃。

《象辞》说，"噬肤灭鼻"，是为了压制强横。

六三　噬腊肉，遇毒，小吝，无咎。

《象》曰："遇毒"，位不当也。

六三也是治狱者。它在治狱时遇到了一点麻烦，爻辞以"噬腊肉，遇毒"为喻。腊肉是被风干了的肉，本来就不易入口，噬之遇毒，问题更大。这是暗示六三所面对的罪犯不好对付。六三是不在中位的柔爻，性格本来就优柔寡断，加上自处不当，因此治狱能力有限，结果噬腊未成，反伤于身。不过这是治狱过程所遭遇的小挫折，与作奸犯科无涉，因此还不至于产生大的问题。

《象辞》说，"遇毒"的问题出在六三"位不当"上，也就是说它以柔履阳。

【译文】

六三　噬咬腊肉，中毒，出了小问题，没有灾殃。

《象辞》说，"遇毒"，是由于居位不当。

九四　噬干胏，得金矢，利艰贞，吉。

《象》曰："利艰贞，吉"，未光也。

九四也是治狱者。《彖传》说"颐中有物曰噬嗑"，九四所要对付的，便是这块硬物——"干胏"。"干胏"是带骨的干肉，比上文所说的腊肉还难啃，更何况里头还遗留有"金矢"，即铜镞。爻辞以"噬干胏，得金矢"为喻，形容九四治狱很艰难。因为卦已过半，罪恶扩大，而施刑惩罪，反抗亦强。但无论如何，九四是阳爻，有刚毅的德性，所以能坚守正道，结局吉利。

《象辞》说，"利艰贞，吉"，因为局面尚处于晦暗中。"未光"意味着"艰贞"的状态还没有结束。

【译文】

九四　噬咬带骨的干肉，触碰到一枚铜镞，利于艰苦守正，吉祥。

《象辞》说，"利艰贞，吉"，还没有看到光明。

六五　噬干肉，得黄金，贞厉，无咎。

《象》曰："贞厉，无咎"，得当也。

六五也是治狱者。它治狱也像"噬干肉"般困难。干肉本来就硬而难啃，肉里头还遗留有猎人遗留的铜器。这是暗示受刑对象死硬，不好对付。六五本为柔体，噬嗑之时，不免"贞厉"。不过虽然正道受到威胁，但是问题最终还是可以解决的，因为六五毕竟是居尊位的中爻。

《象辞》认为六五"贞厉，无咎"，是因为它对犯罪者处置得当。

【译文】

六五　噬咬干肉，触碰到铜器，正道有危险，不过构不成灾殃。

《象辞》说，"贞厉，无咎"，是由于施刑得当。

上九　何校灭耳，凶。

《象》曰："何校灭耳"，聪不明也。

上九也是罪犯。它居于本卦的最上，作为过极而失位的阳爻，代表的正是《系辞》所讲的"恶积而不可掩，罪大而不可解"之人，故受严惩是题中之义。"何校灭耳"是说扛负在颈上的木枷把耳朵遮没了。"何"就是"荷枪实弹"的"荷"，意思是"扛"。这说明罪犯已陷于穷途末路，故为凶象。

《象辞》说"何校灭耳"会导致"聪不明"，即听觉不敏锐。

【译文】

上九：扛着木枷，遮没了耳朵，是凶象。

《象辞》说，"何校灭耳"，听觉不灵了。

贲卦第二十二

 离下艮上

《序卦》说："物不可以苟且而已，故受之以贲。贲者，饰也。"

贲卦离下艮上，是"文明以止"之象，象征文饰。

贲卦是噬嗑卦的覆卦，两个卦卦象颠倒，意义也相反。一个惩恶，一个饰善，交互为用。

贲卦是一个"美化卦"，阐述装饰的道理。"贲"字上卉下贝，分别表示花卉和贝壳，它们都是古人喜爱的饰物。儒家认为，文是质之饰，质是文之本。"质胜文则野，文胜质则史。文质彬彬，然后君子。"文饰之用在于助质，而不在于虚美。说到底，内在素质要重于外在形象。饰极返素、返朴归真，才是华美的最高境界。在"文"与"质"的关系上，上卦偏于文，下卦偏于质。下卦三爻反映文的程度不断提高，爻辞不断提醒不要脱离内质；上卦三爻强调由文返朴，爻辞很注重回归的切当。

贲　亨，小利有攸往。

"亨，小利有攸往"，说明贲卦只是小吉之卦。小吉，是由于"贲"只是一种外在的装饰行为。它虽能美化外观，使人或物光彩亮丽，但其作用是表面与附属的，对实质并没有太大的作用，因此卦辞说只是小利于进。贲卦上卦为艮、下卦为离，也表示明有所止，仅可照近，不能照远。

【译文】

贲卦　亨通，稍助益于出门。

《彖》曰：贲，亨。柔来而文刚，故亨。分刚上而文柔，故"小利有攸往"。刚柔交错，天文也；文明以止，人文也。观乎天文以察时变，观乎人文以化成天下。

《彖辞》说，贲意味着亨通。为什么亨通？因为"柔来而文刚"，即阴文阳。对

这句话的所指，学界分歧很大。有人认为这是说贲卦由泰卦的九二与上六互换而来，有人认为这是说贲卦由损卦的六三与九二交换而来，有人认为这是说贲卦由既济卦的九五与上六交换而来，可能均不得要领。此语应当是说作为"中女"的下离装扮作为"少男"的上艮。因为上刚能被文饰柔化，所以"小利有攸往"。"刚柔交错"就是阴阳交错：太阳、月亮轮流升起，白天、黑夜反复替换，寒暑四时的季节变化，这些都是天文现象。用文明礼貌来美化个人，则是人文现象。"文明以止"的根据，是下卦为离上卦为艮，而离德为明，艮德为止。《象辞》又说，观察天文是为了明白时序变化之理，观察人文是为了明白教化天下之理。

【译文】

《象辞》说，贲卦，亨通。柔爻上来文饰刚爻，所以亨通。能分别刚上而文柔，所以"小利有攸往"。阴阳交替变化，是天文现象；以追求文明为目标，是人文现象。观察天文的目的是明白时序的变化，观察人文的目的是使天下移风易俗。

《象》曰：山下有火，贲。君子以明庶政，无敢折狱。

上艮为山，下离为火，所以"山下有火"是贲卦之象。君子看到这个卦象，就应当效法它，明察民政事物，不要轻率判决狱案。"明庶政"的道理得自下离，离德为明；"无敢折狱"的主张则出自上艮，艮德为止。"庶政"指普通的事务；"折狱"就是判案。

【译文】

《象辞》说，山下面有火，就是贲卦。君子因而明察民政事物，不要轻率判决狱案。

初九　贲其趾，舍车而徒。

《象》曰："舍车而徒"，义弗乘也。

初九是本卦位置最低的一爻，因此爻辞以"趾"为喻，趾就是脚趾头。"贲其趾"就是装饰脚趾。要展示经过美化了的脚趾头，就得"舍车而徒"。初九属于下离的一部分，而离德为明，因此有益于展示文饰的效果。

《象辞》认为"舍车而徒"合乎情理，初九地位低下，本来就不该乘车。

【译文】

初九，装饰脚趾，放弃乘车，下来步行。

《象辞》说，"舍车而徒"，在情理上本不该乘车。

六二　贲其须。

《象》曰："贲其须"，与上兴也。

"须"是"鬚"的本字，即长在脸上的胡子。贲卦从九三到上九与以嘴为喻的颐卦很相似，而紧挨在九三下面的中正阴柔的六二，正恰如嘴巴四周的胡须，故爻辞说"贲其须"。"贲其须"就是修饰胡子。

《象辞》说"与上兴"的"上"，是指相当于下巴的九三。它阳刚得正，以刚承柔，与以柔居中正的六二亲比，异性相吸，关系密切，故附其而动。

【译文】

六二　装饰其胡须。

《象辞》说，"贲其须"，与上面一起活动。

九三　贲如濡如，永贞吉。

《象》曰：永贞之吉，终莫之陵也。

"贲"意为装饰；"濡"意为润泽；"如"是语末助词，等于"啊""呀"，也可理解为"像……的样子"。按朱熹《周易本义》的讲法，爻辞提及"濡"，是因为九三以一阳而居上下二阴之间，得到了相比的阴柔气质的润泽。"濡"也是一种装饰。九三以刚居阳，是得正之象，故爻辞说"永贞吉"。

《象辞》的"终莫之陵"是"终莫陵之"的倒装句，意思是终究不能侵凌它。"陵"同"凌"，指侵害。这是就"永贞吉"而发的议论。

【译文】

九三　装饰呀，润色呀，永远纯正吉祥。

《象辞》说，永贞之吉，终究不能侵凌。

六四　贲如皤如。白马翰如，匪寇婚媾。

《象》曰：六四，当位疑也。"匪寇婚媾"，终无尤也。

六四的爻辞与屯卦六二的"屯如邅如，乘马班如，匪寇婚媾"相似，所描述的情景也很接近。"贲如"意为装饰，"皤如"意为增白，说的是爱美的六四的打扮。"白马翰如"是说骑着白马飞驰而来。"翰"本义是羽毛，引申为飞驰。这位骑着白马而来的人不是六四，而是九三。它来干什么？向六四求婚。求婚的场面很大，到处人头汹涌，以至于被误会是有人来打劫，其实不是。九三是刚正之爻，不会做那种缺德事。九三之所以打六四的主意，是因为六四以柔履阴，是一位贤惠守贞的女人。九三满以为自己"近水楼台先得月"，却想不到六四以柔乘刚。从爻位关系来看，九三的确不是其心仪的对象，与它阴阳有应的初九才是。因此求婚之举以失败告终。有人说骑白马者是六四，奔向的对象是初九，这不符合爻在卦中的运动方向。

《象辞》说，六四是当位之爻，九三也是当位之爻，婚配不成，是由于六四看不起九三。"疑"与坤卦《文言》所说的"阴疑于阳，必战"的"疑"相同，意思是不和。不过，九三只是来求婚，不是来抢劫，也没有什么好责备的。"尤"，过失。

【译文】

六四　装饰呀，增白呀，骑着白马飞驰而来。不是来抢劫的，而是来求婚配的。

《象辞》说，六四虽然当位，却与九三不和。婚配不成，终究没有什么可埋怨的。

六五　贲于丘园，束帛戋戋。吝，终吉。

《象》曰：六五之吉，有喜也。

六五是本卦的卦主，最能把握贲饰之道，它的装扮对象由个人转向了环境。"丘园"是山坡上的园林。爻辞提及山坡，是由于上卦为艮。束帛是成匹的丝织物。"戋"是"戔"的简写，本义是残，衍义为少，例如水少为浅，贝少为贱，金少为钱。"戋戋"就是少之又少。以丘园之广大，饰以戋戋束帛，不免寒酸。饰既不足，故断占为吝。不过，文不在多而在用，能起到点缀、美化环境的作用就可以了，故终吉。

《象辞》解释，六五的吉庆是由于有喜事。也就是说，要办喜事才饰丘园。六五柔中，有中和之德，且以阴承阳，与上九亲比，故受到赞美。

【译文】

六五　装饰于丘园，成匹的布帛很少。吝啬，最终吉利。

《象辞》说，六五的吉利，指有喜事。

上九　白贲无咎。

《象》曰："白贲无咎"，上得志也。

上九在上无位，因而对装饰持相反的态度。当装饰之风流行到极致之后，人们便会返朴归真，回到无饰的状态。孔子说"丹漆不文，白玉不雕，宝珠不饰，何也？质有余者不受饰也"，阐述的便是这个道理。"白贲"是质朴无华的状态。一个人，能做到不加虚饰，以真示人，才是最好的。贲极返本，复于无色，自然无咎。

"上得志"，是就上九在一卦之中的位置而言的。《象辞》的意思是，"白贲无咎"这个道理，高眼界的人才悟得到。

【译文】

上九　朴素不饰，没有过失。

《象辞》说，"白贲无咎"，是高眼界者悟得的道理。

剥卦第二十三

坤下艮上

《序卦》说："致饰，然后亨则尽矣，故受之以剥。剥者，剥也。"

剥卦，坤下艮上，是"自下侵上"之象，象征剥蚀。

本卦下面五个阴爻重叠在一起，阴气极重，上九孤阳在上，已命悬一线；形势若再发展下去，局面必然是阳气完全退尽，卦变纯阴，因此卦名为剥。卦象坤下艮上，表示地上有山。地上之山，不管多高多大，只要时间足够，都是会被风化掉的。爻辞以床为喻来述说剥蚀之理，是因为此卦在形状上很像一张床腿已遭侵蚀的大床。

"剥"实质上是一个以阴消阳、以柔变刚的过程，自然与社会的一切走下坡路现象，如事物腐化、形势衰落、政治腐败、风气颓废等等，都属于剥象。剥是渐进地发展的，往往自下而上、由微到著；因此巩固根基，便成为防剥的关键。剥象一旦形成，便意味着小人得势，这时君子再不宜有什么进取举措，应遵循隐忍原则，按内坤外艮的卦象所示，顺而止之，慎言晦迹。

剥卦五阴消阳，在"十二消息卦"中代表夏历（农历）九月、周历十一月。

剥　不利有攸往。

剥卦是一个不吉之卦，在剥蚀局面已经形成的背景下，人们很难再有所作为，只能老老实实在家里待着。这便是"不利有攸往"的道理。

【译文】

剥卦　不利于有所去往。

《彖》曰：剥，剥也，柔变刚也。"不利有攸往"，小人长也。顺而止之，观象也。君子尚消息盈虚，天行也。

《彖辞》解释，剥卦象征剥蚀。而剥蚀产生的原因，是"柔变刚"。也就是说，剥卦五阴消阳，最后必然连残存的上九也干掉，这与剥卦的错卦夬卦所说的"刚决柔"恰恰相反。卦辞断言"不利有攸往"，《彖辞》解释说这是因为小人正得势。"小人"是指卦中的阴爻。"顺而止之"是说内卦为坤、外卦为艮，因为坤德为顺、艮德为止。"止"后干什么？好好观察剥蚀之象，以确定适宜的行动方案。"君子尚盈虚消息"的"尚"是重视的意思；"盈"是盈满，"虚"是亏缺。"消息"一词出自"十二消息卦"，"消"是消阳，即阳爻去阴爻来，"息"是息阴，即阴爻去阳爻来。尚盈虚消息，因为它反映了天道。

【译文】

《彖辞》说，剥卦，象征剥蚀，阴柔剥蚀阳刚。"不利有攸往"，是说小人正在得势。顺时势而抑止，以观察各种现象。君子重视事物盈满亏缺的变化，因为天道如此。

《象》曰：山附于地，剥。上以厚下安宅。

本卦卦体坤下艮上，因此说山附地上就是剥卦之象。这个卦所给人的启示是，用上面的来充实下面的，屋基才牢固。真正的含意是，上层只有厚待下层，地位才会巩固。

【译文】

《象辞》说，山附于地上，是剥卦之象。上面充实下面，利于宅基的稳固。

初六　剥床以足，蔑，贞凶。

《象》曰："剥床以足"，以灭下也。

初六是最下一爻，而剥蚀是自下而上进行的。本卦的形状像一张高脚大床，因此爻辞以"剥床以足"来比喻剥蚀。床足被剥蚀，暗喻根基受到了损害。"蔑"是阴蔑视阳，也有人认为是阴销蚀阳（"蔑"通"灭"）。阴蔑阳意味着邪氛压制正气、小人侵凌君子，正道凶险可知。

《象辞》说，"剥床以足"意味着剥蚀是从下面开始的，会渐及于上。

【译文】

初六　剥蚀床脚，阴蔑视阳，正道凶险。

《象辞》说，"剥床以足"，销蚀了根基。

六二　剥床以辨，蔑，贞凶。

《象》曰："剥床以辨"，未有与也。

"辨"是床上下部的分别之位，《周易本义》说是床干。床干坏了，说明剥蚀的局面在向上发展。六二在卦中的位置高于初六，故有此象。此爻所说的剥蚀情况与初六相同，但程度更为严重，局面更为严峻。

《象辞》"未有与也"的"与"，意思是帮助。六二上下全是阴爻，与上无应，与下也非亲比。

【译文】

六二　剥蚀床干，阴蔑视阳，正道凶险。

《象辞》说，"剥床以辨"，没有相助者。

六三　剥之无咎。

《象》曰："剥之无咎"，失上下也。

本卦自初至五全是阴爻，表示诸阴结为朋党，抱团剥阳。但它们当中，独应上九的六三特立独行，做法与众不同，它没有与诸阴合流，而是与上九暗通款曲。能在关键时刻支持君子，自然无咎。

六三不与诸阴为伍，导致了它与它们关系紧张，因此《象辞》说它"失上下也"。"失上下"是说六三与初六、六二、六四、六五都不和，这反映了阴柔力量的分裂。

【译文】

六三　剥蚀它没有灾殃。

《象辞》说，"剥之无咎"，与上下都闹翻了。

六四　剥床以肤，凶。

《象》曰："剥床以肤"，切近灾也。

在《周易》看来，诸阴剥阳是渐进地自下向上发展的，到六四时，连床面也受到了剥蚀。"剥床以肤"的"肤"，是指床身的表面。这反映局面更为凶险了。

床身的表面被侵损，床基本上就废了，因此《象辞》说它离灾殃已经不远。

【译文】

六四　剥蚀床面，凶险。

《象辞》说，"剥床以肤"，离灾难不远了。

六五　贯鱼，以宫人宠，无不利。

《象》曰："以宫人宠"，终无尤也。

爻至六五，久阴遇阳，局面大变，因此爻辞的作者暂时停止了剥蚀问题的讨论，把注意力放在了卦形上。"贯鱼"意思是把鱼穿在一起，鱼为阴物，喻指重叠的五阴。"宫人"是后宫的嫔妃，领头的是六五代表的王后。六五是柔顺中正之爻，处在五个阴爻之上，又居尊位，故代表王后。众妃在其率领下鱼贯而入，依次接受高高在上的上九的宠幸。天降恩泽，能不利乎！

《象辞》说，六五因为统率众嫔妃而受到君王宠幸，终究是没有过失的。

【译文】

六五　把鱼贯穿在一起，因引领嫔妃而受宠，没有什么不利。

《象辞》说，"以宫人宠"，终究没有过失。

上九　硕果不食。君子得舆，小人剥庐。

《象》曰："君子得舆"，民所载也。"小人剥庐"，终不可用也。

在本卦中，上九是唯一没有被阴气吞噬的阳爻，可谓硕果仅存，因此爻辞说"硕果不食"。为什么不食？是不愿食、不能食，还是暂时不食？爻辞没有说。无论如何，下一步只有两种可能：一是"君子得舆"，一是"小人剥庐"。"君子"与"小人"分别指阳爻与阴爻。"君子得舆"，是说君子有车坐。"小人剥庐"的"剥庐"指陋舍，本卦一阳在上为房顶、诸阴在下为朽墙，很像一间陋舍。

车是用来载人的，因此《象辞》说"君子得舆"意味着君子成为老百姓拥戴的对象，暗示剥局终会结束；但如果结局是"小人剥庐"，那整个陋舍就废掉了。

【译文】

上九　仅存的硕果没有被吃掉。君子获得了车，小人剥蚀房舍。

《象辞》说，"君子得舆"，意味着为百姓拥戴；"小人剥庐"，陋舍终究不能用了。

复卦第二十四

 震下坤上

《序卦》说："物不可以终尽剥，穷上反下，故受之以复。"

复卦震下坤上，是"阳气复生"之象，象征回复。

复卦是剥卦的综卦，姤卦的错卦。在"十二消息卦"的阴阳循环中，以阴消阳发生于代表夏历（农历）五月、周历七月的姤卦，至坤卦六阳消尽。之后初阳在复卦中复生，剥卦的上九变成了复卦的初九，于是以阳息阴的过程重新开始。因为阳气在消尽后再度复生，故卦名为"复"。复卦阳气很弱，却是阴极阳生的第一步，故未来蕴含着勃勃生机。它展现了正气的回归，表示了局面的向好，是光明的源头、进取的起点。卦中集中讨论了复阳致亨的道理，要求人们行动遵从复道。

复卦一阳息阴，在"十二消息卦"中代表夏历（农历）十一月、周历一月。在周历中，"一阳来复"是新年开始的表示。

复　亨。出入无疾，朋来无咎。反复其道，七日来复，利有攸往。

阳气回归意味着万物复苏、生气流通，故亨。正是"亨"的局面，保证了"出入无疾，朋来无咎"。"出入无疾"是说孤阳从剥卦出来没有毛病地入于复卦；"出"为走出去，"入"为返回来。也有人把"无疾"的意思理解为在阳气初复时行动不宜急速。"朋来无咎"的"朋"暗指紧随初九而来的其他阳爻，它们都是顺时应世到来息阴的，因而无咎。"反复其道"是说阳气返回的局面是循环发生的。《鬼谷子》说："反可以观往，复可以验来；反可以知古，复可以知今；反可以知彼，复可以知己。""七日来复"，指从姤卦的一阴发生到复卦的一阳复来，需要经过七个步骤的变动；如将一个步骤看作一日，便是七日。还有一种说法，复卦循环一坏，从初到上再到初，需经过七个爻位。阳气复来意味着局面向好，因此"利有攸往"。

【译文】

复卦　亨通。出入没有疾病，朋友来往没有咎害。天道反复循环，七日又出现了阳气复来的局面，利于有所行动。

《彖》曰：复，亨，刚反。动而以顺行，是以"出入无疾，朋来无咎"。"反复其道，七日来复"，天行也。"利有攸往"，刚长也。复其见天地之心乎！

复亨的原因，是由于"刚反"。"刚反"就是"阳复"——初九回归，"反"同"返"。"动而以顺行"，意思是阳气萌动后再顺势行动，这是就复卦下震为动、上坤为顺而进行的讨论。《彖辞》说此卦象预示着局面将向好，因此，卦辞说"出入无疾，朋来无咎"。《彖辞》又说"反复其道，七日来复"是天道运行的必然，符合规律。"利有攸往"是因为卦中的阳气还将继续增长。作者最后以设问的语气指出，复卦体现的不就是天地之心么！"天地之心"，就是让万物生生不息。

【译文】

《彖辞》说，复卦，亨通。阳气复归，萌动之后顺时势而行，因此"出入无疾，朋来无咎"。"反复其道，七日来复"，是天道运动的结果。"利有攸往"，是因为阳气增长。复卦所体现的，不就是天地之心吗！

《象》曰：雷在地中，复。先王以至日闭关，商旅不行，后不省方。

上震为雷，下坤为地，故说雷在地中是复卦之象。雷在地中，表明阳气初返，尚不足以将雷激发。复卦给人一种启示，那就是要因应时令、则天而行。因此《象辞》说"先王以至日闭关，商旅不行，后不省方"。"至日"即冬至，这是复卦所对应的节气。"闭关"就是把边界的关口封闭，停止商旅通行，以便休息静养。"后不省方"的"后"指君王，"省方"是巡视方国。

【译文】

《象辞》说，雷发于地中，就是复卦。先王因而在至日闭锁于关房，商旅不通行，君王也不巡视方国。

初九　不远复，无祗悔，元吉。

《象》曰：不远之复，以修身也。

初九以孤阳居群阴之下，表示阳气回复。作为本卦的唯一阳爻，它不仅当位，而且与六四有应，最得复道，故具有向上发展的力量。在"十二消息卦"中，复卦是由在一旁的坤卦的初爻由阴返阳形成的，这种情状比诸人事，就好像一个人从不远之地返回。"无祗悔"就是没有灾患悔恨。《周易》以失阳为悔，得阳自然无悔。不仅"无祗悔"，而且还大为吉祥。

《象辞》以"修身"来解说不远之复，意思是要知善复行。这是对爻辞的推阐发挥。

【译文】

初九　从不远之地回来，必定没有大悔，大为吉祥。

《象辞》说，"不远之复"，是为了修养自身。

六二　休复，吉。

《象》曰：休复之吉，以下仁也。

"休"是"休戚与共"的"休"，意思是美、善。六二是柔顺中正之爻，上无系应，下比初九，因此附阳而复。在《周易》看来，这是亲仁善邻的行为，合乎正道，故此吉祥。

《象辞》说休复的吉祥体现在六二的"下仁"上。"下仁"指俯身亲近初九，以顺应复道。在《周易》三百八十六爻中，唯此"小象"提到了仁。

【译文】

六二　善美回归，吉祥。

《象辞》说，"休复之吉"，体现为以仁心下就。

六三　频复，厉，无咎。

《象》曰：频复之厉，义无咎也。

"频"为频频，"频复"就是接连不断地回复。六三性质阴柔，居位不中不正，又处在下震之极，因而存在把持不定、频频出错的问题；不过它在复卦之中，能屡失屡复、动而之正，故虽然危险却无灾殃。《周易集解》训"频"为"颦"，把"频复"理解为不开心地回复，另备一说。

《象辞》说频复的危险问题不大，按理说是无咎的。为什么？因为复是纠错的行为，能改过向善，就危而无咎。

【译文】

六三　频频回复，危险，但没有灾殃。

《象辞》说，"频复之厉"，按理说没有灾殃。

六四　中行独复。

《象》曰："中行独复"，以从道也。

"中行"说的是六四处在五阴的中间位置。五阴之中，唯六四与初九有应，因此说"独复"。汉代的郑玄把这个局面总结为"度中而行，四独应初"（《汉上易传》引）。"中行独复"意思是不偏不倚独应复道。此爻没有断占之辞。

《象辞》所说的"以从道也"的"道"，是指由初九体现的复阳之道，"从道"便是追随初九的脚步。复卦五阴都有从道之义，六四因与初九有应，尤为突出。

【译文】

六四　居中行正，独自应复。

《象辞》说，"中行独复"，以遵从正道。

六五　敦复无悔。

《象》曰："敦复无悔"，中以自考也。

"敦"就是厚。六五处于上坤的中位，得中庸柔顺之义，故在奉行复道方面最能笃守原则，能敦厚而复、向善而进，自不会有悔吝。注意，六五以阴居尊，以柔履阳，失位无应，故爻辞只是说"无悔"，而没有说"元吉"。

《象辞》认为六五能做到"敦复无悔"，是由于它能用中庸原则来自我考察。这是就六五是中爻而发的议论。

【译文】

六五　敦厚回复没有悔恨。

《象辞》说，"敦复无悔"，以中庸之道来自我考察。

上六　迷复，凶，有灾眚。用行师，终有大败。以其国君凶，至于十年不克征。

《象》曰：迷复之凶，反君道也。

上六以阴爻处复卦之极，上无所承，下失应援，遂晕头晕脑，迷失了复道，因此爻辞说"凶，有灾眚"。"眚"本义是眼里的白翳，引申为过错、祸害。上六迷不知复，若让它在这种状态下领军，必然吃败仗。以"迷复"这种状态处理国事，必然君主凶险、国本动摇，国家在十年之内都无力出兵征战。"十"是数之终，表示长久。

《象辞》说，迷复的凶险，体现在违反君道上；这样说是因为上六极阴，与君王的阳刚之性背道而驰。

【译文】

上六　迷失复道，凶险，有天灾人祸。以此兴兵作战，最终会打败仗。其国君王凶险，以至于十年内都无力征战。

《象辞》说，迷复的凶险，在于与君王之道相背。

无妄卦第二十五

 震下乾上

《序卦》说："复则不妄矣，故受之以无妄。"

无妄卦震下乾上，是"天下雷行"之象，象征不妄为。

不妄为，是因为打雷时人若在室外活动，易出意外。为避免风险，最好别轻举妄动。

易学界对"无妄"一词的解释有很大分歧：有人认为是不虚伪，有人认为是没有过失，有人认为是不诈伪虚妄，有人认为是无所希望。看法差别这么大，原因就在于卦辞前半部分与后半部分吉凶不同，而爻辞也晦暗难懂。在笔者看来，"无妄"意思是非望之所及，即事出意外。意外发生，意味着局面由好变坏、自福及祸，因此，卦辞前半部分吉利，后半部分不吉利。本卦正是以祸福转换来提示人们要尊重规律，顺应形势，事当行则行，当止则止。

无妄　元亨利贞。其匪正有眚，不利有攸往。

卦辞吉的是前一句"元亨利贞"，不吉的是后一句"其匪正有眚，不利有攸往"。吉与不吉，取决于正与不正。说"元亨利贞"，根据在于上乾的主爻九五与下震的主爻六二中正有应。"其匪正有眚"，意思是不正就有祸害。"匪"同"非"；"眚"是眼里的白翳，引申为过错、祸害。"匪正"，是由于天雷下击破坏了原有的秩序。"有眚"，就"不利有攸往"了，若不听劝告，一意妄为，难免惹祸上身。

【译文】

无妄卦　大为亨通，利于正固。不正就有祸害，不利于有所行动。

《彖》曰：无妄，刚自外来而为主于内，动而健，刚中而应，大亨以正，天之命也。"其匪正有眚，不利有攸往"，无妄之往，何之矣？天命不祐，行矣哉！

《彖辞》阐述了无妄卦的基本特征。"刚自外来而为主于内"，意思是阳刚的

外卦乾可影响、主导内卦震，这表明乾是主卦，震是客卦。"动而健"是就上下卦的关系而言的，震德为动，乾德为健。"刚中而应"是说主爻九五与六二有应。"大亨以正，天之命也"则是说九五与六二是能相互感通的中正之爻，而感通是天道使然。这些讨论都是围绕卦辞的吉祥部分"元亨，利贞"展开的。下面的讨论则是围绕卦辞的不吉祥部分"其匪正有眚，不利有攸往"展开的，大意是，在不宜妄为的状态下，能去到哪里呢？天命不护佑，去哪里都白搭！"何之"是"之何"的倒装，意思是去哪里。"天命不祐"，是说违背规律而受惩罚。

【译文】

《彖辞》说，无妄卦，阳刚的力量从外部而来主导内部，震动而刚健，刚爻居于中位而应和下方，因为守正而大为亨通，这是天命使然。"其匪正有眚，不利有攸往"，不宜妄动却执意而往，能去到哪里呢？天命若不护佑，去哪里都白搭！

《象》曰：天下雷行，物与，无妄。先王以茂对时，育万物。

上乾为天，下震为雷，因此，天下雷行是无妄卦之象。"物与"意思是万物响应、相随，在"惊蛰"时节，冬眠的生物受到雷声的惊动，会纷纷复苏。古代的圣王正因为受到此卦象的启发，所以努力顺时而动，以培育万物。"茂"是努力的意思。

【译文】

《象辞》说，雷声遍传于天下，万物相随，就是无妄卦。先王因而尽力因应时令，培育万物。

初九　无妄，往吉。

《象》曰：无妄之往，得志也。

初九体健处下，以刚履阳，纯阳不杂，是一位心无妄念、一意前行的阳光少年，以行不失其正而吉祥。卦辞既断言"不利有攸往"，为什么初九又说"往吉"？因为利不利往，取决于正与不正。

《象辞》说初九起步于无妄，是理想实现的过程。

【译文】

初九　没有妄念，往前吉祥。

《象辞》说，无妄而往，理想实现。

六二　不耕获，不菑畲，则利有攸往。

《象》曰："不耕获"，未富也。

六二居中得正，处动而柔，又上应九五，爻性甚好。"耕"是农事之始，"获"

是农事之终；开垦了一年的生田叫"菑"，开垦了三年的熟田叫"畬"。不耕而获，不菑而畬，体现了一种听任自然安排、不轻举妄动的人生态度。能以这种态度生活，就利于有所行动。"利有攸往"的爻象根据，是六二与九五有应。

《象辞》说，要是不耕而获，很难富起来。"未富"意思是"未可富"。《周易》以阳为富、为实，以阴为不富、为虚。六二是阴爻，因而有"未富"之说。

【译文】

六二　不耕而获，不菑而畬，利于有所行动。

《象辞》说，"不耕获"，就不会富裕。

六三　无妄之灾，或系之牛，行人之得，邑人之灾。

《象》曰：行人得牛，邑人灾也。

六三是不中不正的阴爻，材质不好，却因应上九而妄动，于是不走运地遇上了倒霉事。"无妄之灾"是在没有思想准备的情况下无缘无故发生的不好的事情，爻辞以过客盗窃拴在路边的牛、邑人因而受罚为例来说明它的特征。六三处于上下卦的交会处，这是一个易惹麻烦的地方，有无妄之灾并不奇怪。

行人牵牛而去，得了便宜，邑人没有过错，却受到惩罚，因此《象辞》说是灾。

【译文】

六三　无思想准备而遇到的灾祸，正如拴在路边的牛被行人牵走了，城邑里的人却平白无故倒霉。

《象辞》说，路人偷了牛，邑人的灾祸。

九四　可贞，无咎。

《象》曰："可贞，无咎"，固有之也。

九四以刚履阴，与初九无应，位又近君，很易惹是非，爻辞说它"可贞"才无咎。

《象辞》说，"可贞，无咎"，是本卦的固有要求，道理在"其匪正有眚"。有人把此爻辞理解为固守正道是九四本有的德性，这与爻位说不合，九四是失正之爻。

【译文】

九四　恪守正道，才没有灾殃。

《象辞》说，"可贞，无咎"，是固有要求。

九五　无妄之疾，勿药有喜。

《象》曰：无妄之药，不可试也。

九五居中得正，处于尊位，是本卦的主爻，因此它所染之病被称为"无妄之疾"。它的条件十分优越，因此偶染小恙，不吃药也能自愈。"有喜"是有喜庆，暗示病已好。

为什么《象辞》说无妄之药"不可试"？一种意见认为其"药理"是以天雷除疾，手段极重；一种意见认为无妄之药所当治者为有妄之人，无妄者不能服。

【译文】

九五　无思想准备而染上的疾病，不用服药而有喜庆。

《象辞》说，治疗无妄的药物，不可以试服。

上九　无妄行，有眚，无攸利。

《象》曰："无妄之行"，穷之灾也。

无妄之道，以初当行，以终当止，因此初九、上九均言"无妄"。不过二者的结果大不一样。上九虽与六三有应，却是失位之象，而且它居于本卦的终极之位，再前行，"无妄"就成了"有妄"。故爻辞说"行有眚，无攸利"。

《象辞》说，无妄之行，是"穷"造成的灾祸。"穷"指无路可走。

【译文】

上九　无思想准备的行动，有过错，没有什么好处。

《象辞》说，"无妄之行"，是穷途末路带来的灾祸。

大畜卦第二十六

乾下艮上

《序卦》说："有无妄然后可畜，故受之以大畜。"

大畜卦乾下艮上，是"天在山中"之象，象征广储。

"畜"同"蓄"。大畜的畜储规模比小畜要大得多。宏大的乾天竟然被畜止在山中，畜储之大，可想而知。当然，这种情景出自想象，在现实中是不存在的。

大畜卦下乾三爻都是阳爻。《周易》以阳为大、以阴为小，因此大畜在性质上是畜阳。大畜又有行动被畜阻的意思，乾德为健，艮德为止，雄毅刚健的乾，其前进的步伐竟被屹立在前的大山止住了，艮的畜阻力量之大可想而知。

"畜"在卦中包含三个层面的意义：从畜蕴的角度看，指畜德；从畜养的角度看，指畜贤；从畜止的角度看，指畜健。卦辞与《彖辞》《象辞》主要讲畜蕴与畜养，爻辞则主要讲畜止。

大畜　利贞。不家食，吉，利涉大川。

大畜能使人心闲意定，培养出正气来，因此卦辞一开始就说"利贞"。所畜既大，总得有用于世，畜德养性无非是为了出来闯世界、在社会上施展才华。好男儿志在四方，岂能在家里吃白饭？"不家食"，就是在外吃官饭，能吃官饭意味着有作为。一个养成了正气的人，自然有能力克服各种困难，"利涉大川"。

【译文】

大畜卦　利于正固。不吃家里的饭，吉利，利于渡涉大河。

《彖》曰：大畜，刚健笃实辉光，日新其德，刚上而尚贤。能止健，大正也。"不家食，吉"，养贤也。"利涉大川"，应乎天也。

《彖辞》合畜德、畜贤、畜健三个方面讨论大畜之道。"刚健"是下乾的属性，"笃实"是上艮的能力。这两种品格都焕发着光辉。畜德是一个日积月累、不断增进的过程，因此说"日新其德"。"刚上而尚贤"，意思是身居高位而礼贤下士；"刚上"指上九，"贤"指为艮卦所畜的下乾三阳。"能止健"的主体是上艮，艮德为止；"健"指下乾，乾德为健。艮止乾的能力来自其所蕴含的伟大正气。《彖辞》又解释，"不家食，吉"是要养贤，"利涉大川"是因为顺应了天道。"应乎天"的根据，是九二与居君位的六五相应。

【译文】

《彖辞》说，大畜卦，刚健笃实而光辉灿烂，每天都使其德有新的面貌，阳刚者在上而重用贤人。能蓄止刚健，说明具有伟大的正气。"不家食，吉"是为了养贤。"利涉大川"是对天道的顺应。

《象》曰：天在山中，大畜。君子以多识前言往行，以畜其德。

下乾为天，上艮为山，大莫若天，止莫若山，因而说天在山中是大畜卦之象。《象辞》认为君子应从这个卦象中获得启示，多了解前贤的言论、往圣的行动，通过察言求其心、考迹观其用，从而蓄积道德。

【译文】

《象辞》说，天在山里头，就是大畜卦。君子因而多多了解前贤的言谈、过往的行动，以蓄积道德学问。

初九　有厉，利已。

《象》曰："有厉，利已"，不犯灾也。

大畜之象，是以艮畜健，因此下乾三爻都以被畜止为义，上艮三爻则都以畜止为义。初九在乾体中居下位，作为阳爻它必然有上进之心，但是它的行动受到了其应爻六四的阻止。大畜卦中应爻的关系，与别的卦是相反的。在下乾被畜止的背景下，初九的行动是危险的，其正确策略应当是不冒险犯难，因此爻辞说"有厉，利已"。"厉"是危险，"已"是停止。

《象辞》说，"有厉，利已"，就是审时度势，不去冒险。

【译文】

初九　有危险，利于停止。

《象辞》说，"有厉，利已"，就是不招惹灾祸。

九二　舆说輹。

《象》曰："舆说輹"，中无尤也。

九二以刚履阴，中而不正，当大畜之时，其行进为应爻六五所阻止。爻辞用"舆说辁"来比喻这一情状。"舆"是车子;"说"音、义均同"脱",在这里的意思是卸下;"辁"是垫在车箱和车轴间的弧形木块,上承车箱,下架于轴。"舆说辁"意味着车不动了。

《象辞》说,"舆说辁"中无缺失,"尤"是过失的意思。这是针对九二是中爻而作的提示。大畜卦说"舆说辁",小畜卦说"舆说辐",二者发生毛病的性质不同。"舆说辐"是车体已坏,局面是被动的;"舆说辁"是车不欲行,局面是主动的。

【译文】

九二　车卸下了辁。

《象辞》说,"舆说辁",其中没有过错。

九三　良马逐,利艰贞。日闲舆卫,利有攸往。

《象》曰:"利有攸往",上合志也。

九三与初九、九二三阳相叠,作为同类之爻,它们均活泼好动,因此像良马一般前后相逐、驰骋而进。"利艰贞",是提示它们,既要犯难而进,又要把控尺度。说"贞",是因为九三是居位正当之爻。"日闲舆卫"的"日闲",意思是平日熟习,"闲"通"娴";"舆卫"是车马的防卫之技。"利有攸往",是说平时练好驾车作战的本领,对行动有利。

《象辞》所说的"上合志"的"上",是指上九。本来,按照爻位说,两阳相峙是无应之象,但在大畜卦中却是合志之象,因为它们都是阳爻,志趣相同。

【译文】

九三　好马相逐,利于在艰难中守正。平日熟习车马防卫,有所行动时有利。

《象辞》说,"利有攸往",因为与上九志趣相投。

六四　童牛之牿,元吉。

《象》曰:六四元吉,有喜也。

六四居上艮的下位,阴柔得正,因为与"初九"相应,所以它的所畜对象是初九。"童牛"指初九,它阳气初生,犹如小牛犊。"牿"是防止牛角触撞物体的横木。小牛犊本来就身单力薄,加上有牿为助,六四要畜止住它并不困难。六四因为能够顺应大畜之道,所以说"元吉"。

《象辞》对六四的局面给予高度肯定,认为它大吉大利,令人欢喜。

【译文】

六四　小牛犊的牿木,大为吉祥。

《象辞》说，"六四元吉"，值得欢喜。

六五　豶豕之牙，吉。

《象》曰：六五之吉，有庆也。

六五所要畜止的是它下应的九二。与初九相比，九二是下乾的中心，两阳相迭，阳气亢进，犹如一头暴躁的公猪，想畜止它并不容易。但以柔履阴、高居尊位的六五不与它硬扛，而是以柔制刚。它采取的办法是"豶豕"——对公猪去势。公猪被阉割后，精气神难免大损，有长牙也难产生危害了，故爻辞说"吉"。

有吉便有庆，因此《象辞》说，六五之吉，"有庆也"。

【译文】

六五　拔掉公猪的牙齿，吉祥。

《象辞》说，"六五之吉"，值得庆贺。

上九　何天之衢，亨。

《象》曰："何天之衢"，道大行也。

上九处大畜之极，与下乾的三阳同是刚健的阳爻，且下获六四、六五之承，是止极而动、畜尽而通之象。"何天之衢"与卦辞"不家食，吉，利涉大川"相照应，说的是大畜后亨的局面。"何"是感叹辞，包含何其通达之意；上九在一卦之中位置最高，因而说"天"；"衢"是四通八达的大路。"天之衢"就是天路。

上九畜极而通，阔达无碍，是理想之爻，因此，《象辞》说其道"大行"。

【译文】

上九　天路何其通达，亨通。

《象辞》说，"何天之衢"，其道大行于天下。

颐卦第二十七

 震下艮上

《序卦》说："物畜然后可养，故受之以颐。颐者，养也。"

颐卦震下艮上，是"外静内动"之象，象征颐养。

颐卦外艮为止，内震为动，卦象所示，仿佛炼气者的习静保养状态。其卦形则像一张露出牙齿的嘴，食物是通过嘴为身体提供营养的，因此卦有颐养之义，卦辞也提到"观颐"与"口实"。卦形又像乌龟，上下两阳为龟甲，中间诸阴是软肉。龟是古人心目中的长寿灵物，被认为最懂颐养之道。初九即借龟象来谈颐养。

颐卦所说的"养"，取义广大。从养的对象来看，有自养与养人的区别，而养人又分为养贤、养民与养万物；从养的方式来看，则有养体与养德的区别，前者是物质层面的行为，后者是精神层面的行为。古人吴曰慎曾有言："养之为道，以养人为公，养己为私；自养之道，以养德为大，养体为小。"无论自养还是养人，养体还是养德，都应遵循自然之道。在《周易》中，上爻通常没有地位，但在以"阳养阴、上养下"为原则的颐卦中，上九成为主爻。

颐　贞吉。观颐，自求口实。

卦辞一开头就给出了断占结论，断定颐卦是贞吉之卦。"观颐"就是看腮帮子。为什么要看腮帮子？想了解颐养的情况。嘴最主要的功能是吃饭，因此，卦辞说"自求口实"。"口实"就是口粮的意思。

【译文】

颐卦　正固吉祥。观察腮帮子，自己找吃的。

《彖》曰："颐，贞吉"，养正则吉也。"观颐"，观其所养也。"自求口实"，观其自养也。天地养万物，圣人养贤以及万民，颐之时大矣哉！

颐卦的《彖辞》通篇围绕"养"来做文章。它认为卦辞断言颐卦"贞吉"，贞吉

在能养成正气。"观颐"是观察养人的方式，"自求口实"则是观察自养的方式。天地养万物，圣人养贤以及养天下的老百姓，颐的现实意义大着呢！"颐之时"后当脱了一个"义"或"用"字。

【译文】

《彖辞》说，"颐，贞吉"，培养正气则吉。"观颐"是观察养人的方式。"自求口实"是观察自养的方式。天地养万物，圣人养贤以及养千千万万的老百姓，颐卦的现实意义大着呢！

《象》曰：山下有雷，颐。君子以慎言语，节饮食。

上艮为山，下震为雷，因此"山下有雷"是颐卦之象。因为颐卦的形状像嘴，嘴除了用来吃饭还用来说话，所以君子从卦象中悟出了"慎言语，节饮食"的道理。经只谈到"养"，而未涉及"言"。"慎言语"的意思是《象辞》后加的。

【译文】

《象辞》说，山下雷作，就是颐卦之象。君子因而谨慎说话，节制饮食。

初九 舍尔灵龟，观我朵颐，凶。

《象》曰："观我朵颐"，亦不足贵也。

颐卦形状像龟，因此初爻以龟为象讲颐养。龟没有胁间肌，呼吸时下颚一升一降，像是在"食气"，这种呼吸方式被古人称为"龟息"。龟靠这种呼吸方式可以长时间不吃不喝而不死，说明它深谙颐养之道。"舍尔灵龟"，是说舍弃你这有灵性的乌龟。"观我朵颐"，是说看我鼓着的腮帮子。这句话是主爻上九的口气。它想表达的意思是，得正的初九有灵质，本不需要外养，但它因追求物质享受，为纵口腹之欲而求养于人，结果福不至而辱自来。从卦象来看，初九与六四有应，本来是好事；但初九因震而动，六四在艮为静，二者居不同体，应有的作用发挥不出来。而且初九为众阴所凌，故凶。

《象辞》说，"观我朵颐"，反映初九贪口腹之欲，这样的人不值得尊重。

【译文】

初九 舍弃你的灵龟，注视我动着的腮帮子，凶险。

《象辞》说，"观我朵颐"，不值得尊重。

六二 颠颐，拂经于丘颐，征凶。

《象曰》：六二征凶，行失类也。

"颠"即顶端，指居终极之位的上九。阴虚而不能自养，需求养于阳，连中正的六二也莫能例外。卦中阳爻只有初九与上九，六二求养于谁呢？初九地位低卑，与六二既不有应也不亲比，不符合"以上养下"的原则，因此六二所能冀养者只有上九。可是上九不是六二的应爻，无应而求养，没有道理。因此爻辞说"拂经于丘颐"。"拂经"是拂逆经常之道的意思；"丘"是高地，暗指上九。上下关系没有理顺，发展下去就凶险。六二在其他卦中多吉，在本卦中却凶，是因为背景不同。

《象辞》说六二"征凶"，是因为在行动时没有朋类。朋类是指能与阴爻感应的阳爻。六二上行，所遇皆阴，故说"失类"。

【译文】

六二　向顶颠求养，有悖于在高处颐养的常道，发展下去凶险。

《象辞》说，六二发展下去凶险，因为行动失去朋类。

六三　拂颐，贞凶。十年勿用，无攸利。

《象》曰："十年勿用"，道大悖也。

"拂颐"意思是违逆颐养之道。六三以柔履阳，又处下震之极，是失正不中而执意妄动之爻。它欲壑难填，仗着与上九有应，急求其养，这样做违反了颐养之道，故贞凶。六三在本质上并不是养正之才，因此爻辞说"十年勿用，无攸利"。

《象辞》说，"十年勿用"，是由于六三多欲妄动，这从根本上违反了颐养之道。

【译文】

六三　拂逆颐养之理，正道面临凶险。十年之内不要任用，没有什么好处。

《象辞》说，"十年勿用"，因为大为违背正道。

六四，颠颐，吉。虎视眈眈，其欲逐逐，无咎。

《象》曰：颠颐之吉，上施光也。

本卦诸阴，只有六二与六四和上九没有比应之义，因此两爻都说"颠颐"。不过虽同求养于上，结果却不一样：一个"征凶"，一个"吉"，为什么呢？原来，六四阴柔得正，且与初九有应，能把从最高之处获得的利益转输于下，使老百姓也被泽蒙恩。下文说"虎视眈眈"，"眈眈"是专致注视的样貌，"虎视"是威严地看。"虎视"者是谁？清人惠士奇认为是由下视上的六四，笔者却认为是从上视下的上九，因为只有在上位的刚健者才有这等威严。"其欲逐逐"的"逐逐"，是说相继不乏。能以上养下，何咎之有？

《象辞》指出了六四"颠颐"得吉的原因——"上施光也"，也就是上九将它的光辉普施于天下。

【译文】

六四　向顶颠求养，吉利。像老虎一般威严地盯着，其欲望一一获得满足，没有灾殃。

《象辞》说，"颠颐"的吉利，来自上面的光辉。

六五　拂经，居贞吉，不可涉大川。

《象》曰：居贞之吉，顺以从上也。

六五也像六二一样"拂经"——拂逆经常之道，原因是它柔居尊位却失正无应。由于局面尴尬，它只好上求所承的上九，犹如弱主不能养贤、养万民，反倒赖养于宗庙。好在六五是中爻，如果能做到安守本分，秉持中道，顺以从上，也可得吉。六五以柔履阳，非得正之爻，因此"居贞"不是事实而是假设，"居贞吉"意思是如能安于正道就吉利。"不可涉大川"，是说赖养于他人的六五材质柔弱，没有济险的能力。

《象辞》指出了六五居贞得吉的关键——"顺以从上也"。"顺"是阴爻的特点，"上"指上九。

【译文】

六五　拂逆常道。能安于正道就吉祥，不利于涉越大河。

《象辞》说，安于正道的吉祥，来自顺从上九。

上九　由颐厉，吉，利涉大川。

《象》曰："由颐厉，吉"，大有庆也。

上九以阳刚之质处颐卦之极，下承六五，有臣贤于君、君赖以养之象。这就涉及位高权重的臣子如何避免凌驾于君王之上的问题。"由颐厉"是警示。"由"是缘由，"厉"为危险之意。"由颐厉"也指因养而危。为什么危？君恐其威势相逼，民虑其恩膏不逮。不过，替君王养贤与养万民终究是正当的行为，只要谨慎从事，还是吉祥的。上九材质刚毅，又处高位，故有能力涉川济险。

《象辞》说，"由颐厉，吉"，意味着有大喜庆。有大喜庆，是因为以养得人。

【译文】

上九　因得颐养之道而面临危险，终会吉祥，利于涉越大河。

《象辞》说，"由颐厉，吉"，有大喜庆。

大过卦第二十八

 **巽下兑上**

《序卦》说："不养则不可动，故受之以大过。"

大过卦巽下兑上，是"大为过越"之象，象征过刚。

大过卦形状像一口棺材，加上卦意也不怎么吉利，因此在古代被戏称为"棺材卦"。其实这个卦与棺材不沾边，它讨论的是如何解决阳气过盛、阴阳平衡被打破的问题。"大"指阳刚，"过"是超越界限，因为卦形中间实两头虚，故名。六十四卦，还有一个小过卦，也涉及过越的问题。在《周易》中，"过"的"小"与"大"，是就爻的阴与阳而言的。小过卦是阴过分集中于卦的两头（共有四阴），造成中间阳弱（只有两阳）；大过卦则是阳过分集中于中间（共有四阳），从而造成两头柔弱（各有一阴）。同时，在经传中，"大"也被理解为"太"，"大过"就是"太过"。卦辞以"栋桡"，即主梁弯曲为喻，说明大过的情状；卦中六爻则分别以不同的情状讨论处过之道，其要义为：上下两阴需取刚济柔，中间四阳需取柔济刚。

大过卦强调做事要注意分寸，不能过分，要掌握好中庸之道。解决"大过"问题的根本策略，是刚柔相济，求得平衡。

大过　栋桡。利有攸往，亨。

大过卦由正、覆两个巽卦组成。它没有覆卦，卦体颠倒，"覆巽"（兑卦）便成了正巽。巽也代表木，因此可以把正、覆两个巽卦视为栋。栋便是房屋的正梁。它们的底部与顶部很弱，却承重太过。"栋桡"便是说栋梁弯曲了。"栋"是栋梁的意思，"桡"是弯曲的意思。本卦形状两头柔弱，正是栋梁弯曲的样子。为什么说"利有攸往，亨"？下面的《彖辞》有解释。

【译文】

大过卦　栋梁弯曲。利于有所往，亨通。

《彖》曰：大过，大者，过也。"栋桡"，本末弱也。刚过而中，巽而说行，"利有攸往"，乃亨。大过之时大矣哉！

《彖辞》说，大过象征阳气超越了界限。大就是过。过什么？过阳，过刚。为什么会出现"栋桡"之象？因为栋梁的本末两头都太弱，不胜重荷。"本"与"末"分别指初六与上六；"弱"是说它们都是阴爻，承受不了重压。下文回答为什么卦辞说"利有攸往，亨"。此卦虽然"刚过"——阳气过度，但是九五、九二两爻分居上下卦的中位，还能撑得住局面。而内卦为巽，外卦为兑，表示能做到巽逊而喜悦前行。所以说"利有攸往"，万事亨通。大过意味着出现了非常的局面，而这样的局面一旦出现，就应不失时机，抓住要点、围绕重点解决问题。故说"大过之时大矣哉"。"大过之时"后当脱了一个"义"或"用"字。

【译文】

《彖辞》说，大过，是指阳气过旺。栋梁弯曲，是由于本末两头太弱。阳虽过度，但能居中位，谦虚而喜悦地前行，于是亨通。大过卦对于因时制宜多么重要啊！

《象》曰：泽灭木，大过。君子以独立不惧，遁世无闷。

《象辞》从另外一个角度说明此卦为什么叫大过卦："泽灭木。"上兑为泽，下巽为木，表示一艘木船沉到湖泊里去了。沉船的原因，主观上是由于木不结实——"本末弱"，客观上是由于超载。另一种说法，本来润养树木的湖水，却把树木给淹没了。面对大过卦之象，君子获得了某种感悟，即应当有大过于人之行，或者特立独行、敢作敢为，或者隐姓埋名、心安理得。"独立不惧"是因为怀抱救世之志，"遁世无闷"是因为志存退隐之心。

【译文】

《象辞》说，湖泊淹没了船，就是大过卦之象。君子应当特立独行、无所畏惧，或隐姓埋名、不生苦闷。

初六　藉用白茅，无咎。
《象》曰："藉用白茅"，柔在下也。

这是享祀之象。藉是草席，用作铺垫；白茅是白色的茅草。《系辞》上传第八章曾借这句爻辞来进行发挥，以孔子的口吻说："苟错诸地而可矣，藉之用茅，何咎之有？"据此可知，白茅上所放的是祭品。祭品是用来供神的，在它下面垫上白茅，显示了庄敬、郑重。爻辞以此为例，说明哪怕是在大过背景下，只要柔和恭慎，也可以化解不利局面。初六是失位之爻，本来有过，但它能承阳补过，且与九四有应，因而无咎。

《象辞》说，"藉用白茅"意味着柔在下。这既是在谈物理，也是在说居本卦最下位的是性质柔和的阴爻。

【译文】

初六　用白茅铺垫着，没有灾殃。

《象辞》说，"藉用白茅"，柔处于下方。

九二　枯杨生稊，老夫得其女妻，无不利。

《象》曰：老夫女妻，过以相与也。

九二是形成大过局面的四阳之一。它阳气过盛，上与九五无应，下与初六相承，于是得中用柔，主动亲近初六。二人阴阳相交，互相吸引，最后竟成了年龄不般配的夫妻。爻辞用"枯杨生稊，老夫得其女妻"来形容这对老夫少妻的结合。九二居于下巽之中，故爻辞以木为喻。"枯杨"是将要干枯的杨树；"稊"也作"荑"，指植物生出的新枝叶。老过则枯，少过则稚。先言"枯杨生稊"，再说"老夫得其女妻"，运用的是后世诗歌创作"兴"（托事于物，兴寄情怀）的手法。"枯杨"指"老夫"九二，"稊"指"女妻"初六。年龄过大的男人讨年少的女子为妻仍可生子，故没有什么不利。"无不利"的依据，是九二为初六所承，且在中位。

《象辞》对这种老夫少妻结合的看法有所保留，认为这种相随行为属于不遵循常理出牌的行为。

【译文】

九二　即将干枯的杨树重发新芽，老夫娶年少女子为妻，没什么不利。

《象辞》说，老夫少妻结合，虽不匹配，能结合也不错。

九三　栋桡，凶。

《象》曰："栋桡之凶"，不可以有辅也。

九三与九四同位于一卦的中间位置，故两爻都以栋梁为喻。九三当大过之时、居下卦之上，以刚履阳，且前后诸阳相叠，过刚至极，犹如屋栋中体愈刚，本末愈弱，所以爻辞有"栋桡"之语。为何"栋桡"？承压过重。栋梁弯曲，屋顶随时都会倾覆，故断占为凶。

九三与上六是应爻，本可得阴柔之辅，但九三材质过刚，上又有九四、九五隔阻，故上六的辅助作用并未能发挥，犹如承压过重的栋梁无法得到柱的支撑。《象辞》里的说法，与爻位分析的一般理论不同。

【译文】

九三　栋梁弯曲了，凶险。

《象辞》说，"栋桡之凶"，因为不能获得辅助。

九四　栋隆，吉。有它，吝。

《象》曰："栋隆"之吉，不桡乎下也。

"栋隆"是说栋梁中间高起来，其样子正与"栋桡"相反。因为能承压，所以它是吉象。九四像九三一样也是阳爻，与九三不同的是，它以刚履阴，起到了自损阳质的作用。能过刚知返，桡而返隆，自然吉利。九四还下应初六，如果初六也以阴相济，那九四就过柔了。过柔也会产生问题。"有它，吝"的"它"，指初六。

《象辞》指出了"栋隆"之吉的原因，就是使栋梁往下弯曲的局面获得了改变。

【译文】

九四　栋梁中间高起来，吉祥。受初六的影响，不好。

《象辞》说，"栋隆"的吉祥，体现在栋梁不再往下弯曲。

九五　枯杨生华，老妇得其士夫，无咎无誉。

《象》曰："枯杨生华"，何可久也。老妇士夫，亦可丑也。

"士夫"指九五，与九二代表的"老夫"相对，指成年男子。九五与九二、九三、九四四阳相叠，又以刚履阳，处在刚极的状态。他本来是有条件找一个理想配偶的；但他与下无应，只好转比在旁边的上六。上六是过极之爻，且以阴凌阳，品格不好，并非九五的合适配偶，所以爻辞以"枯杨生华，老妇得其士夫"来形容这门亲事。"枯杨"指上六；"华"即"花"，指九五。九五刚健、中正、居尊，但为上六所凌，好坏相抵，故"无咎无誉"。

《象辞》并不看好这门亲事，认为枯杨开花，华而不实，老妇纵使嫁了个壮汉，也生不出孩子来，这样的婚姻哪能长久呢？况且老妇嫁壮汉，也是件令人难堪的事。

【译文】

九五　枯萎的杨树重新开花，老妇嫁了个壮汉，没有灾殃也没有声誉。

《象辞》说，"枯杨生华"，哪里能够持久？老妇嫁壮汉，令人羞耻。

上六　过涉灭顶，凶。无咎。

《象》曰：过涉之凶，不可咎也。

"过涉"就是涉水，"灭顶"是水没过了头顶，意思是罹难。因上卦为泽，故取涉水之义。上六以阴爻处过极之地，论材质并不足以涉水；但是它以为自己当位，且与九三有应，因此胆很壮，一心想有所作为。结果很不幸，由于过分自信，它的下场很凶险——遭遇了灭顶之灾。发生了这么凶险的事，爻辞为什么还说"无咎"？那是由于上六为了摆脱困境而不惧凶险，慷慨赴死，精神可嘉。

上六处于"栋梁"末端，质地甚弱，但在承压之时能自损以保护主体，使屋宇不倒，这一点还是值得肯定的。正是从此认识出发，《象辞》才说上六涉水罹难"不可咎"。

【译文】

上六 涉水，水没过了头顶，凶险。但没有灾殃。

《象辞》说，涉水的凶险，不可以被责怪。

坎卦第二十九

 坎下坎上

《序卦》说："物不可以终过，故受之以坎。坎者，陷也。"

坎卦坎下坎上，是"险阻相继"之象，象征重险。

坎卦是八纯卦之一，上卦下卦都是坎。《说文解字》说："坎，陷也。"可见坎的本义是坑与穴。水就下，所处为卑下之地，坑与穴就是卑下之地，因此，坎卦代表水。三画的坎卦旋转九十度，正是一个古体的"水"字。六画的坎卦像是两河相叠，表示险阻重重。上、下两坎，其象均是一阳陷于二阴，说明形势凶险。所幸二阳均得中，最终还是有能力排除险陷的。

本卦阐述谨慎行险的道理，认为面临险陷时，应不失诚信，通过相互之间的沟通协助排险涉难。其"行险"之理，是建立在重阳信实的基础之上的。因为大环境处于坎险的状态，所以卦中六爻都不言吉。

习坎　有孚，维心亨，行有尚。

在《周易》中，各卦通常都直接说出卦名，本卦却在卦名前加了一个"习"字，因此，有学者认为卦名应是"习坎"。"习"（習）原意是鸟重复学飞，在这里表示二重险陷。附加上这个字，可能是由于此卦是除乾坤两卦外首次出现的纯卦，上下体都相同。单卦的坎卦上下为阴爻，中间是阳爻，外虚内实，表示中有诚信，因此卦辞说"有孚"。"维心亨"的"维"是指维持。一个人能富有诚信，保持内心的通达，其行为必能获得推崇。

【译文】

习坎　有诚信，保持内心亨通，行为获得推崇。

《彖》曰："习坎"，重险也。水流而不盈，行险而不失其信。"维心亨"，乃以刚中也。"行有尚"，往有功也。天险，不可升也；地险，山川丘陵也。王公设险以守其国，险之时用大矣哉！

《彖辞》说，两坎相叠表示重险。因为单卦的坎卦是"水"的古体字，而坎卦也代表水，所以《彖辞》一开始便以水切入话题。"水流而不盈"，是说陷穴极深，水怎么流也不能使其盈满。涉水就是行险，在这种时候尤需要同心同德，人与人之间讲求诚信。以下是对卦辞的解释。为什么卦辞说"维心亨"？因为坎卦的上下体都是刚中之象，说明在遇险时上下两个核心都能以雄毅刚健的品格来守持中道。"行有尚"，意味着往前走下去就会取得效果。天险是不可攀越的，地险则存在于山川丘陵中。王公懂得这个道理，就可以通过设置险阻来守护自己的国家。可见，因时制宜地利用"险"，意义大着呢！

【译文】

《彖辞》说，"习坎"，象征双重险阻。水流而不盈满，处于险中而不失诚信。"维心亨"，是因为有刚爻居中位。"行有尚"，走下去就会有效果。天险，是不可攀越的；地险，存在于山川丘陵之中。王公据此设置险阻来守护自己的国家，因时制宜地用"险"，意义大着呢！

《象》曰：水洊至，习坎。君子以常德行，习教事。

"洊"意思是一再。"水洊至"便是习坎之象，因为这个卦由两个单卦的坎卦组成，表示水滚滚而来。君子从这个卦象中获得了启发，以德行的培养作为日常追求，研习教化之事。就像宋代的司马光所说："水之流也，习而不已，以成大川；人之学也，习而不止，以成大贤。"

【译文】

《象辞》说，水相继而至，就是习坎之象。君子因而以培养德行为常，不断学习教化之事。

初六　习坎，入于坎窞，凶。
《象》曰：习坎，入坎，失道凶也。

坎为水，窞是坎里的深坑，为陷中之陷，落入其中极为危险。初六的爻辞这么凶，是由于它是失正的阴爻，身处重坎之下，上无应援，像一个人陷于深险而无力脱身，形势危殆。

从爻象来看，初六失正而无贞守之本，失刚而无出险之力，因此，《象辞》说它因"失道"而凶。

【译文】

初六　双重坎险，陷入水中深坑，凶险。

《象辞》说，双重坎险，陷入水中，是失道造成的凶险。

九二　坎有险，求小得。

《象》曰："求小得"，未出中也。

九二是下坎的主爻，它以阳陷于阴，因此说"坎有险"。对"求小得"，注家有两种解释：一说，九二刚中，虽然材质良好，但毕竟尚在险中，因此心目中追求不大。另一说，"小"指九二身边的阴爻，九二因失正而入险，因上与九五无应，并无大的援助力量；但它居中位，能以孚而比二阴，以求得帮助。"求小得"，反映了《周易》从小处求进的思想。

《象辞》解释，"求小得"，系由于九二尚陷险中，这是根据爻位分析得出的结论。

【译文】

九二　陷于坎险之中，追求小目标，可以实现。

《象辞》说，"求小得"，是由于九二尚未从险中脱身。

六三　来之坎坎，险且枕，入于坎窞，勿用。

《象》曰："来之坎坎"，终无功也。

"来之坎坎"是说来也是坎，去也是坎，意思是动辄遇险。六三阴柔，失正不中，而且被夹在上下两坎中间，进退皆陷。对"枕"的解释，众说纷纭，有训为"安"的，有训为"沈"的；笔者倾向于《周易集解》引虞翻说，训"枕"为"止"，即临险而息，躺着睡大觉。这不是说六三面对险境很从容，而是说它入险后采取任何举措都无济于事，唯有听天由命。本爻与初六都"入于坎窞"，是因为它们都是不中不正的阴爻。

因为来也是坎，去也是坎，在"入于坎窞"之后，一切努力都将是徒劳的，所以《象辞》说"终无功也"。

【译文】

六三　来也是坎，去也是坎，遇险而暂息，陷入水中深坑，不必采取什么措施了。

《象辞》说，"来之坎坎"，努力终究没有效果。

六四　樽酒簋贰，用缶。纳约自牖，终无咎。

《象》曰："樽酒簋贰"，刚柔际也。

"樽"是盛酒的器具，"樽酒"就是一樽酒；"簋"是装谷物的竹盘，"簋贰"就是两簋食；"缶"是古代的一种大腹小口的瓦器，外无纹饰。这些食物器具都是用来进献给尊者以表达敬意的。进献者是六四，受献者则是与它为邻、高居君位的九五。六四的处境本与六三相似，也是无应的阴爻，且居上卦之下，前后两端都是坎窞；但是它柔顺得正，上承九五，因此在险难时能见信于大君，连送礼也不需讲求繁文缛节，就像从窗牖"纳约"一般随意。"纳约"就是接纳约定。由于有阳刚力量相助，陷于险难的六四最终有惊无险。六三与六四均处两坎之间，前者失正无应，因此说"勿用"，后者得正承阳，因此说"无咎"。

《象辞》所说的"刚柔际"，是指阴爻六四紧挨着阳爻九五，"际"是两墙相合处的分界线。相处紧密，才会有酒食往来。

【译文】

六四　一樽酒两簋食，用缶来进献。通过窗口接受信约，终究没有咎害。

《象辞》说，"樽酒簋贰"，六四与九五阴挨着阳。

九五　坎不盈，祗既平，无咎。

《象》曰："坎不盈"，中未大也。

"坎不盈"与"祗既平"对举，表示正反两种局面。"坎不盈"是由于水都流到深窞去了，"祗既平"意味着填穴已在进行中。对"祗"的解释，众说纷纭，此处采纳尚秉和《周易尚氏学》的说法，"祗"应为"祇"，通"坻"，指小山丘。爻辞是想说明阳刚中正、下比六四的九五履险有方，无论是看德性还是看地位，都有战胜坎险、拯救天下的能力。到九五，坎险即将排除，故无咎。在一般情况下，九五是飞黄腾达、春风得意之象，但在坎卦中只是"无咎"。

《象辞》指出水不盈满，说明九五虽然中正，但是平险的力量不够强大。从爻位分析，九五力量不足，是由于与九二无应，无法获得下援。

【译文】

九五　水没有流满，山丘已被铲平，没有咎害。

《象辞》说，"坎不盈"，是由于九五虽有中正之德，但力量还不够强大。

上六　系用徽纆，置于丛棘，三岁不得，凶。

《象》曰：上六失道，凶三岁也。

"徽""纆"都是捆缚罪犯的黑索，三股为徽，两股为纆。上六阴柔，处坎卦之极，不仅与六三无应，还下凌九五，德性与地位都不行，因此处境很糟。爻辞将其比为被重重捆缚、囚禁于荆棘丛中的罪犯，说它三年都不能出来。古代系人，有"九棘"之设，犹如今日的铁丝网，防止犯人逃脱。"三年"表示时间久，并非实指。

《象辞》说，上六因为违背常道，所以有三岁之凶。违背常道的最主要特征，是以阴柔而履险极。

【译文】

上六　用绳索捆绑，囚禁于荆棘丛中，三年不得解脱，凶险。

《象辞》说，上六违背常道，凶险延续三年。

离卦第三十

 **离下离上**

《序卦》说："陷必有所丽，故受之以离。离者，丽也。"

离卦离下离上，是"双重光明"之象，象征附丽。

所谓"附丽"，说的是事物之间的依附关系。离卦是八纯卦之一，上下卦像两个太阳，或两团火光，相互映照，相互竞耀。

离卦是坎卦的错卦，阴阳相反，所象征的事物也是对立的。在单卦中，坎卦代表水，离卦代表火。在重卦中，坎卦"行险"以刚中为主，离卦"附丽"以柔正为宜。这是两卦的核心区别。

本卦从爻与爻的关系来看，是刚爻附丽于柔爻，因为卦中的两个阴爻六五与六二均在中位，其中六二还是中正之爻。这两爻获吉，就在于它们能以柔居中、守持正道。而四个阳爻不是不中便是不正，甚至不中不正兼而有之，各有各的问题。从上卦与下卦的关系来看，则是上离附丽于下离，因为下离三爻均得正，上离三爻均失正。

离卦以日与火为基本喻象，阐述附丽之义，其喻旨十分广泛，涉及自然与社会的各个层面。程颐说："天地之中，无无丽之物，在人当审其所丽，丽得其正，则能亨也。"这说明事物需要通过附丽才能有效发挥其作用与功能，如《彖辞》所说："日月丽乎天，百谷草木丽乎土，重明以丽乎正。"

离 利贞，亨。畜牝牛，吉。

离卦的主爻是六二，卦主中正，因此卦辞说"利贞，亨"。在六十四卦中，纯阴的坤卦也以牝牛为喻象；离卦不是纯阴卦，但它上下卦都是柔得中位，因此吉于畜牝牛。牝牛就是母牛，为阴物。坤卦是阴顺于阳，离卦是阳丽乎阴。

【译文】

离卦 利于贞静，亨通。畜养母牛，吉祥。

《象》曰：离，丽也。日月丽乎天，百谷草木丽乎土，重明以丽乎正，乃化成天下。柔丽乎中正，故亨。是以"畜牝牛，吉"也。

《彖辞》说离是附丽的象征，认为附丽是事物的普遍关系，并举了几个例子：太阳、月亮附丽于天，百谷、草木附丽于地，重明的离卦附丽于中正。正因为有这种附丽关系，才会形成天下欣欣向荣的局面。"重明"指本卦由两个单卦离组成。"柔丽乎中正"指本卦的阴爻既得中又得正。《彖辞》说亨通，包含着对"以柔为正"之旨的认可；说"畜牝牛，吉"，道理也在这里。

【译文】

《彖辞》说，离，象征附丽。太阳、月亮附丽于天，百谷、草木附丽于地，双重光明附丽于正道，于是化成了天下的昌明。柔附丽于中正，因而亨通。畜养母牛吉利，道理就在此。

《象》曰：明两作，离。大人以继明照于四方。

"明两作"意思是光明有两重。《象辞》这样说是因为本卦是由两个单卦离组成的。"继明"是持续不断的光辉。

【译文】

《象辞》说，光明接连出现，这就是离卦之象。大人因而用持续不断的光辉照耀四方。

初九　履错然，敬之无咎。

《象》曰："履错"之敬，以辟咎也。

"履错然"是足迹错杂的样子。初九是初爻，表示附丽开始。火性炎上，初九以刚履阳，且处在明体之中，不免急于上进，因此脚步有些急促错杂。不过它这么躁动，是想附丽中正柔和的六二；出发点正当，只要对附丽对象持敬慎态度，就不会有什么问题了。"敬之"的"之"指六二。

坤卦的《文言》说："君子敬以直内，义以方外，敬义立而德不孤。"《象辞》指出，初九能避除咎害的关键就在一个"敬"字。"辟"通"避"。

【译文】

初九　脚步错杂，对六二保持敬慎就没有灾殃。

《象辞》说，"履错"之敬，是能避咎害的原因。

六二　黄离，元吉。

《象》曰："黄离，元吉"，得中道也。

六二柔得中位，履文明之盛，因此"元吉"。其爻辞与坤卦六五的"黄裳，元吉"很接近。在传统的五行图式中，黄是土的对应色，而土在五行居中，因此黄为中色。这里是用颜色暗喻六二处内卦中位。在古人的观念中，黄是高贵的颜色，六二有此色附丽，因此大吉。

《象辞》指出，说"黄离，元吉"，是因为六二柔顺中正，阐述的是《彖辞》"柔丽乎中正，故亨"之义。

【译文】

六二　黄色附丽，至为吉祥。

《象辞》说，"黄丽，元吉"，说明有中庸之道。

九三　日昃之离，不鼓缶而歌，则大耋之嗟，凶。

《象》曰："日昃之离"，何可久也？

离卦两离相叠，二明继照，给人以强烈暗示：夕阳西下，接着又是旭日东升。"日昃"指太阳西倾，"离"意为光明。为什么九三被认为是"日昃之离"呢？《周易集解》引荀爽说："初为日出，二为日中，三为日昃。"九三处下离之终，是前明将尽、后明当继之象。这个时候，就好像人进入了暮年。爻辞说，到了这个份上，达者会乐天知命，敲着瓦器高歌行乐；不达者则会对老暮穷衰有无穷的哀叹，局面糟糕。"大耋"是说年高，"耋"为八十岁。

《象辞》说"日昃之离"不可久，是对"日暮途穷"的诠释。

【译文】

九三　太阳西沉的余辉，如果不是击打皮鼓缶器高歌，就是对老暮穷衰之况哀叹，凶险。

《象辞》说，"日昃之离"，怎可以长久呢？

九四　突如其来如，焚如，死如，弃如。

《象》曰："突如其来如"，无所容也。

各分句后的"如"字，是"……的样子"的意思。九四处在上下离的会合处，是继明之始，它阳居离体，刚躁好动，急欲上附。"突如其来如"，表示行动急切，来得突然。但居位不中不正的九四并不是理想的继明者。它的刚盛气焰就像堆柴薪在燃烧，结束后只剩一地死灰，为人遗弃。也有人认为爻辞是说敌人突然来犯，到处焚烧杀人，百姓只好放弃家园，争相逃难。

《象辞》说，"突如其来如"，说明九四虽具虚势，但不被接受。它不容人，也就不为人所容。

【译文】

九四 突如其来的样子，燃烧的样子，死灰的样子，被废弃的样子。

《象辞》说，"突如其来如"，说明无所容身。

六五 出涕沱若，戚嗟若，吉。

《象》曰：六五之吉，离王公也。

"出涕沱若，戚嗟若"，说的是人泪如雨下、忧戚叹息之状。"沱"是滂沱，"若"是语气助词。六五为什么伤感忧心？伤感忧心后为什么得吉？朱熹《周易本义》是这样解释的："以阴居尊，柔丽乎中，然不得其正而迫于上下之阳，故忧惧如此，然后得吉。"也就是说，六五柔弱不正，却履君位，夹在上九与九四两刚的中间，处境尴尬。两刚中对其威胁最大的是九四。六五以柔乘刚却无力制下，好在它有柔中之德，所以能以忧惧化险为夷。

《象辞》认为，六五的吉利，是由于附丽在王公之位，由于尊贵，小人无奈。

【译文】

九四 泪如雨下啊，悲伤哀叹啊，吉祥。

《象辞》说，六五的吉祥，是由于附丽于王公之位。

上九 王用出征，有嘉折首，获匪其丑，无咎。

《象》曰："王用出征"，以正邦也。

上九居离之极，表示丽道已成。这个时候，大众多已归附；不愿归附的则需用战争手段来解决。"王用出征"的"用"是"借助于"的意思。"嘉"，是嘉赏的意思。"折首"是杀死了魁首，一说是斩首。"丑"是"类"，"获匪其丑"就是"获非其类"，即俘虏了不愿归附的异己分子。上九本处穷极之地而不正，然而因得六五之承而有用兵出征之举，王者之师，自然无咎。

《象辞》说，王者用兵，目的是端正国家的法度。这是说王者能明照刚断，察天下之恶。

【译文】

上九 君王出师征伐，对斩杀魁首者有嘉奖，俘虏了异类，没有灾殃。

《象辞》说，"王用出征"，是为了端正邦国的法度。

下 经

咸卦第三十一

 艮下兑上

《序卦》说:"有天地,然后有万物;有万物,然后有男女;有男女,然后有夫妇;有夫妇,然后有父子;有父子,然后有君臣;有君臣,然后有上下;有上下,然后礼仪有所错。"

上经三十卦从创始万物的天地开始,主要讨论天道;下经三十四卦从人伦关系开始,主要讨论人事。

咸卦艮下兑上,是"相感有应"之象,象征感应。

"咸"是"感"的古字。世间万物,相感强烈莫过于青少年男女。本卦下艮上兑,根据《说卦》提出的"乾坤六子"理论,艮为少男,兑为少女,故本卦有少男追求少女的意思。卦的上下三爻均阴阳有应,表示这对情人相互"来电",彼此感觉良好。

咸卦借男女关系阐述感应的道理,包含两个层面的内容:在狭义上揭示男女的交感之情;在广义上阐述一般事物的感应之道。卦辞提出,感应若能循正道,就万事亨通,好比男女爱情纯正,婚姻美满。六爻则以身体设象,展示相感的不同情状与是非得失。卦爻辞为研究古代社会的礼法观念提供了具体材料。至于《彖辞》与《象辞》提出的超乎男女之上的自然与社会感应理论,则是《周易》变化观的重要组成部分。

咸　亨,利贞。取女吉。

能产生感应,意味着交流无碍,故咸以"亨"为特征。然而男女相感,情有正与不正,不正则入于淫邪,正则利而可取。男女"利贞",会自然导向婚姻——"取女"。"取"是"娶"的本字,这是一个会意字,意思是手揪着耳朵,透露了原始社会抢亲习俗的信息。基于贞固之爱,自然吉祥。

【译文】

咸卦　亨通,利于正道。娶女子吉祥。

《彖》曰：咸，感也。柔上而刚下，二气感应以相与。止而说，男下女，是以"亨，利贞，取女吉也"。天地感而万物化生，圣人感人心而天下和平。观其所感，而天地万物之情可见矣。

《彖辞》指出"咸"就是"感"。为何"咸"下要加一个"心"？因为有心才能感。"咸"字也有"皆"的意思，表示阴阳交感无所不在。"柔上而刚下"，是说上兑是阴卦，下艮是阳卦。也有人认为"柔上"指上六，"刚下"指九三。"二气感应"是指阴阳交感，说"以相与"，是由于本卦上三爻与下三爻全部有应，山泽通气。"止而说"与"男下女"都是就上下卦的关系而言的。下艮为止，上兑为说（"说"是"悦"的通假字）。"止而说"，是说遇上了心上人便会把身心驻在对方身上。"男下女"是说男在女的下方，这是基于《说卦》以下艮为少男、上兑为少女而产生的议论。当然，在古代，以尊居卑也是男子在恋爱中常有的姿态。从咸卦之象中，作者引申出了"天地感而万物化生，圣人感人心而天下和平"的道理，分别说的是自然与社会的情状。"观其所感"的"其"，是指咸卦。

【译文】

《彖辞》说，咸，就是感的意思。温柔者在上方，刚毅者在下方。阴阳感应从而相亲相爱。止于喜悦，男子甘居于女子下方，因此说"亨，利贞，取女吉也"。天地感应而万物化生，圣人感人心而天下和平。观察此卦所感，天地万物的情状就都可看清楚了。

《象》曰：山上有泽，咸。君子以虚受人。

八卦分为四组，艮与兑是一组，《说卦》把它们的关系描述为"山泽通气"。山上有泽正是山泽之气感通的体现，故为咸卦之象。山上之泽就是天湖，它的水会被山体不断吸收。君子看到这个卦象，便明白了效法山的精神、虚心接纳别人意见的道理。

【译文】

《象辞》说，山上有湖泊，就是咸卦之象。君子因之以虚心态度接纳他人。

初六　咸其拇。

《象》曰："咸其拇"，志在外也。

咸卦自下至上，依次以身体部位来说明感应的变化。初六作为阴爻位于咸卦最下，感应部位因而是"拇"，拇就是大脚趾。初六以微处初，动拇不足以进，感尚未深，因此爻辞不言吉凶。

初六虽感尚未深，但与九四有应，因此《象辞》说它"志在外也"。"外"是指外卦。

【译文】

初六　感应脚拇指。

《象辞》说，"咸其拇"，心志在外面。

六二　咸其腓，凶，居吉。

《象》曰：虽"凶，居吉"，顺不害也。

六二在初六上方，感应部位从脚拇指上升至了"腓"，"腓"就是小腿肚。六二是居中得正之爻，又与九五有应，若在别的卦中，十九得吉，可是在本卦中却被说成"凶"，有些奇怪。对其道理，在传统上并没有很让人信服的解释。一种说法是，腓感脚必动，脚动六二就会向九五求应，但这种殷勤姿态与六二本具的中正柔顺之德不合，故凶。也就是说，六二的正确做法应该是居而不动，静待上求。还有一种说法是，九三、九四、九五均为阳爻，六二独与九五有应而不理睬九三、九四，这必然会惹来九三、九四的妒忌，故凶。

六二的中正柔顺本质，决定了它动而求应必凶，居以自守则吉，因此《象辞》说它只有顺理而处才不会惹来祸害。

【译文】

六二　感应小腿肚，凶险，安静不动才吉祥。

《象辞》说，虽然"凶，居吉"，顺应交感之道就不会有害。

九三　咸其股，执其随，往吝。

《象》曰："咸其股"，亦不处也。志在随人，所执下也。

九三在六二上方，处下卦之终，感应部位也从"腓"升至了"股"，"股"即大腿。阳通常好上而悦阴，九三刚亢，又与上六有应，感应有一定强度。但是大腿在身之下、足之上，本身不能自主运动，只能随足而行，这样就产生了心志执着、盲目随人的问题。陷入这种局面时，进不能制动，退不能居静，发展会有困难。在《周易》中，知过能改为"悔"，结果是无咎；知过不改为"吝"，结果是有咎。

《象辞》说"亦不处也"，"处"就是留在家中。后一句批评九三思想水平不高，本来九三以刚履阳，又是下艮之爻，应当很有定力主见才对，岂料执意盲从，一心随人，实在不应该。"所执下也"的"下"，指初六与六二。

【译文】

九三　感应大腿，固执于盲从，发展下去困难。

《象辞》说，"咸其股"，也不静处，一心跟随别人，所执守者在下面。

九四　贞吉，悔亡。憧憧往来，朋从尔思。

《象》曰:"贞吉，悔亡"，未感害也。"憧憧往来"，未光大也。

九四未明言感应部位，但是九三"咸其股"，九五"咸其脢"，可据而推知九四所感部位在"股"之上、"脢"之下。这个位置，王弼认为是心。既然是心，那为什么爻辞不明确说"咸其心"呢？因为感应的主体本来就是心。既为心之象，就是感之主。感应以贞固为基本要求。九四并不当位，本有失正之悔；但它以刚履阴，表现了谦退的态度。谦退意味着由失向正、因贞得吉，有"贞吉"，"悔"就不存在了。"憧憧往来，朋从尔思"，说的是九四与应爻初六的关系。"憧憧"是指心意不定的样子，"往来"是说感应反复不已。"朋"指初六，"尔"指九四。

《象辞》说"未感害也"，是指没有受到不正而感的负面影响。"憧憧往来"属于私感，私感意味着狭隘，因此说"未光大也"。

【译文】

九四　正道吉祥，悔恨消除。心神不定地来来往往，朋友附和你的想法。

《象辞》说，"贞吉，悔亡"，未受不正而感的影响。"憧憧往来"，顺应交感之道没有光大。

九五　咸其脢，无悔。

《象》曰:"咸其脢"，志末也。

九五在九四之上，感应部位是身体上部的"脢"，"脢"就是背肌。九五高居尊位，阳刚中正，又与六二有应，本应大感；然而现实是只局限于在反应迟钝、与心难通的背肌相感，这未免偏私浅狭，与人君"感人心而天下和平"的要求有很大差距，故不得吉，只说"无悔"。

《象辞》认为九五志向过小。"末"是微末的意思。

【译文】

九五　感应背肌，没有悔恨。

《象辞》说，"咸其脢"，志向微小。

上六　咸其辅颊舌。

《象》曰:"咸其辅颊舌",滕口说也。

六爻之中,上六的位置最高,因此感应部位便从身躯上升到了脸部,具体的位置是"辅""颊""舌"。"辅"是牙床,"颊"是面颊,"舌"是舌头,三者都是用于说话的器官。这是暗示上六居咸卦之终,感极而反,其表现在口头上。有人说"辅""颊""舌"分指九三、九四、九五三个阳爻,但这似乎没有根据。

《象辞》说上六"滕口说",道理正如上述。"滕"通"腾",是飙扬的意思。上六是上兑之爻,既然是凌阳的小人,自然喜欢以动听的话取悦于人。

【译文】

上六　感应背肌,没有悔恨。

《象辞》说,"咸其辅颊舌",飙扬于花言巧语罢了。

恒卦第三十二

 巽下震上

《序卦》说："夫妇之道，不可以不长久也，故受之以恒。恒者，久也。"

恒卦巽下震上，是"逊以应动"之象，象征恒久。

男女因相感而结为夫妻后，必冀望爱情天长地久，故跟在咸卦之后的是恒卦。恒卦是咸卦的综卦，卦体内巽外震，表示以逊应动才会长久；同时也表示女主内、男主外是生活恒久的秩序安排，在"乾坤六子"中，巽为长女、震为长男。与咸卦"男下女"不同，恒卦主张"男上女下"——"刚上而柔下"。这种"男尊女卑"的姿态，正与传统伦常的要求吻合。下巽与上震各爻俱有应，喻示夫妇交流无碍。

恒卦阐述的是恒久之道。它有两种表现形式：一种是"不易之恒"，以不变来保持恒；另一种是"不已之恒"，以变来达到恒。因此"恒久"不一定是执一不变、停止不动的；有的事物，动才恒久，比如日月轮动，四时变化。唐代孔颖达说："恒久之道，所贵变通。必须变通随时，方可长久。"从社会意义来说，"不易之恒"指根本原则，要求坚持不懈；"不已之恒"指实际运用，要求通权达变。无论如何，纵观全卦，要义在守"正"处"恒"。

恒　亨，无咎，利贞。利有攸往。

卦辞赞美恒久之道。说守恒者可以成就三方面的事情：亨通无咎、利于正道、利有攸往。恒久意味着交流无碍，因此说"亨"。亨则没有咎害，有利于守持正道。人有恒久之志，必无往而不利。

【译文】

恒　亨通，没有过失，利于正道。利于有所行动。

《象》曰：恒，久也。刚上而柔下。雷风相与，巽而动，刚柔皆应，恒。"恒亨，无咎，利贞"，久于其道也。天地之道，恒久而不已也。"利有攸往"，终则有

始也。日月得天而能久照，四时变化而能久成，圣人久于其道而天下化成。观其所恒，而天地万物之情可见矣！

《彖辞》说，"恒"便是"久"，二字同义，因此在现代汉语中被合成为"恒久"。"刚上而柔下"，"刚"是说上震为阳卦，"柔"是说下巽为阴卦。这是以上下卦体来说明阴阳尊卑关系的恒久不易。震为雷，巽为风，雷动风生，彼此交助其势，这便是"雷风相与"，"与"犹言"助"。"巽而动"即逊而动，这是就内巽外震而言的。"刚柔皆应"，是说上卦三爻与下卦三爻阴阳俱有应。《彖辞》又解释，卦辞说"亨，无咎，利贞"，是因为能在正道上持久坚守。天地的道理，便是恒久而不停止。"利有攸往"，说明发展循环不已，终而复始，就好比日月有天之助而能长久照耀，一年有四季变化而能有恒久收成，圣人长久保持其道而达至天下化成之局。这些说法都是讲恒久并不意味着不动，而是动方能恒。因为恒久之义覆盖极广，所以观察这个卦所表达的恒久之义，天地万物的情状就可以显现出来了。

【译文】

《彖辞》说，恒便是久。代表长男的震卦在上方，代表长女的巽卦在下方。雷与风互相配合，逊而动，上三爻与下三爻均阴阳有应，这就是恒卦。"恒　亨，无咎，利贞"，是由于能在他的道上持久坚守。天地的道理，便是恒久而不停止。"利有攸往"，则是说结束了又会有开始。日月了解天道故能长久照耀，四季变化而能有恒久的收成，圣人恒久地保持其道而达至天下化成的局面。观察此卦所表达的恒久之义，天地万物的情状就都可以看出来了。

《象》曰：雷风，恒。君子以立不易方。

震卦与巽卦结合，便是恒卦之象。君子从此卦获得启发，对自立与立人的原则始终坚持。《象辞》强调的是"不易之恒"，与《彖辞》强调"不已之恒"不同。

【译文】

《象辞》说，上震下巽，便是恒卦之象。君子因而确立恒久不变的方略。

初六　浚恒，贞凶，无攸利。

《象》曰："浚恒"之凶，始求深也。

"浚"是疏通，疏通是为了加深。初六是下巽的初爻，巽德为入，故初六对深入于恒道本来就有天然的动力。加上它与九四有应，九四是上震唯一的阳爻，其刚健好动的性格也影响了初六。初六质柔而志刚，急欲深入探求恒之道。但它资历不深、居位不正，只宜以渐为常，如今求恒心切，反倒欲速不达。因为行为失当，所以爻辞说"贞凶，无攸利"。这一爻居于初，尚未起步就追求恒久，目光放得过远，有急于求成、欲速不达之嫌，故俞琰之《周易集说》说："恒之初，岂可以遽求深？求深，则凶也。"

《象辞》指出，"浚恒"之凶，问题出在"始求深"上。为什么？因为世间长久之事，几乎没有哪一件是朝夕可至的。事欲恒久，求必允当。

【译文】

初六　深求恒道，正道凶险，没有什么好处。

《象辞》说，"浚恒"的凶险，在于一开始就追求深入。

九二　悔亡。

《象》曰："九二　悔亡"，能久中也。

九二以刚履阴，且与六五有应，本有失正不恒之悔。不过能居守中位，不偏不倚，悔就消失了。这里暗示中庸是恒久之道的前提。《周易》的许多爻辞都说"无悔"，如咸卦九五的"咸其脢，无悔"、复卦六五的"敦复，无悔"。"无悔"与"悔亡"存在区别。"无悔"指的是从一开始就没有悔恨的顺利状态，而"悔亡"则是说本有悔恨但最终化险为夷，渡过了坎坷之途。

《象辞》特别强调恒久于中的意义，认为这是九二"悔亡"的根本原因。这说到了点子上。郭雍《郭氏传家易说》说："可久之道无他焉，中而已矣。过犹不及，皆非可久也。故《中庸》曰：'中者，天下之大本也。'"

【译文】

九二　悔恨消失。

《象辞》说，"九二　悔亡"，是由于能恒持中道。

九三　不恒其德，或承之羞，贞吝。

《象》曰："不恒其德"，无所容也。

九三是当位之爻，但过刚不中，又应于上六，故性格躁动冒进，守德不恒。这就有可能蒙受羞辱，守正也有困难。"或承之羞"是说有时会蒙受羞辱，"或"表示不定。说"贞吝"，是因为九三本来得正。

《论语·子路》提到，南人有言："人而无恒，不可以作巫医。"《象辞》对"不恒其德"的九三持鄙夷态度，说他无处容身，不为人所接受。

【译文】

九三　不能恒久保持德行，或许会承受羞辱，守正困难。

《象辞》说，"不恒其德"，无处容身。

九四 田无禽。

《象》曰：久非其位，安得禽也？

"田无禽"是指畋猎没有收获，暗示九四以刚履阴，恒居于不当之位，劳而无功。爻辞没有断占之语，说"田无禽"，否定之意已显示在其中。

《象辞》以设问的形式，指出九四既失正又不中，因此猎而不获。

【译文】

九四 畋猎未获禽兽。

《象辞》说，"久非其位"，哪里能捕得到禽兽呢？

六五 恒其德，贞。妇人吉，夫子凶。

《象》曰：妇人贞吉，从一而终也。夫子制义，从妇凶也。

"恒其德"的"德"指柔德。六五以阴爻处上卦之中，虽不当位，但下应刚中的九二，是有柔中之德的妇人恒遵妇道、守贞从夫之象，故爻辞说"贞"。以柔顺为恒，是对女人而言的，如果男人也以柔顺为恒，就会失去阳刚之气，故爻辞说"妇人吉，夫子凶"。注意，在别的卦中，六居君位而应刚通常不失，而在恒卦中却有警示之语。

恒卦是长男与长女的结合，因此《象辞》有"妇人贞吉，从一而终"的论评。"从一"说，以六五唯应九二为据。这句话反映了古代礼制对妇女的制约，后世"夫死不嫁"要求的出现与此有关。"夫子制义，从妇凶也"的意思是，假若为男人制定立身处事的原则以女人的标准为标准，那就糟了。反之亦然。

【译文】

六五 恒久保持柔德，贞洁。妇人吉利，男人凶险。

《象辞》说，"妇人贞吉，从一而终也"。男人在制定立身原则时，若遵从妇道，就凶险了。

上六 振恒，凶。

《象》曰："振恒"在上，大无功也。

"振"为"动"，"振恒"就是恒道动摇。上六为上震的阴爻，以不善固守之性处一卦之终，按照物极必反的道理，恒极则不常，故凶。

恒卦初六在下求恒过深，上六在上恒不能守，首尾都有问题，故《象辞》说"大无功也"。

【译文】

上六 恒道动摇，凶险。

《象辞》说，"'振恒'在上"，完全没有成效。

遁卦第三十三

 艮下乾上

《序卦》说："物不可以久居其所，故受之以遁。遁者，退也。"

遁卦艮下乾上，是"天下有山"之象，象征避遁。

"遁"也写作"逃"，意思是退隐。遁卦两阴生于下，阴气还会继续增加，阳气则逐渐消退，接下来将是三阴消阳的否卦出现，喻示小人一步一步得势，君子一步一步走向边缘。卦体则暗示天下的山野是君子的遁迹之地。

遁卦的核心思想是，在黑暗力量占压倒性优势的背景下，君子应秉持隐忍退避的策略。因为在小人得势时，抗争不仅徒劳无益，甚至是有害的。君子的正确做法，是坚定信念，执中守正，不留恋权位，不与小人同流合污，当隐则隐，当退则退。退避的方式有两种：一是"晦迹"，即离开政治舞台；二是"潜光"，即不露锋芒。总之是或隐没于世俗之中，或超脱于尘世之外。古代的士大夫，常在入仕与退隐之间摇摆不定。他们有时在官场上志得意满，有时却在山林中怡情养性。从表面上看，他们似乎对上述两种相反的生活方式都能接受，但实际上还是更希望"居庙堂之高"，而不是"处江湖之远"，退隐不过是不得已时的举措罢了。不过，"江湖""山林"对于那些真正修养高深的君子们来说还是具有吸引力的，传统文化对此也持肯定、赞赏的态度。

遁卦二阴消阳，在"十二消息卦"中代表夏历（农历）六月、周历八月。

遁　亨，小利贞。

退遁为什么"亨"？因为在阴气势盛的情况下，不与小人争锋才是正确的策略。"小利贞"是说阳虽当遁，但把握时机，犹有可为，退遁并不等于完全放弃。

【译文】

遁　亨通，小利于正固。

《彖》曰：遁亨，遁而亨也。刚当位而应，与时行也。"小利贞"，浸而长也。

遁之时义大矣哉!

《彖辞》说,当小人道长之时,君子隐忍遁退不失为出路,当遁能遁,则亨。"刚当位而应"指九五,它是阳刚中正的卦主,也是君子的代表。居君位而有应,说明它虽为小人所逼,但还是有能力应对局面,能因应时势采取正确的策略。对于卦辞"小利贞"中的"小"字,《彖辞》理解为逐渐增长的阴气,阴爻代表小人,说其"利贞",似不可通。《米氏易注》这么解释:"浸而长,其势必至于害君子,故戒以'利贞'。"更嫌勉强。最后一句,是赞美遁卦的现实意义。

【译文】

《彖辞》说,遁亨,指退避就亨通。刚居阳位正当而有感应,能顺时而行动。"小利贞",是说阴气在逐渐增强。遁在因时制宜方面意义大着呢!

《象》曰:天下有山,遁。君子以远小人,不恶而严。

本卦艮下乾上,因此说天下有山是遁卦之象。君子从此卦中获得了某种感悟,这便是应当"远小人,不恶而严"。"远小人"不一定要厉声恶色,若能保持威严、使其敬畏,也不失为一种方法。

【译文】

《象辞》说,天下面有山,便是遁卦之象。君子疏远小人,可不表现出憎恶,但要保持威严。

初六 遁尾,厉,勿用有攸往。

《象》曰:"遁尾"之厉,不往何灾也。

在解释爻辞时,有两点要先明确:第一,遁卦的卦象主一卦大义,爻象言一爻旨趣,两者有很大的差别。在卦中初六与六二代表得势的小人,在爻中它们却代表"遁"的特定形态。第二,卦通常以下为初,但在遁卦中,在上者先进,在初者成了末尾。"遁尾",是说初六当遁而未遁,落单于后,十分危险。它以柔履阳,居不当位,却与九四有应,若因应而往,必与灾会,因此爻辞告诫"勿用有攸往"。

初六本应见机而遁,但成为"遁尾"后,不往而晦藏,也不失为一种免灾策略。《象辞》通过"不往何灾也"一语给予肯定。在古代,也有隐于朝市而不去者。

【译文】

初六 遁避居于末尾,危险,不要去那里。

《象辞》说,"遁尾"的危险固然存在,但不去那里又有什么灾殃呢?

六二　执之用黄牛之革，莫之胜说。

《象》曰：执用黄牛，固志也。

遁卦四个阳爻均遁，两个阴爻均不遁。与初六的当遁而未遁不同，六二是能遁而不遁。它处于艮止中，阴柔中正，上应九五。作为品行正直的臣子，他心牵朝廷，志在辅世，因而不遁；结果被黄牛皮革执缚住，无法解脱。"执"指捆绑，"革"是皮带，"莫"是无法，"说"通"脱"。

《象辞》说"固志"，是指六二决意不退，贞定自守，不愿离开政治舞台。

【译文】

六二　用黄牛的皮革来捆绑，不能解脱。

《象辞》说，系人用黄牛的皮革，喻示六二意志坚定。

九三　系遁，有疾，厉。畜臣妾，吉。

《象》曰："系遁"之厉，有疾惫也。"畜臣妾，吉"，不可大事也。

九三以刚履阳，是当位之爻，在当遁之时本是主动的遁退者，但是由于居内卦之上而下比二阴，处遁就情有系累了。既有系累，就做不到超然远遁，爻辞用"有疾，厉"示诫。"畜臣妾"指九三下比的二阴。"系"与"畜"，主从关系不同，吉凶也不同。《重定费氏学》引徐几语："系者，我为彼所系，阴为主；畜者，彼为我所畜，阳为主。"

遁有系累，如同因病困而致危；"畜臣妾"虽"吉"，但毕竟着眼的是次要事物，因此《象辞》断定其成不了大气候。

【译文】

九三　遁避受到系累，有疾病，危险。畜养臣仆与侍妾，吉利。

《象辞》说，"系遁"的危险，有病疾与困惫。"畜臣妾，吉"，不可以成大事。

九四　好遁，君子吉，小人否。

《象》曰：君子好遁，小人否也。

九四是上乾的组成部分，性格刚健。作为君子，他虽然与初六有应，但是在当遁之时，去意坚决。"好"与"恶"相反，"好遁"就是决意遁退。在遁的问题上，贤明的君子与愚昧的小人表现出不同的态度，君子好遁能退，故吉；小人系恋不舍，故否。

好遁，既有克己制欲之意，也有识时知世之义。《象辞》认为小人无法做到。

【译文】

九四 决意遁退，君子吉祥，小人否塞。

《象辞》说，君子决意遁退，小人否塞。

九五 嘉遁，贞吉。

《象》曰："嘉遁，贞吉"，以正志也。

九五是遁卦的主爻，它性质刚健，大中至正，下应六二，堪称完美。他犹如乱世的高士，本可不遁，却能知几远虑，不恋尊位，适时退隐，守持正固。其行为为人所称赞，故爻辞有"嘉遁，贞吉"之誉。"嘉"是嘉美。因为九五是尊位，所以易学界对"嘉遁"者是君还是臣的认识有分歧。

《象辞》认为，爻辞说明九五在遁退问题上能端正想法。这样说，是由于它与其所应的六二都是中正之爻，没有私系之失。

【译文】

九五 嘉美遁退，正道吉祥。

《象辞》说，"嘉遁，贞吉"，为了端正心志。

上九 肥遁，无不利。

《象》曰："肥遁，无不利"，无所疑也。

"肥"通"蜚"，即"飞"。上九居遁卦之极，有远走高飞之象。因此有"肥遁，无不利"之说。

《象辞》所说的"疑"是顾虑、犹豫。说"无所疑"，是由于上九超世高举，没有牵挂。这个结论，出自上九的下无应。

【译文】

上九 高飞远遁，没有不利。

《象辞》说，"肥遁，无不利"，说明无所犹豫。

大壮卦第三十四

 **乾下震上**

《序卦》说："物不可以终遁，故受之以大壮。"

大壮卦乾下震上，是"雷在天上"之象，象征威猛。

大壮卦是遁卦的覆卦，它是在"三阳开泰"的基础上增一阳爻形成的。从泰卦到大壮卦，是一个阳气壮大的过程。"大"代表阳，"壮"表示盛。大壮是大者之壮，表示阳刚事物的强盛状态。

与遁卦强调消极退避不同，大壮卦主张积极行动，因为"动"才是自然与社会发展的推动力量，比如阳气动而万物苏，君王动而臣民仰。但该卦同时也提醒，动要处理好"大""壮""正"的关系。卦虽名为"大壮"，中心思想却是要求谦和自守，避免恃强用壮。因此二、四两刚以谦获吉，初、三两阳妄动致凶，五、上两阴壮过宜守。这种"大壮不用"的思想，与许慎《说文解字》的"止戈为武"之说很接近。有学者指出，"不用壮而弥壮"是大壮卦的精义。根据象派易学的"大象"理论，大壮卦是一个"大兑"。它的样子像一只公羊，因此卦中有四爻以羊为喻象。

大壮卦四阳息阴，在"十二消息卦"中代表夏历（农历）二月、周历四月。

大壮　利贞。

在《易》学中，阳为大，象征君子。大壮卦四阳息阴，因此利于守持正道。卦辞强调一个"贞"字，是暗示大壮若不得其正，就是强猛之为。

【译文】

大壮卦　利于正道。

《彖》曰：大壮，大者，壮也。刚以动，故壮。"大壮利贞"，大者，正也。正大而天地之情可见矣。

《彖辞》解释说，"大壮"的意思是"大者，壮也"。"大者"，指阳爻。大壮卦阳气浸长，由三阳三阴的泰卦形成了四阳二阴之局，可见阳气发展强劲。"刚以动"，指上下体的关系，下乾刚健，上震性动。《彖辞》又特别指出，卦辞说"大壮利贞"，是强调"大"必须与"正"结合，"大"本身就意味着"正"。而有了正大的胸怀，天地的情状就可以展现出来了，因为天地的样子本来就是正大的。

【译文】

《彖辞》说，大壮卦是指阳气强盛。刚健而喜动，因此壮。"大壮利贞"，大，就是正。达到了正大，天地的情状就可以展现出来了。

《象》曰：雷在天上，大壮。君子以非礼弗履。

因为大壮卦下乾上震，所以《象辞》说雷在天上轰鸣就是大壮。不过君子看到声势浩大的这一卦，却应从相反方面获得启发，这就是不能以势压人，而应自觉践行礼仪。《论语》说"克己复礼为仁"，"非礼勿视，非礼勿听，非礼勿言，非礼勿动"，可看作对此的注脚。为什么会有这种启示？因为本卦阳气若再进一步发展，便变成了一阴凌五阳的夬卦，而这是小人压制君子之象。

【译文】

《象辞》说，雷在天的上面，便是大壮卦。君子因此不去做不合礼仪的事。

初九　壮于趾，征凶，有孚。
《象》曰："壮于趾"，其孚穷也。

初九是大壮卦的初爻，故爻辞以脚趾作为喻象。脚趾是用来走路的，说"壮于趾"就等于说"盛于行"。初九以刚处阳，当位于下，但它与上无应，缺乏援引，若行进太猛，就会出现问题。"征凶"是说走下去会有凶险。"有孚"在此处可理解为自信。

"壮于趾"意味着居下而用壮、任刚而决行，这都是由于过分自信而带来的问题，因此《象辞》说"其孚穷也"。"其孚穷"犹言"穷于孚"，即过分自信。《周易》在这一爻中表达了"慎始"之义。

【译文】

初九　脚趾强健，走下去凶险，有自信。

《象辞》说，"壮于趾"，其自信过分。

九二　贞吉。
《象》曰："九二　贞吉"，以中也。

九二本来失正，但它以刚履阴，且与六五有应，表示在大壮之时能居柔不亢，这一点正与初九的孟浪相反，因此反成"贞吉"之象。

九二被认为"贞吉"，还有另一个原因，便是《象辞》中说的"以中也"。九二是下乾的中爻，具有中庸之德，故能以中求正。

【译文】

九二　正道吉祥。

《象辞》说，九二的"贞吉"，是由于它处于中位。

九三　小人用壮，君子用罔。贞厉，羝羊触藩，羸其角。

《象》曰："小人用壮"，君子罔也。

九三三阳相叠，以刚居阳，当位而应上，又在乾体之终，很有刚奋的资本，因此是一个容易出问题的位置。处在这个位置上，若是小人，必会"用壮"，因为争强好胜；若是君子，便不会这么做，因为懂养德之道。"罔"是"置若罔闻"的"罔"，意为"无"，"用罔"就是不用壮。"贞厉"即正道有危险。在《周易》中，能致凶而未至为"厉"。爻辞以"羝羊触藩，羸其角"为喻象，说明一意"用壮"后果堪虞。"羝羊"即公羊；"藩"是藩篱；"羸"本义为虚弱，此处指损坏。小人在壮强之时，往往动则过亢、进而不顾，就好像一头鲁莽的公羊，明明有藩篱在前，亦会不顾一切触突而进，以至于角被卡住，进退乏术，相当狼狈。九三为乾体之极，故有"触藩"之喻。

《象辞》强调"小人"与"君子"在"用壮"问题上的不同态度。

【译文】

九三　小人用壮，君子不用。正道危险，公羊顶触藩篱，损坏了它的角。

《象辞》说，小人用壮，君子不用。

九四　贞吉，悔亡。藩决不羸，壮于大舆之輹。

《象》曰："藩决不羸"，尚往也。

九四居上震之下，失位无应，本应有悔；但在四阳相叠之时能以刚履阴，表示能行谦持正，悔恨因此消失。"贞吉，悔亡"，与咸卦九四同占，其道理亦完全一样。负面因素消除后，前路就打通了，如同藩篱被触开了一个决口，羊角不再被卡住；也好像大车之輹得到加固，可以畅行无碍了。"舆"是车子，"輹"是车子用于扣住轮轴的器件。"壮于輹"，就是"壮于进"。

九二与九四都因以刚居阴而得吉，但二者有区别：九二自守不进，九四有意前进。因此《象辞》说九四"尚往也"。

【译文】

九四　正道吉祥，悔恨消除。藩篱被触开了口，羊角不再被卡着；加固了大车的轮辐。

《象辞》说，"藩决不羸"，意味着崇尚前进。

六五　丧羊于易，无悔。

《象》曰："丧羊于易"，位不当也。

"丧羊于易"是说在易这个地方丢失了羊，丢羊虽遗憾，但并不是什么大不了的事情，因此"无悔"。阳为大，"大壮"体现在下面四阳中。六五虽以柔居尊，且与下有应，但本身资质柔弱，已失"大壮"品格，故有"丧羊"之象。不过，近人顾颉刚认为，在《周易》的卦爻辞中包含某些商周时期的史实，像"丧羊于易"，说的便是殷商的先祖王亥在有易国失羊之事。旅卦上九的"丧牛于易"亦与此同。

六五以柔履阳，居位失正，是以《象辞》把"丧羊"的原因归于六五的"位不当"。

【译文】

六五　在牧场丢失了羊，没有悔恨。

《象辞》说，"丧羊于易"，因为居位不当。

上六　羝羊触藩，不能退，不能遂，无攸利，艰则吉。

《象》曰："不能退，不能遂"，不详也。"艰则吉"，咎不长也。

爻辞的意思是，公羊顶触藩篱而被卡住了角，既不能后退，又不能遂愿前进，没有讨到什么好处。在这种情况下，只有忍耐坚持，过艰苦日子，才能获得吉祥。上六居大壮之终，处上震之极，求进心迫切；但它体柔质弱，力量有限，犹如羝羊触藩被卡住了角，进退两难。好在它有两个优势，一是当位（以柔履阴），二是有应（与九三正应），故"艰则吉"。

《象辞》中的"详"是指周详，也有人认为"详"同"祥"。尚秉和认为，九三与上六是应爻，应必和合，故"咎不长也"。

【译文】

上六　公羊顶触藩篱，既不能后退，又不能按想法前进，没有（讨到）什么好处，艰苦才能获得吉祥。

《象辞》说，"不能退，不能遂"，有欠周详。"艰则吉"，说明过失不至于长久。

晋卦第三十五

 **坤下离上**

《序卦》说："物不可以终壮，故受之以晋。晋者，进也。"

晋卦下坤上离，是"旭日东升"之象，象征晋升。

晋卦是明夷卦的综卦。太阳升起，便光辉灿烂，与明夷卦象征的黑暗恰恰相反。在《周易》中，有三个卦都有"升进"之意，分别是晋卦、升卦与渐卦。它们意思接近而卦旨有别，层次也不一样。晋卦义最优，升卦次之，渐卦又次之。

晋卦阐述晋升之道。卦辞以康侯获得天子宠信为喻，说明晋升需要有人垂青，而获得提拔的要旨，便是《彖辞》所说的"顺而丽乎大明，柔进而上行"，即一要向明而进，二要举止柔顺，前者是说上进的方向，后者是说上进的方式。卦名用"晋"不用"进"，是由于"晋"兼有"上升"与"光明"双重含义。

晋　康侯用锡马蕃庶，昼日三接。

对此卦辞，有两种解释。以顾颉刚为代表的一些学者认为，这是说事之辞，像既济卦的"高宗伐鬼方"、归妹卦的"帝乙归妹"、明夷卦的"箕子之明夷"一样，它所讲的是真实的历史故事。"康侯"是指周武王的胞弟、卫国的第一任国君卫康叔，他获得天子的恩宠，被赏赐了很多马匹，并且在一个白天之内就三次晋见天子。不过，按传统说法，卦辞是周文王创作的，而在周朝立国之前，文王就已经去世了，因此卦辞中不应出现康叔。基于这个原因，历来注家都把"康侯"理解为一般的爵位，"康"是美名，"康侯"就是能定民安邦的诸侯；"锡"通"赐"；"蕃庶"意思是众多；"三接"即三次接见。

【译文】

晋卦　康侯获得了天子赏赐的众多马匹，并且在一个白天之内三次晋见天子。

《彖》曰："晋"，进也。明出地上，顺而丽乎大明。柔进而上行，是以"康侯

用锡马蕃庶，昼日三接"也。

《彖辞》说，"晋"就是上进。"明出地上"，从卦象看是说离卦在坤卦上面，在现实中则是说太阳从地面升起。"顺而丽乎大明"意思是，大地柔顺地附丽于太阳。"顺"是坤的属性，在人文的意义上代表臣下；"丽"是附丽；"大明"就是太阳，在人文的意义上代表圣主。坤喻臣道，日为君德，能做到"顺而丽乎大明"，就有"柔进而上行"的机会与空间。"柔进"是说柔和地向上发展，直至居于尊位，这是就六五而言的。而"康侯用锡马蕃庶，昼日三接"，是臣下受宠的喻象。

【译文】

《彖辞》说，晋就是上进。太阳在地上升起，顺从地依附太阳，柔和前进而往上行动，因此说"康侯用锡马蕃庶，昼日三接"。

《象》曰：明出地上，晋。君子以自昭明德。

《象辞》说，太阳从地面升起，这就是晋。君子从这个卦所获得的启示，就是展示自己本有的光明德性。"昭"为动词，是彰显的意思。自昭明德，就是效法东升的太阳，将个人本有的光辉德行展示出来，落实为实际行动。

【译文】

《象辞》说，太阳从地面上升起，这就是晋长。君子因而彰显自己的光辉德性。

初六　晋如，摧如，贞吉。罔孚，裕，无咎。
《象》曰："晋如，摧如"，独行正也。"裕，无咎"，未受命也。

卦为晋卦，各爻自然都以"晋"为义。初六是在下位的阴爻，能力有限。尽管它与九四有应，但九四以刚履阴，居位不正，未能给予它多大应援，因此初六的上进从开始就受到了挫折。"如"是语气助词，相当于"然"；"摧"为挫折抑止。初六以柔履阳，居位亦不正，为什么爻辞还说"贞吉"呢？原来这个"贞"，说的不是它的所居之位，而是它的上进之心。下文指出它始"晋"而"摧"的原因是"罔孚"，"罔"是"置若罔闻"的"罔"，"孚"是"深孚众望"的"孚"。"罔孚"就是缺乏信任。为什么会得不到信任？因为你刚刚出道，别人对你并不了解。这时你不能心急，应当宽裕以待时日。"罔孚"之说提出的根据，是初六与九四之间有两个阴爻，彼此隔阻难应。

初六之晋是《彖辞》所说的"柔进而上行"，而不是那种急求有为的莽进，故《象辞》说它"独行正也"。说"裕无咎"，则是由于它资历尚浅，未受任用。

【译文】

上进的样子，受挫折的样子，正道吉祥。未获信任，宽裕以待就没有过失。

《象辞》说，"晋如，摧如"，独立行进于正道。"裕，无咎"，因为尚未受任用。

六二　晋如，愁如，贞吉。受兹介福，于其王母。

《象》曰："受兹介福"，以中正也。

六二处在两阴之间，上无应与，因而是晋路坎坷、发愁以对之象。好在它德性柔顺中正，能敬慎处事，并不因无应而改变本有的品格，故"贞吉"。正因为能保持柔顺中正，所以它从"王母"那里获得了很大的福泽。"介"为"大"，"受兹介福"就是获得大福气。"王母"，学者均认为指六五，没有分歧，但对"王母"的认识却不一致：有人认为"王母"就是祖母；有人认为它是指"阴之至尊者"。其实应该是指在君位听政的母后。六五与六二本来无应，但它们在上下卦中各居中位，故能同声相应、同气相求。它们不是"君臣"关系，也不是"父子"关系，而是"婆媳"关系。

《象辞》给出了六二"受兹介福"的原因：居中守正。

【译文】

六二　上进的样子，发愁的样子，正道吉祥。从居君位的母后那里获得这么大的福泽。

《象辞》说，"受兹介福"，因为居中守正。

六三　众允，悔亡。

《象》曰：众允之志，上行也。

六三不中不正，处非其位，本当有悔。好在它与下面两阴同有上进之心，与上九也阴阳相应，因此其想法能为公众所允从，于是悔恨就消失了。王弼说："志在上行，与众同信，顺而丽明，故得悔亡。"从初六的"罔孚"到六三的"众允"，反映了"柔进"向好。

《象辞》指出六三能获"众允"的核心因素，是同有"上行"之愿。

【译文】

六三　众人允从，悔恨消失。

《象辞》说，众人所认可的志向，是向上行进。

九四　晋如鼫鼠，贞厉。

《象》曰："鼫鼠，贞厉"，位不当也。

"鼫鼠"，就是专门侵害庄稼的硕鼠。《诗经·魏风·硕鼠》说："硕鼠硕鼠，无食我黍。"但也有人将其理解为《说文》所说的"五技鼠"。蔡邕《劝学篇》说"鼫鼠五能，不成一技"，"五技"即能飞不能过屋，能缘不能穷木，能游不能度谷，能穴不能掩身，能走不能先人。"鼫鼠"在这里喻指九四。九四失正不中，却能晋到高位，正如贪婪卑鄙、身无专技的人获重用。出现这样的局面，会"贞厉"——正道受到威胁。

《象辞》说"鼫鼠"之所以"贞厉"，是因为九四以刚履阴，且为六五所凌，居位不中不正。

【译文】

九四　进展像硕鼠，正道危险。

《象辞》说，"硕鼠，贞厉"，因为居位不当。

六五　悔亡。失得勿恤，往吉，无不利。

《象》曰："失得勿恤"，往有庆也。

六五以阴履阳，居位不当，又以柔凌刚，压制九四，本是有悔的；但它作为晋卦的主爻，身在离明，柔得尊位，中和文明而能让在下位者顺服，这样悔就不存在了。由于地位优越，六五无需计较个人得失，只要努力上进，前景就无往不吉，无所不利。"失得"分别指上述的不利与有利因素，"恤"是忧虑、担心。

《象辞》指出"失得勿恤"意味着走下去必有喜庆，这是对爻辞"往吉，无不利"的解读。

【译文】

六五　悔恨消除。得失问题无需费心，往上进吉祥，没有什么不利。

《象辞》说，"失得勿恤"，往上进有喜庆。

上九　晋其角，维用伐邑，厉吉，无咎，贞吝。

《象》曰："维用伐邑"，道未光也。

上九处晋卦之终，是明出地上、盛极则衰之象，故有晋极而反、明而将暗的意思。"晋其角"，是说上九在晋卦的顶点，进无可进，好比钻进了牛角尖中。不过上九是阳爻，不仅刚动而有应，还有征伐不服城邑的能力。"维用伐邑"，言外之意是晋道已极，靠德治已无法建功，而必须靠征伐。"维"是语气词，无义；"用"是助词，犹"宜"。靠征伐去建功是有危险的，但可以因厉得吉，而得吉则无咎。上九建功，毕竟有用武之憾，因此守正有困难。

王道大光，就无需征伐；而"维用伐邑"，则说明王道不彰。《象辞》的"未光"之说，卦象依据在离为光明，至极将熄。光明既熄，下一卦便为明夷。

【译文】

上九　进至顶端，宜于征伐城邑，从危险到吉祥，没有灾殃，但守正困难。

《象辞》说，"维用伐邑"，说明晋道没有光大。

明夷卦第三十六

 **离下坤上**

《序卦》说："进必有所伤，故受之以明夷。夷者，伤也。"

明夷卦离下坤上，是"明入地中"之象，象征黑暗。

"夷"是伤害的意思，"明夷"就是光明受到了侵损。明夷卦是晋卦的综卦，卦象颠倒，意思也相反。晋卦是离在坤上，表示旭日东升；明夷卦是离在坤下，表示黑夜来临。在政治的意义上，明夷卦喻示昏君在上、朝纲混乱。明夷卦与反映小人得势的遁卦的情状很相似，要说有什么不同，那就是其形势更为严峻。历来认为，此卦反映的是殷周之际的社会状况，卦中所说的昏君是商纣王，而与黑暗力量抗争的君子是周文王与箕子等。卦辞认为明夷"利艰贞"，强调要在艰难困苦的时世守持正道，当黑暗力量猖獗之时，应当奉行"用晦而明"的策略，收敛隐忍。君臣之间的矛盾，表现为黑暗与光明的角力。

明夷　利艰贞。

明夷是黑暗的代名词。在这种时世里，只有艰苦守持正道的人才会得利。在六十四卦中，明夷卦是唯一一个卦辞以"利艰贞"立义的卦，在别的卦中，"利艰贞"只是在爻辞中出现，这说明在明夷局面下问题的严重性。

【译文】

明夷卦　利于艰苦守持正道。

《彖》曰：明入地中，明夷。内文明而外柔顺，以蒙大难，文王以之。"利艰贞"，晦其明也。内难而能正其志，箕子以之。

明夷卦上坤为地，下离为明，是光明遭到压制之象。在黑暗的时世中，要自保必须采取正确的策略。周文王在商朝末年曾蒙大难，被商纣王囚禁了七年，但最终保住了性命。他是靠什么做到这一点的呢？韬光养晦。"内文明而外柔顺"，是根据下离为明、上坤为顺而作出的判断，意思是心里明白，外表服从。这句话说得俗白一点，那就是装傻。《彖辞》还认为"利艰贞"有隐藏明白的含意。"内难"意思是朝廷发生了灾祸，在这种时候更需端正心态，而箕子就是这么做的。箕子是商朝的旧臣，也是纣王的同姓之亲，是"殷末三贤"（微子、箕子、比干）之一。《史记·宋世家》记载，纣王暴虐，箕子屡谏不听。箕子知道他已无可救药，便装疯卖傻，自晦其明，终于躲过了一劫。周灭商后，他把上古的治国方略传给了周武王，为苍生做了件大好事。

【译文】

《彖辞》说，光明陷于地下，就是明夷卦。内心明白而外表柔顺，用以应付所蒙受的大灾难，周文王就是这样做的。"利艰贞"，是隐蔽光明的意思。内部出现了灾祸而能端正心态，箕子就是这么做的。

《象》曰：明入地中，明夷。君子以莅众，用晦而明。

《象辞》对明夷卦的认识与《彖辞》是一致的，不过观象心得小有不同。它认为，君子应当从这个卦中获得启发，来到老百姓当中时，要表面糊糊涂涂、内心清清楚楚，大智若愚。"用晦而明"这句话，与"难得糊涂"的意思接近。

【译文】

《象辞》说，光明陷于地下，就是明夷卦之象。君子因而与民众相处时，以糊涂达至明白。

初九　明夷于飞，垂其翼。君子于行，三日不食。有攸往，主人有言。

《象》曰："君子于行"，义不食也。

"明夷"在卦中象征黑暗，但按照李镜池《周易筮辞考》解释，其在初九却被借指一种同名的鸟，这种鸟也写作"鸣鹎"。"于飞"是说鸟在飞行中。初九是当位的阳爻，与六四有应，进取是合乎情理的；但在"明入地中"的局面下行动艰难。"垂其翼"表明明夷鸟飞得很吃力。爻辞说鸟，是采用"兴"的文学手法，其实它的落点在人——"于行"的君子。君子行走了三天都没有吃饭，反映了他的落魄失意。因为君子与黑暗的时世有冲突，所以无论他去哪里、干什么，主人都会有微词。"言"指闲话。《左传》杜预注说："明夷初九，得位有应，君子象也。在明伤之世，居谦下之位，故将辟难而行。"

《象辞》说"君子于行"有"不食"之义。这不是说君子不该吃饭，而是说君子不受嗟来之食。君子独行无闷，不食也无所谓。有人认为君子不食是为了赶路，解释未得要领。

【译文】

初九　鸣鹮在飞行中，垂下了翅膀。君子在行走中，三天没有吃东西。他有所行动，主人都有怨言。

《象辞》说，"君子于行"，理不当食。

六二　明夷，夷于左股，用拯马壮，吉。

《象》曰：六二之吉，顺以则也。

黑暗会使生物受到伤害。爻辞只是说受伤部位为左边的大腿，却没有说谁受了伤。受伤者可能是"于飞"的明夷鸟，也可能是"于行"的君子，无论是谁，问题都不大，因为来拯救伤者的马足够强壮。"拯"是援救、相助。六二是中正之爻，为什么也会遇上这种麻烦事呢？因为时世太黑暗，当阴险小人扼杀了光明后，优秀的主体也不免受到伤害。好在伤不甚重，加上"用拯"得当，故恢复得不错。一个"吉"字，反映终无大碍。

《象辞》解释了六二吉祥的原因："顺以则也。""顺"是柔顺，因为六二是柔爻；"则"指中正之道，这是根据爻位分析得出的结论，六二柔中得正。

【译文】

六二　光明被遮蔽，左边的大腿受伤了。用来救援的马强壮，吉祥。

《象辞》说，六二的吉祥，在于柔顺而守规矩。

九三　明夷，于南狩，得其大首。不可疾，贞。

《象》曰：南狩之志，乃大得也。

要消除黑暗，光明力量必须有所作为，"南狩"便属于除黑的措施。"狩"是打猎，目的是除害。为什么是南狩而不是北狩？因为南方是代表光明的火位。本卦下离表示光明，九三以阳刚之才居下离之上，且以刚履阳，有秉刚而进之质，可被视为光明力量。"南狩"的成果，是捕获了大野兽——"得其大首"。这个"大首"，就是黑暗力量的头目，在爻象上指位居坤上的暗主上六。九三与上六有应，故本爻有惩黑除暗之意。有人说本爻是说周武王伐商纣王。"不可疾"意思是不能急于求成。有人理解为不可固守疾患，似嫌勉强。"贞"即正，在这里指合适的时机。

《象辞》说，南狩的意图，是要有大的收获。的确，以下明除上暗，是要有宏大抱负的。

【译文】

九三 光明被遮蔽，在南狩中捕获了大野兽。不能急于求成，宜守持正道。

《象辞》说，南狩的目标，是要有大的收获。

六四 入于左腹，获明夷之心，于出门庭。

《象》曰："入于左腹"，获心意也。

因后一句说"获明夷之心"，故可知首句之"腹"是指压制离明的上坤。六四在坤体之下，古代崇右卑左，因此说"左腹"。下离有至明之德，上坤却是至暗之地。六四进入至暗之地，很容易知道明夷之主的想法。在了解政治内幕后，作为明白人，它的正确抉择是"仰天大笑出门去"，不与人同流合污。有人说此爻讲的是微子的故事，他是商纣王同父异母的兄弟，因其屡谏纣王未果，遂离家出走。六四以柔履阴，与初九有应，故能与光明力量沟通。

《象辞》说，"入于左腹"之后，便知道昏君想些什么了。

【译文】

六四 进入左腹部，了解了黑暗的内幕，出门离去。

《象辞》说，"入于左腹"，便获悉了昏君的想法。

六五 箕子之明夷，利贞。

《象》曰：箕子之贞，明不可息也。

一般情况下，第五个爻位是君位；但《易经》取义随卦而变。在明夷卦中，上六处坤体之上，扼明至极，故为暗主；六五则处在黑暗之中，它以柔履阳，居位不正，处境很不好。在黑暗的时世，只有用晦，才可能免难，就像爻辞所提到的箕子那样。箕子改变不了政治现实，无法挽救商朝的崩溃，便装疯为奴，得以免祸，故筮辞说"利贞"。

《象辞》说，箕子的"贞"，表现在他外晦其明，而能内守其正。他这样做，意味着光明不会消失，至少还留在心中。

【译文】

箕子的明夷之道，利于守正。

《象辞》说，箕子的正道，表明光明不会消失。

上六 不明，晦，初登于天，后入于地。

《象》曰："初登于天"，照四国也；"后入于地"，失则也。

上六是纯阴的上坤的最后一爻，居黑暗之极。上位是至高之地，古人认为它喻指商纣王。本来明在至高，就应照远，但商纣王作为天子，登大位后不明反晦，成了压制光明的昏君。这就是"初登于天，后入于地"。"登于天"，是说坐龙床、登王位；"入于地"是说亡国祚、失社稷。

《象辞》说爻辞"初登于天"的意思是居高而明；"后入于地"的意思是失道而暗。"则"就是道。

【译文】

不明反晦，起初上登于天，后来下入于地。

《象辞》说，"初登于天"，光照四方；"后入于地"，因为失道。

家人卦第三十七

 离下巽上

《序卦》说："伤于外者，必返其家，故受之以家人。"

家人卦离下巽上，是"风自火出"之象，象征齐家。

《大学》在开篇即提出儒家八目，即"格物、致知、诚意、正心、修身、齐家、治国、平天下"。本卦作为家庭伦理卦，讨论的正是"齐家"方面的问题。其卦上体为巽、下体为离，喻示一家人正在"围火煮食"。观察卦形，上九为刚爻，好比房屋的外墙保护着家人，下面五爻阴阳相间，恰如一家男男女女住在不同的房间。

家人卦下五爻皆正位，表示家道贞正。其卦以内卦的中正之爻六二为"女主人"，以外卦的中正之爻九五为"男主人"。卦中讲述齐家之理，也是以"正"为核心。卦辞讲"利女贞"，表明了主妇之正在以男子为家长的大家庭中的重要意义。把儒家思想融入卦中的《彖辞》与《象辞》，则进一步推定男女正是天地大义，家庭成员若能各安其位，就能实现"家道正"，并进而推动天下的安定。卦中有男尊女卑、夫唱妇随的观念，但也阐述了一些有价值的生活道理。

家人　利女贞。

一家之中，本来男女成员行事都要正，卦辞却只说女方，这是因为在传统观念中，男主外，女主内。卦辞强调了主妇在家庭生活中的重要地位，认为主妇正是全家正的前提。

【译文】

家人卦　利于女子守正。

《彖》曰：家人，女正位乎内，男正位乎外。男女正，天地之大义也。家人有严君焉，父母之谓也。父父、子子、兄兄、弟弟、夫夫、妇妇，而家道正。正家而天下定矣。

齐家，首先要摆正夫妻关系，因此《彖辞》说："男女正，天地之大义也。"什么样的夫妻关系才是合理的呢？《彖辞》的结论是"女正位于内，男正位于外"。"女"指女主人，"男"指男主人。这个结论，是卦象分析的结果。在本卦中，内卦的主爻六二与外卦的主爻九五均居中得正，且阴阳有应，这说明男女主人感情很好，彼此能有效沟通，家庭秩序井然。严整的家庭都会有"严君"，"严君"就是管教有度的"父母"，在此卦中分指九五与六二。儒家讲伦理，以孝悌为道德的根本，因此《彖辞》强调"父父、子子、兄兄、弟弟、夫夫、妇妇"，这六个词语，前一字是动词，后一字是名词，意谓以父为父，以子为子，以兄为兄，以弟为弟，以夫为夫，以妇为妇。若家庭成员都能各安其位，说明家道正。家道正，就能把正气延伸于外，从而达至天下的安定。本卦从初九到九五均正位（上九表示"家"的外墙），所以有"家道正"的结论。

【译文】

《彖辞》说，家人卦，女子在家内居位正当，男子在家外居位正当。男女的关系正，这是天地的大道理。家庭当中有严格的君长，说的是父母。父亲像父亲，儿子像儿子，兄长像兄长，弟弟像弟弟，丈夫像丈夫，妻子像妻子，这样家道才正。家道正，就能达至天下的安定。

《象》曰：风自火出，家人。君子以言有物而行有恒。

上巽为风，下离为火，风自火出，是家人卦的卦象。《象辞》认为，从这个卦象中，君子应该体悟到说话要讲事实、做事要有恒心的道理。"物"指内容，"恒"指恒心。这句话的意思是，言谨行修是齐家的要求。

【译文】

《象辞》说，风自火中生出，这就是家人卦之象。君子因此说话有内容，行动有恒心。

初九　闲有家，悔亡。

《象》曰："闲有家"，志未变也。

"闲"是用来遮拦阻隔门口的栅栏。这是一个会意字，两扇门中间拦着一根木头，意思是不让出入，表示防范。初九是家人卦的开始，这一爻以刚履阳，得正而与六四有应，象征家庭有能力防患于未然。能守好家门，就不会有让人悔恨之事发生。有人认为"闲"为休闲，这是误解。

《象辞》提示，"闲有家"这样的措施，应当在家人心志尚未发生变化之时就实行，否则有"悔"。

【译文】

整个家设防，悔恨消除。

《象辞》说，"闲有家"，应安排在心志没有改变前。

六二 无攸遂，在中馈，贞吉。

《象》曰：六二之吉，顺以巽也。

六二以柔履阴，在内卦是居中得正之爻，代表"正位乎内"的家庭主妇。为了让家人过上好日子，这位主妇放弃了自我，"无攸遂"就是没有什么要实现。为什么呢？因为她一门心思都放在了操持家务上。"在中馈"意思是在家里供应食物。"馈"原意是把事物送人，这里是说主理饮食。说"中"，是强调六二在内卦中的位置。古代传统强调"女主内"，一个女人，能在家中尽到妻子、母亲的责任，自然"贞吉"。

《象辞》解释，六二之所以吉祥，是因为是中正之爻，具有"顺以巽"的特质。"顺"是说六二为柔爻；"巽"即逊，家人卦上卦为巽。

【译文】

六二 没有什么要实现，在家中主理厨务，品正吉祥。

《象辞》说，六二的吉祥，来自柔顺与恭逊。

九三 家人嗃嗃，悔厉，吉；妇子嘻嘻，终吝。

《象》曰："家人嗃嗃"，未失也；"妇子嘻嘻"，失家节也。

孔颖达疏"嗃嗃"是严酷之貌，但笔者认为是抱怨之声。为什么抱怨？因为持家者管得太严。治家过严，难免有悔有厉，但整体局面还是好的。家人怨归怨，处事还是不敢随意。相反，治家过宽，不见得就是好事。因为管理松弛，失去约束的家人就会肆无忌惮。妇女、孩子整天嘻嘻哈哈，最终会带来麻烦。九三以刚履阳，是当位之爻，但与上九无应，因此治家方式有些粗鲁生硬。

《象辞》说，"家人嗃嗃"，到底纲纪还在；倒是"妇子嘻嘻"，失了家庭规矩。

【译文】

九三 家人嗃嗃抱怨，有悔有厉，但吉利；妇女、孩子嘻嘻作笑，终究有问题。

《象辞》说，"家人嗃嗃"，纲纪还在；"妇子嘻嘻"，有失家庭规矩。

六四 富家，大吉。

《象》曰："富家，大吉"，顺在位也。

六四很浅白易懂：使家庭富足，大吉大利。

为什么？《象辞》做了解释，因为"顺在位也"。六四以柔履阴，且与初九有交感，是当位有应的柔爻。

【译文】

六四　使家庭富有，大为吉祥。

《象辞》说，"富家，大吉"，由于柔顺而且当位。

九五　王假有家，勿恤，吉。

《象》曰："王假有家"，交相爱也。

九五处于外卦的中心，根据"男主外"的原则，此爻指男性家长。五为君位，因此爻辞以"王"为言。按照古代注家的说法，"假"读为"格"，意思是到。"有家"就是有国。"国家国家"，"国"与"家"有密切的联系，"国"就是大的"家"。"恤"是忧虑，"勿恤"就是不用忧虑，因为局面吉祥。

《象辞》解释"王假有家"，原因在"交相爱"。暗寓外卦的九五与内卦的六二这两个中正之爻阴阳有应。

【译文】

九五　君王到来，家基稳固。不用忧虑，吉祥。

《象辞》说，"王假有家"，夫妻互相敬爱。

上九　有孚威如，终吉。

《象》曰："有孚威如"，反身之谓也。

治家之道，以"有孚"为本。"有孚"就是有诚信，"威如"是威严的样子。家长为什么要有威严？因为对自己的孩子，若过于溺爱，就会导致后代不识规矩，心思涣散。上九以刚爻居上位，是一卦之终，因此爻辞有总结性的断占之辞——"终吉"。

《象辞》说，"有孚威如"是反求于自身的意思。也就是说，做家长的要以身作则，要求家人做到的（规矩）自己首先应做到。

【译文】

上九　有诚信而威严，终究吉祥。

《象辞》说，"有孚威如"，是反求于自身的说法。

睽卦第三十八

 兑下离上

《序卦》说："家道穷必乖，故受之以睽。睽者，乖也。"

睽卦兑下离上，是"性相违异"之象，象征睽违。

《说文解字》解释："睽，目不相视也。"眼睛不愿意相视，反映出人与人之间存在着矛盾，气不相和。睽卦是家人卦的综卦，卦象彼此颠倒，意义也相反。家和万事兴，人不和则百般乖离。本卦下兑为泽，上离为火，湖水润下，火势炎上，这正是违异的表示。又，按照《说卦》提出的"乾坤六子"理论，兑为少女，离为中女，两女同居，亦与自然法则不合。

睽卦虽以"睽"为名，但卦旨所述，却是化睽为合、异中求同之理，这一点与蛊卦重在讲治蛊相似。卦辞说"小事吉"，已表明虽睽而可合；卦中六爻都在睽中，但是没有哪一爻是久睽不合的。从该卦所表达的义理，明显可以看出《易经》对"同"与"异"、"睽"与"合"关系的辩证认识。在它看来，有"异"必有"同"，有"睽"才有"合"，"同"与"异"、"睽"与"合"可相互转化。《彖辞》说"天地睽而其事同也，男女睽而其志通也，万物睽而其事类也"，讲的就是这样的道理。

睽　小事吉。

本卦名虽为睽，但并非一无是处。就像下面《彖辞》所言，"睽"也包含着积极的因素，故说"小事吉"。对"小事"的理解，有三种不同的意见。第一种认为，"小事"就是微细之事，说"小事吉"就意味着大事不吉。因为做大事需要兴师动众、相互协作，这在"睽"的状态下很难办得到；而做小事不恃众人之力，虽乖背可成。第二种认为，阳为大，阴为小，"小事"就是柔事。事物既已处于"睽"的状态，就必须以柔和的方式方法解决，刚断强合行不通。第三种认为，"小事"指以小事之，即以谦逊、退让的态度来处理问题。

【译文】

睽卦　小事吉利。

《彖》曰：睽，火动而上，泽动而下。二女同居，其志不同行。说而丽乎明，柔进而上行，得中而应乎刚，是以小事吉。天地睽而其事同也，男女睽而其志通也，万物睽而其事类也。睽之时用大矣哉。

睽卦下卦为兑，上卦为离，泽阴而润下，火阳而炎上，两者之间没有交感。"二女同居"是指下兑少女与上离中女同在一卦之中，她们都会各适其人，因此说"其志不同行"。"其志不同行"正是睽义。不过此卦虽以睽名，也有值得肯定的地方，这就是"说而丽乎明，柔进而上行，得中而应乎刚"。第一句是说卦德的关系，下兑为悦，上离为明，"丽"为附丽。第二句是指下兑的运动方式，兑德为悦，故在上行时有"柔进"之说；第三句是说在上卦居尊位的柔中之爻六五与刚中之爻九二阴阳有应。作者眼光独到，在"睽"中看到了"同"，这是有道理的：天尊地卑，体势不同，但在化育万物上是配合一致的；男女异性，但彼此的想法是可以沟通的；万物形态各殊，但发展变化的方式是类似的。因此睽的因时制宜意义很大。

【译文】

《彖辞》说，睽卦，火阳而炎上，泽阴而润下。两个女子同居一室，她们的想法不同。喜悦而依附光明，轻柔前进向上行动，居于中位而与刚爻相应，因而小事吉祥。天地不同但化育万物配合一致，男女性异但想法可以沟通，万物形殊但发展方式类似。睽的因时制宜意义大着呢！

《象》曰：上火下泽，睽。君子以同而异。

"以同而异"意思是在顺应时势的同时保持自己认识的独立性，其语言表达形式与明夷卦的"用晦而明"相似。《彖辞》强调异中求同，《象辞》强调同中求异。

【译文】

《象辞》说，上面是火下面是泽，就是睽卦之象。君子因此领悟到同中求异的道理。

初九　悔亡。丧马勿逐，自复。见恶人，无咎。

《象》曰："见恶人"，以辟咎也。

按照《易经》的通例，初九地位卑下，与九四又无应，本应是有悔的；但在睽违环境中，应相合者乖离，应非离者相合，事情倒了个反。初九、九四同性相遇，反而有应援。而应援出现，悔恨就消除了，哪怕是出现了"丧马"这样的倒霉事，不用去追，马也会自己跑回来。"复"是返回的意思。"恶人"是对自己不友好的人，这种人为什么要见？因为想消除矛盾成见。能做到此，自然无咎。初九处睽之初，与人隔阂未深，因此爻辞强调化睽为合。

《象辞》专门解释了"见恶人"的问题，说是为了"辟咎"。"辟"通"避"，即躲开。

【译文】

初九　悔恨消除。丢失的马匹不用追寻，它自己会回来。见不友好的人，没有害处。

《象辞》说，"见恶人"，是为了避免咎害。

九二　遇主于巷，无咎。

《象》曰："遇主于巷"，未失道也。

爻辞所说的"主"，是指六五。它柔居尊位，与九二阴阳正应，在正常情况下，宾主交流应是自由无碍的，但在睽违的背景下，都失位不安的他们会产生接触，竟是由于在小巷中不期而遇。无论如何，离既相合，也就无咎了。

《象辞》说"未失道也"，有两重意思：表层意思是，巷子虽小，也是通途，正因为如此，九二、六五才有偶遇的机会；深层意思是，九二、六五本来就是应爻，在巷中相遇，只是权变，并不违反应合的原则。

【译文】

九二　在巷子里遇到主人，无过失。

《象辞》说，"遇主于巷"，没有失道。

六三　见舆曳，其牛掣，其人天且劓，无初有终。

《象》曰："见舆曳"，位不当也。"无初有终"，遇刚也。

爻辞以"见舆曳，其牛掣，其人天且劓"为喻象，来说明六三与上九正应却睽违难合的情状。"舆"是大车，"曳"是拖拉，"掣"是牵阻；"天"为髡首，劓为截鼻。这是说在睽违背景下，阴柔失位的六三被夹在两阳之间，想前进却受到阻拦。九四"牛掣"在前，九二"舆曳"于后，搞得车夫伤痕累累，狼狈不堪，如同遭受了天刑与劓刑。不过六三与上九毕竟是应爻，睽极之后，必反而和合，因此说"无初有终"。"无初有终"意思是开头不好，结局理想。

《象辞》说"见舆曳"是由于六三"位不当"，其以柔履刚，又被夹在两阳之间。而"无初有终",则是因为六三以柔遇刚,"刚"指应爻上九。

【译文】

六三　见到大车被拖曳,牛受到掣肘,车夫遭遇刺字和截鼻的刑罚,艰险至极,却顺利到达终点。

《象辞》说,"见舆曳",因为居位不当。"无初有终",是因为以柔遇刚。

九四　睽孤,遇元夫,交孚。厉,无咎。

《象》曰:"交孚""无咎",志行也。

此爻的解读,与初九接近。九四没有应爻,前后又为六三、六五两阴所隔,正处于"睽孤"的状态。从爻位来看,它与初九无应。但正如上文所言,在睽违的背景下,相合与乖离的逻辑是倒转的。九四与初九两阳相遇,反因性质相同而产生应援。"元夫"指的就是初九,因为它是本卦初始的阳爻。"元夫"又有"大丈夫"之意。两刚引为同志,于是相交以孚。有了这种互助,在睽违的形势下,有危险但不会有灾殃。

《象辞》认为"交孚""无咎"局面出现,是由于初九与九四都有以行动走出困境的愿望。

【译文】

九四　乖离孤独,遇到大丈夫,以诚相交。危险,但没有灾殃。

《象辞》说,"交孚""无咎",有意愿行动。

六五　悔亡,厥宗噬肤,往何咎?

《象》曰:"厥宗噬肤",往有庆也。

六五材质柔弱,却以柔履刚,且身居尊位,按理是会有悔的;但它是"得中"之爻,且与九二有应,可获得来自下面的应援,这样悔恨就消除了。九二是得中的刚爻,富有实力,能获其支持,前行会有什么灾殃呢?没有。"厥宗"意思是其宗亲,喻指九二。"噬肤"即吃肉,有肉吃说明家底殷实。

《象辞》说,"厥宗噬肤",向前行会有喜庆。这是《象辞》所说"得中而应乎刚"的好处。

【译文】

六五　悔恨消除,其宗亲吃肉,向前行会有什么灾殃呢?

《象辞》说,"厥宗噬肤",向前行会有喜庆。

上九　睽孤。见豕负涂。载鬼一车，先张之弧，后说之弧，匪寇婚媾。往，遇雨则吉。

《象》曰："遇雨"之吉，群疑亡也。

本卦上九，可能是整部《易经》中最富幻想的。九四也说"睽孤"，但与这里所说的"睽孤"情状不同。九四"睽孤"是由于与下无应，且为上下两阴所阻；上九与六三有应，但它身处睽极，而应爻六三由于受到前后两刚的掣肘而难以发挥应援作用。睽违孤独导致上九暴躁多疑，甚至产生了幻觉。他仿佛看到一头陷于泥潭的猪，浑身污淖；又看到一辆车上有傩戏打扮、装作鬼魅的人。他先是张弓欲射，后又放下弓箭，因为它发现来者不是坏人，而是求亲的。对于"载鬼一车"的"鬼"，许多注家都以为是真鬼，其实是假扮的。"说"通"脱"。脱弧不射，"匪寇婚媾"，都是暗示上九最终明白六三没有恶意。雨是阴阳和合的产物，"遇雨"说明六三与上九之应最终还是实现了。

上九处在睽极的状态中，几乎无所不疑，与六三应合后，就明白了是非真相，原来的满腹狐疑就像"负涂"之豕身上的泥淖，全被雨水冲掉了，因此《象辞》说"群疑亡也"。

【译文】

上九　乖离孤独。见到猪浑身污泥。又看到车载着装扮的鬼魅，张弧欲射，后又脱弧不射，因为来者不是强盗，而是求亲的。走下去，遇到雨就吉祥。

《象辞》说，"遇雨"之吉，种种狐疑便消失了。

蹇卦第三十九

 艮下坎上

《序卦》说："乖必有难，故受之以蹇。蹇者，难也。"

蹇卦艮下坎上，是"见险而止"之象，象征行难。

"蹇"原意是跛脚，引申为行进困难。其卦从卦德来观察，上坎为险，下艮为止，表示人遇到险阻就停下。从卦体来观察，水从山顶倾泻而下，像一个瀑布。人遇到瀑布，想再前行就十分困难了。屯卦与蹇卦都涉及险阻问题，但两卦的义理不同。屯卦强调"动乎险中"，要求见险而动，动而脱险；蹇卦却主张见险而能止，先止后再求进。

全卦讨论的是处蹇之道。卦辞所发之义有三个方面：第一，面对蹇难必须进退合宜，能进则进，不能进则退；第二，"大人"是解除蹇难的主导力量，必须重视有能力聚合各方力量、统一上下意志的权威性因素；第三，要解除蹇难必须守持正道。蹇卦各爻，即围绕这三个方面的意义，述说处蹇的不同情状。全卦到上爻才言吉，暗示解除蹇难是一个长期艰苦的过程。全卦以"往"为入蹇，以"来"为避蹇。二、五两爻没有"往""来"之言，是表示君臣正在合力与蹇局做斗争。

蹇 利西南，不利东北。利见大人，贞吉。

卦辞为什么说"利西南，不利东北"？因为周族兴起于西方，意思是在自家的地头做事有利；东北是西南的相反方向，不在自己的地头上做事，就没那么有利了。《周易》常以西方为吉位，替周朝说话。另一方面，在《文王八卦》中，西南是坤位，坤为地，地易行走；东北是艮位，艮为山，山高难行。有蹇，就需要请"大人物"来帮忙。本卦的"大人物"，是刚健中正的九五。大人"利见"，是因为它与柔顺中正的六二有应。本卦六二以上各爻都得正，因此说"贞吉"。

【译文】

蹇卦 有利于西南方，不利于东北方。利于晋见大人物，正道吉祥。

《彖》曰：蹇，难也，险在前也。见险而能止，知矣哉！"蹇利西南"，往得中也。"不利东北"，其道穷也。"利见大人"，往有功也。当位贞吉，以正邦也。蹇之时用大矣哉！

蹇指行走难。为什么难？因为前面有一道天险，很难迈过去，它就是上坎。说"险在前也"，等于说"坎在外也"。"见险而能止"，是就上下卦之德而言的。坎德为险，艮德为止。"知"读为"智"。见险而能止，那真是明智啊！明智在哪里？如果见险不止，就会陷入坎中，被水淹死。"蹇利西南"，是说发展下去就会达至中位，即第五个爻位。"得中"也有适中、合度的意思，因为往西南是走向平坦之地。"不利东北"，是因为东北是艮位，艮为山，路遇到山便是尽头了。"往有功也"阐释"利见大人"之义，是说有大人相助，走下去就会有成果。"大人"指九五。"当位贞吉"，"当位"是指六二以上各爻居位俱正，而初六虽然是以柔履阳，但它能以卑处下，也是合理的。"当位贞吉"，就可以用道来匡正邦国的法制。最后一句总结上文，强调蹇卦具有丰富的因时制宜的意义。

【译文】

《象辞》说，蹇卦指行路艰难，因为坎险在前头。看到险阻而能够停止，真是明智啊！"蹇利西南"，是说发展下去就会达中位。"不利东北"，是因为无路可走。"利见大人"，是指发展下去会有成果。当位而贞吉，可匡正邦国的法制。蹇卦的因时制宜作用大着呢！

《象》曰：山上有水，蹇。君子以反身修德。

蹇卦下艮为山，上坎为水，因此说"山上有水"。人走到瀑布前，很难再前行。君子通过蹇之象而悟出了处蹇之道，这就是与其强行涉难，不如先自修德性。这与《孟子》所说的"行有不得者，皆反求诸己"的道理相同。

【译文】

《象辞》说，山上有水，就是蹇卦之象。君子因而反省自身，修养德性。

初六　往蹇来誉。

《象》曰："往蹇来誉"，宜待也。

"往"与"来"，代表相反的行走方向。"往"是向前行，"来"是返回去。对初六而言，是该"往"还是该"来"呢？答案是"来"。为什么？因为初六作为初爻，往必入于蹇。而它自己以阴履阳，柔弱不正，与上也无应，冒失前行，必然陷于坎险而寸步难行。正确的策略是因应形势，见险而返。这样做不仅不会遭到批评，还会赢来赞誉。本卦初、三、四、上诸爻均说"往"与"来"，是想说明处蹇之时，行止必当。

《象辞》从"往蹇来誉"一语中获得了"宜待"的结论。"宜待"就是应当耐心等候，不能轻率冒险。

【译文】

初六　前往艰难，返回获赞誉。

《象辞》说，"往蹇来誉"，是说应当等待时机。

六二　王臣蹇蹇，匪躬之故。

《象》曰："王臣蹇蹇"，终无尤也。

"王臣"是就九五与六二的关系而言的。九五阳刚中正而居尊位，故称"王"；六二阴柔中正而与九五有应，故为"臣"。"蹇蹇"是努力济蹇之貌。为什么要努力济蹇？因为上坎为险，而九五陷入险中。六二作为臣下没有其他考虑，一心"勤王"，故冒险济助。正如王弼《周易注》所言："处难之时，履当其位，居不失中，以应于五。不以五在难中，私身远害，执心不回，志匡王室者也。"不过它是阴柔之材，并不能胜其任，只能尽心尽力罢了。"躬"是身体，"匪躬"就是奋不顾身，"故"是缘故。

《象辞》说"终无尤也"的"尤"，指过失。说"无尤"，是因为六二能奋力济蹇，鞠躬尽瘁，不考虑成败得失。

【译文】

六二　君王的臣下努力济蹇，是由于奋不顾身的缘故。

《象辞》说，"王臣蹇蹇"，终究没有过失。

九三　往蹇来反。

《象》曰："往蹇来反"，内喜之也。

爻辞的意思与初六接近。"反"同"返"，指原来的地方。九三处在内卦的最上位，外与上六有应，只要再往前迈出一步，便进入坎险，因此说"往蹇"。而认清形势后，它知事不可为，便返身而退，回到了出发点。

《象辞》所说的"内喜"者指内卦的两个阴爻。九三是内卦的唯一阳爻，本是阴爻的主心骨，往后能来，返归本位，自然符合阴爻的愿望。

【译文】

九三　前往艰难，回来归于原位。

《象辞》说，"往蹇来反"，内部欢喜这种做法。

六四 往蹇来连。

《象》曰:"往蹇来连"，当位实也。

当蹇之时，若不安于所在，往必入蹇。六四存在材质柔弱、以柔凌刚、与下无应、身处坎险四大缺陷，蹇之尤甚。但当它明白无法独力排蹇后，便转头回来联结力量，共抗险阻。"连"，意思是相联、结合。它的联结对象，朱熹说是九三，可能不对，因为九三为其所凌，彼此关系不好；当如荀爽所言，指为六四所承的九五，二者同在坎中，处境想法均相同。

《象辞》说六四"当位实也"，是说它以柔履阴，德性与地位相配，故能获得各方面的支持。

【译文】

六四 前往艰难，回来联结力量。

《象辞》说，"往蹇来连"，表明六四位置恰当、德性诚实。

九五 大蹇，朋来。

《象》曰:"大蹇，朋来"，以中节也。

九五作为本卦的主爻，在当蹇之时独陷坎险，在一卦之中蹇的程度最重，因此说"大蹇"。但九五大中至正，居君位而与下有应，德高望重，故有广泛的号召力，能叫应援力量前来相助，上面说到的奋不顾身的六二便是典型。九五为上佳之爻不言吉，是因为蹇局未除。

按照《周易正义》的解释，《象辞》所说的"中节"，是指九五"得位居中，不易其节"。有这样的好品格，"大蹇"时才会有"朋来"支援。

【译文】

九五 十分艰难，友朋纷纷前来相助。

《象辞》说，"大蹇，朋来"，说明九五保持着阳刚中正的气节。

上六 往蹇来硕，吉，利见大人。

《象》曰:"往蹇来硕"，志在内也。"利见大人"，以从贵也。

"往蹇来硕"是说，上六位于蹇卦的终极，冒极险而往，故蹇。其实它不如不往而来，归从于九五，在阳刚中正的九五的相助下建立功业。爻辞说"吉"，是因为卦已至极，蹇难将解。"大人"指九五，只有它才有能力帮助上六解蹇。

　　《象辞》说"往蹇来硕"是"志在内也"，是指上六本下应六三，而后者属内卦之爻。说"利见大人"是"以从贵也"，是因为九五居于尊位。

【译文】

　　上六　前往艰难，回来立大功，吉祥，利于晋见大人。

　　《象辞》说，"往蹇来硕"，说明志向在内。"利见大人"，意味着附从于尊贵者。

解卦第四十

坎下震上

《序卦》说："物不可以终难，故受之以解。解者，缓也。"

解卦坎下震上，是"动而免险"之象，象征险除。

解卦是蹇卦的综卦，蹇是有险难，卦象倒过来，便表示险难局面被排解了。"解"，是把捆绑的东西打开。能消解险难是好事，但没有了险难又容易产生耽于安乐的问题，因此"难"与"解"是相反相成的。

解卦阐述排解险难的原则。它告诉人们，排解险难是为了实现生活的安定平和，对待险难应坚定信心，顺应形势，以动免险，要相信事情发展下去将会取得成效。本卦六爻，侧重于喻示解难除险的各种情状，卦中反复申言"退小人"与"除内患"的重要意义。因为小人势消，则君子势长；君子势长，则正义回归；正义回归，则险难排解。

解　利西南，无所往，其来复吉；有攸往，夙吉。

西南是文王时代周兴起的方位，是周朝自己的地盘，对周特别有利，因此卦辞说，在这个方位上可以进退无碍，往来自由。不需前往时，返回是吉祥的；有所前往时，也向来是吉祥的。"夙"是平素的意思。行动能这么自由，是因为险难排解了。

【译文】

解卦　有利于西南方，不需前往，返回来吉祥；有所前往，向来是吉祥。

《象》曰：解，险以动，动而免乎险，解。解"利西南"，往得众也。"其来复吉"，乃得中也。"有攸往，夙吉"，往有功也。天地解而雷雨作，雷雨作而百果草木皆甲坼。解之时大矣哉！

解卦下坎为陷，上震为动，因此《象辞》从"险以动"的角度解析卦象。因为震为外卦，坎为内卦，所以《象辞》把"动而免乎险"作为本卦的基本特征。解卦上下易体便是屯卦，屯卦说"动乎险中"，解卦则说"动而免乎险"。下文是《彖辞》对卦辞的解释。它说，解卦说"利西南"，意味着朝这个方位前行会获得民众支持，因为西南是自家的"根据地"。"其来复吉"，则是说刚健的九二是得中之爻，能以中道排解险难。"有攸往，夙吉"，说明可以大胆前行，走下去定能收到成效。解卦上震为雷、下坎为雨，而上为天、下为地，因此有"天地解而雷雨作"之说。而雷雨并作，往往会促使植物种子发芽，"甲"是果实的硬壳，"坼"意思是开裂。可见解卦的现实意义大着呢。"解之时"后当脱了一个"义"字或"用"字。

【译文】

《彖辞》说，解卦，有险难而行动，通过行动而免除险难，这就是解。解卦"利西南"，朝这个方位前行就可以获得民众支持。"其来复吉"，是由于九二居中。"有攸往，夙吉"，往下走就会有效。天地纾解而雷雨并作，雷雨并作而百果草木的果壳开裂发芽。解卦的现实意义大着呢！

《象》曰：雷雨作，解。君子以赦过宥罪。

解卦上震下坎，因此"雷雨作"就是解卦之象。君子通过观察这个卦象，悟出了"解"的道理，因而以仁心施政，赦免过失，宽宥罪犯。

【译文】

《象辞》说，雷雨并作，就是解。君子因而赦免过失，宽宥罪犯。

初六　无咎。

《象》曰：刚柔之际，义无咎也。

对这句爻辞，朱熹《周易本义》做了简洁明了的解释："难既解矣，以柔在下，上有正应，何咎之有？""以柔在下"是说初六是在一卦最下方的阴爻，"上有正应"是说初六与九四阴阳相应。

因为初六与九四阴阳有应，所以《象辞》说"刚柔之际，义无咎也"。"义"的意思是从道理上说。

【译文】

初六　没有灾殃。

《象辞》说，阴阳之间有应，从道理上说没有灾殃。

九二　田获三狐，得黄矢，贞吉。

《象》曰：九二贞吉，得中道也。

"田"是畋猎，获狐三只，说明在险难排解的背景下，九二上应居尊位的六五之召，在清除隐患方面取得了成果。有人认为，"狐"象征小人，指本卦除六五之外的三个阴爻。"黄矢"就是噬嗑卦九四所说的"金矢"，即铜箭头。狐若逃走，射出去的箭头通常就收不回来了；狐被射获，箭头才能收回。

在木、火、土、金、水中，黄色是与土对应的中间色，故矢为黄，暗寓九二"得中道"，就像《象辞》指出的。九二以刚履阳，本为失正之象，爻辞为何说"贞吉"？因为它因中而正。

【译文】

九二　畋猎中捕获了三只狐狸，并收回铜箭头，正道吉祥。

《象辞》说，九二的贞吉，是因为懂得中庸之道。

六三　负且乘，致寇至，贞吝。

《象》曰："负且乘"，亦可丑也。自我致戎，又谁咎也？

对六三，《系辞》有此评论："负也者，小人之事也；乘也者，君子之器也。小人而乘君子之器，盗思夺之矣！上慢下暴，盗思伐之矣。慢藏诲盗，冶容诲淫。"六三阴柔失正，凌九二而窃高位，故爻辞以负重乘车而招强盗来劫为喻说明正道受到侵害。"致寇至"，是说小人的品德与其地位不相称，从而导致社会出现你抢我夺的局面。

因为负物与乘车两种行为看上去极不协调，所以《象辞》说"亦可丑也"，又质问，自己招来强盗，究竟是谁的过失呢？"戎"也是"寇"，大寇为戎，小寇为盗。本爻意旨是说在险难排解之后，还要注意隐患。

【译文】

六三　背驮物品而乘坐大车，招来强盗抢劫，正道受侵害。

《象辞》说，"负且乘"，样子很难看。自己招来强盗，又是谁的过失呢？

九四　解而拇，朋至斯孚。

《象》曰："解而拇"，未当位也。

"解"的原义，是用刀将牛角切去。"而"与"尔"通用，是"你"的意思，这里指九四。"拇"是大脚趾，指初六。九四与初六均居位不正但阴阳有应。但是，阳爻九四是近比六五的君子，阴爻初六却是拖后腿的小人，因此不可能成为同志。于是九四断然切断与初六的联系，这样朋友来了才会对其产生信任。"孚"指信任。

两者本来有应，却要像切去大脚趾那样割除联系，《象辞》从爻位说来进行分析，认为问题出在九四与初六均不当位上。九四以刚履阴，初六以柔履阳。

【译文】

九四　切去你的大脚趾，友朋到来才会产生信任。

《象辞》说，"解而拇"，系由于九四与初六均不当位。

六五　君子维有解，吉。有孚于小人。

《象》曰：君子有解，小人退也。

六五是本卦的主爻，表示"解道"圆满。在此状态下，原来所碰到的一切难题都得到了解决，所遇到的一切险阻都得到了排除，因此说"君子维有解"。"维"是无义的语气助词。这种局面自然是吉祥的。在此背景下，应如何对待小人呢？爻辞说对他们应该"有孚"。"有孚"在这里的意思是说话要算数，说过奖赏就应奖赏，说过处罚就应处罚，总之要让小人受到感化或震慑。

《象辞》认为君子有解之日，便是小人势消之时，因此说"小人退也"。

【译文】

六五　君子排解了险难，吉祥。对小人说话算数。

《象辞》说，君子排解了险难，小人畏避退缩。

上六　公用射隼于高墉之上，获之，无不利。

《象》曰："公用射隼"，以解悖也。

上六在卦的最高处，但位尊不如五，因而称"公"不称"君"。"隼"是一种凶恶的鸟，身形似鹰，象征小人，在这里指失位而负乘的六三。"高墉"是高的土墙，射隼在高墉，是因为上六居一卦的极位。为什么说在高墙上射获隼而无不利呢？《系辞·下》有此解释："隼者，禽也；弓矢者，器也；射之者，人也。君子藏器于身，待时而动，何不利之有？"

上六是解卦的终极之爻，表示"解道"实现。"解道"实现的前提是消解隐患，而"公用射隼"就是隐患消解的象征，故《象辞》说"以解悖也"。"解悖"，就是清除了悖逆。

【译文】

上六　王公在高墙上以箭射隼，捕获了它，没有什么不利。

《象辞》说，"公用射隼"，目的是清除悖逆。

损卦第四十一

兑下艮上

《序卦》说："解者，缓也。缓必有所失，故受之以损。"

损卦兑下艮上，是"湖泽蚀山"之象，象征减损。

损卦之义是"损下益上"。在自然与社会中存在着形形色色的上下关系，因此损道的应用范围很广，涵盖了方方面面。《周易》并不以损为恶，它认为在特定情况下损此益彼是必须的、应当的，但下不能滥损、上不能滥益。本卦下兑为悦，上艮为止，卦象所示，有"下悦而奉、上受而止"的意义。卦中六爻，按上下关系阐述"损下益上"之义，下三爻的损减与上三爻的获益，两两相对。卦义强调损益必须体现诚信守正的原则，"损所当损""损中有益""损宜适时"，体现了鲜明的辩证色彩。

损　有孚，元吉，无咎，可贞，利有攸往。曷之用？二簋可用享。

在特定背景下，损下益上、损小益大、损有余而益不足是必要的，比如合理的税收。但是"损"往往涉及各方面的利益，尺度不容易掌握。在这个问题上，卦辞认为应秉持"有孚"的原则，"孚"就是诚信。而损卦显示，行损道时，"有孚"是做得到的，因为其卦上三爻与下三爻全部有应。而"有孚"，就可以做到人得益而"元吉"、我自损而"无咎"，"可贞"而"利有攸往"。"曷"是疑问词，等于说怎么、何时，"曷之用"意思是何所为用。"簋"是用来盛食物的竹制器具，圆形两耳。"享"是享祀，即把贡品献祭给神灵。"曷之用？二簋可用享"意思是：怎么举行享祀？用二簋食物即可。享祀之礼，最多用八簋，一般用四簋，最少用二簋。卦辞以享祀为例，说明损下益上重在于心，物薄并不妨碍献上。享祀损时损力损物，却益天益神益己。

【译文】

损卦　有诚信，至为吉祥，没有灾殃，可守正道，利于有所往。何所为用？用二簋食物就可以享祀。

《彖》曰：损，损下益上，其道上行。损而有孚，"元吉，无咎，可贞，利有攸往"。"曷之用？二簋可用享"，二簋应有时，损刚益柔有时。损益盈虚，与时偕行。

损卦是由泰卦变化而来的。泰卦的下乾本有三个阳爻，其中九三上行，与应爻上六调换位置，结果在下卦减损一个阳爻的同时，上卦也增加了一个阳爻，卦体则由泰变成了损，这便是"损下益上"。《彖辞》对这一卦象变化做了人文意义的阐释，说"损下益上"意味着"其道上行"。"其道"就是损道，"其道上行"就是自觉向上奉献。损道虽不好掌握，但若能做到"损而有孚"，就会获得卦辞所说的种种好处——"元吉，无咎，可贞，利有攸往"。最后《彖辞》从"时"的角度对卦辞"二簋可用享"的义理做了阐发，说损下之刚益上之柔就像二簋之祀一样，适时很重要。而损有余益不足，也必须与时同进。

【译文】

《彖辞》说，损卦以减损下面、增益上面为义，其道理是奉献于上。损减而能有诚信，便能实现"元吉，无咎，可贞，利有攸往"。至于说"曷之用？二簋可用享"，二簋之祀应该讲时机，损阳刚益阴柔也应该讲时机。损有余益不足，要配合时序来进行。

《象》曰：山下有泽，损。君子以惩忿窒欲。

损卦上卦为艮，下卦为泽，是山下有泽之象。《象辞》认为，君子看到这个卦象后，应当自损不善，抑制怒气，堵塞欲望。"惩"是抑止，"窒"是堵塞。"忿"来自刚武，"欲"出于柔吝。这是从个人修身立德的角度去认识损之道。

【译文】

《象辞》说，山下面有泽，就是损卦之象。君子因而抑止怒气，堵塞欲望。

初九　已事遄往，无咎，酌损之。

《象》曰："已事遄往"，尚合志也。

损之道是"损下益上"，因此初九在处理完自身的事务后，便有往上的要求。"已"是"竟"，"已事"就是已告成之事；"遄"是"快"，"遄往"就是迅速前往。往，是往应六四。因为不是废事而往，所以无咎。初九应六四，在性质上是损刚益柔。"酌损之"是提示初九在必须损下益上时，损要适度。"酌"，强调要从全局考虑。

《象辞》中的"尚"通"上","尚合志也"的意思，是初九与六四志趣一致，这种一致表现为四下赖于初、初上益于四。

【译文】

初九　完事后迅速前往，没有过失，应当酌情减损。

《象辞》说，"已事遄往"，与上头志趣相同。

九二　利贞，征凶，弗损，益之。

《象》曰：九二利贞，中以为志也.

九二是得中的刚爻，以守持中位为正道，因此虽与六五有应亦不宜妄进，否则就会偏离中位，从而失去自己安身立命的优势，引来凶险。"征"是行进之意。损之道是损有余而益不足，但在九二与六五之间，不存在这样的关系。九二阳居阴位，刚柔适中，刚无可剩；六五阴居阳位，柔刚适中，柔无须补。在这种状态下，任何损益都成了不必要，维持原来的局面才是正确的选择，因此爻辞说"弗损益之"。"弗损益之"意思是不损人却利己，这是一项高妙的主张，它提示人们，乙之"益"并不一定要通过甲之"损"来实现，在某些时候，"弗损"是最好的"益"。

九二本非得正之爻，《象辞》指出，爻辞说它"利贞"，是由于它志在守中，以不进为义。世上没有中而有过的道理。

【译文】

九二　利于正道，行进有凶，无须减损就可以施益。

《象辞》说，九二之所以利于正道，是由于它以守中为志向。

六三　三人行，则损一人。一人行，则得其友。

《象》曰："一人行"，三则疑也。

"人"在这里是指阳爻。上面已说过，损卦是由泰卦化生出来的。泰卦的下乾本有三个阳爻，在行进中跑失了一个，于是乾卦便变成只有两个阳爻的兑卦，这便是"三人行，则损一人"。"损"了的阳爻，独行赴上，与所应的上六对调位置，成了与六三有应的上九，这便是"一人行，则得其友"。"得其友"，是指阴阳关系处理得当。学术界对此爻的理解，歧说纷纭，其中有人认为"三人"是指本卦中的三个阴爻，但这样理解，在文义上讲不通。

"一阴一阳之谓道"，这是天下万物的原则，因此一人独行而得友；如果三人同行，对方便会搞不清楚该与谁结为同志，从而产生疑惑。《象辞》说"三则疑也"，道理便在此。

【译文】

六三　三人同行，则损减一人。一人独行，则能获友伴。

《象辞》说，"一人行"，三人同行就会产生疑惑。

六四　损其疾，使遄，有喜无咎。

《象》曰："损其疾"，亦可喜也。

"损其疾"意思是消减毛病。六四之"疾"表现在两个方面：第一，在损卦的"母卦"——泰卦中，它以一阴凌三阳，此"疾"已因九三与上六换位而减损；第二，以柔居阴，阴柔过分，因此必须接纳阳刚之气，加以调节。"遄"指"遄往"，上文已说过，"遄往"的主体是与六四有应的初九。初九遄往，是为了损六四过柔之疾而益之以刚，而这是六四求之不得的，故爻辞说"有喜无咎"。《周易正义》把"疾"理解为六四对初九的"相思之疾"。

《象辞》说能"损其疾"，亦可喜。

【译文】

六四　消减毛病，使初九迅速到来，有喜庆而没有灾殃。

《象辞》说，"损其疾"，也是可喜的。

六五　或益之十朋之龟，弗克违，元吉。

《象》曰：六五元吉，自上佑也。

六五阴居尊位，刚柔适中，下应九二，就好比能自损益人的贤君，而人也会心甘情愿地以自损益他，六五对所获之益无法推辞，只好照单全收。爻辞以益龟为例说明这一点。"或"指不特定的人；"朋"是古时的两串贝币，"十朋"表示龟很值钱。百姓益之以龟，反映了他们对圣君的拥戴，因此说"元吉"。

从爻位的角度来看，《象辞》说"自上佑也"，是提示六五的元吉并不是应九二而来，而是来自其身居中而承上阳。但从人文的角度来看，"自上佑也"等于大有卦上九所说的"自天佑之，吉无不利"，民意即天理，得民便是得天。

【译文】

六五　有人进献价值十朋的灵龟，无法辞谢，大为吉祥。

《象辞》说，六五大为吉祥，系来自上天的护佑。

上九　弗损，益之，无咎，贞吉。利有攸往，得臣无家。

《象》曰："弗损，益之"，大得志也。

上九的"弗损，益之"，与九二意义不同。上九是损卦的最后一爻，处在损极而益的临界线上；而它本身也是以"实"为特征的阳爻，并不需要下头损而益己，故以不损为义。因为损卦的卦义是"损下益上"，所以对于上九来说，"弗损"是损人，"益之"是益己。爻辞说，能秉持这个原则，便"无咎"而"贞吉"，并且"利有攸往"，往则有益。"得臣"是说上九众望所归，因为在它下面有六三、六四、六五三阴相承；"无家"是说不分亲疏远近。

《象辞》认为上九秉持"弗损，益之"的理念，便可以大展宏图了。

【译文】

上九　无须减损就可以施益，没有灾殃，正道吉祥，利于有所行动，获得臣民拥戴不分亲疏远近。

《象辞》说，"弗损，益之"，志向可以很大程度地实现。

益卦第四十二

震下巽上

《序卦》说："损而不已必益，故受之以益。"

益卦震下巽上，是"风烈雷迅"之象，象征增益。

有失就有得，有损必有益。益卦是损卦的覆卦，卦体相反，意义也相反，本卦下震为雷，上巽为风，风与雷是一对天生的伙伴：风自天来，得雷而增势；雷从地生，借风而发威，二者相得益彰。

损、益卦相关联，取义方式也相似。损卦以"损下益上"为义，重在说"损"；益卦则以"损上益下"为义，重在说"益"。两卦立义，相通互补：损下是为了益上，上既受益，就有必要施惠于下。就六爻之义而言，益卦上三爻主"自损"，下三爻主"获益"。其道理就像垒土筑墙，墙上多余的土石可用作墙基的材料。需要注意的是，益下的"下"，包括一切兴利保民之事。像乾与坤、泰与否、既济与未济等正反卦一样，损卦与益卦的设立，表明《周易》把阴阳矛盾视作客观世界的普遍联系；而卦中对益中有损、损中有益，损益可以互相转化的观点的阐述，也体现了辩证的思维。

益　利有攸往，利涉大川。

益卦九五与六二，一个阳刚中正，一个阴柔中正，而且彼此有应，说明卦的总体条件很好。其卦雷动风行，因此说"利有攸往"。又上巽为木，木象征船，因此说"利涉大川"。卦辞要求在有益的前提下发挥主观能动性，努力探索进取。

【译文】

益卦　利于有所前往，利于涉越大江河。

《彖》曰：益，损上益下，民说无疆。自上下下，其道大光。"利有攸往"，中正有庆。"利涉大川"，木道乃行。益动而巽，日进无疆。天施地生，其益无方。凡

益之道，与时偕行。

按照《彖辞》的看法，益卦是由否卦变化而来的。否卦的上乾本有三个阳爻，其中九四下移，与下坤的初六对调位置，卦体便由否变为了益，因此说"损上益下"。在人文的意义上，君为上，民为下，"损上益下"意味着老百姓能从国家中获得好处，君王以贵下贱，必大得民，因此说"民说无疆"，"说"通"悦"。"下下"，前面的"下"是动词，后面的"下"是方位词，暗喻民众；"其道大光"是说益道获得了极大的传扬。下面两句阐释卦辞的含意。为什么说"利有攸往"？因为益卦的九五与六二都是居中得正之爻，而且上下之间阴阳有应，意味着君臣同心同德。"木道乃行"暗示有船渡河。因为上巽为木，有木就可以造舟，有舟就可以涉大川。又，益卦下震为动，上巽为顺，能顺道而动，必然每日都有增益，好处无穷无尽。"天施"指天赐的好处，比如阳光、雨露、时序；"地生"指地化生出来的万物，其品类不可胜数。"无方"意思是广大而不分远近。这是用天地关系来说明上下关系，从而阐明益道之广、之大。最后一句说益要适时，不可滥增泛益，就像王弼所言："益之为用，施未足也；满而益之，害之道也。"

【译文】

《彖辞》说，益卦以减损上面、增益下面为义，因此老百姓喜悦无穷无尽。从上面施惠于下面，益道得到了充分的光大。"利有攸往"，是由于九五与六二居中得正且上下有应。"利涉大川"，意味着有舟可以利用。益道顺理而动，每日的增益无穷无尽。天的施予、地的化生，其益处不分远近。但凡增益之道，都应顺时势来操作。

《象》曰：风雷，益。君子以见善则迁，有过则改。

益卦上卦为巽，下卦为震，是风雷相益之象。《象辞》认为，君子看到这个卦象后，应当以风烈雷迅的姿态，看到善行就向往，有了过失就改正。

【译文】

《象辞》说，风与雷，就是益卦之象。君子因而见善行就向往，有过失就改正。

初九　利用为大作，元吉，无咎。

《象》曰："元吉，无咎"，下不厚事也。

初九为益之始，虽居于下位，却是震动之主。它以刚履阳而得正，并与六四有应，正是处下而获益者，故能担当责任，利用来自上头的支持，放手兴作。能利益大家，自极为吉祥。在爻象上，初九为居卑位而为众阴所凌，本不当任大事，但在益道的支持下，大吉大利，就没有什么咎害了。

既然"元吉"为什么又说"无咎"？《象辞》解释说问题在"下不厚事"上。"下不厚事"意思是居卑位者通常不能担重任，可是初九的行动对此进行了否定。

【译文】

初九　利用上益来做大事，极为吉祥，没有灾殃。

《象辞》说，"元吉，无咎"，处卑位者通常不能任大事。

六二　或益之十朋之龟，弗克违，永贞吉。王用享于帝，吉。

《象》曰："或益之"，自外来也。

益卦是损卦的覆卦，益卦六二相当于损卦六五，因此也有"或益之十朋之龟，弗克违"这句与损卦六五一模一样的爻辞，爻辞虽然都是说受益，但意义大不相同。损卦六五是居上而受下益，在君位得龟；益卦六二是处下而受上益，在臣位得龟。六二当"益下"之时，以柔顺中正之德而获其应爻九五的青睐，这对它永葆正固自然是吉祥的。"或"是不定代词，但实际上指九五。"十朋之龟"喻六二所受之益。"王用享于帝"的"王"指居君位的九五，"帝"指天帝、老天爷，"享"是祭祀。这句话的意思是，九五在祭祀天帝时能得六二相助吉祥，因为九五与六二中正有应。

《象辞》说六二所得之益"自外来也"，是因为九五是外卦之爻。不过此语的真正意思与损卦六五之《象辞》所说的"自上佑也"接近。

【译文】

六二　有人进献价值十朋的灵龟，无法辞谢，永葆正固吉祥。君王献享于天帝，吉祥。

《象辞》说，"或益之"，从外部而来。

六三　益之用凶事，无咎。有孚中行，告公用圭。

《象》曰：益用凶事，固有之也。

六三以阴爻居下卦之上，且与上九有应，在"损上益下"的背景下，是最大的受益者。不过六三失位，爻性并不好，从六二走到六三，是从柔顺中正变为不中不正的过程，因此爻辞有"益之用凶事"之语。"凶事"就是天灾人祸。"益之用凶事"是善举，比如官府开仓赈灾目的是救济百姓，故无咎。爻辞还告诫，在这种时刻，心中要有诚意，行动要持中道，晋见王公、汇报民情要按礼制的要求执圭示信，只有这样做，才能从上面获益。

《象辞》认为益用凶事是题中之义，天公地道。

【译文】

六三　施益用于天灾人祸，没有灾殃。心有诚意，行为适中，禀告王公时手执玉圭。

《象辞》说，"益用凶事"，是理所当然的。

六四　中行，告公从。利用为依迁国。

《象》曰："告公从"，以益志也。

六三、六四位于六爻的中间，故两爻都说"中行"。六四为上卦的初爻，属施益于下之"公"，其爻辞是顺承六三而言的。上一爻的爻辞要求六三以"中行""告公"，这一爻便交代了"公"获告后的反应——"从"。"从"的具体表现，是"利用为依迁国"。"国"指诸侯国，"迁国"就是迁都。迁都意味着顺下而动。益卦是由否卦的九四迁至初位、初六迁至四位形成的，故有迁国之论。

《象辞》解释了王公为什么会允从告者，答案是"以益志也"。"以益志"，就是以益下为志。

【译文】

六四　行为适中，禀报王公获得允从。以之为根据迁都。

《象辞》说，"告公从"，是因为以益下为志向。

九五　有孚惠心，勿问元吉。有孚，惠我德。

《象》曰："有孚惠心"，勿问之矣。"惠我德"，大得志也。

九五阳居尊位，大中至正，作为益卦之主，有真诚的施惠之心，"孚"是诚意。能损己益人、损上益下，自然会受到万众拥戴，九五之下三阴相承，便是万众拥戴的象征，而这种局面无疑是大为吉祥的。爻辞说"勿问元吉"，"勿问"是不需要占问。为什么？因为"元吉"的事实早已摆在那里。损卦与益卦的第五爻都有"元吉"之语，但立义有别：损卦六五是因受益而吉，而益卦九五是因施惠而吉。益卦九五"元吉"的根源在哪里呢？爻辞用九五自己的口气做了回答："有孚，惠我德"。"惠我德"意思是从我所施的恩德中受惠，受惠者自然是老百姓。

《象辞》说"有孚惠心"，就不用问吉与不吉了，吉是必然的。百姓"惠我德"，我的志向必然能圆满实现。

【译文】

九五　有真诚的施惠之心，不用问定大为吉祥。有诚意，从我所施的恩德中受惠。

《象辞》说，"有孚惠心"，就不用问吉或不吉了。"惠我德"，志愿圆满实现。

上九　莫益之，或击之。立心勿恒，凶。

《象》曰："莫益之"，偏辞也。"或击之"，自外来也。

上九以亢盛之质居益穷之处，物极必反，故不仅不能损上益下、损己益人，反倒希冀损下益上、损人益己，这违背了益道，因此不仅无人"益之"，反倒招来攻击。"击"者并非确指，故以"或"代之。"立心勿恒"翻译为现代汉语，就是意志不坚定，这是上九陷于凶险的根源所在。"心"指损上益下、施惠于众的观念。

《象辞》认为"莫益之"的原因是上九"偏辞"，即说话片面或偏激，这是根据上九居位不中不正得出的结论。《象辞》还指出，攻击来自外部，"外"也有在意料之外的意思。

【译文】

上九　没有人来增益，有人来攻击。拿定了主意却不能持久，凶险。

《象辞》说，"莫益之"，是因为上九说话偏激。"或击之"，来自外部。

夬卦第四十三

 乾下兑上

《序卦》说："益而不已必决，故受之以夬。夬者，决也。"

夬卦乾下兑上，是"刚决一柔"之象，象征果决。

"夬"本指射箭钩弦时所用的扳指。扳指一松开，弦就把箭射出去了，因此含有偏旁"夬"的字，如"决""快""缺"等，多有"离"之义。夬卦从初位到五位共有五个阳爻，只有上六是阴爻，表示在一个群体中，多数人是君子，少数小人窃据高位，柔凌众刚，在君子们的头上作威作福。最后忍无可忍的君子们下了决心，要用果敢手段将小人清除。

"不是东风压倒西风，便是西风压倒东风"这句话，反映了事物矛盾斗争在尖锐时刻的不可调和性。夬卦立义，正是从这个角度出发的。它强调在矛盾斗争中的决定性关头，阳刚力量必须果断出手制裁阴柔力量，君子必须清除小人，正气必须压制邪气。具体的操作要领包括三个方面：一是公正无私，公开揭露小人的罪过；二是谕人戒惕，提醒大众谨防小人；三是以德服人，不滥用武力。

夬卦五阳息阴，在"十二消息卦"中代表夏历（农历）三月、周历五月。

夬 扬于王庭，孚号有厉。告自邑，不利即戎，利有攸往。

"王庭"是君王与百官的议事之所，"扬"是宣布的意思。"扬于王庭"，是说在正规场合光明正大地宣布制裁小人的决定。以"王庭"为执法地点，一方面是由于这样做有利于昭示小人的罪过；另一方面则是因为问题在最高层面才能得到解决，小人毕竟已窃据高位。"孚"是诚意，"号"为号令，"有厉"是有危险。一说之所以要诚心号令四方注意危险，是因为对阴柔力量可能的反扑不能不防。另一说"有厉"为果决刚厉，意思是要以严厉态度清除小人。"告自邑"是说政令自城邑出，"告"为发布政令。其内容一为"不利即戎"，意思是马上兴师问罪不好，"戎"是出兵。这

是暗示清除阴柔力量以采用非暴力手段为首选，不到万不得已不能用刚。内容二为"利有攸往"，即有利于到想去的地方。这是对整体局面的认识，夬卦阴阳力量对比悬殊，以盛进的五刚决衰退的一柔，是没有问题的。

【译文】

夬卦　在王庭公布制裁小人的决定，诚心通知有危险。从城邑发出政命，不利马上就兴师，适宜有所行动。

《彖》曰：夬，决也，刚决柔也。健而说，决而和。"扬于王庭"，柔乘五刚也。"孚号有厉"，其危乃光也。"告自邑，不利即戎"，所尚乃穷也。"利有攸往"，刚长乃终也。

《彖辞》说"夬"就是决，果决。谁决谁？"刚决柔也"。这句话点明了"决"的主体是占绝对优势的阳刚力量，被"决"者是孤立的阴柔力量；是众君子在对付一小人。"健而说，决而和"意思是"刚决柔"的行动既要刚健又要让人心悦诚服，既要果断又要不鲁莽，总之必须讲究策略。这是从夬卦下乾上兑之象得出的结论。那为什么要"扬于王庭"呢？《彖辞》说是因为上六以一阴凌五阳，气焰嚣张，难免众口同诛。《彖辞》又解释，能"孚号有厉"，人就可保持戒备之心，危险就无处藏身了。"告自邑，不利即戎"，意味着崇尚的是最后的手段——动武。"刚长乃终也"可以理解为夬卦唯一的阴爻最终将被清除，卦体由夬卦变成纯阳的乾卦；也可以理解为阳刚力量会不断增长，最终将取得胜利。

【译文】

《彖辞》说，夬，就是决，阳刚断然清除阴柔。刚毅雄健而令人悦服，果敢决断而行为平和。"扬于王庭"，是因为一个阴柔小人欺凌五个阳刚君子。"孚号有厉"，危险就显露出来了。"告自邑，不利即戎"，意味着崇尚的是最后手段——动武。"利有攸往"，意味着阳刚力量将不断增长，取得最后胜利。

《象》曰：泽上于天，夬。君子以施禄及下，居德则忌。

夬卦上卦为兑，下卦为乾，是泽水上升于上之象。水蒸发上升之后，就会化为雨降下，因此《象辞》认为，君子看到这个卦象后，应当把好处施予下面，如果以有德自居，就会引来别人忌防。《象辞》根据夬卦的上、下之象阐发出来的义理（"施禄及下，居德则忌"），与《彖辞》根据夬卦的爻象阐发出来的义理（"刚决柔也"），有很大的出入。

【译文】

《象辞》说，泽在天的上面，就是夬卦之象。君子因而把好处施予下面，以有德自居会惹来别人的忌防。

初九　壮于前趾，往不胜为咎。

《象》曰：不胜而往，咎也。

初九是下乾之爻，阳刚壮健，但是它居于夬卦下位，且与上无应，其情状正如爻辞所说的"壮于前趾"，力量有限，往则难胜其任，只会造成麻烦。

《象辞》指出，咎害产生，原因在初九不自量力执意前往。

【译文】

初九　前面的脚趾强健，往而不胜其任，为灾殃。

《象辞》说，不胜其任而往，是灾殃的根源。

九二　惕号，莫夜，有戎，勿恤。

《象》曰："有戎，勿恤"，得中道也。

"惕号"是戒惕地发出警备之语。"莫"是"暮"的本字，"莫夜"就是深夜。"有戎"是有战事发生。"勿恤"是不必忧虑。在当决之时，居柔得中的九二处事得当，从而有备无患。

《象辞》指出九二深谙中庸之道，做事不会过刚，故"有戎，勿恤"。

【译文】

九二　警惕，做好准备，深夜有战事，也不必担忧。

《象辞》说，"有戎，勿恤"，因为掌握了中庸之道。

九三　壮于頄，有凶。君子夬夬独行，遇雨若濡，有愠，无咎。

《象》曰："君子夬夬"，终无咎也。

"頄"是颧骨。"壮于頄"，是说九三处下乾之极，以刚履阳而超越了中位，在当决之时过分刚强，怒形于色，这会招致小人憎恨，有凶险。但是，在下三阳中唯一与上六有应的九三是一位阳刚君子，他并不管那么多，"夬夬独行"，决意完成"决柔"的使命。"夬夬"的意思是果敢再果敢。在行进过程中，他遇上了雨，被淋湿了。"若"是语气词，"濡"是沾湿。"遇雨若濡"暗示阴阳会合，这一局面让其他君子产生误会，以为九三与上六纠缠不清，于是心生愠怒。不过误会终究是误会，事实澄清后就无咎了。

《象辞》断定，君子只要能保持夬夬独行，决之当决，最终是不会有咎害的。

【译文】

九三　颧骨刚健，有凶险。君子刚毅果断地独自行走，遇到下雨，被弄湿了身，有人愠怒而没有灾殃。

《象辞》说，"君子夬夬"，终究没有灾殃。

九四　臀无肤，其行次且。牵羊悔亡，闻言不信。

《象》曰："其行次且"，位不当也。"闻言不信"，聪不明也。

"肤"是嫩肉，"臀无肤"就是屁股没有肉。屁股没有肉，走路就不稳当，"其行次且"。"次且"就是"趑趄"，即欲进不进。爻辞以"臀无肤"与"行次且"为象，喻示以阳居阴、不中不正的九四在当决之时刚健不足，进退失据。在这种情形下，九四本来也有弥补手段，这就是以"牵羊"的方式借力。羊是群行动物，"牵羊"是指本卦五个阳爻联手行动。先儒认为"羊"指九五，这是不对的，因为"牵羊"者不可能在"羊"之后。爻辞以羊为喻，是因为夬卦像大壮卦一样，卦形像羊。能"牵羊"而补不足，悔恨自然会消除。可惜九四乱了方寸，居然"闻言不信"！

《象辞》认为九四"其行次且"是因为以刚履柔，居位不正；"闻言不信"则是因为听到了却不能很好理解。

【译文】

九四　臀部没有肉，行走不顺当。以牵羊借力，悔恨会消除，可是九四听到了这话却不相信。

《象辞》说，"其行次且"，因为居位不合适。"闻言不信"，因为听而不明。

九五　苋陆夬夬，中行无咎。

《象》曰："中行无咎"，中未光也。

"苋陆"是木根草茎，俗称"马齿苋"，叶柔根坚，生命力强。这里借喻阴物，指上六。九五在五阳的最上，高居尊位，刚毅中正，是夬卦的主爻，也是对小人采取决断行动的主角。"苋陆夬夬"显示了它毫不留情地清除阴柔力量。"夬夬"之义与九三相同，即果敢。"苋陆夬夬"意思是马齿苋态度很果决。尽管清楚它会有麻烦，但是这对九五来说无碍，因为它是得中之爻，懂得如何在行动中守持中道。

但《象辞》对这个问题的见解有所不同，它认为"中行无咎"说明中庸之道的光辉没有显露出来。潜台词是与其强硬清除小人，不如用感化手段使其改过向善。

【译文】

九五 拔除马齿苋十分果决，因行中道没有咎害。

《象辞》说，"中行无咎"，中道未能光大。

上六 无号，终有凶。

《象》曰：无号之凶，终不可长也。

上六位于夬卦的终极，是卦中唯一的阴爻，代表已无路可走的小人。在阳刚力量占绝对优势、"刚决柔"势在必行的背景下，它自知在劫难逃，只好无奈接受处理。"无号"是不去呼喊或者号泣，因为这样做于事无补，而"有凶"是必然的。

《象辞》认为，"无号之凶"说明了一个道理，那就是小人得志、以柔凌刚的局面是不可能长久的。

【译文】

上六 不号泣了，结局将有凶险。

《象辞》说，无号之凶，说明凌刚局面终究不能长久。

姤卦第四十四

 下巽上乾

《序卦》说："决必有所遇，故受之以姤。姤者，遇也。"

姤卦下巽上乾，是"女遇五男"之象，象征相遇。

在"十二消息卦"中，姤卦在节气上与夏至对应，代表夏历（农历）五月、周历七月，和与冬至对应的复卦正好相反。本卦只有初六一个阴爻，表示在阳气充盈的盛夏已有阴的气息，但是一阴消阳，接下来阳气将不断被阴气消蚀。

姤卦是夬卦的综卦，卦象相反，意义也就相反。夬为决离，姤为相遇。遇什么？"柔遇刚也"，一阴遇五阳。姤卦阐述的是相遇之道，在这个问题上，应注意两点：一是《周易》认为相遇必须合礼守正，反对轻浮自纵、邪媚求遇；二是基于男尊女卑、重阳轻阴的观念，《周易》并不希望出现以阴消阳的局面，因此反复强调阳刚必须压制阴柔。不过它又认为阴阳相遇是万物化生的前提，天地不遇则万物不彰，万物不遇则功用不成，君臣不遇则政治不清，圣贤不遇则道德不亨，自然之理与人文之理都是如此。汉代的郑玄把姤卦理解为交媾之卦，并不合经的本意，但其影响甚广。

姤　女壮，勿用取女。

本卦一阴在下，上遇五阳，故名"姤"。比拟人事，便是一女遇五男。虽然只有一个阴爻，但是按照"十二消息卦"的理论，姤卦一阴消阳，按势头，阴气会越来越强，而阳气会越来越弱，因此卦辞说"女壮"。女子太厉害，就不适合当老婆，故卦辞劝诫"勿用取女"。"取"是"娶"的本字。卦辞体现了《周易》扶阳抑阴的观念，虽然讲的是喻象，但是也反映了古代社会重男轻女的实际情况。

【译文】

姤卦　女子气太盛，不要娶这女子。

《彖》曰：姤，遇也，柔遇刚也。"勿用取女"，不可与长也。天地相遇，品物

咸章也。刚遇中正，天下大行也。姤之时义大矣哉！

《彖辞》说"姤"就是遇，邂逅。谁遇谁？"柔遇刚也"，柔遇刚便是女遇男。为什么说"勿用取女"？因为初六一个女子同时交了五个男朋友，这样的女人水性杨花，是很难做到与人长相厮守的。况且姤卦以阴消阳，来势凶猛，如娶这么厉害的女子，很难长久。但此"女"虽不可娶，"遇"却不可避免。因此《彖辞》接着说"天地相遇，品物咸章也"。"天地"就是阴阳；"品物"是使万物成为品类；"章"通"彰"，"咸章"是全部彰显之意。"刚遇中正"的"刚"指除九五以外的其他阳爻，"中正"指九五之德。臣遇中正之君，君遇刚健之臣，阳刚正气于是大行于天下。因为有这种种好作用，所以作者说姤卦的现实意义很大。

【译文】

《彖辞》说，姤，就是遇，阴柔邂逅阳刚。"勿用取女"，是说不可能与她长久相处。天与地相交感，使万物生成品类并各显形态。众阳爻遇到大中至正的九五，阳刚正气于是大行于天下。姤卦的现实意义大着呢！

《象》曰：天下有风，姤。后以施命诰四方。

姤卦上卦为乾，下卦为巽，是天下有风之象。风行天下，无物不遇，因此是姤卦之象。《象辞》说，君王从这个卦象中得到启发，向四方发号施令。"后"指后王，是相对于"先王"而言的；"诰"犹言晓谕。

【译文】

《象辞》说，天下面有风，就是姤卦之象。君王因而发布号令，晓谕四方。

初六　系于金柅，贞吉。有攸往，见凶。羸豕孚蹢躅。
《象》曰："系于金柅"，柔道牵也。

姤卦一阴始生后将渐盛，若想压制它，就应当在其势微之时动手。什么是"柅"？东汉的马融解释："在车之下，所以止轮令不动者也。"可知"柅"就是刹车器，"金柅"是用金属制作的刹车器，在卦中指与初六有应的九四。"系于金柅"，是说要通过九四牵制初六。能做到此，初六的消阳之势便被抑制住了，因而"贞吉"。这是从正面而言的。从反面而言，初六面对诸阳要是有所行动，就会遇到凶险，像一头瘦弱的猪一般有气无力地徘徊。"羸"是瘦弱；"孚"通"浮"，指头重脚轻；"蹢躅"同"踯躅"。"羸豕"与卦辞的"女壮"之说看似有矛盾，其实不然。"女壮"是就全卦一阴遇五阳之象而言的，"羸豕"是就初六为五阳所压制的局面而言的。

因为用金柅刹车是为了阻止初六的运动，所以《象辞》说"系于金柅"是为了牵制阴柔之道。

【译文】

初六　受制于金属刹车器，正道吉祥。有所前往，就会遇见凶险，像瘦弱的猪肢体乏力踯躅徘徊。

《象辞》说，"系于金柅"，是指阴柔之道受牵制。

九二　包有鱼，无咎，不利宾。

《象》曰："包有鱼"，义不及宾也。

"包"通"庖"，即厨房。"鱼"出自水中，是阴物，喻初六。九二以阳居中，与近承于下的初六是亲比关系，就像庖中有鱼。"鱼"不期而有，自然无咎；但是初六上应九四，按道理说，"鱼"并不是九二的分内之物，因此哪怕来了宾客也不宜享用。按照爻位理论，初六的应爻是九四，但姤以"遇"为重，因此初六与九二关系更密切。

《象辞》说"包有鱼"，与宾客没有关系。

【译文】

九二　厨房中有鱼，没有灾殃，但不利于待客。

《象辞》说，"包有鱼"，与宾客没有关系。

九三　臀无肤，其行次且，厉，无大咎。

《象》曰："其行次且"，行未牵也。

"臀无肤，其行次且"，夬卦九四也有同样的爻辞，因为姤卦是夬卦的综卦，姤卦九三正是夬卦九四。爻辞的意思是屁股没有肉，走路不顺当。"肤"是嫩肉，"次且"即"趑趄"。为什么这么说九三？因为九三不在中位，上无其应，下无所遇，处境不好。但是，九三以刚处阳、居位正当，而行无所遇，就意味着无人来伤，故虽危险而无大碍。

《象辞》认为九三"其行次且"的原因是在行进中无人伸出援手，这是从九三在卦中没有应爻而做的判断。

【译文】

九三　臀部没有肉，行走不顺当，危险，但没有大的灾殃。

《象辞》说，"其行次且"，因为行动没有牵援。

九四　包无鱼，起凶。

《象》曰：无鱼之凶，远民也。

"鱼"仍是指初六。九四庖中本应"有鱼"，因为它是初六的应爻。"无鱼"，是由于"鱼"已入与初六相遇的九二之庖。应有"鱼"者没有，不应有"鱼"者却有，这样矛盾就产生了，而这正是"起凶"的原因。须知九四是居位不正的阳爻，它若吃了亏是非争不可的。

《象辞》从爻位判断，九四吃亏的原因是居上位而失下民，即与初六所代表的老百姓有隔阻。《周易》的义例，阴为民。

【译文】

九四 厨房中没有鱼，产生凶险。

《象辞》说，（厨房）没有鱼，类似的凶险，是由于远离百姓的缘故。

九五 以杞包瓜，含章，有陨自天。

《象》曰：九五含章，中正也。"有陨自天"，志不舍命也。

"杞"是一种高大的树木，喻九五；"包"是覆盖、庇护的意思；"瓜"甜美而处下，喻贤者。"章"指美丽的花纹。坤卦六三也说"含章"，但与这里所说的"含章"略有不同。坤卦六三是说要收敛才华，姤卦九五是说能包容贤者。姤卦九五阳刚中正而居君位，深谙遇道，故能屈尊待贤，而其谦逊姿态也果真收到了效果，"有陨自天"暗示有人才从天而降。"陨"是落下。历史上的舜遇尧，便是"有陨自天"之象。九五下亦无应，但得姤之道，终必有遇。

《象辞》解释九五能"含章"的原因，是其居位中正；而"有陨自天"一语，则反映想法、志向没有违背天命。"舍"意思是背离。注意，九五作为居尊位的阳爻，与阴爻初六既无应亦无比，正合于卦辞"勿用取女"之义。

【译文】

九五 用杞树覆盖瓜果，包含花纹，有物从天而降。

《象辞》说，九五含藏花纹，因为大中至正。"有陨自天"，说明想法没有与天命背离。

上九 姤其角，吝，无咎。

《象》曰："姤其角"，上穷吝也。

"角"长在头顶，上九是顶上的阳爻，它既不当位又与九三无应，离主爻初六也最远，因此爻辞以"姤其角"讽其不得遇。不得遇固然遗憾；但为人姿态孤高，不与物争，远离消阳之危，也有一个好处，就是没有咎害。

《象辞》指出，"姤其角"是居高带来的问题。以刚极居高而求遇，不亦难乎？

【译文】

上九 遇到它的头角，遗憾，但没有灾殃。

《象辞》说，"姤其角"，是刚极居高带来的遗憾。

萃卦第四十五

坤下兑上

《序卦》说："物相遇而后聚，故受之以萃。萃者，聚也。"

萃卦坤下兑上，是"地上有泽"之象，象征聚集。

"萃"是丛生之草，草丛生，故有聚集之义。萃卦共有四个阴爻、两个阳爻，两阳代表聚集的主体，四阴代表聚集的客体；也就是说，聚集是以阳爻为中心的。物以类聚，人以群分，人与人之间同声相应，同气相求，才会聚集在一起。人与人组成了群体，就可以聚合力量，为争取共同的福祉而有所作为。萃卦正反映了这一点。首先，它内坤为顺，外兑为悦，表示聚集是顺从心愿之举；其次，它上卦的九五与下卦的六二中正有应，表示上下团结。

自然、社会都有聚集现象，卦中主要讨论的是社会意义上的聚集。卦辞强调下要向上集合、臣民要向君王靠拢，一方面，聚集要以权威人物为核心，聚集者要遵循正道，团结一致。另一方面，核心人物也要做到恒久守正，发扬美德，顺天命而应民心。卦中六爻，没有一爻是凶象，哪怕是求聚不得的上六也能因忧惧知危而得免凶险，这反映了对聚集行动的基本肯定。不过卦中六爻，没有哪一爻是得吉的，每爻都说"无咎"。按照《系辞》的说法，"无咎"是由于"善补过也"，这又反映了对聚集生事的戒惕。

萃　亨，王假有庙，利见大人。亨，利贞。用大牲，吉，利有攸往。

第一个"亨"字只是在个别版本中存在，因此有学者怀疑它是衍文，笔者认为它是"享"的通假字，指祭祀。祭祀需要假借地点，这个地点是哪里呢？是太庙或宗庙。"假"是假借，也有人理解为"至"。"有"字无义。萃卦一开始就说祭祀，是因为祭拜神灵或祖先是一项聚众活动，况且本卦下五爻也是神庙之象。聚若无主，非散则乱，因此需要有有权威的"王"作为核心人物来维持局面。祭祀中，除了"王"

之外，还会有其他重要人物出场，如朝臣、诸侯等，在这种场合中，老百姓很容易见到他们，因此说"利见大人"。"大人"与百姓聚集在一起，交流无碍，自然利于正道。因为是"大聚"，所以作者主张在祭祀仪式上以"大牲"来献荐，认为这样才吉祥。所谓"大牲"，是牛、羊、豕俱备，古代也称为"太牢"。祭祀在古代是一项重要的活动，可以增进团结，激发力量，使民心达到一致，因此"利有攸往"。

【译文】

萃卦　祭祀，王假借于太庙，活动有利于百姓晋见大人物。亨通，利于正道。用大的牲畜做荐品吉祥，利于正道。

《彖》曰：萃，聚也。顺以说，刚中而应，故聚也。"王假有庙"，致孝享也。"利见大人，亨"，聚以正也。"用大牲，吉，利有攸往"，顺天命也。观其所聚，而天地万物之情可见矣。

《彖辞》说，"萃"就是"聚"，聚集在一起。"顺以说"是指萃卦内坤为顺，外兑为悦。"说"通"悦"。"刚中"指九五，它是居上卦中心位置的阳爻；"应"是说它下应六二。"顺以说"与"刚中而应"，说明核心人物品德良好，具有广泛的凝聚力。这是以卦爻之象来阐释萃卦之义。下一句解释说，"王假有庙"是为了向祖先表示心意，尽志致孝，尽物致享。"利见大人，亨"，是由于聚集合乎正道，行动符合准则。《彖辞》又指出，卦辞说"用大牲吉，利有攸往"，是顺应天命的表示。最后一句是说，观人与物之所聚，便可以了解天地万物的情状。这是对萃卦大义的总结，这就是"方以类聚，物以群分"。

【译文】

《彖辞》说，萃，就是聚。因喜悦而顺从，阳刚中正而上下有应，所以聚集。"王假有庙"，目的是尽孝心献享。"利见大人，亨"，因为遵循正道聚集。"用大牲，吉，利有攸往"，说明顺应天命。观察聚集现象，天地万物的情状就可以看出来了。

《象》曰：泽上于地，萃。君子以除戎器，戒不虞。

萃卦上卦为兑，下卦为坤，是地上有泽之象。地中有泽，水必聚之。《象辞》说，君子从这个卦象中获得启发，因而修治兵器，以防不测。"除"在这里可理解为修治；"戎器"就是兵器；"不虞"是指意外事件。之所以要"除戎器，戒不虞"，是因为人聚在一起容易生乱。

【译文】

《象辞》说，地上有湖泊，就是萃卦之象。君子因而修治兵器，以防不测。

初六　有孚不终，乃乱乃萃。若号，一握为笑，勿恤，往无咎。

《象》曰："乃乱乃萃"，其志乱也。

"有孚不终，乃乱乃萃"是对初六的批评。初六以阴爻而处"萃"之始，上应九四，本应向应爻九四靠拢，但是在初六与九四之间隔着两个阴爻，并且六三还上承九四，在这些外部因素干扰下，初六就乱了方寸，对该不该向九四聚合产生了疑虑，未能自始至终地保持想法的专一。"乃"是语气词；"萃"是聚集。初六出现思想错误，根源在于它以柔履阳、居位不正。在这种情况下，初六如果能向九四发出呼叫，那么九四还是会做出正面回应，与它握手言欢的。因此初六不必有什么忧心，走下去是没有什么问题的。

《象辞》将"乃乱乃萃"的出现归因于初六心志迷乱。

【译文】

初六　有诚意但不能自始至终保持，胡乱聚集。如果呼喊，就会握手言欢，不必忧虑，走下去不会有灾殃。

《象辞》说，"乃乱乃萃"，是因为它的想法乱了。

六二　引吉，无咎。孚乃利用禴。

《象》曰："引吉，无咎"，中未变也。

六二柔顺中正，与刚毅中正的九五阴阳正应，因此能获得九五的牵引而与其聚合，这是合乎正道的相会，故"吉"而"无咎"。爻辞还说，六二的诚意，可以通过祭祀而获得神灵的认可。"禴"在上古的四时之祭中属于春祭，是一种较为简薄的祭祀方式。

《象辞》认为六二在向九五靠拢时能笃守中道，自持不变，这是其吉祥而无咎的原因。

【译文】

六二　受到牵引吉祥，没有灾殃。诚意可用禴祭来证明。

《象辞》说，"引吉，无咎"，是因为能笃守中道自持不变。

六三　萃如，嗟如，无攸利；往无咎，小吝。

《象》曰："往无咎"，上巽也。

"萃如，嗟如"的结构，与屯卦六二的"屯如，邅如"相同，"如"字的意思也差不多。"萃如"是聚集的样子，"嗟如"是叹息的样子。为什么聚集而叹息？因为找不到愿接受它靠拢的对象。六三处下卦之终，不中不正，且与上无应，故以不得其萃而叹。处境尴尬，"无攸利"也就正常了。不过，六三并不是全然不利，它也有一个有利的地方，那就是以阴承阳，与九四是亲比的关系，"往无咎"，道理就在此。至于会有"小吝"，是因为六三与九四均失位。

《象辞》的"上巽"不是说上卦是巽卦，而是说六三懂得上逊于九四，也有人认为是上逊于上六。"巽"是逊。因为"上巽"，所以"往无咎"。

【译文】

六三　荟萃啊叹息啊，没有什么好处。走下去没有灾殃，有小遗憾。

《象辞》说，"往无咎"，是由于逊顺于上。

九四　大吉，无咎。

《象》曰："大吉，无咎"，位不当也。

"大吉，无咎"暗含以吉补咎之意。九四不在尊位而"大吉"，是由于它上比九五，可成君臣之聚；下应初六且有三阴相承，能获民众之望。"无咎"是说本来有问题，但已经解决了。

为何说它本来有问题？《象辞》的解释是"位不当也"。这个结论有两重意思：一是说它以刚履阴、居位不正，二是说它作为刚爻过于逼近君位。

【译文】

九四　大为吉祥没有灾殃。

《象辞》说，"大吉，无咎"，所处位置不合适。

九五　萃有位，无咎。匪孚，元永贞，悔亡。

《象》曰："萃有位"，志未光也。

九五刚健中正，居萃卦的尊位，且与下面的六二有应，本来应当是大聚天下的核心，爻辞也说它"萃有位"而"无咎"。但事实上九五并没有实现广孚于众的目标，因为它身旁的九四已下集三阴。在这种情势下，身为君长的九五只有长久守持正道，悔恨才会消失。"元"在这里是"元首"之义。

《象辞》认为九五虽是萃卦的中心之爻，但志向未能光辉远大。

【译文】

九五　荟萃有其位置，没有咎害。未能获信，君长永久守正，悔恨才会消失。

《象辞》说，"萃有位"，志向未能光大。

上六　赍咨涕洟，无咎。

《象》曰："赍咨涕洟"，未安上也。

"赍咨"是嗟叹之声，"涕洟"是痛哭流涕。上六处萃卦之终，穷极无应，远近失助；而且以阴凌阳，压制九五，目无尊长，因而受到排斥，求聚无门，处境凄凉。好在它困而知惧，故终能得萃而无咎。

上六作为萃卦的最上之爻，还处于"赍咨涕洟"的状态，故《象辞》说"未安上也"。"未安上"便是"上未安"。

【译文】

上六　感慨嗟叹，痛哭流涕，没有灾殃。

《象辞》说，"赍咨涕洟"，说明未能安定于上。

升卦第四十六

 巽下坤上

《序卦》说："聚而上者谓之升，故受之以升。"

升卦巽下坤上，是"木生于地"之象，象征成长。

升卦与萃卦互为综卦，意义也相反。萃卦表示水流从四周向低处汇聚，升卦表示树木从地里向高处生长。

升卦所阐述的是顺势发展之理。它强调成长应当柔顺依时，由低到高，积小为大，好比树木的生长，从幼苗变成大树，有一个循时序渐进的过程。卦中的卦与爻、爻与爻之间存在着某种和谐关系，彼此之间并没有相互拆台的现象；卦辞与爻辞对所讨论的事实也基本正面看待，在断占之辞中并无"凶""厉""悔""吝"之类的字眼，这在其他卦中很少见，说明《周易》对成长之道持肯定态度。

升　元亨。用见大人，勿恤，南征吉。

"升"是进而上之的意思，能进而上，就意味着极为亨通，故卦辞说"元亨"。"用见大人"的"用"，在帛书本《周易》中作"利"。"大人"指九二，见大人者是初六。九二并未居尊位，但有刚中之德，故被称为"大人"，这一点与乾卦的九二相同。有"大人"支持，许多事便无须担忧了，"恤"就是担忧。"南征吉"可从两个角度理解：第一，南方在五行中为火位，《说卦》也说"离"是南方之卦，因此"南征"便是向光明进发；第二，古代的地理坐标左东右西、上南下北，"南征"就意味着向上发展。

【译文】

升卦　大为亨通。利于晋见大人，勿用忧虑，向南方进发吉祥。

《彖》曰：柔以时升，巽而顺，刚中而应，是以大亨。"用见大人，勿恤"，有庆也。"南征吉"，志行也。

升卦上下卦都是阴卦，故"柔"是该卦的基本特征。事实上树木在地里生长，也是一个耗时很长的缓慢过程。"巽而顺"表面上是说升卦下卦为巽、上卦为坤，实际上是以巽卦与坤卦为喻象称赞升卦品格的谦逊和顺。"刚中而应"是说九二作为居中位的阳爻与上卦的六五有应，而阴阳能产生感应正说明事物交流畅通。后面两句是对卦辞的评论，一是说"用见大人，勿恤"，意味着有福庆，无须担忧；一是说"南征吉"，表明上进的愿望获得了实现。

【译文】

《彖辞》说，以阴柔方式适时上升，谦逊而和顺，阳刚得中而与上有应，因此大为亨通。"用见大人，勿恤"，有可庆之事；"南征吉"，上进的志向大行于世。

《象》曰：地中生木，升。君子以顺德，积小以高大。

升卦上卦为坤、下卦为巽，是地生木之象。地里的树木不断往高生长，正犹如人的地位不断上升，故《象辞》说君子看到升卦之象，便明白了顺德修业的道理，通过积小善而获高名、成大事。"顺德"的意思是顺于德行。

【译文】

《象辞》说，地里生长树木，就是升卦之象。君子因而顺于其德，积小善以达高尚成宏大。

初六 允升，大吉。

《象》曰："允升，大吉"，上合志也。

"允"犹言"宜"，是应当的意思。初六处在下巽的最低位，好比树木的根须，能吸水分、取营养而使树木逐渐长高，因此说"大吉"。

初六柔顺在下，虽与六四无应，但居"升"之始而上承九二、九三，像二阳一样也有向上发展的要求或愿望，故《象辞》说其"上合志也"。

【译文】

初六 宜于上升，大为吉祥。

《象辞》说，"允升，大吉"，与上面的想法相合。

九二 孚乃利用禴，无咎。

《象》曰：九二之孚，有喜也。

升卦九二的爻辞与萃卦六二几乎一模一样，意义也相同。不同的地方是，萃卦六二以中虚为"孚"，与九五应；而升卦九二以中实为"孚"，与六五应。升卦九二在当"升"之时禀刚中之德而上应六五，犹如内心敦厚而受任于尊者的贤人，其真诚程度哪怕是通过简薄的禴祭也能获得神灵认可。也有人认为，这是说刚强之臣九二事柔弱之君六五，上下若不能以诚感通则有咎，而诚需要通过禴祭来证明。

《象辞》认为，九二的真诚将会带来喜庆。

【译文】

九二　诚意可通过禴祭来加以证明，没有咎害。

《象辞》说，九二的诚意，会带来喜庆。

九三　升虚邑。

《象》曰："升虚邑"，无所疑也。

九三的上面是一群阴爻，阴爻中间是虚空的，故以"虚邑"为喻。虚邑就是空城。此句没有断辞，但吉象已隐含其中。

九三是得位的阳爻，其性刚健，与上六又有应，故一心升进。前方既然是"虚邑"，自然可以畅行无阻而无须犹豫。因此《象辞》说"无所疑也"。

【译文】

九三　上升如入空城。

《象辞》说，"升虚邑"，没有什么疑虑。

六四　王用亨于岐山，吉，无咎。

《象》曰："王用亨于岐山"，顺事也。

随卦上六说"王用亨于西山"，"岐山"就是西山，"王"是指周文王。有学者把"王"理解为"殷王"（商朝的天子），这是不正确的，因为爻位四是诸侯之位而非天子之位，而且岐山也是周的地盘。岐山在陕西岐山县东北处，史载周族的古公亶父曾率众自豳迁于该山之下的周原，筑城作邑，在灭商前被当作国都。"用亨"就是献祭，这是敬神崇祖的行为，故"吉"而"无咎"。爻辞之所以提到"无咎"，是因为六四下凌二阳，本来是有咎的。

《象辞》说"王用亨于岐山"是"顺事"，系基于以柔履阴的六四是柔顺之才。所谓"顺"，是要上顺君王而升，下顺贤者而进。

【译文】

六四　周文王在岐山祭祀，吉祥，没有灾殃。

《象辞》说，"王用亨于岐山"，是顺德之事。

六五　贞吉，升阶。

《象》曰："贞吉，升阶"，大得志也。

六五柔中，下有刚中的九二之应，故能居尊位得吉。不过它质本阴柔，且不当位，得吉需先守贞。"贞吉"意思是守正得吉。"升阶"等于说沿阶而升，不可随便越级。六五是升卦的主爻，故聚焦于"升"之道。

守贞吉祥而步步高升，便有施展抱负的机会，故《象辞》说"大得志也"。损卦上九与益卦九五的《象辞》也有同样的判断。

【译文】

六五　守贞得吉，沿阶而升。

《象辞》说，"贞吉，升阶"，志向可以充分地实现。

上六　冥升，利于不息之贞。

《象》曰：冥升在上，消不富也。

上六处升卦之极，昏昧于心，不明阴阳消息，一味求升，知进不知止，因此说"冥升"。"冥"是昏暗不明的意思。"不息之贞"就是阴柔之贞，按照"十二消息卦"的理论，阴去阳来称"息"。"不息"是说阴气尚未被阳气侵蚀。上六之所以要保持不息之贞，是因为它是阴爻。

物极必反，上六位于升卦极上，阴气被阳气侵蚀是必然的，故《象辞》说"消不富也"。在《周易》中，"不富"指阴爻，说"消不富"等于说消阴。

【译文】

上六　昏昧地上升，有利于保持阴气之贞。

《象辞》说，在上面昏昧地升进，阴气会被侵蚀。

困卦第四十七

坎下兑上

《序卦》说:"升而不已必困,故受之以困。"

困卦坎下兑上,是"泽中无水"之象,象征困厄。

《说文解字》说:"困,故庐也。从木在口中。"也就是说,"困"字在字形上表示一棵树长在废弃的旧屋墙中,因空间局促,无法伸展开来。从卦象来看,其卦上兑为泽,下坎为水,表示湖泊里的水渗到地下去了。泽中缺水,鱼虾等生物就会陷于困境,动弹不得。从爻象来看,卦中的阳爻全被阴爻包围着,喻示阳刚力量受制于阴柔力量,君子为小人所困,《彖辞》把这种局面总结为"刚掩"。

困卦阐述的是处困之道。强调在陷于困厄时要保持乐观精神,通过因应天命来实现追求的目标。要坚定信念,相信阳刚力量终会战胜阴柔力量,坚持下去必能脱困。要在困局中努力寻找脱困的办法,因屈致伸。陷于困境虽然被动,但困厄也有其积极的一面,那就是有利于磨炼毅力、激励意志。爻辞则讨论了被困的各种情状及可能出现的局面。

困　亨。贞,大人吉,无咎。有言不信。

陷于困厄并不是好事,那为什么困卦的卦辞又这么吉利呢?因为被困者是"君子",是"大人",卦中以阳爻作为它们的喻象。性格刚健的"君子""大人"虽然陷入了困厄,但是处困而不改操守,终能以自济致亨。"贞,大人吉,无咎"一句,是对"亨"的解说。卦中九二与九五阳刚得中,正是"大人"之象。"大人"懂得守正,故吉祥,虽遇困厄而无咎。"有言不信",是说在困厄之时难以通过口说取信于人,这时正确的应对策略是少说多做。

【译文】

困卦　亨通。守正,大人吉祥,没有灾殃。说话没有人相信。

《彖》曰：困，刚掩也。险以说，困而不失其所，亨，其唯君子乎？"贞，大人吉"，以刚中也。"有言不信"，尚口乃穷也。

《彖辞》指出了困厄的表现形式："刚掩也。""刚"指阳爻；"掩"也写作"揜"，意思是被遮蔽。在本卦中，是阳爻九二被阴爻初六与六三遮蔽，阳爻九四、九五被阴爻上六、六三遮蔽。"险以说"是说在困厄时尤要保持乐观主义的精神，这是从困卦下坎为陷、上兑为悦而得出的结论。"说"通"悦"。作者认为，只有君子才能做到处险而不改其悦，陷困而不失其亨。下文指出，卦辞说"贞，大人吉"，是由于代表"大人"的九五与九二分处上、下卦中位，都有刚中之德。又说卦辞"有言不信"提出了警醒，这就是说光依仗嘴巴便会陷于绝境，巧言善辩其实没有意义，因为别人不信你说的。

【译文】

《彖辞》说，困厄，是由于阳刚被遮蔽。处险仍愉悦，陷于困厄而不失去它所有的亨通，唯君子才能如此吧？"贞，大人吉"，因为阳爻居中位。"有言不信"，说明过分依仗嘴巴会陷于绝境。

《象》曰：泽无水，困。君子以致命遂志。

困卦上卦为兑、下卦为坎，是泽中无水之象。《象辞》说，君子看到困卦之象，便明白了这么个道理，那就是要有坚定的信念，通过顺应天命来实现志向。有人把"致命"理解为捐弃生命、杀身成仁，可能不正确。

【译文】

《象辞》说，湖泊里没有水，就是困卦之象。君子因而遵从天命实现抱负。

初六　臀困于株木，入于幽谷，三岁不觌。

《象》曰："入于幽谷"，幽不明也。

"株"是露在地面上的树干或树桩。学者一般把"臀困于株木"理解为屁股被树桩卡住，因而不能安处，但高亨认为是说臀部受了杖刑。初六以柔弱的材质而居困卦的卑位，又处于坎险之下，正是坐困之象。从表面上看，它与九四有应，但九四是失位之爻，自己亦因"刚掩"而深陷于困中，对初六的应援不免心有余而力不足。初六静处既不能安居，坐困又难以自济，只好乱行乱撞，深入幽谷，等待困情缓解，以至于人们多年不见其踪影。"觌"是见人之面。"三岁不觌"，形容时间之久、困陷之深。帛书本《周易》"觌"后还有"凶"字。

"入于幽谷"意味着昏昧之人来到了卑暗之地，故《象辞》说"幽不明也"。

"不明"既指地，亦指人。

【译文】

初六　臀部被树桩所卡住，进入幽深的山谷，三年不露面目。

《象辞》说，"入于幽谷"，幽暗不明。

九二　困于酒食，朱绂方来，利用亨祀。征凶，无咎。

《象》曰："困于酒食"，中有庆也。

对"困于酒食"的理解，有两种相反的看法：一种是醉饱过宜，陷于享受之中；另一种是缺乏酒食，为吃喝问题所困扰。笔者倾向于接受前者。不管哪一种看法正确，被困者都是九二。正当其为口福之享而苦恼时，"朱绂"送来了。"朱绂"是达官贵人穿的祭服，它被送来意味着九二被赋予了主祭的重任，从而走出了醉饱终日、无所事事的困境，而献享之需正好解决了酒食过丰过盛的问题，这便是"利用亨祀"的意思。因此九二的解困进程虽然凶险，最终却没有灾殃。"征凶"，是说走下去会有凶险，这个结论系从九二是失位之爻且与九五无应而来。

《象辞》说"困于酒食"的九二有喜庆之事，是由于它位于下卦的中位，有刚中之德。

【译文】

九二　为酒食所困，红色祭服刚发下，用来祭祀。行动过程中虽有凶险，但最终没有灾殃。

《象辞》说，"困于酒食"，因得中而有福庆。

六三　困于石，据于蒺藜，入于其宫，不见其妻，凶。

《象》曰："据于蒺藜"，乘刚也。"入于其宫，不见其妻"，不祥也。

六三不中不正，居阳用刚，难安其位；但它的行动却遭到了石头的阻挡。"石"材质坚硬，暗喻九四。六三进既不能，退亦失据，因为在它后面的是一团扎人的蒺藜。满身是刺的蒺藜，暗喻九二。六三没有办法，只好回家生活，但回到家里，"老婆"也下落不明了。对"不见其妻"之"妻"，许多学者注为上六，这似有些勉强，因为六三与上六都是阴爻，两个女人如何做夫妻？姑且存疑。《系辞》通过"孔子"之口，对六三作了如下评论："非所困而困焉，名必辱；非所据而据焉，身必危。既辱且危，死期将至，妻其可得见耶？"

《象辞》解释，六三所据为蒺藜，原因是它以柔凌刚，与九二的关系没理顺。又说"入于其宫，不见其妻"是不祥的行为。

【译文】

六三　被石头所阻，盘踞在蒺藜上，回到其家中，不见其妻子，凶险。

《象辞》说，"据于蒺藜"，是因为以柔凌刚。"入于其宫，不见其妻"，是不好的兆头。

九四　来徐徐，困于金车，吝，有终。

《象》曰："来徐徐"，志在下也。虽不当位，有与也。

"来徐徐"便是"徐徐而来"。"徐徐"是说九四行动迟缓。九四来干什么？援助它的应爻——因"臀困于株木"而入幽谷的初六。九四行动迟缓，一因履阴失正，二因为柔所掩，三因逆向行动，四因"金车"隔阻。"金车"指九四与初六之间的九二。不过初六与九四毕竟正应，九四虽行进困难，但与初六终有应合之时。

在《周易》中，自上到下叫"来"，自下到上叫"往"，因此九四来援初六，被《象辞》理解为"志在下也"。《象辞》还指出，九四以阳履阴，虽不当位，但对初六还是能发挥应援作用的。"有与"是有作用之意。

【译文】

九四　徐徐而来，被困在金车上，行走困难，但有好结果。

《象辞》说，"来徐徐"，志向在下方。虽然不当位，但是有作用。

九五　劓刖，困于赤绂，乃徐有说，利用祭祀。

《象》曰："劓刖"，志未得也。"乃徐有说"，以中直也。"利用祭祀"，受福也。

"劓"与"刖"是两种刑罚。"劓"是截鼻，伤的是上面；"刖"是砍足，伤的是下面。困卦显示的是阳为阴困的状态，九五虽居尊位，但上有上六之阻，下为六三所拦，无论上、下均陷困厄，就好像遭受了劓、刖二刑一般。有学者认为"劓刖"是指阳居阳位的九五以刑治下、用刚过猛，恐未得当。九五既被夺其政，在无所作为的境况下，只好穿上祭祀专用的赤绂，专致于祈天求神，就像春秋时代的卫献公所说的："政由宁氏，祭则寡人。""赤绂"就是上文所说的"朱绂"。"困于朱绂"，是说整日祈祷。九五虽在困厄之中，但本身中正，且下与有刚中之德的九二志同德合，阳刚力量慢慢积聚，最终必能脱困。"徐"是慢慢的意思；"说"通"脱"，有人理解为"悦"。卦辞还说，整体局面的改变，有益于祭祀。

《象辞》指出，"劓刖"之刑，反映九五壮志未酬。那卦辞为什么又说"乃徐有说"呢？因为九五刚中正直，这是对九五的爻性的发挥。对"利用祭祀"，《象辞》

理解为"受福也"，意思是九五以至诚感动神灵，从而获得护佑。

【译文】

九五　截鼻砍足，受困于红色祭服，于是慢慢有了喜悦，利于祭祀活动。

《象辞》说，"劓刖"，意味着志向未能实现。"乃徐有说"，因为刚中正直。"利用祭祀"，能获福祥。

上六　困于葛藟，于臲卼。曰动悔有悔，征吉。

《象》曰："困于葛藟"，未当也。"动悔有悔"，吉行也。

"葛藟"即葛藤，是一种引蔓缠绕的植物，"臲卼"是动摇不安的样子。这是说，上六作为居困之极的阴爻，凌驾二刚，下无应援，犹如被困在葛藤之中，行被缠绕，居不获安。"于臲卼"是承上句而言，"于"前省略了"困"字。"曰"是发语词，无义。"动悔"是动辄生悔，"有悔"是心有悔悟，两个"悔"字的意思有差别。按照《周易》的通例，上位多不吉，例如屯卦上六便说"泣血涟如"，为什么困卦上六却说"征吉"呢？这是因为困到极处，自有变困之道；而上六居阴用柔，能因困而悔，不像六三那样履阳用刚。

上六是当位之爻，故《象辞》所说的"未当也"不是说它居位不正，而是指它处困之极，以柔凌刚。"征"为行进，故《象辞》把"征吉"理解为"吉行也"。

【译文】

上六　为藤蔓所困，陷于动摇不安，动辄生悔，心有悔悟，行进下去吉祥。

《象辞》说，"困于葛藟"，因为处事不当。"动悔有悔"，是吉祥的行动。

井卦第四十八

 **巽下坎上**

《序卦》说:"困乎上者必反下,故受之以井。"

井卦巽下坎上,是"木桶汲水"之象,象征汲取。

井卦是困卦的综卦,卦义也与困卦相反。困卦是水渗到了湖泽之下,井卦却是要把地下的水汲取出来。困与养,一正一反。

篆书的"井"字中间有一点,"井"为井框,"、"指吊桶,不加一点是象形,加了一点是指事。井在古今都是重要的生活设施,其水源对保障人类生活乃至动物植物的生长有不可或缺的作用,唐代的孔颖达就说过:"养物不穷,莫过乎井。"因此,井之德在此卦中被大肆赞扬。大致是两个方面:一是从给用的角度称颂井有孚不迁、不盈不竭、施惠无穷,二是以井的修理加固与清淤去积来喻示君子的自我修身。其爻三阳三阴,阳爻讲井水,阴爻讲井体。

井　改邑不改井,无丧无得,往来井井。汔至亦未繘井,羸其瓶,凶。

井在古代是人们生活的中心,由于用水之需,无论城镇还是乡村的民众,都习惯于近井而居,因此在井的周边聚集了不少人家,甚至形成了交易场所,称"市井"。城邑可以搬迁,井却移不了。"改邑不改井",暗示"井养"固定不变。"无丧无得"是说"井德"有常。井水的特征,是汲引不见其损,增益不见其盈。因此,人们便不断往来,依靠取井水来过日子。"井井"的第一个字是动词,第二个字是名词,"井井"便是汲水于井中。下面卦辞举了一个操作失败的事例,说井绳还没有把汲水器具升至井口,汲水者便失手把盛水的瓦罐打碎了。"汔"是将要的意思;"繘"为井绳,即绠汲之具;"羸"在这里指毁坏、倾覆。汲水出了事故,为什么说是"凶"呢?因为水未取得,反坏了用具。这是对做事不能善始善终的否定。

【译文】

井卦　城邑可以迁改，井却不可以迁改，井水既不会枯竭，也不会满溢，因此人们来来往往汲水于井中。水将出井，井绳尚未收尽，便把瓦罐子打碎了，凶险。

《彖》曰：巽乎水而上水，井。井养而不穷也。"改邑不改井"，乃以刚中也。"汔至亦未繘井"，未有功也。"羸其瓶"，是以凶也。

《彖辞》的第一句从卦象来解释卦的名义。井卦下巽为木、上坎为水，因此说"巽乎水"。"巽乎水"意思是木入于水中，正是用桶汲水的样子。"上水"是把水打上来。井水用不竭，养人无尽，因此说"井养而不穷也"，这是对井德的赞扬。因为"井养而不穷"，所以老百姓才"往来井井"。《彖辞》把"改邑不改井"的原因理解为九二与九五以阳刚居中，说是刚中使井德恒常不渝。"未有功也"解释卦辞"汔至亦未繘井"，意思是做了努力，水却没有打上来。最后一句在意义上是卦辞的重复，强调结果不好。

【译文】

《彖辞》说，木入于水而使水上汲，这就是井。井水给用永不穷尽。"改邑不改井"，因为阳刚居中。"汔至亦未繘井"，是说水没有打上来。"羸其瓶"，因此凶险。

《象》曰：木上有水，井。君子以劳民劝相。

木为桶，用桶汲水，正是井之象。井养人而不穷，因此《象辞》说君子应当效法井德，使百姓勤劳起来，并劝导他们互帮互助。

【译文】

《象辞》说，木上面有水，就是井卦之象。君子因而使百姓劳碌，劝他们相互帮助。

初六　井泥不食，旧井无禽。

《象》曰："井泥不食"，下也。"旧井无禽"，时舍也。

井卦阴爻代表井体。初六阴柔卑下，在井卦位置最低，又与上无应，恰似井底污泥淤积，不再能提供食用，这样的井就废了，成了连禽鸟都不光顾的旧井。"无禽"是说没有生物来。

《象辞》指出，井有污泥，其水不能食用，是由于位置卑下。旧井没有禽鸟来光顾，是由于它随时间的流逝被舍弃了。

【译文】

初六　井有淤泥不可食用，废旧之井无鸟光顾。

《象辞》说，"井淤不食"，因位置低卑。"旧井无禽"，随着时间流逝而被放弃了。

九二　井谷射鲋，瓮敝漏。

《象》曰："井谷射鲋"，无与也。

井卦阳爻代表井水。"谷"字的上半部是半水，下半部为"口"，表示井的容水处。"鲋"是井里的一种小鱼。"射"是注射，应当不是用箭，而是用水。"瓮"是用于汲水的瓦罐。爻辞说，有人对着井谷用水射鲋，不小心把旧瓦瓮弄坏了，结果漏水不已，无法再汲引。"井谷射鲋，瓮敝漏"作为一个寓言，说九二不务正业，不专注于汲水，玩物坏事。九二是刚中之爻，本来有养人济物的能力，为什么这么背运？因为它以刚履阴，居位不正，而且与上无应，是不上反下之象。

因为九二没有济用之功，所以《象辞》说"井谷射鲋"是表示它没有起到作用。"与"是应援的意思。

【译文】

九二　对着井谷射鲋鱼，瓦瓮废漏了。

《象辞》说，"井谷射鲋"，因为没有应援。

九三　井渫不食，为我心恻。可用汲，王明，并受其福。

《象》曰："井渫不食"，行恻也。求王明，受福也。

"渫井"意思是淘井治污。"井渫不食"与初六所说的"井泥不食"意义不同。后者是说井积满了淤泥，致水不能食；前者是说井中淤积被清除后，水能食用但人不食。人为什么不食？因为嫌弃。九三居下卦的上位，对应于井，并不是淤积了的泥，而是澄清了的水。本来清澈，却受嫌弃，这很让九三很感沮丧，因此它说自己"心恻"，"恻"就是悲伤。爻辞引申到人文方面，是说人才因不受重用而感到悲伤，"不食"喻人不获用。九三希望王者明白水"可用汲"的情状，以受其福泽。"可用汲"的依据，是九三与上六有应。

九三感慨伤心，主要是因为王者的行为，所以《象辞》说"行恻也"。"求王明"，出发点也是为了让王者得福。

【译文】

九三　淘除了井泥，井水却无人饮用，真为我感到伤心。水是清洁可用的，君王明白这一点，一同领受福泽。

《象辞》说，"井渫不食"，为行为而伤心。希望君王明白，是为了领受福泽。

六四　井甃，无咎。

《象》曰："井甃，无咎"，修井也。

"井甃"就是用砖瓦修整井壁。六四以柔履阴，处正而承上，虽是得位之象，但在卦中与别的爻没有应援，这就决定了它只能修德自守。修井是一种补过行为，能这样做，"咎"就消除了。

《象辞》直截了当地解释，六四是讲修井。

【译文】

六四　砌整井壁，没有灾殃。

《象辞》说，"井甃，无咎"，是说修井。

九五　井洌寒泉，食。

《象》曰：寒泉之食，中正也。

"洌"意思是水很清澈。九五作为井卦的主爻位于尊位，下有六四相承，是井德圆满之象，故爻辞说井中冒出了大量如寒泉般清澈的水供人饮用。

《象辞》则说九五能代表寒泉之食，是由于它居中得正。

【译文】

九五　井水清澈甘洌，像寒泉般供人饮用。

《象辞》说，能有寒泉之食，在于中正。

上六　井收，勿幕，有孚，元吉。

《象》曰：元吉在上，大成也。

"收"是成，"井收"指井已修好。"幕"为覆盖，"勿幕"就是不要封闭井口。上六位居井卦之终，表示井道已成，井以上出为用。上六下应九三，喻示可以提供源源不绝的井水。为使井的功能得到充分发挥，不宜覆盖井口，而应让井诚心诚意地提供服务。这样做是大善行，因此"元吉"。

《周易》之例，通常以终极为变，唯井、鼎二卦以终极为成，断辞大吉。《象辞》对这一点进行了解释。

【译文】

上六　井的功用已成，不要闭井，诚心服务，大为吉祥。

《象辞》说，元吉出现在上位，说明井道已大成。

革卦第四十九

 离下兑上

《序卦》说:"井道不可不革,故受之以革。"

革卦离下兑上,是"水火相息"之象,象征去故。

井之道,是要用水荡涤污垢,使物品焕发新面貌,故井卦后为革卦。"革"字在《说文解字》中被解释为:"兽皮治去其毛。革,更之。"兽皮治去其毛,外表就与原来有了很大差别,因而"革"有去故的意思,即"变革"。兽皮变成革,需池泡火烤,而本卦上卦为兑,下卦为离,卦象所示正是池与火。换一个角度观察,革卦的形状,也很像火烤兽皮的样子:下离为火;上兑像一张兽皮,两个阳爻分别表示头层皮与二层皮,上面的阴爻则表示未刮除的兽毛。

《周易》很重视变革,革卦集中讨论了这个方面的问题。"革命"的概念便产生在此卦之中。因为变革符合自然与社会的发展规律,所以从卦辞到《彖辞》《象辞》都对它持肯定的态度。全卦强调革故要讲时机,有诚信;要加强宣传,做好基础工作;要顺天应人,主动适应时代变局;要有信心,主动追随变革的中心人物。卦中六爻,下三爻讲变革前的准备,上三爻讲变革后的巩固。

革　巳日乃孚,元亨利贞,悔亡。

革卦离火炎上,泽水凝下,上下卦存在着交感,因此是吉卦。变革要讲时机,卦辞把时机定为"巳日"。巳日,有的书写成"己日""已日",解释亦众说纷纭。按笔者之见,"巳"在十二地支中排第六,如果把地支分成两部分的话,它正好处在前后部分的交界处,因此巳日为变革日。变革除了要讲时机外,还得有诚意、讲信用。"孚"便是诚意与信用。时机与诚信两相结合,变革局面就会向好,因此卦辞说"元亨利贞"。"悔亡"意思是悔恨消失。

【译文】

革卦 巳日拿出诚意。大为亨通，利于正道，悔恨消失。

《彖》曰：革，水火相息，二女同居，其志不相得，曰革。"巳日乃孚"，革而信之。文明以说，大亨以正，革而当，其悔乃亡。天地革而四时成，汤武革命顺乎天而应乎人，革之时大矣哉。

革卦很像一个"温泉"，"水火相息"是指上兑所代表的池水与下离所代表的地火互相压制，存在冲突，这种压制、冲突便是变革的根源。"二女同居，其志不相得"，则是说两个女人同居一室不合自然法则，因而难免产生分歧、冲突，这种分歧、冲突同样会导致变革产生。按照"乾坤六子"说，离为中女，兑为少女。"革而信之"意思是革故获得了人们的认可，这是对卦辞"巳日乃孚"所进行的解释。"文明以说"的"文明"指下离。离代表火，具有光明的属性。"说"通"悦"，指上兑，兑德为悦。"大亨以正"是就卦辞的"元亨利贞"而言的，根据是六二与九五中正有应。"革而当"意思是变革正当，这是对卦辞的"悔亡"所作的说明。《彖辞》还举了两个理由来说明应支持、拥护变革：一个是自然领域的，天地不断变化导致了一年四季的生成；一个是社会领域的，商汤讨桀与周武伐纣使顺天应人的"革命"实现。变革的覆盖面极广，因此《彖辞》说"革之时大矣哉"。"革之时"后当脱了一个"义"或"用"字。

【译文】

《彖辞》说，革卦，池水与地火相冲突，两个女人同居一室，志趣不一致，这就是革。"巳日乃孚"，是说变革获得信任。文采灿烂而喜悦，大为亨通以守正，变革得当，悔恨消失。天地变革而有一年四季的生成，尚汤与周武革命上顺天道而下应人心，变革对时世的影响大着呢。

《象》曰：泽中有火，革。君子以治历明时。

《象辞》说泽中有火就是革卦之象。泽资湿，火就燥，故革卦反映了事物的矛盾。有矛盾就会带来变化，因此，君子看到革卦之象就悟出了变革的道理，并赶紧研究历象，以弄清楚时令的变化之理。

【译文】

《象辞》说，池泽之中有火，就是革卦之象。君子因此研究历象，以明时令之变。

初九　鞏用黄牛之革。

《象》曰："鞏用黄牛"，不可以有为也。

初九处在革卦最下位，表示做变革的准备。变革最忌急躁冒进，为保证成功，在开始之前必先强固主体。"鞏"就是强固的意思。用什么强固？用黄牛之革。注家对"黄牛"之义有各种各样的解释，多嫌牵强，其实黄牛就是黄牛之革。用黄牛之革加固什么，爻辞未明确说，但从语义逻辑来分析，应是指有关的工具。爻辞不言吉凶，因为变革还没有采取实际行动。

《象辞》说，"用黄牛之革来加固"，意味着还不可以有所作为。这么说的理据是初九位于本卦的最下，且与九四无应，虽然当位，动力却不足。

【译文】

初九　用黄牛的皮革牢牢绑住。

《象辞》说，"鞏用黄牛"，还不可以有所作为。

六二　巳日乃革之，征吉，无咎。

《象》曰：巳日革之，行有嘉也。

按照爻位分析理论，二位象征渐露头角，可以适当进取。革卦六二是下离的主爻，它文明柔顺，居位中正，且上应九五，材质极佳，因此在变革的时机——"巳日"到来后，便成了变革的重要推动者。在它的作用下，变革行动"征吉，无咎"。

《象辞》说，从巳日开始进行的变革，这个行动获得了人们赞扬。

【译文】

六二　巳日到来之后便进行变革，发展进程吉利，没有灾殃。

《象辞》说，巳日的变革，行动获得了嘉许。

九三　征凶，贞厉。革言三就，有孚。

《象》曰："革言三就"，又何之矣？

九三处在离火与兑泽的相接处，很易于亢进躁动，又以刚履阳，过刚不中，故出现了"征凶，贞厉"这种断占之辞，这是其行动急躁造成的问题，导致变革不利。好在变革的道理经过反复申说，最终还是使民众接受了。像师卦的"王三锡命"一样，"革言三就"的"三"是指多次，"就"是被接受。

《象辞》质问，纵使"革言三就"，又怎么样呢？潜台词是在变革初见成效后应先安抚人心，不宜过急前行。要安不忘危、存不忘亡、治不忘乱。

【译文】

九三　发展进程凶恶，正道有危险。变革的话说了多次被接受，因有诚意。

《象辞》说，"革言三就"，又如何呢？

九四　悔亡，有孚，改命，吉。

《象》曰：改命之吉，信志也。

爻辞的意思是，悔恨消除，有诚意革除天命，吉祥。九四以刚履阴，是失正之象，与初九也无应，爻性不是很好，本当有悔，可爻辞却是吉象，这是为什么呢？原来九四从下卦进到上卦，表示变革进程已经过半，这时最忌心存畏怯、瞻前顾后。如果裹足不前，变革就会功败垂成。刚柔相济的九四下无牵系，能义无反顾地投入到变革事业中，因此吉祥。

《象辞》认为革天命的吉祥来自信念。"信志"一词也可以作偏正结构理解，那就是相信志向。

【译文】

九四　悔恨消除，有诚意革天命，吉祥。

《象辞》说，革天命之吉，出自信念。

九五　大人虎变，未占有孚。

《象》曰："大人虎变"，其文炳也。

九五阳刚雄毅，大中至正，是革卦的主爻。因为其是变革的中心人物，所以在爻辞中被称为"大人"，并以"虎"喻之。众所周知，虎在百兽中最具威严。对"虎变"理解，有两种意见。一种说，大人变革，气势凌厉，像猛虎奋威；另一种说，老虎会换毛，每年到特定时节，其斑纹都会变得十分明艳。九五革道已成，变革的观念已深入人心，因此，还没有占筮，大家就达成了共识。"有孚"的根据，是九五与六二有应。

《象辞》对"大人虎变"的理解持后一种意见。"其文炳也"，"文"是斑纹，"炳"是炳焕、灿烂。

【译文】

九五　大人如老虎般变化，还没有占筮就已显示诚意。

《象辞》说，"大人虎变"，斑纹非常明艳。

上六　君子豹变，小人革面。征凶，居贞吉。

《象》曰:"君子豹变"，其文蔚也。"小人革面"，顺以从君也。

上六是革卦的终爻，表示革道已成。在这种背景下，各类人物都面临着应如何通过自新来适应社会变局的问题。在此问题上，君子与小人的态度是不一样的。君子能使自己面貌一新，就像皮毛越长越漂亮的豹子一般。君子受到了主持变革大业的"大人"的感召，决心跟上时代，脱胎换骨。小人则不然，他不能理解变革的意义，因此"革面"不"革心"。由于两种不同态度的存在，尽管革道已成，爻辞还是提醒"征凶，居贞吉"。

《象辞》解释说，"君子豹变"，是指纹理明艳，外表焕然一新。"小人革面"，是说小人应付、敷衍，只是在表面上顺从君王。

【译文】

上六　君子如豹子般变化，小人改头换面。发展进程有凶险，守正道就吉祥。

《象辞》说，"君子豹变"，斑纹非常明艳。"小人革面"，在表面上逊顺于君王。

鼎卦第五十

 巽下离上

《序卦》说："革物者莫若鼎，故受之以鼎。"

鼎卦巽下离上，是"以木燃火"之象，象征换新。

鼎卦被安排在革卦后面，因为革之大者，莫过于迁鼎。鼎卦与革卦意义极为密切：革卦象征去故，鼎卦象征换新。

鼎卦的形状，极像一具鼎器：初九是鼎足，中间三个阳爻是鼎腹，六五是鼎耳，上九为鼎铉。鼎在古代有两大用途：一是作为烹饪器具，在朝廷的祭祀活动中被用来烹煮食物以献享天帝。鼎卦巽下离上，便是以柴燃火之象。二是作为国家政权的象征物被安放在社稷中用以宣示国威。相传大禹治水时铸九鼎以象九州。武王伐纣获胜后，为将九鼎迁入国都，共动用了81万人力。因为鼎器很重，极具分量，所以古代有"一言九鼎"的说法。"春秋五霸"之一的楚庄王曾因讨伐外族入侵者而到洛阳，周天子派大夫王孙满去犒劳他，楚庄王曾问周鼎的大小轻重，结果遭王孙满严斥，因为"问鼎"意味着图谋夺位。有些鼎器身上铸有法律条文，如司母戊大方鼎、毛公鼎，这也反映了鼎与国家政治关系的密切。本卦六爻，各取鼎的一个部位为喻，爻辞与《象辞》都是把鼎作为烹饪器具来看待的，但大象却是把鼎作为立国重器看待的，二者阐发的义理有差别。

鼎　元吉，亨。

对鼎卦的卦辞，义理派易学有两种理解：一种根据《序卦》"革物者莫若鼎"之说，认为"鼎"指传国的宝鼎。因为革故鼎新，所以大吉亨通。一种根据《象辞》"以木巽火，亨饪也"之说，认为"鼎"指煮食的青铜器，其功用在养贤。养贤利国，自然大吉亨通。朱熹《周易本义》认为"吉"字是衍文，理由是《象辞》只说"元亨"。

【译文】

鼎卦　大为吉祥，亨通。

《彖》曰：鼎，象也。以木巽火，亨饪也。圣人亨以享上帝，而大亨以养圣贤。巽而耳目聪明，柔进而上行，得中而应乎刚，是以元亨。

《彖辞》说，鼎卦本身便是鼎器的象形。其卦下体为巽，代表木，上体为离，代表火，是用鼎来烹饪之象。"亨"通"烹"。"圣人"就是"圣王"，这两个词语在古代是互通的，他烹饪不外乎两个目的：第一个是"享上帝"，这是祭祀的需要；第二个是"养圣贤"，这是宾客的需要。如果说祭祀以天神为大，那么宾客就以圣贤为重。有人认为，《彖辞》中"亨"与"大亨"的区别，是"少牢"与"太牢"的区别，前者在祭祀中只使用羊、猪，后者则使用牛、羊、猪"三牲"。这种说法恐怕站不住脚，因为享上帝也常常用"太牢"。其实"大亨"，是由于圣贤很多。从"巽而耳目聪明"起，是解释卦辞"元吉，亨"的。"巽"指下体是巽卦，其意思是顺；"明"是上体的离卦之义。鼎卦被认为系由巽卦变化而来，巽卦六四进一位，便成了居中而与九二有应的六五，卦体也因此而变成了鼎，这便是"柔进而上行，得中而应乎刚"的意思。

【译文】

《彖辞》说，鼎卦是鼎之象。以木生火，是在用鼎烹饪。圣王烹饪是为了享祀上帝，大规模烹饪则是为了供养圣贤。逊顺而耳目聪明，轻柔前进而向上行动，居于中位而与阳刚有应援，因此大为亨通。

《象》曰：木上有火，鼎；君子以正位凝命。

"木上有火"与《彖辞》所说的"以木巽火"意思相同，这既是指鼎卦的结构组成，也是说鼎器的烹饪作用，意义双关。鼎作为重器，形正于外而体实于内，因此《象辞》认为君子应当效法它，端正自己的位置，把注意力凝聚于使命上。"正位"是为了身正，"凝命"是为了心实。

【译文】

《象辞》说，木的上面有火，就是鼎。君子因而端正位置，凝心于使命。

初六　鼎颠趾，利出否。得妾以其子，无咎。
《象》曰："鼎颠趾"，未悖也。"利出否"，以从贵也。

初六在鼎卦最下位，相当于鼎足，为"趾"之象。鼎是青铜器，本来要求下实上虚，而现在的情形却是阴居下位，故该鼎不免重心不稳，于是便出现了"颠趾"也就是鼎足倒转的问题。"颠趾"会使鼎器侧翻，这本来不是好事，但不好中也有好的一面，这就是有利于清除鼎腹内的腐臭食物。"否"是渣滓、坏物。清除了腐臭的食物就会换上新鲜的食物，就如同纳妾生子，没有什么害处。"妾"是初六，她的"丈夫"当然是与其阴阳相应的九四了。

在一般情况下，"鼎趾"与"得妾"都是有悖常规的，但在"鼎新"背景下却另当别论。《象辞》说"鼎颠趾"不悖理，是从弃秽换新的角度而言的。它又把清除腐物看成是"从贵"的结果，"从贵"指初六上应九四。

【译文】

初六　鼎器倒转了其足，有利用于清除腐物。就像为生儿子而纳妾，并不会有灾殃。

《象辞》说，"鼎颠趾"，并不违背常规。"利出否"，因为遵从尊贵。

九二　鼎有实，我仇有疾，不我能即，吉。

《象》曰："鼎有实"，慎所之也。"我仇有疾"，终无尤也。

九二居于下卦之中，阳刚中正，且与六五有应，爻性不错，是"鼎有实"之象。在易学体系中，阳爻为"实"，阴爻为"虚"。"鼎有实"是说鼎器里装满了食物，这是顺承上一爻的"出否"而言的。"实"是因为以新替旧。有了吃的，对手就会嫉妒，想打主意，尤其是那些仇人。"疾"古通"嫉"，不过嫉妒归嫉妒，九二并不害怕，因为其性阳刚中正，仇人对其无可奈何。"不我能即"是"不能即我"的倒装，"即"意思是接近。爻辞中"我"指九二，这没有分歧。"仇"有人认为指六五，有人认为指初六，都解释不通，它其实是虚指。

《象辞》说，鼎器里头装满食物，是谨慎的结果。"慎所之也"的"之"为动词，意思是趋向。而仇人妒嫉，最终也没有造成不好的后果。"尤"是过失。

【译文】

九二　鼎内装满食物，我的仇人妒嫉，却不能靠近我，吉祥。

《象辞》说，"鼎有实"，是慎重的结果。"我仇有疾"，终究没有过失。

九三　鼎耳革，其行塞，雉膏不食。方雨，亏悔，终吉。

《象》曰："鼎耳革"，失其义也。

就卦形而言，鼎耳应为六五，九三属于鼎腹的组成部分。但古人为了搬移方便，曾在鼎腹与九三对应的位置设过一对"副耳"，后来因为某些原因——比如影响美观——这种形制被废掉了，这样一来，鼎器的搬移就变得不便了，这便是"鼎耳革，其行塞"的意思。鼎搬移困难，就会使它成为摆设，不能再自由烹饪食物，结果人就吃不上肥美的野鸡了。不过这虽有遗憾，却可促人警醒。"方雨，亏悔"，是说刚才下的雨造成了物品的损失，有些悔恨。懂得悔恨，最终的结果就是吉利的，因为这可以防止新的错误产生。九三以刚居阳，是当位之爻，但与上九无应，故有悔恨。

《象辞》说副耳废除后，就失去了它本来的作用。

【译文】

九三　鼎的副耳革除，鼎器搬移不便，肥美的野鸡就吃不上了。刚刚下雨，造成了损失，于是后悔，终究吉祥。

《象辞》说，"鼎耳革"，就失去了其作用。

九四　鼎折足，覆公𫗧，其形渥，凶。

《象》曰："覆公𫗧"，信如何也？

"𫗧"为八珍之膳，也就是九二爻辞所说的"实"。"形渥"是到处沾濡的样子。爻辞说，鼎器因为过于负重而断了脚，结果把本供王公享用的美食倾覆了，弄得到处都很龌龊。九四表示鼎腹的上部，它失正不中，却与初六有应，是承担过重而不自量力之象，因而有此说。此爻可以理解为国家政权的基础遭到了破坏。

《象辞》所说的"信如何也"，是说九四不值得信任。对此，《系辞》有这样的论说："子曰：'德薄而位尊，知小而谋大，力小而任重，鲜不及矣。'《易》曰：'鼎折足，覆公𫗧，其形渥，凶。'言不胜其任也。"

【译文】

九四　鼎折断了脚，倾覆了王公的珍膳，样子很龌龊，凶险。

《象辞》说，"覆公𫗧"，诚信怎么样呢？

六五　鼎黄耳金铉，利贞。

《象》曰："鼎黄耳"，中以为实也。

六五代表鼎耳，是鼎器的最核心部位。黄为中色，喻六五柔中；金为刚物，喻九二与其有应。"金铉"是附加于鼎耳的铜器具，既用于提举，也用为装饰。爻辞是说，六五柔中居尊，虽不当位，却下获九二之应，就像鼎被配上了黄耳与金铉。鼎被配上黄耳与金铉，暗含"革故鼎新"之意。革新有利于守持正道，故"利贞"。

六五阴爻，本来是"中以为虚"，因下有九二之应，可获阳实之益，故《象辞》说"中以为实也"。

【译文】

六五　鼎有黄耳与金铉，利于正道。

《象辞》说，"鼎黄耳"，居中位而获阳实之益。

上九　鼎玉铉，大吉，无不利。

《象》曰：玉铉在上，刚柔节也。

上九相当于鼎之顶。"玉铉"是鼎顶上的玉质装饰。上九位于鼎卦最上，且得六五之承，是鼎功大成之象。它与六三无应，似有缺陷，其实不然。正如《周易正义》所言："应不在一，即靡所不举。"这是爻辞断言"大吉，无不利"的道理。井卦与鼎卦都以上爻为吉，在《周易》中比较特殊，这是由于井水汲出才能饮用，食物烹成才能食用。

玉质刚而温润，恰似上九以刚履阴，因此《象辞》说"刚柔节也"。"节"是调节的意思。

【译文】

上九　鼎有玉铉，大为吉祥，没有不利。

《象辞》说，玉铉在上面，阳刚阴柔相互调节。

震卦第五十一

 震下震上

《序卦》说："主器者莫若长子，故受之以震。震者，动也。"

震卦震下震上，是"惊雷迭至"之象，象征震动。

震卦是八纯卦之一，上下卦都是震。震代表雷，属性为动。二雷相重，表示雷一个接着一个地打，《象辞》称为"洊雷"。

震卦取象于雷动，阐明惧震致亨之理。古人相信天人感应，认为雷反映天威，打雷意味着老天爷生气了。老天爷为什么生气？因为人的言行出了问题，举措不能让天满意。以是之故，人必须闻雷而知惧，因惧而修身，反省自己的言行得失，改正已发生的错误。《象辞》用"恐惧修省"四字对全卦的大义做了精要概括。卦中还提到，要对突发事件有足够的思想准备与充分的应对措施，以保证国家大事不受影响。六爻针对震的不同情状，从正面或反面讨论了知惧与免祸的关系。

震 亨。震来虩虩，笑言哑哑。震惊百里，不丧匕鬯。

震德为动，人以动而进，以进而通，故震卦有"亨"之义。"虩虩"是恐惧不安的样子，"哑哑"是人发笑的声音。人为什么会恐惧？因为震雷来得威猛而突然，面对那迅雷风烈的场景，连正人君子也会变容失色。为什么又笑了？震之为用，在以天威整顿怠慢，在以动致亨，因此震后人们会很快恢复欢快的生活常态。而经历过震雷的历练之后，人已变得镇定起来，以后哪怕是出现震惊百里的事件，也不至于吓得把祭具与香酒掉到地上。"丧"是掉落、丧失。"匕"是勺、匙一类用来装食物的用具。"鬯"即秬鬯，是一种常用于祭祀的香酒。"不丧匕鬯"，暗示不废祭祀，这在当时是朝廷的大事。

【译文】

震卦 亨通。因雷作而惊恐不已，过后一片欢声笑语。雷震百里，也不停止祭祀

活动。

《彖》曰：震，亨。"震来虩虩"，恐致福也。"笑言哑哑"，后有则也。"震惊百里"，惊远而惧迩也。出可以守宗庙社稷，以为祭主也。

"恐致福也"就是因恐而致福，这是对卦辞"震来虩虩"的解释，人因震而生惧，因惧而自省，故能致福。"后有则也"，是对卦辞"笑言哑哑"的解释，有"笑言"出现，就意味着生活恢复常态，而由于戒惧，人们从此懂得恪守准则了。"惊远而惧迩"是说百里之震威力巨大，能使远方的人受惊、近处的人恐惧。往下还应有"不丧匕鬯"四字，不知为何没有。《彖辞》说，有"不丧匕鬯"的气魄的人出来任事，可以作为祭祀的主持来守护宗庙与社稷。在宗法社会，只有君王才有资格当"祭主"，因此"祭主"指君王。

【译文】

《彖辞》说，震卦亨通。"震来虩虩"，因恐惧而获福。"笑言哑哑"，以后懂得了恪守准则。"震惊百里"，使远方惊动，使近处畏惧。（"不丧匕鬯"的人）出来可以守护宗庙社稷，担任祭祀的主持。

《象》曰：洊雷，震。君子以恐惧修省。

"洊"意思是再次，"洊雷"是一个接着一个轰鸣的雷。六画的震卦由两个单卦震组成，而震代表雷，因此《象辞》说"洊雷"是震卦之象，并认为君子看到这个卦象，就应当恐惧天威，修身省过。

【译文】

《象辞》说，两雷相叠，就是震卦之象。君子因而恐惧天威，修身省过。

初九　震来虩虩，后笑言哑哑，吉。

《象》曰："震来虩虩"，恐致福也。"笑言哑哑"，后有则也。

初九的爻辞是卦辞前半部分的翻版，因为初九既是震卦的初爻，也是下震的主爻，相当于震动发生。人们因震而恐、由惧返笑的道理如上所述。

《象辞》与《彖辞》前半部分相同。

【译文】

初九　震情发生时惊恐不已，过后又一片欢声。吉祥。

《象辞》说，"震来虩虩"，是说因恐惧而得福。"笑言哑哑"，是说此后懂得了恪守准则。

六二　震来厉，亿丧贝。跻于九陵，勿逐，七日得。

《象》曰："震来厉"，乘刚也。

初九是下震的主体，震必会产生影响，而六二首当其冲。"厉"是就震的程度而言的，意思是来势凶猛。震情的类型，可以是雷鸣，可以是地动，可以是自然事件，也可以是社会事件。"亿丧贝"是"震来"的直接结果。"亿"用作副词，表示数量很大。"贝"是上古的货币。"亿丧贝"即大丧钱财。发生了这种事，应该怎么办？爻辞说应该跻身九陵之上。"跻"是攀登。"九"为阳数之极，"九陵"就是很高的山陵。《周易》处理问题，一向主张"用罔"不"用壮"。丢了钱财怎么办？爻辞说那就算了，用不着去找寻，七日之后便会失而复得。之所以是"七日"，是因为《周易》相信"七日来复"，见复卦。六二的钱财能失而复得，是由于它居中得正，能恪守中道。

《象辞》说，震情来得迅猛，原因是六二以柔凌刚，与初九的关系没有处理好。

【译文】

六二　震来刚猛，大量丧失钱财。跻身于崇山峻岭，不必追寻，七天后将复得。

《象辞》说，"震来厉"，因为以柔凌刚。

六三　震苏苏，震行无眚。

《象》曰："震苏苏"，位不当也。

"苏苏"是神气消散的样子。六三本来就居位不正，何况还处在震情之中，能不"苏苏"么？但六三下不凌刚，上又承阳，故能震而知惧，使不正就正。"眚"是病目生翳，引申为过失。

《象辞》把"震苏苏"的原因归结为六三以柔履阳，居位不当。

【译文】

六三　震得神消气散，震而能行，也就没有过失了。

《象辞》说，"震苏苏"，由于居位不当。

九四　震遂泥。

《象》曰："震遂泥"，未光也。

"遂"古通"坠"。九四是上震的主爻，阳为刚物，震有动义。九四以刚处动，本应很有活力，但是实际情况并非如此。它履柔既无刚健之慨，居四又失中正之德，陷在上、下四阴之间，像一个震落在泥淖中的人，动弹不得。

《象辞》说，"震遂泥"，说明九四的阳刚品德未能发扬光大。

【译文】

九四　震坠于泥淖。

《象辞》说，"震遂泥"，阳刚之德未能光大。

六五　震往来，厉。亿无丧，有事。

《象》曰:"震往来，厉"，危行也。其事在中，大无丧也。

六五在当震之时以柔居尊，上往则遇阴得敌，下来则凌刚有失，故往来俱厉。不过六五有"柔中"之德，面对震情能恪守中道，因此"亿无丧"，"亿无丧"意思是万无一失。对居尊位的六五而言，丧与无丧，是从祭祀的角度而言的。在周代，举行祭祀活动均称"有事"，因此，爻辞中的"有事"是指有祭祀活动。祭祀能举行，就意味着国家政权未受影响。"亿无丧"的"亿"与六二"亿丧贝"的"亿"意思相同，表示数量很大。

《象辞》解释，卦辞的"震往来，厉"，是说无论震去还是震来，都是危险的行为。而能以尚中的态度对待祭祀，就能使大事不失。

【译文】

六五　震往震来，都危险。万无一失。

《象辞》说，爻辞中的"震往来;厉"，是指危险的行为。能以尚中的态度对待祭祀，是大事不失的原因。

上六　震索索，视矍矍，征凶。震不于其躬，于其邻，无咎。婚媾有言。

《象》曰:"震索索"，中未得也。虽凶无咎，畏邻戒也。

按照东汉郑玄的解释，"索索"等于"缩缩"，是畏缩难行的样子。"矍矍"则是视线游移、闪烁旁顾的样子。"征凶"是说走下去有凶险。这一句爻辞，是说不中不正的上六以阴柔处震极，局面很凶险。不过，爻辞又说，假若震情不是发生在本人身上而是发生在近邻之中，那问题就不大，因为不直接影响。"婚媾有言"的"有言"，是指有不好的议论。这句话的意思是，在震动不安的状态下不宜举行婚娶活动，否则别人会有闲话。

《象辞》的"中未得也"等于说"未得中也"，这是对卦辞"震索索"的解释。后一句则解释了震凶而无咎的原因:震情虽然发生在近邻身上，但是可以让人警惕。

【译文】

上六　震作索索发抖状，视线游移不定，走下去凶险。不过若震情不及于身而只及于邻，那就没有灾殃。婚嫁会有闲言。

《象辞》说，"震索索"，由于不在中位。虽然凶险但是没有咎害，因为懂得惧邻而戒。

艮卦第五十二

 艮下艮上

《序卦》说："物不可以终动，止之，故受之以艮。艮者，止也。"

艮卦艮下艮上，是"兼山重静"之象，象征止动。

艮卦是八纯卦之一，上下卦都是艮。艮卦与震卦互为综卦，卦象相反，意义一静一动。三画卦的艮代表山，卦象是一阳在二阴之上，正是山隆起于地的样子。山是不动的，故艮德为止。本卦两山相叠，表示静上加静、止之又止。卦辞强调抑止的整体性，爻辞分叙局部止动的情状与得失。有人把此卦看成有关"入静"的"修炼卦"。在八纯卦中，其他纯卦的卦辞都有"元亨利贞"四德或四德中的若干德，唯独艮卦没有，有人解释为是因为人入静后物我两忘，故无所谓德不德了。艮卦充满老庄式的退让思想，宋儒对它很是推崇，周敦颐曾说过："一部《法华经》，只消一个'艮'字可了。"佛教也讲抑止，相应的概念是禅定。

艮卦所说的抑止，可从两个层面理解：一是指做事不急躁、不冲动，在必要时应停下来，安排一个环节去检查、发现与解决问题，以减少事情出错的概率。二是指使心灵处于极静状态，就像让池水澄清见底，为精神内省创造条件。

艮　艮其背，不获其身，行其庭，不见其人，无咎。

艮卦象征止动，因此"艮"作为动词便是"抑止"的意思。"艮其背，不获其身"，是说仅抑止背部，还未取得全身抑止的效果，潜台词是仅局部抑止不够。在抑止背景下，人都进入了静默状态，不轻易出来活动，就像佛教的"结夏安居"，这便是"行其庭不见其人"的原因。本卦上下六爻皆无应，似应有咎，不过卦既以止为义，无应恰恰说明止道产生了效果，故"无咎"。

【译文】

艮卦　抑止背部，尚不能达至全身入静。行走在庭园中不见有人，没有灾殃。

《象》曰：艮，止也。时止则止，时行则行，动静不失其时，其道光明。艮其止，止其所也。上下敌应，不相与也，是以"不获其身，行其庭不见其人，无咎"也。

《彖辞》指出，艮卦之义便是抑止，但"止"并不绝对地排斥"行"。是"止"是"行"，取决于"时"。"时"是《周易》中的一个重要概念，一件事能否成功，往往与对时机的把握有关。"时止则止，时行则行"，是说行动要与时机相应，既要与时俱进，又要顺时而止。能做到动静有度、不失时宜，抑止之道便将显示出其光辉。"艮其止"的"止"当为"北"，这是"背"的本字。"止其所也"，就是止其所当止。《彖辞》最后从爻与爻的关系来解释卦辞为什么说"不获其身，行其庭不见其人，无咎"，它说那是因为艮卦上下六爻全部敌应，互不相亲。

【译文】

《彖辞》说，艮卦之义便是抑止。时势要求停止就停止，时势要求行动就行动，动静有度、不失其宜，止之道便会显示出光辉。抑止其背，是止其所当止。因为上下敌应，互不相亲，所以"不获其身，行其庭不见其人，无咎"。

《象》曰：兼山，艮。君子以思不出其位。

艮卦由两个单卦艮组成，因此说"兼山"是艮之象。"兼山"就是两重山。《象辞》说，君子看到这个卦象，就获得了这样的感悟：君子应当安于所止，思考问题不逾本位。意思是思想要切合实际，正当其位，因为（思考）过度了就成了空想，（思考）不及就看不清现实，妨碍行动。

【译文】

《象辞》说，两重山，便是艮卦之象。君子因而思考问题不逾越它的本位。

初六　艮其趾，无咎，利永贞。

《象》曰："艮其趾"，未失正也。

像鼎卦一样，初六居于本卦的最下位，相当于脚趾，故爻辞以趾为喻象。人的行进，是从脚趾开始的，趾动人行，趾停人止。初六是阴爻，材质柔弱，只有长守正道，才不会出现问题。

《象辞》解释了"艮其趾"为何无咎：事止于初，没有失正的可能。也就是说，在当止之时，行将有咎，止则无咎。初六以柔履阳，从爻象上来看是失正的，但从爻义上来看却未失正。

【译文】

初六　抑止脚趾，没有灾殃，利于长久守正。

《象辞》说，"艮其趾"，没有违反正道。

六二　艮其腓，不拯其随，其心不快。

《象》曰："不拯其随"，未退听也。

"腓"就是小腿肚，它在人体结构上，约略相当于六二在卦中的位置。小腿本来是用来走路的；可是在艮卦之中，它必须随上而止，因为下以承上为职责，必须随阳而止，因为阴以顺阳为职责。"艮其腓"意味着欲行不得。从爻位分析，六二柔得中位，上承九三，行无不正，却因九三止动而不得不从。六二不能从这种相随局面中解脱，心里自然不舒服。

《象辞》说"不拯其随"的原因是"未退听也"，"退听"是指位于六二之上的九三未能下从六二。

【译文】

六二　抑止小腿肚，不能从相随局面中解脱，心中不痛快。

《象辞》说，"不拯其随"，因为上不从下。

九三　艮其限，列其夤，厉熏心。

《象》曰："艮其限"，危熏心也。

"限"是人体上下部的分界。"列"是"裂"的古字，意思是分离。"夤"是脊肉。九三是下卦的顶爻，它像分界线一般把上、下四个阴爻分成了两半，同时它又处于上、下卦的交会处，相当于人的腰部。在下卦之中，九三是成艮之主，也是决止之极，因此爻辞说"艮其限"就包含了强制抑止、不复进退的意思。九三这么乖戾粗鲁，与它以刚履阳、不在中位有关。由于止在分界、止得彻底，上、下的联系就被切断了。就好比人的脊、肉遭到割裂，神经、脉络、血气都中断了交流。这种止腰断脊的局面一旦出现，形势是很危急的，让人揪心。

因为在《周易》中"厉"被释为危险，所以《象辞》改"厉"为"危"。九三之"危"，表现在上、下决裂、左右分离。

【译文】

九三　抑止腰部，割裂脊肉，危险，如火熏心。

《象辞》说，"艮其限"，危险而如火熏心。

六四　艮其身，无咎。

《象》曰："艮其身"，止诸躬也。

九三相当于"腰"，那么六四就是上身了，它是人体的中心或主体部位。六四以柔履阴，是得正之爻，能有效控制其所对应的部位，使之不轻举妄动，故说"无咎"。

《象辞》所说的"躬"就是身。"止诸躬也"意思是自我抑止，使身不动。

【译文】

六四　抑止上身，没有灾殃。

《象辞》说，"艮其身"，是使身不动。

六五　艮其辅，言有序，悔亡。

《象》曰："艮其辅"，以中正也。

"辅"是牙床，这里指嘴巴。六五位置在六四之上，因此以"辅"为喻象。"艮其辅"就是使嘴不动。能管住嘴，人就不会妄语；不妄语，悔恨就不存在了。"言有序"，意思是讲话有条理、不紊乱。

《象辞》解释了六五能管住嘴的原因是"中正"，这样说不太正确，六五只是得中之爻，并未得正，因为它以柔履阳。不过在吉的层次上，中高于正，因此六五不正就无所谓了。

【译文】

六五　抑止嘴巴，使说话有条理有分寸，则无悔恨。

《象辞》说，"艮其辅"，因为居中守正。

上九　敦艮，吉。

《象》曰：敦艮之吉，以厚终也。

"敦"意思是笃实。"敦艮"便是忠实于抑止之道。上九以刚实而居艮卦之上，是止动至极之象，故因全卦无应、止道大成而获吉。

《象辞》以"厚"释"敦"，认为"敦艮"之吉，体现在以厚实告终上。"厚终"指艮卦的最后一爻是阳爻。

【译文】

上九　忠实于抑止之道，吉祥。

《象辞》说，忠实于抑止之道的吉祥，得自于以厚实终结。

渐卦第五十三

 艮下巽上

《序卦》说："物不可以终止，故受之以渐。渐者，进也。"

渐卦艮下巽上，是"山阻风行"之象，象征渐进。

渐卦跟在艮卦之后，由艮至渐，是一个从止到动的过程。不过渐之动是徐而不速的。"渐"字有三点水，意思是物品被水慢慢浸湿。

卦辞以女子出嫁为喻，点明全卦大旨，因为婚娶有一套规定的程序，商周时婚姻礼节分为纳采、问名、纳吉、纳征、请期、亲迎六个环节，称"六礼"。只有把这套流程走完了，女子出嫁才是正规的、合礼的。而这是一个渐进的过程。爻辞则以大雁设喻，通过大雁由低而高、由近而远，从水上到陆地、从地面到天上的飞翔过程，形象具体地阐发渐进之理。渐卦提示人们，办事不能急于求成，时机未成熟要耐心等待，否则欲速则不达。其卦义与寓言"揠苗助长"可相比照。

渐　女归吉，利贞。

"归"的意思是女子出嫁。《周易正义》说："女人生有外成之义，以夫为家，故谓嫁曰归也。"卦辞以婚事设喻，与卦体结构有关。本卦从卦象看，阳艮在下，阴巽在上，阴阳二气可以发生交感，而且下卦的中爻六二与上卦的中爻九五有应，说明此卦阴阳交合，故曰"女归吉"。而从《说卦》的"乾坤六子"说来分析，下艮为少男，上巽为长女，男女正合为一对。按旧时观念，妻子年龄大一点没什么不好，"女大三，抱金砖"。嫁人是喜事，故说"吉"。"利贞"暗示嫁娶双方都品行端正。"贞"的依据，是六二与九五两个主爻均居中而得正。

【译文】

渐卦　女子出嫁吉祥，利于正道。

《彖》曰：渐之进也，女归吉也。进得位，往有功也。进以正，可以正邦也。其

位刚，得中也。止而巽，动不穷也。

"渐之进也"，既点出了渐卦的要义，也阐明了女子出嫁吉祥的前提，两者都是循序渐进的。对"进得位"的所指，学者们有不同认识。其中一说认为指阴爻由初进至二后居中得正。而虞翻认为指"否三之四"，即否卦第三爻上进至四，由不得位变成得位，卦也由否变成了渐。此说比较可取。事物都是在逐渐不断的发展的过程中取得成果的，六二与九五有应，因此说"往有功"。"进以正，可以正邦也"是就六二至九五各爻而言的，它们均居位正当。"正邦"意思是使国家走上正道、获得好的治理。"其位刚，得中也"说的是九五，它是居于尊位的阳刚中正之爻。"止而巽"即"止而逊"，这是针对渐卦下艮上巽的结构而作的评论，卦象暗示，抑止与逊顺才不会使行动陷入困境。

【译文】

《象辞》说，渐渐向前行走，女子嫁人吉祥。前进而获得位置，走下去就会有效果。前进以循正道，能够治国安邦。位置刚健，得居中位。抑止而逊顺，行动不会穷困。

《象》曰：山上有木，渐。君子以居贤德，善俗。

《象辞》从另一角度解释卦意，认为山上有木，是渐卦之象。山上之木，要积年累月才能长大，这也是一种"渐"。君子从这个卦象中获得的启示是，应当积聚贤德，使风俗向善。"居"是积累。"善"用为动词，意思是使善。《象辞》这么说，是由于贤德积聚与移风易俗都是潜移默化的过程。这两个方面，一个指向内圣，一个指向外王，均不是一朝一夕就能实现的事情，需要循序渐进，日积月累然后才能见成效。

【译文】

《象辞》说，"山上面有木，就是渐卦之象。君子因而积聚美好的品德，使风俗向善。

初六　鸿渐于干。小子厉，有言，无咎。

《象》曰：小子之厉，义无咎也。

渐卦各爻都以大雁——"鸿"作为喻象。这是因为：一方面，渐进之道与大雁在天空中缓缓而飞的方式很相像；另一方面，大雁是候鸟，其南来北往的活动方式与季节气候的渐变很合拍。初六，大雁渐飞到了江干，"干"指江岸。作为渐卦开端的初六柔弱卑下，既不当位，亦与上无应，就如同一个体力不足又无人照顾的孩童，随时都有落单的危险，故爻辞说"小子厉"。落伍离群就会拖累大众，拖累大众人就会有怨言。"言"指闲话。对初六有闲话者，应当是与其敌应的六四。初六遭人怨责而无咎，是由于在当渐之时，慢行合乎渐进之道。

因为慢行合乎渐进之道，所以《象辞》说"小子之厉，义无咎也"。"小子厉"并不是因为他做错了什么事，而是因为他涉世未深。

【译文】

初六　大雁渐飞至江岸。小孩子有危险，别人会有怨言，但没有灾殃。

《象辞》说，小孩子的危险，从道理上说没有灾殃。

六二　鸿渐于磐。饮食衎衎，吉。

《象》曰："饮食衎衎"，不素饱也。

"磐"就是磐石。大雁从初六所说的江岸渐飞，落到了磐石上，并在这坚固的地方悠然自得地饮食。"衎衎"是安然和乐的样子。六二柔顺中正，近承九三，远应九五，爻性很好。二是臣位，五是君位，六二与九五有应，表示臣能获君器重。禄养不绝，饮食无忧，自然获吉。

《象辞》所说的"素饱"就是尸位素餐、吃白食。六二柔顺中正，近承九三，远应九五，说明它能够并且实际上都起到了以阴辅阳、维护社稷的作用，没有白白吃饭。

【译文】

六二　大雁渐飞至磐石。饮食和乐，吉祥。

《象辞》说，"饮食衎衎"，不是白吃饭的。

九三　鸿渐于陆。夫征不复，妇孕不育，凶。利御寇。

《象》曰："夫征不复"，离群丑也。"妇孕不育"，失其道也。"利用御寇"，顺相保也。

六二所说的"磐石"应当是在水中的，九三，大雁渐渐飞到陆地上。爻辞中的"夫"是指九三。第三爻的应爻本来是上爻，但上九与九三敌应，因此，九三只好与身边的六四结为夫妻。从爻象来说，六四以阴凌阳，与九三的关系并不好。由于二人情不投意不合，九三干脆就离家出走一去不返了。结果当九三老婆怀孕了，他却不能养育孩子，因此家庭局面很糟糕。对"不育"可作两种理解：一种是生不下来，另一种是生下后无法抚养。九三刚履阳位，过刚而不中，在渐之时最易急躁，因此，爻辞以凶设诚。"利御寇"是对九三的刚强爻性所作的判断。

《象辞》说"夫征不复"意味着九三脱离了群丑,"群丑"指围在九三周边的三个阴爻。它说妇孕不育"失其道",是暗示妇人怀孕与婚配没有关系。把"利用御寇"理解为"顺相保也",则是指九三不宜亢躁急进,而应顺势而动。

【译文】

九三 大雁渐飞至陆地。丈夫出走不归,妻子怀孕不育,凶险。有利于抵御强盗。

《象辞》说,"夫征不复",是为了脱离群丑。"妇孕不育",有违家庭之道。"利用御寇",指顺势相保。

六四 鸿渐于木。或得其桷,无咎。

《象》曰:"或得其桷",顺以巽也。

这一爻,大雁渐飞,落到了树木上。六四以柔爻而据阳刚之上,是难以获安之象,道理与大雁栖于高枝相同。不过大雁毕竟找到了获安的办法,那就是把爪子紧扣在如椽子般平直的树枝上,虽不稳,却无咎。"桷"是方形的椽子。

因为六四是履阴位的柔顺之爻,而在上巽中它又共承九五、上九两阳,所以《象辞》认为它"得其桷"是"顺以巽"的结果。

【译文】

六四 大雁渐飞至树木上。或能找到平直的枝条,没有灾殃。

《象辞》说,"或得其桷",是柔顺而谦逊的结果。

九五 鸿渐于陵。妇三岁不孕,终莫之胜,吉。

《象》曰:"终莫之胜,吉",得所愿也。

大雁渐飞到了山陵上。九五是至尊之爻,相当于地理上的山陵,是大雁在地表落脚的最高处。九五与六二相应,因此爻辞中的"妇"指六二。这女人多年不孕,原因是三、四两爻把她与她的丈夫九五隔阻开了。不过九五、六二都是有应的中正之爻,外部的力量终究赢不了它们,因此,结局还是吉祥的。"莫之胜"是"莫胜之"的倒装。

《象辞》说"所得愿也",是指夫妇俩最终有了孩子。

【译文】

九五 大雁渐飞至山陵上。妻子三年不怀孕,但外力终究不能拆散他们,吉祥。

《象辞》说,"终莫之胜,吉",如愿以偿。

上九　鸿渐于陆。其羽可用为仪，吉。

《象》曰：“其羽可用为仪，吉”，不可乱也。

大雁渐飞的落脚之地也是陆地，与九三相同，这不合理。有人认为，“陆”应为“逵”，指云路，此说可从。离开山陵，大雁便缓缓飞向了由上九代表的云路，这就是大畜卦上九所说的“何天之衢”。它在云端飞翔，会掉落可用作仪饰的漂亮羽毛，拾到者将吉祥。上爻是无位的超脱之地，渐飞至天路的大雁，成了志行高洁、不为名利所累的隐逸高士的象征。

《象辞》所说的“不可乱也”，是针对鸿之羽用为仪饰而言的。不乱，意味着装饰有序。

【译文】

上九　大雁渐飞至云路。它的羽毛可以用于仪饰，吉祥。

《象辞》说，“其羽可用为仪，吉”，装饰不可错乱。

归妹卦第五十四

 兑下震上

《序卦》说："进必有所归，故受之以归妹。"

归妹卦兑下震上，是"少女成婚"之象，象征出嫁。

归妹卦是渐卦的覆卦。在渐卦中，嫁人者是一位大姐姐；而在归妹卦中，嫁人者却是一位小妹妹，迎娶她的是一位大哥哥。因为在《说卦》所说的"乾坤六子"中，兑卦代表少女，震卦代表长男。

在古代，女子先出为姊，后生为妹。传说若女子嫁于诸侯，如果是同姓，那么其妹妹要作为媵人从嫁，正所谓"少女谓之妹，从姊而行，谓之归"。归妹卦以女子出嫁主一卦之义，认为男婚女嫁是人类繁衍的核心因素。在此卦中，结婚是天经地义的，成亲也是"说以动"的自然结果。尽管如此，卦辞还是以"征凶，无攸利"告诫世间男女，在处理婚姻问题上必须执中守正，维护纲常，谨防不利于夫妻关系的因素产生。六爻之义，大致也是围绕上述道理展开。因为阴阳和合是事物的根本要求，所以爻当位不当位、有应不有应，就成了判断婚配状况的重要依据。

归妹 征凶，无攸利。

下面的《彖辞》说男女成婚是"天地之大义也"，但是卦辞却对妹之"归"不看好。为什么说归妹"征凶"而"无攸利"呢？按照下面的《彖辞》对爻位所作的分析，原因就在"位不当"与"柔乘刚"。用今天的话来说，便是门不当户不对以及新娘脾气太坏。

【译文】

归妹卦 走下去凶险，没有什么好处。

《彖》曰：归妹，天地之大义也。天地不交而万物不兴。归妹，人之终始也。说以动，所归妹也。"征凶"，位不当也。"无攸利"，柔乘刚也。

女子出嫁是天经地义的事情，这个道理并不难理解。《序卦》说："有天地然后有万物，有万物然后有男女，有男女然后有夫妇。"如果天地不相交，就不会有万物欣欣向荣的局面；同理，男女不嫁娶，人类就无法传宗接代。因此《彖辞》说归妹是"人之终始也"。"说以动"是就本卦的上下卦而言的：雷震于上，泽随而动；阳动于上，阴悦而从。因此少女嫁人，纯然是心中喜悦所带来的自觉行动。然而为什么卦辞不看好这门亲事呢？《彖辞》解释了原因，它说，"征凶"是因为"位不当"，"无攸利"则是因为"柔乘刚"。"位不当"，是指本卦除初九与上六两爻以外，其余各爻全是刚居阴位、柔居阳位；"柔乘刚"，是指六三凌九二，六五凌九四。

【译文】

《彖辞》说，少女出嫁，是天经地义的事。天与地不交合，万物就不能兴旺。少女出嫁，使人类繁衍周而复始。因喜悦而行动，嫁出的是少女。"征凶"，是因为居位不当。"无攸利"，是因为阴柔欺凌阳刚。

《象》曰：泽上有雷，归妹。君子以永终知敝。

归妹卦下兑上震，正是"泽上有雷"之象。君子从这个卦象获得的感悟是"永终知敝"。"永终"就是追求天长地久，"永"是动词，这是就夫妻之道的目标而言的；"知敝"就是了解弊端，"敝"通"弊"，这是就防止破坏夫妻关系的因素产生而言的。

【译文】

《象辞》说，湖泊的上面有雷，就是归妹卦之象。君子因而追求永久、清楚弊端。

初九　归妹以娣，跛能履，征吉，
《象》曰："归妹以娣"，以恒也。"跛能履"，吉相承也。

古代有姊妹同嫁一夫的习俗，长者为"姒"，幼者为"娣"。这种事例在春秋时代有很多。如果把"姒"理解为正室，那么"娣"就是侧室。初九位于归妹卦的下方，在一卦之中地位最低，与上也无应，因此在婚姻中被用来代表侧室。"娣"这个身份较为尴尬，就像瘸而能行的残疾人。"跛能履"与下爻的"眇能视"在履卦六三也曾出现。"跛"指走路不便，暗示出嫁者未入正室；"能履"表示还可以做事。"征"本意是长途行走，这里指将来的发展。

《象辞》认为，"归妹以娣"合乎恒常之理，而"跛能履"是吉祥相继的原因。

【译文】

初九　嫁出少女做侧室，跛脚而能走路，走下去吉祥。

《象辞》说，"归妹以娣"，合乎恒常之道。"跛能履"，因而吉祥随之而来。

九二　眇能视，利幽人之贞。

《象》曰："利幽人之贞"，未变常也。

"眇"的含义与履卦六三相同，指少了一只眼睛，俗称"独眼龙"。在归妹卦中，是暗示婚配有缺陷。九二与六五分别是下卦与上卦的主爻，它们阴阳有应，是夫妻之象。俗话说"明媒正娶"，夫妻相配最讲正礼；然而九二、六五却是刚履阴位、柔履阳位，双双失正。不过眼睛有问题也有好处，那就是不会四方乱闯、到处惹事，能像"幽人"那样保持清静。"幽人"就是幽居不出之人，即隐士。有学者认为九二是"女贤"之象，这不正确，九二是阳爻，不可能象征女人。

《象辞》说"未变常也"，是指能像幽人一般守贞，就保持了夫妻的常道。

【译文】

九二　独眼而能看，有利于像幽人那样保持贞洁。

《象辞》说，"利幽人之贞"，没有改变常道。

六三　归妹以须，反归于娣。

《象》曰："归妹以须"，未当也。

"须"即"女须"（也作"女媭"），是姊的代称。"归妹以须"意思是妹妹出嫁想享有姐姐的名分，即当"姒"。六三处于下卦之极，以阴凌阳，很像一个性格刚强、很想"上位"的女人。想要名分可以理解，但它居位不正，上无应爻，并非长妇之象，因此折腾来折腾去，到底还是当了"娣"。

《象辞》指出，"归妹以须"要求不合适，该是侧室便是侧室，别企望当正室。

【译文】

六三　想以正室的名分出嫁，到底还是当了侧室。

《象辞》说，"归妹以须"，想法不合适。

九四　归妹愆期，迟归有时。

《象》曰：愆期之志，有待而行也。

"愆期"就是错失时间。九四刚居阴位，下无应爻，因此错过了婚期。不过爻辞断言，九四作为堂堂男子汉，终究会有人愿意嫁给他，只是迟些时候罢了。

《象辞》把"愆期"说成是九四之"志"，说明它认为一直拖着不讨老婆是九四的自觉行为。为什么要这样做？《象辞》做了回答：打算等到有合适的对象时。

"行"指结婚。

【译文】

九四　娶媳妇错失了日期，迟些时候总会有人嫁。

《象辞》说，"愆期之志"，是想等到有合适的才娶。

六五　帝乙归妹，其君之袂不如其娣之袂良。月几望，吉。

《象》曰："帝乙归妹，不如其娣之袂良"也，其位在中，以贵行也。

泰卦六五也提到"帝乙归妹"，这是殷商时的真实事情。"帝乙"是商纣王的父亲，他把自己的女儿嫁了人。这"妹"是一位公主，因此以居君位的六五来代表。公主下嫁的对象，正是与其有应的"驸马爷"九二。公主高贵，自然是以"姒"而不是以"娣"的身份来"归"的，爻辞中的"君"便指她是长妇。但是帝乙的这位女儿很简朴，她作为正室，穿的嫁衣居然还比不上侧室的。"袂"为衣袖，这里借代衣饰。爻辞最后以将满之月来比拟六五之德，断定它吉祥。"望"是每月的月圆日，十五或十六日。

《象辞》对此的评论是，公主具有正室的地位，又以高贵的身份出嫁，穿什么就不重要了。"其位在中"本来是说六五是得中之爻，引申意思是帝乙之妹是正配，因此有"室主"之位。

【译文】

六五　帝乙嫁女，其作为长妇的服饰还不如妾的服饰华美。月亮将圆，吉祥。

《象辞》说，"帝乙归妹，不如其娣之袂良"，位置已在其中，以高贵的身份出嫁。

上六　女承筐，无实；士刲羊，无血。无攸利。

《象》曰：上六无实，承虚筐也。

"女承筐"是打算采果实，"士刲羊"是打算供鼎俎。男女各司其事，目标都是为了筹备婚礼。但在上六这里双方都发生了问题：女子的提篮中空无一物，男子所宰杀的羊也没有血流出。这种不祥之象，预示婚礼无法进行。婚礼不能进行，郎就不能娶，妹亦无所归，因此说"无攸利"。爻辞不吉，是因为上六爻位不佳：它在上已处本卦顶点，在下又无阳爻相应。

《象辞》说，上六在婚姻上有名无实，因此用"虚筐"来比拟它。

【译文】

上六　女子拿着提篮，里面没有东西；男士宰羊，见不到血流出。没有什么好处。

《象辞》说，"上六无实"，所以拿个空提篮。

丰卦第五十五

离下震上

《序卦》说："得其所归者必大，故受之以丰。丰者，大也。"

丰卦离下震上，是"雷电并作"之象，因此象征丰大。

"丰"（豐）是个会意字，《说文解字》谓："丰，豆之丰满者。""豆"是古代的高足食盘，里面装满了吃的便是"丰"。丰卦上震为雷霆，下离是电火，雷电并作，声势很宏大。

丰卦名虽为"丰"，但其内容并没有直接讨论事物的丰大状态，关注点倒是在如何致丰与如何处丰上，着重说明求丰不易、保丰更难的道理，核心思想则是"明以动"。卦辞要求丰大有力的王者多考虑普施天下的问题。爻辞则阐述明动相助、以明补暗的道理。按照事物的发展规律，任何丰大状态都是暂时的、相对的，天地盈虚，总是在发展变化中，这是《彖辞》所阐发的象外之旨。丰卦在爻位关系上并不怎么在意应与不应。一卦六爻，凡处于上下卦之极的，便被认为是过丰损德之象，故有应的九三与上六不是"折肱"便是致凶；凡在下卦守中的，则被认为是获丰保丰之象，故无应的初九、六二、九四、六五多吉，其中六五尤为纯美。这是它与其他卦不一样的地方。

丰　亨。王假之，勿忧，宜日中。

丰卦下卦为离，上卦为震，表示因明而动，因此亨通。天下之丰者，论大莫过于君王，卦辞以"王假之"为譬。"假"音义都同"格"，意思是达到。"之"是代词，指"丰"。以君王的超级身份与地位，达至丰大自然是不难的，因此对如何致丰的问题，君王完全不应担心。他应考虑的是怎样普施天下的问题，就像正午的太阳普照大地。

【译文】

丰卦　亨通。君王可以达至，不用担心，应当像正午的太阳照耀大地那样普施于天下。

《彖》曰：丰，大也。明以动，故丰。"王假之"，尚大也。"勿忧，宜日中"，宜照天下也。日中则昃，月盈则食，天地盈虚，与时消息，而况于人乎？况于鬼神乎？

《彖辞》说，丰就是大。"明以动"，是至丰的原因。"明"是下离的属性，"动"是上震的属性。王者有四海之广、兆民之众，因此《彖辞》把卦辞的"王假之"看成"尚大"的过程，又把卦辞的"勿忧，宜日中"理解为君王应以德普施天下。上文是围绕卦辞而引发的议论，下文则是阐发卦辞的言外之意。"日中则昃"意思是太阳过了正午就会西倾，"月盈则食"则是说月亮达至盈满就会亏缺。作者用这两个事例来说明，连天地盈虚都会随时间而变化，何况人呢，鬼神呢？"盈虚"指满与空两种相反状态；"消息"是易学术语，消是以阴消阳，息是以阳息阴，这里指进退变化。这番话是因卦而设诫。

【译文】

《彖辞》说，丰，就是大。光明而行动，因此丰大。"王假之"，是崇尚盛大的体现。"勿忧，宜日中"，是说君王应当像正午的太阳一般普照天下。太阳过了正午就会西倾，月亮盈满就会亏缺，天地盈虚会随着时间而变化，何况人呢？何况鬼神呢？

《象》曰：雷电皆至，丰。君子以折狱致刑。

丰卦上卦为震、下卦为离，特征是雷鸣电闪，因此，《象辞》说"雷电皆至"是丰卦之象。君子从此卦中获得的感悟是，要用雷电并作的气势去审理案件、判决刑罚。

【译文】

《象辞》说，雷与电并作，就是丰卦之象。君子因而按卦象所示审理案件、判决刑罚。

初九　遇其配主，虽旬无咎，往有尚。
《象》曰："虽旬无咎"，过旬灾也。

"配主"就是与初九相匹的对象。关于其所指，不易确定，学者们存在分歧。一种意见认为是九四，因为"四"与"初"是对应的爻位。但这种看法存在一个问题，那就是九四与初九两阳敌应。既然敌应，又怎谈得上是"配主"？尚秉和认为，配主是指初九动而上遇的六二。笔者赞同他的看法。本来得位的初九与中正的六二阴阳相匹，对成就丰大是有积极意义的，但是在它们之间存在一个不和谐因素，那就是六二以阴凌阳，没有处理好与初九的关系。因此双方短时相处"无咎"并不排除日久之后

"有咎"。古人用天干记日，由甲到癸，十日一个循环，称"旬"，一月三旬。"往有尚"是说初九发展下去会有它尊崇的新主，暗指居尊位的六五。

《象辞》正因为注意到了上述不利，才断定一旬之内不会出现问题，但过了一旬就未必了。

【译文】

初九　遇到它的相配之主，虽然相处十天没有什么问题，但是发展下去就会崇尚别人。

《象辞》说，"虽旬无咎"，但过了一旬会有灾祸。

六二　丰其蔀，日中见斗。往得疑疾，有孚发若，吉。

《象》曰："有孚发若"，信以发志也。

按丰卦的道理，明动相资才能成丰。六二位于下离的正中，柔履阴位，是中正之爻，可视为明者。然而在上卦处在与它对应位置的六五作为震的主爻却不能称为动者，因为它性格柔弱，居位不正。六二与六五无应，就导致了明者因失去动者的配合而无法成丰。丰不能成，六二之明也就失了意义，因此，爻辞说"丰其蔀"——加重了遮蔽程度。"蔀"是用来遮挡阳光的草席。阳光被遮蔽，天就会变昏暗，于是大白天竟出现了"见斗"的奇景。"斗"指北斗星。这里所说的天文现象其实是日食。在这种昏暗状态下，六二去见九五会受到猜疑，不过爻辞又说，如果六二能以诚意表明心志，局面还是吉祥的。"有孚发若"，"孚"是诚意，"若"是语末助词。

《象辞》解释了爻辞中的"有孚发若"，说其意思是用诚意抒发志向。

【译文】

六二　扩大了遮蔽，大白天见到北斗星。前行会被猜疑，若能用诚意表达心志，吉祥。

《象辞》说，"有孚发若"，意思是用诚意来表达心里的想法。

九三　丰其沛，日中见沫。折其右肱，无咎。

《象》曰："丰其沛"，不可大事也。"折其右肱"，终不可用也。

九三处下离的终极，论明不如六二，却与上六相应。上六是处于卦极的阴爻，它以柔履阴，趋向于暗，因此，局面便如同用幡幔遮住了光亮，使人们在大白天也能见到通常在暮夜才显现的星星，爻辞的"丰其沛，日中见沫"，便是这个意思。"沛"通"旆"，指幡幔。"沫"通"昧"，指闪亮的星星。"丰其蔀"像"丰其沛"一样，说的也是日食之象。九三遇到了这样的局面，就像一个断了右臂的人，难以再施展拳脚。爻辞说九三"无咎"，大概是因为它屈能守志。

《象辞》认为虽说无咎，但"丰其沛"意味着大事不可成，"折其右肱"则说明人终究废了。

【译文】

九三　扩大了遮蔽，大白天见到星星。折断它的右臂，没有灾殃。

《象辞》说，"丰其沛"，成不了大事。"折其右肱"，终究没有用处了。

九四　丰其蔀，日中见斗，遇其夷主，吉。

《象》曰："丰其蔀"，位不当也。"日中见斗"，幽不明也。"遇其夷主"，吉行也。

九四以刚履阴且与初九无应，其情状与丰不能成、明失其功的六二相类似，故有"丰其蔀，日中见斗"这句文字、喻义都一样的爻辞。"夷"是"平"的意思，"夷主"就是平等之主。它其实也是"配主"。很多人认为"夷主"指初九，恐怕不对。因为九四与初九无应；而且初九在九四下位，九四在上行时不可能"遇"得到它。"夷主"其实是指九四上面的六五。像六二凌初九一样，六五也凌九四，但是六五是居尊位的中爻，犹如"垂帘听政"的王后，势压臣下也算正常。九四既遇柔主，将获重用，故吉。

《象辞》解释说，"丰其蔀"，是因为九四以刚履阴，居位不当。"日中见斗"意味着天空幽暗不明。"遇其夷主"是吉祥的行为。

【译文】

九四　扩大了遮蔽，大白天见到北斗星。遇到对等之主，吉祥。

《象辞》说，"丰其蔀"，因为居位不当。"日中见斗"，意味着幽暗不明。"遇其夷主"，是吉祥的行为。

六五　来章，有庆誉，吉。

《象》曰：六五之吉，有庆也。

六五是本卦的主爻。它柔居尊位，本非明体，故虽为丰主却不能达至丰大。不过它有一个优点，那就是爻居中位，故有中庸之德，能招来章美之才，从而有喜庆美誉，吉祥。发挥上述辅助作用的是下离。离卦有明之德，因此说"来章"，"章"同"彰"，意思是饰美。

《象辞》说六五有"来章"之吉，因而值得庆贺。

【译文】

六五　前来章美，有喜庆与美誉，吉祥。

《象辞》说，六五的吉利，值得庆贺。

上六　丰其屋，蔀其家。窥其户，阒其无人。三岁不觌，凶。

《象》曰："丰其屋"，天际翔也。"窥其户，阒其无人"，自藏也。

上六是阴爻，它既处在丰卦的顶点，也位于上动的终极，下明不达，环境昏暗，就像房屋扩建后，用草席把整个家都遮蔽起来了。邻居窥视其门户，只见里面一片寂静，杳无人迹。不仅如此，而且三年都碰不到主人的面。"阒"是寂静无声。"觌"是见到。爻辞断占凶险，是因为上爻居卦极，有变之义，"三岁不觌"，却说明不知变。

上六处丰卦之极，意味着屋筑在高处，人居于其中，必有高高在上之感，因此《象辞》说"天际翔也"。为什么"窥其户，阒其无人"呢？《象辞》说是因为其人深隐于高屋之中，"自藏"起来了。

【译文】

上六　房屋扩建后，用草席遮蔽了整个家。邻人窥视其门户，寂静无人。三年见不上面，凶险。

《象辞》说，"丰其屋"，在天际中飞翔。"窥其户，阒其无人"，是自己隐藏起来了。

旅卦第五十六

 艮下离上

《序卦》说："穷大者，必失其居，故受之以旅。"

旅卦艮下离上，是"山火蔓延"之象，象征羁旅。

旅卦作为丰卦的综卦，紧跟在丰卦之后，表示丰大到极点就会走向反面，而一旦失去丰大的局面，就没有了生活的安定，像寄居在外、浪迹天涯的旅子一般颠沛流离。此卦定名为旅，一是因为其形状很像一只飞行中的鸟：上九为鸟首，六五为鸟颈，九四、九三为鸟身，六二、初六为鸟尾；二是因为其卦象上离为火，下艮为山，山火向前蔓延，像急着赶路的旅行者。

古人秉持安土重迁的观念，把离开家乡在外漂泊看成是万难之事。基于这种认识，旅卦阐述了行旅的重要原则，这就是出门在外应守中用柔，顺行正道，轻易不与人发生冲突。卦辞提出了"旅贞吉"的断占之语；卦中六爻，柔顺中和者俱吉，刚强倨傲者俱凶。

旅　小亨，旅贞吉。

人出门在外，居无定所，生活无法安定，周边亦乏照应，常会遇到各种各样的困难，因此行动不可能大亨，只可能小亨。小亨还要讲前提，就是要走正道，不走歪门邪道。能这样做，才吉祥。

【译文】

旅卦　小亨通，旅途中守持正道。吉祥。

《彖》曰：旅，小亨。柔得中乎，外而顺乎刚，止而丽乎明，是以"小亨，旅贞吉"也。旅之时义大矣哉！

《彖辞》解释了旅卦小亨的缘由："柔得中乎，外而顺乎刚，止而丽乎明。"前句是说旅卦上下卦中两个主爻六五与六二都在中位，均有中庸之德，而且都以阴承

阳，没有凌刚的想法。人出门在外，自应小心翼翼，避免与人发生冲突。傲慢刚硬不是处旅之道，守中用柔才是。后一句"止而丽乎明"是就上、下卦的属性而发的议论：艮德为止，离德为明。最后一句是对旅卦大义的感叹。

【译文】

《彖辞》说，履卦，小亨通。柔爻居于中位而顺从于上面的刚爻，静止的艮卦附丽于光明的离卦，因此"小亨，旅贞吉"。旅卦的现实意义大着呢！

《象》曰：山上有火，旅。君子以明慎用刑，而不留狱。

下艮是山，上离为火，因此"山上有火"是旅卦之象。《象辞》认为，这个卦给人的启示主要体现在执法判案上，具体是：用刑既要有上离的明察，又要有下艮的慎重；治狱则要像山火蔓延般快捷，不拖不延。

【译文】

《象辞》说，山的上面有火，就是旅卦之象。君子因而以明察、慎重的态度使用刑罚，绝不滞留狱案。

初六　旅琐琐，斯其所取灾。

《象》曰："旅琐琐"，志穷灾也。

出门旅行，人总处在不安定的状态中，做事自应从大处着眼。但初六不是这样，它以阴柔之质处旅之始，居不当位，偏与九四有应，恰如一个人受外部的吸引而出行，动身后却斤斤计较细枝末节，免不了自取其灾。"琐琐"是琐碎、小器的样子。

因为初六行旅不能自尊持正，所以《象辞》说"旅琐琐"是人穷志短带来的灾祸。一位易学家说："爻贱其行，《象》鄙其志。"

【译文】

初六　旅行中琐碎小器，这是他自取灾祸的原因。

《象辞》说，"旅琐琐"，是志意困穷造成的灾祸。

六二　旅即次，怀其资，得童仆，贞。

《象》曰："得童仆，贞"，终无尤也。

旅行中最令人心安的，是能投宿旅舍，口袋里带有充足的盘缠，身边还带着童仆。这几项因素，柔顺中正的六二全都具备，因此，断占之辞为"贞"就不奇怪了。"次"即"旅次"，指旅行中的过夜之地。"怀"就是携带。

《象辞》说，"得童仆，贞"的六二终究没有过失。"尤"是愆尤、过失。这么说，是由于六二性质优越。

【译文】

六二　旅行中抵达了客舍，身上带着旅费，有童仆跟随，得正。

《象辞》说，"得童仆，贞"，终究没有过失。

九三　旅焚其次，丧其童仆，贞厉。

《象》曰："旅焚其次"，亦以伤矣；以旅与下，其义丧也。

同是在行旅中，六二所具有的好局面在九三这里全丧失了。首先是投宿的旅舍失火，把栖身之地烧了；其次是贴身的童仆下落不明，大概是逃了。这样的局面很糟糕，说明正道受到了威胁。九三这么倒霉，是由于它位于下卦的顶上，以刚履阳，不在中位，而且与上无应。这些因素说明九三傲慢刚硬，不懂处旅之道。

《象辞》前一句提醒不要以为旅舍失火仅是屋主的事情，客人也有行李或钱财损失。"伤"是受损失的意思，也有人把它理解为伤心。后一句分析童仆失踪的原因，作者认为是由于主人不近人情，他才逃跑的。"以旅与下"意思是把童仆视为路客，"与"是对待，"下"指下人。"其义丧也"意思是主仆情分没有了。

【译文】

九三　旅行中客舍被烧，童仆也下落不明，正道危险。

《象辞》说，"旅焚其次"，因此而受损；把下人视为路客，主仆的情分丧失了。

九四　旅于处，得其资斧，我心不快。

《象》曰："旅于处"，未得位也；"得其资斧"，心未快也。

"处"是指暂居之所。"资斧"是资金与斧头，泛指钱财器用，后世演变为旅费。为什么获得了钱财器用还用心有不快？因为出门在外，所处之地并不宜长居。

《象辞》对爻辞进行了解释。它说"旅于处"意味着"未得位也"，"未得位"是指九四以刚履阴，且为六五所凌。《周易》常用爻位失当来表示负面情状。因为居处不安，所以即使"得其资斧"，心里也乐不起来。

【译文】

九四　旅行中找了个临时住处，获得了旅资与斧头，但我心里不高兴。

《象辞》说，"旅于处"，没有找到适当位置；"得其资斧"，心里头也痛快不起来。

六五　射雉，一矢亡，终以誉命。

《象》曰："终以誉命"，上逮也。

六五是上卦的中爻，性柔顺中和，故能把握处旅之道；它同时也是上离的主爻，离德为明。爻辞用射雉设喻，是因为雉鸡的羽毛色彩斑斓，有"文明"之象；射雉表示有取于文明。射雉顺不顺利呢？这取决于对"一矢亡"的理解。有学者认为这是说一箭就把雉鸡射死了，有学者却认为这是说射丢了一枚箭。不管顺不顺利，最终都有好结果——因为有声望而获得嘉赏。

《象辞》告诉了"誉命"的来历："上逮也。""上"是上面，从爻位上来看是指为六五所承的上九；"逮"是及，即给予。五本来是君位，但君不言旅，旅则失位，因此，本爻不取君义。

【译文】

六五　射雉鸡，失了一枚箭，最终因声誉而获得任命。

《象辞》说，"终以誉命"，是上头给予的。

上九　鸟焚其巢，旅人先笑后号啕。丧牛于易，凶。

《象》曰：以旅在上，其义焚也。"丧牛于易"，终莫之闻也。

上九居旅卦之上，故以鸟巢为喻。它作为阳爻，刚鸷傲慢，自高自大，这显然违背了行旅之道。上九不中不正，与下无应，说明大家都不喜欢它。这位旅人开始时洋洋得意，最后却像"鸟巢"失火般惹来了大麻烦，连安身之地都没了，只好号啕大哭。可是哭有什么用呢？"丧牛于易"是一个有关商高祖王亥（商的七世祖）的历史传说。据说他是商业的鼻祖，曾发明牛车，带着族人运货到别处交易，"商人"一词便出于此。有一次，他出门做生意，结果遭到当地有易氏部落的袭击，牛全被抢了。牛是性格温顺的动物，"丧牛"暗喻失去了和顺的品德。

《象辞》说上九作为旅客却高高在上，住地失火是题中之义。牛丢了之后，就再也没有什么声息，意思是找不回来了。

【译文】

上九　鸟巢被焚，旅行者先畅怀大笑后嚎啕大哭。在易这个地方丢失了牛，凶险。

《象辞》说，作为旅客却高高在上，势必有失火之灾。"丧牛于易"，之后便没有下落了。

巽卦第五十七

 **巽下巽上**

《序卦》说："旅而无所容，故受之以巽。巽者，入也。"

巽卦巽下巽上，是"谦卑逊顺"之象，象征顺从。

巽卦是八纯卦之一，上下卦都是巽。三画的巽卦代表风，风是无孔不入的，因而《序卦》说"巽者，入也"。风要入物，就必须遵循物理，于是巽便派生出了"顺从"之义。

"巽"是个会意字，它在篆书中的形状，是两个人跪在案几上，表示顺服。巽卦之义围绕"逊从"展开。其卦上下两部分分别是阳爻居高尚之位、阴爻处卑下之位，上下卦中的两个阴爻——初六与六四均以阴承阳，显示了阴柔对阳刚的顺从，正如《象辞》所言："柔皆顺乎刚。"柔顺乎刚，才会有建树。《象辞》还根据卦象发挥义理，提出了"重巽以申命，刚巽乎中正而志行"的理论，表明逊从不单纯是阴柔一方的行为，阳刚一方亦有必要逊从。从爻辞可以看出，逊从不是自卑盲从，不是优柔寡断，不是作表面文章，而是主体的自觉行为。

巽　小亨，利有攸往，利见大人。

卦辞所说的"小"，指的是阴性事物或事物的阴柔方面，它是相对于阳之"大"而言的。巽卦因为能处理好阴与阳的关系，做到阴顺阳、柔顺刚、下顺上、小顺大，所以"亨"而"利有攸往，利见大人"。从爻位角度来看，"大人"指九五。

【译文】

巽卦　小亨通，利于有所前往，利于晋见大人物。

《彖》曰：重巽以申命，刚巽乎中正而志行，柔皆顺乎刚，是以"小亨，利有攸往，利见大人"。

本来有一重顺服就已经不错了，有两重顺服来申明其使命，就更了不起了。"重巽"在卦象上是指本卦由上下两个三画的巽卦组成，在义理上则是说其卦具有双重顺服的特征。"刚巽乎中正而志行"，"刚"主要是就上巽中的九五而言的，它是居中得正的阳爻，所以能志行于天下。当然"刚"也可能包括下巽的九二，它也是得中的阳爻，爻性也不错。本卦上下卦中的两个阴爻——初六、六四都伏身于阳爻之下，以柔承刚，因此说"柔皆顺于刚"。上述因素，都是"小亨，利有攸在，利见大人"的理据。

【译文】

《象辞》说，重叠两个巽卦以申明使命，阳刚逊从于中正之道，抱负得以实现，阴柔全都顺承阳刚，因此说"小亨，利有攸往，利见大人"。

《象》曰：随风，巽。君子以申命行事。

"随"是接连相继的意思。本卦由两个三画卦巽重叠而成，表示风一阵接一阵地吹个不停，因此说"随风"。《象辞》认为，君子应当效法巽卦之象，像风行草偃一般颁布命令，推行政事。

【译文】

《象辞》说，风相随而来，便是巽卦之象。君子因而颁布命令、推行政事。

初六　进退，利武人之贞。
《象》曰："进退"，志疑也；"利武人之贞"，志治也。

初六处巽卦之始，以柔履阳，居位不正，而且与上也无应，逊从有余而自信不足，故临事总是犹豫不决，当进不进，当退不退，缺乏血性，因此，爻辞以"利武人之贞"济其不及。所谓"利武人之贞"，是说利于武夫守持正道。

《象辞》说，初六"进退"无定，根源在其心态犹疑；又说，"利武人之贞"，只有心态安定才能做到。"治"是相对于"疑"而言的，在这里指不犹疑。这一爻，说明逊从不等于优柔寡断。

【译文】

初六　或进或退，利于武夫守正。

《象辞》说，"进退"，在于心态犹疑；"利武人之贞"，因为心态安定。

九二　巽在床下。用史巫纷若，吉，无咎。
《象》曰：纷若之吉，得中也。

"床下"指隐蔽的角落。"巽在床下"，意思是逊从隐藏在不易看到的处所。

九二是刚爻，看似不逊从；其实它以刚履阴，且与上无应，逊从得很，只是人们不容易发现罢了。为了揭示事物的真相，当权者曾请来许多史巫与鬼神沟通，所得结果均为吉祥而没有灾殃。"史巫"是祝史与巫觋的合称，他们都是专业的神职人员，"史"用龟甲占卜，"巫"用蓍草占筮。"纷若"是很多的样子，"若"是语气词。

《象辞》指出，这么多史巫都说吉祥，是由于九二是得中之爻，懂得守持中道。

【译文】

九二　逊从于床下。用了很多祝史与巫觋占卜，都说吉祥，没有灾殃。

《象辞》说，诸多吉祥，是由于在中位。

九三　频巽，吝。

《象》曰：频巽之吝，志穷也。

"频"同"颦"，是穷蹙不乐的意思。"频巽"指委屈而不情愿地顺从。九三是履阳位的刚爻，偏离了中位，在性格上本不是逊顺一类。但是它既为六四所凌，又与上九无应，在当巽之时，只好满心不甘地顺从他人，于是陷入困境。

《象辞》说，频巽之吝，是心志穷困造成的结果。

【译文】

九三　委屈不乐地顺从，陷于困境。

《象辞》说，委屈不乐地顺从的困境，是心志穷尽的结果。

六四　悔亡，田获三品。

《象》曰："田获三品"，有功也。

六四本应有悔，因为它以柔乘刚，与初六也无应。为什么"悔亡"——悔恨能消失呢？有两个原因：第一，它以柔履阴，是当位之爻，符合逊从的要求；第二，它能上承九五，遵奉君命。爻辞以"田获三品"来比喻它因为顺刚而取得见树。"田"指畋猎，"三品"是指猎物的三类效用。根据《礼记·王制》，这三类效用是"干豆"（将猎物晒成干肉置于祭器中以供祭祀之用）、"宾客"（招待客人）、"充庖"（充君之庖）。

《象辞》说"田获三品"，说明六四有功。注意：六四作为柔爻能有畋猎之功，归因于其能顺九五之阳。

【译文】

六四　悔恨消失，在畋猎中获取三类物品。

《象辞》说，"田获二品"，有功劳。

九五　贞吉，悔亡，无不利。无初有终，先庚三日，后庚三日，吉。

《象》曰：九五之吉，位中正也。

九五是刚健的阳爻，与九二无应，并不符合巽卦逊从的要求，如果仅从这点着眼的话，它应当是有悔的，为什么爻辞说它"贞吉，悔亡，无不利"呢？原来，九五大中至正，在卦中是申命之君。有这么好的德性与这么高的地位，哪里会有悔呢？"无初有终"意思是没有理想的开头却有满意的结果，为什么？因为九五以刚直申命，即使开头不能让人信服，最终却能以中和众、因正压邪。不过，事情的变化有一个过程，不是说变就变的，这一点在爻辞中被表述为"先庚三日，后庚三日"。这种说法与蛊卦卦辞的"先甲三日，后甲三日"很接近。区别在"甲"为天干之始，代表的是事情的开端；"庚"为天干之七，反映的是变更的开端。"先庚三日"是庚日之前三天，这是颁布新令的时间；"后庚三日"是庚日之后三天，这是实行新令的时间。结果吉祥，说明"有终"。

《象辞》说九五居位中正，因此无往而不吉。

【译文】

九五　正道吉祥，悔恨消失，无所不利。初始不利，但有善终，先于庚日三天，后于庚日三天，吉祥。

《象辞》说，九五的吉祥，源自居位中正。

上九　巽在床下，丧其资斧，贞凶。

《象》曰："巽在床下"，上穷也；"丧其资斧"，正乎凶也。

像九二一样，上九也有"巽在床下"之辞，这是因为上九也是履阴的刚爻，乍看上去并无逊从之德。由于所处的位置不同，二者的断占结果大相径庭。九二"吉，无咎"，上九却说"丧其资斧，贞凶"。"资斧"是资金与斧头，泛指钱财器用。为什么上九的结局这么差？因为它除了不当位外还存在别的问题：一是偏离中位，不懂中庸之道德；二是处巽之极，过分逊从；三是下边无应也无承，缺乏后援。

《象辞》指出，"巽在床下"，是说上九处在巽卦的极上；"丧其资斧"，是说它正处于凶险状态。

【译文】

上九　逊从于床下，丧失了它的钱财器用，正道凶险。

《象辞》说，"巽在床下"，因为处于极上之位；"丧其资斧"，说明正处在凶险中。

兑卦第五十八

兑下兑上

《序卦》说："巽者，入而后说之，故受之以兑。"

兑卦兑下兑上，是"两泽相依"之象，象征愉悦。

兑卦是八纯卦之一，上下卦都是兑。三画的兑卦在形状上是将坎水的下泄之口封住，从而让水积聚起来，因此，兑代表泽，兑德为悦。六画的兑卦也象征愉悦，这是为什么呢？《周易正义》说："泽以润生万物，所以万物皆说。"这是从义理角度所作的解答。在卦象上，兑卦的上下卦都是阳爻得中而阴爻在外，这是阴在外而阳相助之象。在外得助，不也是赏心乐事么？

兑卦所说的愉悦不仅仅是轻歌悦耳、美景养目，它更要求与别人交往时能营造一种心旷神怡的气氛。它倡导的愉悦是有原则的，要点可归纳为：其一，刚为柔本，即内有主见而外示谦和；其二，悦不离贞，即愉悦不能流于诏媚矫情。

兑　亨，利贞。

泽滋润万物而万物悦之，用于比拟人事，就好比君王施惠于民而民无不喜，上下交流无碍，自有利于守持正道。

【译文】

兑卦　亨通，利于守持正道。

《彖》曰：兑，说也。刚中而柔外，说以利贞，是以顺乎天而应乎人。说以先民，民忘其劳；说以犯难，民忘其死。兑之大，民劝矣哉。

《彖辞》说，"兑"就是"说"，而"说"通"悦"。"兑""说""悦"三个字在这里意思相同。卦辞说"亨，利贞"，为什么？卦辞没有提供答案；《彖辞》则作了解释，说因为兑卦"刚中而柔外"。刚中，指九二和九五都是以阳爻居中位；柔外，指六三与上六分处下卦与上卦的外部。这句话，可引申为内有主见而且对人柔和。怎样才算得上是"说以利贞"呢?《彖辞》认为要看是否上顺天意而下应人情。下文申述愉悦为政的作用或意义:如果临事能把让民众快乐作为首要考虑因素,民众就会忘记劳苦;如果在冒险犯难前能营造出愉悦的气氛,民众就会不顾生死。愉悦义理的宏大,正表现在能使民众自我勉励。"劝"是勉励的意思。注意,《彖辞》是说"民劝"而不是"劝民",二者有被动与主动之别。"劝民"的主体是统治者,而"民劝"是老百姓的自觉行动。

【译文】

《彖辞》说,兑,就是愉悦。阳刚居中而阴柔处外,愉悦而利于正道,因此,上顺乎天而下应于民。临事能让民众先愉悦起来,民众就会不辞劳苦;冒险前能营造出愉悦的气氛,民众就会舍生忘死。愉悦的大义,正体现在使民众自勉啊!

《象》曰:丽泽,兑。君子以朋友讲习。

"丽泽"是说湖泊一个连着另一个,"丽"是附丽的意思。兑卦的上下卦都是兑,而兑为泽,因此这么说。上兑下兑,都是同类,所以《象辞》说,君子看到这个卦象,就应领悟到聚集朋友讨论学问的意义。独学无友,不免孤陋寡闻;能与友朋琢磨切磋,学习会更有效果,亦更有趣味。

【译文】

《象辞》说,两泽相依,便是兑卦之象。君子因而聚集友朋讲求研习。

初九　和兑,吉。

《象》曰:和兑之吉,行未疑也。

初九是兑卦的初爻,居悦体而在下位。它以刚履阳,上无系应,表示品行端正,无所偏私。虽居底层,但它能以和悦的态度待人接物,因此人缘良好,局面吉祥。

初九以刚健为质,居位正当,因此能赢得各方信任,《象辞》说它"行未疑也",道理即在此。其实初九本当是有"疑"的,因为它并非得中之爻。"未疑",是因为它的行为没有偏失。

【译文】

初九　平和愉悦,吉祥。

《象辞》说,平和愉悦的吉祥,出自行为不为人所疑忌。

九二　孚兑,吉,悔亡。

《象》曰:孚兑之吉,信志也。

九二是得中的刚爻，表示在当悦之时待人有诚意，这样做自然吉祥。不过九二也有其短板，那就是以刚履阴，居位不正，而且近为六三所凌，远与九五无应。从事理上来说，它本当是有悔的，只是由于刚中有信，就得"吉"而"悔亡"了。

《象辞》说，孚兑之吉，在于"信志"。"信志"便是心有诚意。

【译文】

九二　真诚愉悦，吉祥，悔恨消失。

《象辞》说，真诚愉悦的吉祥，来自心有诚意。

六三　来兑，凶。

《象》曰：来兑之凶，位不当也。

六三以阴居阳，履非其位，品格本来就有问题，加上与上六无应，问题更大。它没有办法，只好向下讨好初九、九二两阳，以使自己符合愉悦的节拍。"来"可理解为"徕"，是招徕的意思。六三因个人之私而表现出的"愉悦"显然有虚假成分，而且其结党营私行为对社会也是不利的，因此凶险。

《象辞》认为六三有"来兑"之凶，问题出在居位不当上。

【译文】

六三　来求愉悦，凶险。

《象辞》说，来求愉悦的凶险，出自居位不当。

九四　商兑未宁，介疾有喜。

《象》曰：九四之喜，有庆也。

"商"是讨论、商议，"商兑"则是揣度、思量怎样达至愉悦。"未宁"是因为九四一方面"上承九五之中正"，另一方面又"下比六三之柔邪"（朱熹语）。它在"商兑"时遇到了一个棘手的问题——究竟应当向哪边靠拢？九四虽然失正并且无应，但是它本是阳刚之质，在大是大非问题上没有糊涂，它最终采取了"介疾"的立场。所谓"介疾"，就是疏离、摈除柔邪的六三，而亲近居尊位的中正之爻九五。"介"同"界"，表示分限；"疾"，指六三的柔邪之病。

能做到"介疾"，自然有益于国家社会，使君王、百姓都能受惠，因此，《象辞》说"有庆也"。

【译文】

九四　思量怎样愉悦，疏离柔邪而有喜悦。

《象辞》说，九四的喜悦，值得庆贺。

九五　孚于剥，有厉。

《象》曰："孚于剥"，位正当也。

"孚"是信任的意思。信任谁？信任"剥"。"剥"指上六，因为它居兑顶而凌九五，在不断剥蚀九五的阳气。在剥卦中已说过，"剥"在《周易》中指以阴消阳。上六利用自己靠近九五的便利，用狐媚手段取悦君王；而九五对此浑然不觉，反倒对这个巧言令色的阴险小人大为宠信。因为九五近小人而远君子，所以爻辞断定其"有厉"。九五之厉的根源，在于所悦对象不当。

九五在尊位而居中得正，断占之辞通常是吉利的，但在此卦中却有"有厉"之戒，这的确有点奇怪。因此《象辞》说，"孚于剥"，居位却正当。爻辞可能是想提醒，哪怕圣贤在上，周边也会有小人。需注意的是，九五与九二无应，出了问题没有下援。

【译文】

九五　信任蚀阳者，有危险。

《象辞》说，"孚于剥"，居位却正当。

上六　引兑。

《象》曰：上六引兑，未光也。

兑卦虽然有五爻言"兑"，但"柔外"者只有六三与上六，六三说"来兑"，上六说"引兑"。"引"就是诱导。上六以阴爻居兑卦之极，悦而不能自已，便引诱在其下方的两个阳爻九五与九四相与为悦。爻辞只是说它做了什么，没有讲结果，是因为"引兑"能不能产生效果，还要看被"引"者有没有定力。

《象辞》说，上六"引兑"局面的出现，说明愉悦之道尚未能达至光大。

【译文】

上六　引导他人相与为悦。

《象辞》说，上六引导他人相与为悦，说明愉悦之道未能光大。

涣卦第五十九

 **坎下巽上**

《序卦》说:"说而后散之,故受之以涣。涣者,离也。"

涣卦坎下巽上,是"风行水上"之象,象征涣散。

"涣"的意思,是水波流溢。风吹拂水,轻者会使水面出现涟漪,重者会使水面掀起波涛,而风无论轻重,吹拂的结果都是使水波向四方消散,这就是涣卦象征涣散之理。

事物出现涣散局面,就必须用积极的手段与正确的方式进行治理。因此,本卦虽名为"涣卦",中心思想却是救涣,这一点与蛊卦重在治蛊相似。研究经传可以发现,卦中六爻散中有聚,散而不乱,散只是形迹,聚才是精神。正如扬雄《太玄经》所言:"阴敛其质,阳散其文。"除了涣与救涣外,涣卦还被认为包含"风行水上,自然成文"的美学意蕴,这为后世的文论家们所津津乐道。

涣 亨。王假有庙,利涉大川,利贞。

水在当涣之时,形态虽散,神质却聚,散、聚能相依为用,故亨。"王假有庙"的"假"通"格",意思是到。君王为什么到宗庙来?因为在天下涣散之时,需要通过祈祷的手段来聚集鬼神;同时这种庄重的仪式也可以感化民众,使其主动集合到王者四周来。卦辞提到"王",系由于观卦变六二为九二而成涣卦,而观卦形似宗庙,涣卦九二则像进入宗庙的王者。正所谓"人心齐,泰山移",人由散而聚,便可形成合力,从而克服现实中的困难,守持正道,这便是"利涉大川,利贞"的根据。

【译文】

涣卦 亨通。君王来到宗庙中,利于涉越大河,利于守持正道。

《彖》曰:涣,亨。刚来而不穷,柔得位乎外而上同。"王假有庙",王乃在中也。"利涉大川"，乘木有功也。

《彖辞》讲解涣卦的"亨"之义。"刚来而不穷"的"刚"指阳爻九二。它"来"哪里？来下坎之中。坎德为陷，一般来说，入于陷是危险的，但九二不怕，因为它以阳刚之质而处中位。"不穷"，便是指它处险中却不会感到困厄。"柔得位乎外"是说外卦中的六四柔履阴位；"上同"则是说它以阴承阳，顺于九五。"王乃在中也"这句话，若从象数的角度去理解，是说居君位的九五是中正之爻；若从义理的角度去理解，则是说王者处在教化的中心位置。说"乘木有功也"，是因为涣卦上巽下坎，巽为木，坎为水，是舟行于水上之象。有船，就"利涉大川"。

【译文】

《彖辞》说，涣，亨通。阳爻到来而不困厄，阴爻得位于外卦而上顺于阳爻。"王假有庙"，君王在中心位置。"利涉大川"，乘木舟有作用。

《象》曰：风行水上，涣。先王以享于帝，立庙。

涣卦上巽为风、下坎为水，故说"风行水上"是涣卦之象。《象辞》说，古代的圣王正是因为受到这个卦象的启发，才建宗庙以祀天帝的。因为天下涣散之时需要聚合人心，而"立庙"以"享于帝"是聚合人心的有效方式。

【译文】

《象辞》说，风行于水面之上，便是涣卦之象。先王因而祭祀天帝，建立宗庙。

初六　用拯马壮，吉。

《象》曰：初六之吉，顺也。

"用拯马壮"之"马"指九二。初六在涣卦之初、坎险之下，不仅居不当位，而且与六四无应，以其阴柔之质去救涣，力量显然不够；好在它以阴承阳，与九二关系不错，因此能获得像马一般雄健的九二的支持，于是获吉。本卦六爻，其他五爻都提到"涣"，只有本爻没有，这是因为事物若从一开始就进行整顿，就不至于"涣"。

《象辞》点出初六吉祥的关键在顺从。顺从谁？九二。

【译文】

初六　用来济助的马匹雄健，吉祥。

《象辞》说，初六的吉祥，来自顺阳。

九二　涣奔其机，悔亡。

《象》曰："涣奔其机"，得愿也。

涣散局面一旦发生，就必须尽可能快地找到安身立命之地，否则很危险。九二作为刚中之爻，材质很好，故有能力做到这一点。它所采取的方式是"奔其机"。"奔"是急往；"机"是一种类似于榆的树木，即桤。《山海经·北山经》说："单狐之山多机木。""奔其机"就是奔向桤树，目的是找到凭靠。"机"暗喻初六，犹如上一爻的"马"暗喻九二。初六、九二并非应爻，但它们一柔一刚，故能在涣散之时以亲比互赖，从而阴阳和合、散而复聚。九二失正，与上无应，且处在坎险之中，本来应当有悔，由于有"机"为凭，悔恨就消失了。有学者把"机"当作是"几"的通假字，指案几，可能未得其宜。

《象辞》所说的"得愿"，是指九二能获初六配合，实现阴阳相合。

【译文】

九二　涣散时奔向机树，悔恨消失。

《象辞》说，"涣奔其机"，得其所愿。

六三　涣其躬，无悔。

《象》曰:"涣其躬"，志在外也。

"躬"是身体，"涣其躬"就是涣散其身体，"其"指六三。六三居下坎之终，与上九正应，是身遭水浸而无怨无悔之象。在《周易》中，六三作为不中不正的阴爻，应上九很少有吉义，涣卦是个例外。

《象辞》说"志在外也"，从爻位层面理解，是说六三与外卦的上九有应；从义理层面理解，是说六三有志于向外发展。

【译文】

六三　涣散其自身，没有悔恨。

《象辞》说，"涣其躬"，志向在外面。

六四　涣其群，元吉。涣有丘，匪夷所思。

《象》曰:"涣其群，元吉"，光大也。

"群"犹言"朋党"，"涣其群"就是离散朋党，为什么说这样做"元吉"呢？因为离散朋党就是破除结党营私。"涣其群"，实际上是化小群为大群，是由涣而聚。"涣有丘"就是今日说的"破除小山头"。破除小山头是为了实现天下混一，这种深谋远略，可不是平常人的思考所能及的，因此说"匪夷所思"。"匪"同"非"，"夷"是平常。六四居阴得正，下无应与，上承九五，是无私而奉公之象，因此有上述之言。

《象辞》说，离散朋党，所以大吉，是因为这是光明正大的行为。

【译文】

六四 涣散其群体，大为吉利。涣散既有的山丘，不是平常人所能想象的。

《象辞》说，"涣其群，元吉"，光明正大。

九五 涣汗其，大号。涣王居，无咎。

《象》曰："王居，无咎"，正位也。

九五阳刚中正，高居至尊之位，因此爻辞提到"王"。按照本卦其他爻的句式，"涣汗其"显然应作"涣其汗"。"涣其汗，大号"就是在发汗时大喊大叫。商周之交，社会激荡，变革很大，不破不立，"涣其汗，大号"正是王者以脱胎换骨来适应社会变化的反应。"王居"，有人理解为王者的居积，也有人理解为王者的居所，各有道理。无论如何，"涣王居"是指对宫廷里固有的弊端进行革除，目的是散小储而成大储，在离乱之世收拾人心，"无咎"的道理即在此。

《象辞》显然把"王居"理解为王者的居所，因为它把"王居，无咎"的原因归为"正位"。所谓正位，是说九五居中得正。

【译文】

九五 发散它的汗水，大声喊叫。涣散王者的居所，没有灾殃。

《象辞》说，"王居，无咎"，居位中正。

上九 涣其血，去逖出，无咎。

《象》曰："涣其血"，远害也。

上九的爻辞很难理解，可能有缺字。清人俞樾在《群经平议》中认为"血"后还应有一个血字，"古人遇重文多省不书，但于字下加二画以识之，传写因夺去耳"，分析得颇有道理。上述爻辞其实应为："涣其血，血去逖出，无咎。""涣其血"是说消解血灾，出血是受到伤害的结果，暗寓危险。上九是涣的终极，且离危险的下坎最远，故有此说。"血去逖出"也就是小畜卦六四的"血去惕出"，意思是血灾离去，戒心卸除，"逖"通"惕"。实现了这样的局面，自然无咎。上九本来是有咎的，因为它以刚履阴，居不当位，而且与在险中的六三有应。

因为上九离危险的下坎最远，所以《象辞》说它"远害"。"远害"，正是"涣其血"的原因。

【译文】

上九 消解血灾，血灾消去，戒心卸除，没有灾殃。

《象辞》说，"涣其血"，远离危害。

节卦第六十

兑下坎上

《序卦》说:"物不可以终离,故受之以节。"

节卦兑下坎上,是"储水于泽"之象,象征节制。

"节"的本义是竹节。竹节能把空心的竹竿一段段分隔开来,因此"节"有隔止或限制之义。节卦上坎为水,下兑为泽,卦象就好像一个充满了水的湖泊。水注入湖泊后,会受到堤岸约束,不能自由外溢,于是便积聚起来了,这便是节制。

适当节制,往往是事物顺利发展的前提。《道德经》第四十四章说:"故知足不辱,知止不殆,可以长久。"《大学》第一章则有"知止而后有定"之说。《周易》专设节卦,阐述节制之理。《周易》对节制的看法是双向的:一方面,它以节制为美德,认为适当的节制能令事物发展亨通;另一方面,它又不主张过分节制,认为这样做不合乎正道。它把适当节制称为"甘节",把过分节制称为"苦节"。同是谈论节制,卦中六爻,爻位理想就吉利,爻位不理想就有咎。这说明在《易经》的作者看来,只有合乎客观规律的节制才是可取的。在古代,儒家把节制思想应用于社会政治与人生哲学上,丰富了中庸的内容;墨家则着重于发挥其中所包含的节俭思想,形成了在经济上"节用爱民"的主张。

节 亨。苦节不可贞。

卦辞从正反两个方面阐述了对节制的看法。正的方面肯定节制,认为节制可以使事物发展达至亨通;反的方面则否定过分节制,认为"苦节"不能守正。"苦节"就是苦苦节制,就像修"枯木禅"一般。

【译文】

节卦 亨通。苦苦节制不能守正。

《彖》曰:节,亨,刚柔分而刚得中。"苦节不可贞",其道穷也。说以行险,

当位以节，中正以通。天地节而四时成。节以制度，不伤财，不害民。

《彖辞》首先回答"节"何以致"亨"的问题。它说节卦亨通，是由于"刚柔分而刚得中"。"刚柔分"是指上坎中男为阳卦，下兑少女为阴卦。"刚得中"则是说在上下卦中居中位的九五与九二都是阳爻，作为不偏不倚的节制之主，它们都能秉承中和的原则，使事物发展畅通无阻。《彖辞》又以"其道穷也"来说明卦辞所讲的"苦节不可通"。"道穷"的浅层意思是道路不通，深层意思是发展难以为继。"说以行险"是就上下卦的属性而言的，下兑为说（悦），上坎为险。"行险"在这里指实行节制，有人把节制视为畏途，因而说"险"。"当位以节"讲的是六四，它以柔履阴，因此说"当位"。这句话的意思是说节制应有一个合理的限定点。"中正以通"是说主爻九五居中得正，有能力通过适当的节制来实现预期的目标。下文从自然与社会两个方面来阐述"节"的重要意义。自然方面说"天地节"，我们可以把它理解为自然界的节气变化，也可以把它理解为刚节柔、柔节刚，无论如何，都是它产生了四季的转换。社会方面说"制度节"，"节以制度"是说国家财用应通过某些规定来节制，做到用之有道、役之有时，以不浪费财物、不侵害百姓为准则。

【译文】

《彖辞》说，节，亨通。阳刚与阴柔相区别而刚爻居于中位。"苦节不可贞"，因为路走到了尽头。从容突破险境，位置适当以节制，居中得正而亨通。天地以节气为序从而生成春夏秋冬四季的变化。王者以制度为节而做到不浪费财物、不侵害民众。

《象》曰：泽上有水，节。君子以制数度，议德行。

节卦下兑为泽、上坎为水，因此说"泽上有水"是节卦之象。水在湖泊中的流溢是受控的，君子因为受到此卦的启发，制定了数度，以考察德行。"数"反映多少，"度"衡量短长；"数度"指等级制度中的种种规定。"德行"是人的品德行为。

【译文】

《象辞》说，湖泊里头有水，便是节卦之象。君子因而制定数量度法，评议品德行为。

初九　不出户庭，无咎。

《象》曰："不出户庭"，知通塞也。

"门户门户"，"门"是外户，"户"为内门，"户庭"就是内院。初九阳刚得正，上应六四，本有出人头地的潜质，但它是初爻，在节卦中象征节制的开始，尚不宜到社会上大显身手。它在这个时候应当自我约束，在尽可能小的空间内活动，才是最合适的做法。不出内院，不与人交往，就不会有咎害。《系辞》曾对这段话进行延伸，由行及言，赋予其慎言保密的意义。

《象辞》解释，"不出户庭"，是由于对路况了然于胸——"知通塞也"，通则行，塞则止。

【译文】

初九　不出内院，就没有灾殃。

《象辞》说，"不出户庭"，是因为了解路况的通畅与阻塞。

九二　不出门庭，凶。

《象》曰："不出门庭，凶"，失时极也。

"门庭"就是外院，比"户庭"更靠近外面。与尚不宜出、外显身手的初九不同，九二是得中的刚爻，完全有实力到外部世界去发展。但是它以阳居阴，与上无应，不思进取，居然学着初九的样子在家里待着，不出门庭，结果反而凶险。

《象辞》解释，九二不出门庭，凶就凶在丧时至极。初九路塞不出是"知几"，九二途通不出却是"失时"。

【译文】

九二　不出外院，凶险。

《象辞》说，"不出门庭，凶"，是因为严重地丧失时机。

六三　不节若，则嗟若，无咎。

《象》曰：不节之嗟，又谁咎也？

"若"是语气助词，可以理解为"……的样子"，"不节若"就是不加节制的样子。"嗟若"则是伤叹的样子。六三是材质柔弱的阴爻，不中不正，不懂得自我把控，居然下凌九二和初九！这么骄奢不节，难免撞板，因而有"嗟若"局面出现。然而嗟而知悔，从而有咎变无咎，也算是亡羊补牢了。

《象辞》把爻辞所说的"无咎"理解为无所归咎，说六三有不节之嗟是咎由自取。

【译文】

六三　不懂节制，因而哀叹，没有灾殃。

《象辞》说，不懂得节制而生发的哀叹，那是谁的过错呢？

六四 安节，亨。

《象》曰：安节之亨，承上道也。

"安节"便是安然节制。六四阴柔得位，上承九五，在节卦中体现的是安然节制之象。能心安理得地节制，自然亨通。

《象辞》说安节之亨，来自"承上道也"。"承上道"，便是按上头的要求去做。"上"，在这里指居君位的九五。

【译文】

六四　安然节制，亨通。

《象辞》说，安然节制的亨通，得自顺承尊上之道。

九五 甘节，吉，往有尚。

《象》曰：甘节之吉，居位中也。

"甘节"是相对于下一爻的"苦节"而言的，意思是甜美快活地节制。九五以阳刚之质而得六四之承，它以王者的尊贵与中正的德行节制天下，自然得心应手。甘节是节制的理想境界，故吉祥。"往有尚"，是说走下去会受人尊崇。

《象辞》从爻位的角度去认识，认为九五有甘节之吉，是由于其所处位置中正。

【译文】

九五　愉悦地节制，吉祥，走下去会受到尊崇。

《象辞》说，愉悦节制的吉祥，来自九五位置的中正。

上六 苦节，贞凶，悔亡。

《象》曰："苦节，贞凶"，其道穷也。

上六居节卦极上，因过度节制而苦不堪言，故说"苦节"。过犹不及，苦苦节制与不加节制，结果都是一样的，所以爻辞说"贞凶"。凶怎样才能消除呢？有悔而亡。"悔亡"的"悔"，在这里有损过从中的意思。《周易程氏传》说："节之'悔亡'，与他卦之悔亡，辞同而义异也。"说得有道理。

《象辞》说，"苦节，贞凶"说明节制走到了穷途末路。"道穷"的根据，是上六为极上的阴爻，不仅失中，而且凌阳。

【译文】

上六　苦苦节制，正道凶险，如悔恨凶险则除。

《象辞》说，"苦节，贞凶"，没有路了。

中孚卦第六十一

兑下巽上

《序卦》说："节而信之，故受之以中孚。"

中孚卦兑下巽上，是"外实内虚"之象，象征诚信。

"孚"是"孵"的本字。禽类孵卵有确切的日期，时间一到，幼禽便被孵化出来了，因此"孚"有信之义。"中孚"，意思便是心中有诚信。

中孚卦由正反两个经卦"兑"组成（巽为"反兑"），根据《系辞》的解释，兑"为口舌"，因此，中孚卦是两口相对、诉说衷肠的样子。这么诚恳地对话，说出来的自然都是心里话。按照象派易学"象中取象"的理论，中孚卦可以被看成一个"大离"，表示诚信散发光芒，古人赋予中孚卦以"诚信中虚"的义理。曾国藩曾说过："人必中虚不着一物，而后能真实无妄。""孚"与"信"都与"诚"相关，朱熹曾辨析过它们的区别，说"存于中为孚，见于事为信"。诚信是人立身处事的根本，也是一切道德的根源，从古至今都受到人们的高度重视。中孚卦阐发的诚信之义，后来被儒家发扬光大，孔子曾反复强调信德施政的重要性。

中孚　豚鱼，吉，利涉大川，利贞。

卦辞指出"中孚"有三大好处：一是"豚鱼吉"，这是就祭祀效果而言的。豚是小猪，在这里泛指猪。豚与鱼在古代常被用作祭品。二是"利涉大川"，这是就涉险结果而言的。三是"利贞"，这是就守持正道而言的。

【译文】

中孚卦　用猪、鱼献祭，吉祥，有利于涉越大江河，有利于守正。

《彖》曰：中孚，柔在内而刚得中。说而巽，孚乃化邦也。"豚鱼，吉"，信及豚鱼也。"利涉大川"，乘木舟，虚也。中孚以利贞，乃应乎天也。

《彖辞》说，中孚卦具有"柔在内而刚得中"的特征。"柔在内"指六三、六四两个阴爻位于上下卦之交，"刚得中"是说九二居下兑的中位、九五居上巽的中位。这句话可引申为中孚之人内心温和而品格刚毅。"说而巽"意思是悦服而逊顺，这分别是下兑与上巽之德。在上者逊顺，在下者悦服，反映了上下之间的相互信任，《彖辞》认为这能起到化导邦国的作用。下文解释卦辞：为什么说"豚鱼，吉"？因为诚意已体现在这些祭品中。也就是说，只要心有诚意，用豚用鱼享神都能获吉，虽然它们不名贵。为什么说"利涉大川"？上巽为木，下兑为泽，中孚卦正是舟船在水之象。外实内虚，船就能浮起来，因此说"乘木舟，虚也"。有人认为"虚也"是指木船上还有"空位"，不确。最后一句解释了为什么中孚利贞——因为诚信是天经地义的事。

【译文】

《彖辞》说，中孚，柔爻在内部而刚爻在中位。悦服而逊顺，诚信于是感化邦国。"豚鱼，吉"，诚信体现在豚与鱼上。"利涉大川"，在于乘坐木船可以浮起。中有诚信利于守正，诚信合于天道。

《象》曰：泽上有风，中孚。君子以议狱缓死。

中孚卦上巽为风，下兑为泽，风行于泽无所不周，正如孚被于人无所不至，因而《象辞》说"泽上有风"是中孚卦之象。为什么君子从此卦象中会感悟出"议狱缓死"的道理来呢？因为风拂水面后其势会减缓，而"泽"也可理解为"恩泽"。

【译文】

《象辞》说，湖泊上面有风吹，便是中孚卦之象。君子因而审议案狱，缓用死刑。

初九　虞吉，有它不燕。

《象》曰：初九虞吉，志未变也。

"虞"是猜度、担心，"虞吉"是挂虑是否吉利。初九是当位之爻，其应爻为六四，"它"指的便是与六四的关系这件事。本来中孚卦强调诚信，在交往中不应有什么顾虑，但初九是初爻，任何事在开始时都必须慎重。因为挂虑此事，初九便心有不安。"燕"通"宴"，是安闲的意思。

《象辞》说，初九处于潜藏勿用之位，有"虞吉"的反应也正常，挂虑不会影响到它的志向。

【译文】

初九　忧虑吉祥，有此心事不安乐。

《象辞》说，初九虽然忧虑吉祥，但是其志向没有改变。

九二　鸣鹤在阴，其子和之。我有好爵，吾与尔靡之。

《象》曰："其子和之"，中心愿也。

九二的爻辞是古代遗存下来的一首诗歌，句式齐整，形象鲜明，是研究先秦诗歌史的重要材料。古人说"《易》文似《诗》"，这便是典型的例子。《周易》是一本讲阴阳的书，但是在其经中并没有"阴阳"的字眼，这个"阴"字是唯一的存在，不过它的意思是"荫"——树影的浓密处。"鸣鹤"喻指九二，因为它处在六三、六四之下，所以说它"在阴"。"子"是它的伙伴九五。九二与九五本来无应，但是在中孚卦中情况特殊。它们作为阳刚的中爻都有"中孚"之实，因而同声相应。后面两句是九二对九五所说的话，意思是"我有一爵好酒，我们一起来分享吧"。"爵"是酒器的统称，这里借代酒；"靡"是分享。有好酒而主动与朋友分享，表现了浓厚的诚意。

《象辞》解释说，九五为什么会应答九二呢？因为它与九二有一样的意思。"中心愿也"浅层意思是也想喝酒，深层意思是同具诚意。

【译文】

九二　有鹤在林荫中鸣唱，它的同伴闻声相和。我有一爵好酒，我和你一起来分享吧。

《象辞》说，"其子和之"，因为这是它心中的愿望。

六三　得敌，或鼓或罢，或泣或歌。

《象》曰："或鼓或罢"，位不当也。

六三以柔履阳，居不当位，不中不正，却与上九有应，因此有向上发展的冲动。但是它在前路受到了与初九有应的六四的阻挡，双方同性相斥，便战了起来。由于势均力敌，六三的战斗状态与结局就存在两种相反的可能：不是擂鼓奋进，便是鸣金收兵；不是因败北而哭泣，便是为胜利而高歌。

《象辞》从爻位说出发解释了六三"或鼓或罢"的原因，说是居位不当。

【译文】

六三　遇到敌人，或者擂鼓奋进，或者鸣金收兵；或者因败哭泣，或者为胜高歌。

《象辞》说，"或鼓或罢"，因为所居位置不当。

六四　月几望，马匹亡，无咎。

《象》曰："马匹亡"，绝类上也。

六四以柔履阴，且上承九五，是"阴德"将要圆满之象，故说"月几望"。

"望"是满月。六四本与初九有应,二者就像一对相匹配的马;但六四一心上顺九五,反倒把自己的匹配对象撂在了一边,故爻辞说"马匹亡"。"匹"指匹配者。这是为事君而付出的代价,也就"无咎"了。

《象辞》以"绝类上也"解释"马匹亡"的原因。"绝类上也",意思是绝其同类而上从九五。

【译文】

六四 月亮几近圆满,相匹配的马丢失了,没有灾殃。

《象辞》说,"马匹亡",断绝同类而从上。

九五 有孚挛如,无咎。

《象》曰:"有孚挛如",位正当也。

本卦六爻,只有九五提到"孚",因为它是中孚之主。小畜卦九五也有"有孚挛如",意思都是诚意连绵不绝。"挛"是连,"如"是语气助词。这是说九五作为中孚之主,居尊位而有中正之德,实诚发自于内而连之于下,因此没有咎害。

《象辞》说九五是中正之爻,居位正当,故"有孚挛如"。

【译文】

九五 诚意连绵不绝,没有灾殃。

《象辞》说,"有孚挛如",居位正当。

上九 翰音登于天,贞凶。

《象》曰:"翰音登于天",何可长也!

"翰音"是飞鸟所发出的声音,也有人认为是锦鸡发出的声音。"登于天"也就是(声音)上传到天上。以刚履阴、居不当位的上九是中孚卦的极上之爻,象征着诚信终结,虚伪成势。"翰音登于天"正是衷笃内丧、虚美外扬之象。卦辞把中孚定义为"利贞"之卦,如今诚信既不复存在,"贞凶"就是理所当然的了。

《象辞》指出,"翰音登于天"是说虚声远扬而信实不继,这样的局面不可能维持长久。

【译文】

上九 飞鸟的声音上扬至天宇,正道凶险。

《象辞》说,"翰音登于天",哪里可能长久呢!

小过卦第六十二

 艮下震上

《序卦》说："有其信者必行之，故受之以小过。"

小过卦艮下震上，是"阴盛围阳"之象，象征过阴。

第二十八卦为大过卦。过之"小"与"大"，是就阴阳而言的。在小过卦中，中间两阳为两头的四阴包围，整个卦阴气过盛，故卦称小过。大过卦与小过卦名虽以"大"与"小"区分，但实际上两卦旨趣有很大的不同。大过卦说的是如何在负荷过重时顶住压力的问题，小过卦说的是小有过越的必要性的问题。因此不宜简单地把小过理解为偏失，人们在特定的背景下，是需要过而矫枉、失而求中的，问题在于如何做到"不失时宜"、把握好度。卦辞提出了两个原则，一是宜下不宜上，二是宜小不宜大。卦辞说小过亨而大吉，可是爻辞却没有"亨"或"吉"的字眼，这似乎是在暗示小过的尺度不易把握。按照象派易学的"大象"理论，小过卦可以被看成一个"大坎"，坎为险，因此在爻辞中出现了好几个"凶"字。

小过　亨，利贞。可小事，不可大事。飞鸟遗之音，不宜上，宜下，大吉。

小过是指有限度的过越。正所谓"矫枉过正"，纠正偏差往往需要超过某种限度，过正是为了防止不足，因为"恰好"的状态是很难把握的。在过而矫枉之后，事物可由不正回复到正，状态也就顺当了，这就是小过"亨"与"利贞"的道理。不过，卦辞又说，小过之理，在应用上是有限制的，"可小事，不可大事"，不能滥用。小事便是日常生活之事，大事则是国家社会之事。小过卦形似鸟，中间两个阳爻是鸟的身体，两头四个阴爻是鸟的翅膀，因此卦辞以鸟为喻象，说飞鸟的遗音在空中回荡，不宜上，宜下，能这样做便大吉。为什么呢？因为鸟往上飞是找不到落脚点的，往下飞才可能找得到栖息地。这里提醒人们，不应好高骛远，而应脚踏实地。

【译文】

小过卦　亨通，利于正道。可以做小事，不可以做大事。飞鸟遗留的声音，不宜在上，宜在下，大为吉祥。

《彖》曰：小过，小者过而亨也。过以利贞，与时行也。柔得中，是以小事吉也。刚失位而不中，是以"不可大事"也。有飞鸟之象焉，"飞鸟遗之音，不宜上，宜下，大吉"，上逆而下顺也。

《彖辞》说，小过，是说小事物因过越而亨通。过越必须利于守持正道，与时势发展相一致。也就是说应当顺理而合时。为什么卦辞说小过"可小事，不可大事"呢？《彖辞》从爻位的角度对此进行了解析，它说小事吉利，是由于"柔得中"，即六五、六二分处上、下卦的中位；"不可大事"，则是由于"刚失位而不中"。"刚失位"是说九四以阳爻居阴位，"不中"是说九三、九四不在上下卦的中位。这象征才力强的人却没有适当的地位，也不懂得秉持正确的原则。上文已说过，小过卦形似飞鸟，故《彖辞》说它"有飞鸟之象焉"。对卦辞为什么认为"飞鸟遗之音，不宜上，宜下，大吉"，《彖辞》的答案是"上逆而下顺"。在本卦中，居上卦中位的六五以柔凌刚，压着九四，是"上逆"；居下卦中位的六二却以阴承阳，扶助九三，是"下顺"。

【译文】

《彖辞》说，小过，小事物过越而亨通。过越以利于正道，顺时势而行动。阴柔居中位，因此小事吉利。阳刚失其位且不居中，因此"不可大事"。此卦有飞鸟的样貌，故说"飞鸟遗之音，不宜上，宜下，大吉"，卦象反映上面违逆，下面和顺。

《象》曰：山上有雷，小过。君子以行过乎恭，丧过乎哀，用过乎俭。

小过卦下艮为山、上震为雷，因此说"山上有雷"是小过卦之象。山上打雷，会在山谷引起回声，使响声变大。君子受到此卦象的启发，有意使自己的某些行为有过越而正俗弊。"行过乎恭"针对的是行为不恭，"丧过乎哀"针对的是丧哀不足，"用过乎俭"针对的是用度奢侈。《象辞》所举的三例都是慈惠行为，与卦辞所说的"可小事"与"宜下"相合拍。

【译文】

《象辞》说，山岭上面有雷响，便是小过卦之象。君子因而行止过于谦恭，治丧过于哀伤，用度过于节俭。

初六 飞鸟以凶。

《象》曰："飞鸟以凶"，不可如何也。

小过卦形似鸟，而初六为翼，因此爻辞以鸟为喻象。"飞鸟以凶"，是说在天空中飞行的鸟有凶险。有凶，是因为初六不懂高飞易于招祸、低飞能够化险的道理。初六当小过之始，以柔履阳，居位不正，本不宜上，可是却因为与九四有应而逆势上翔，这样一来就使自己失去了立足之地。好高骛远，难免有危险。

《象辞》是说对不懂安下、唯知应上的初六无可奈何。

【译文】

初六 飞鸟有凶险。

《象辞》说，"飞鸟以凶"，无可奈何。

六二 过其祖，遇其妣，不及其君，遇其臣，无咎。

《象》曰："不及其君"，臣不可过也。

有一个成语叫"过犹不及"。对六二而言，过者为其祖，遇者为其妣。"祖"是祖父，在这里指比六二高两个层级的九四；"妣"是指祖母和祖母辈以上的女性，在这里指比九四还高一个层级的六五。六二越过九四而与六五遇，故有此说。对六二而言，不及者为其君，"君"就是在本卦中没有出现的九五。按照爻位说，二、五为应爻，但阳爻九五缺席，阴爻六二便失去了应合的对象，因此说"不及"。六二遇到的不是九五而是六五，所以说"遇其臣"。无论是过还是不及，均无咎，因为六二柔顺中正，能把问题处理得合乎分寸。

《象辞》把"不及其君"的"不及"理解为"比不上"，因而得出臣不可过于君的结论。

【译文】

六二 越过其祖父，遇到其祖母先辈，没有超越其君王，遇到其臣下，没有灾殃。

《象辞》说，"不及其君"，臣下不可以超过君王。

九三 弗过防之，从或戕之，凶。

《象》曰："从或戕之"，凶如何也！

"防之"与"戕之"的"之"，都是指九三的应爻上六。九三以刚履阳，为得正之象，且居下卦之上，表示刚直、自信的君子。而与其有应的上六以柔履阴，居一卦的终极之地，是典型的阴柔小人。因此爻辞警告，如果不对其防之又防，那就干脆尾随它，伺机将它杀了，总之局面凶险。"过防"指超过正常需要的防备，"戕"是杀害。《左传·宣公十八年》（公元前591年）说，本国之人杀君叫"弑"，他国之人杀君叫"戕"。前人把被杀者理解为九三，不合语意。

《象辞》说，跟随而至于加害，可见局面凶险到了什么程度！

【译文】

九三　不对它防之又防，就尾随它伺机将它杀了，凶险。

《象辞》说，"从或戕之"，可见凶险到了什么程度！

九四　无咎，弗过遇之。往厉必戒，勿用，永贞。

《象》曰："弗过遇之"，位不当也。"往厉必戒"，终不可长也。

"弗过遇之"的"之"是指初六，九四与它是应爻。说"弗过"，是因为九四刚履阴位，刚柔并济，并未过刚。断言"无咎"，是因为九四放低身段，以四应初，合乎"宜下"的原则。不过九四毕竟是失正之象，往前走就会有危险，因此爻辞告诫，只有"勿用"，方能"永贞"。"勿用"，意思是不显露自己的才华与功德。

因为九四刚履阴位，所以《象辞》说爻辞的"弗过遇之"，指九四居位不当。又说爻辞"往厉必戒"意味着好局面终究不可长久。

【译文】

九四　没有咎害，不过分刚强就与它相遇。走下去有危险，必须警惕，不施展才华，才能永守正固。

《象辞》说，"弗过遇之"，是说九四居位不当。"往厉必戒"，意味着好局面终究不可长久。

六五　密云不雨，自我西郊。公弋取彼在穴。

《象》曰："密云不雨"，已上也。

"密云不雨，自我西郊"与小畜卦的卦辞相同，不过意义有很大差别。小畜卦是说水气积聚的过程在西方尚未完成，最终密云会运化成雨；此处却说密云不会成雨。古人认为，云运化成雨须以阴阳和合为前提，六五虽居尊位，却与六二无应，因为它们都是阴爻。阴盛于上，无阳可交，是无法成雨的。爻辞提到"西郊"，是由于西是阴位。"公"指六五，公侯伯子男，公爵是臣之极，六五也是阴之极。"彼"是指六二。"弋"是用带丝绳的箭来射。"穴"是阴处。六二是阴爻，因此说"取彼在穴"。因为六五与六二遇而无应，所以六五需要用强制手段让六二出来辅佐自己。

《象辞》说，"密云不雨"，是因为阴已居上，不得阳和。这是针对六五所处的位置提出的结论。

【译文】

六五　阴云密布但没有下雨，从我们西方的郊野而来。王公用绳箭从洞穴中获取它。

《象辞》说，"密云不雨"，是因为阴已居上。

上六　弗遇过之，飞鸟离之，凶，是谓灾眚。

《象》曰:"弗遇过之"，已亢也。

上六与九三是应爻，但它居小过之终，阴处穷高，过越至极，便不再应合下阳，而是像飞鸟一般冲天而去。有人把"离"读为"罹"，把"飞鸟离之"理解为正飞着的鸟落网或被射杀。鸟这么亢极穷高地飞翔，的确凶险，容易招来灾眚。上六与初六以阴爻分居卦体的两端，相当于鸟翼，因此爻辞再以飞鸟设喻。

《象辞》指出，"弗遇过之"局面的出现，说明上六已处于极亢状态。

【译文】

上六　没有相遇就越过了它，像飞鸟一般冲天而去，凶险啊，这就叫作灾祸。

《象辞》说，"弗遇过之"，已处于亢奋状态。

既济卦第六十三

 离下坎上

《序卦》说:"有过物者必济,故受之以既济。"

既济卦离下坎上,是"火水相交"之象,象征事已完成。

"济"是渡河,"既济"就是渡过了河。河既已渡,目标就实现了。本卦被定名为"既济",可从以下角度来认识:从上下卦的关系看,本卦上坎为水,下离为火,水阴润下,火阳炎上,水能被火煮热乃至烧开。从六爻的关系来看,本卦各爻皆当位,阴阳俱有应,上下之间存在交感。从主爻的关系来看,本卦上下两个主爻九五与六二均居中得正,且能相互应援。这些有利因素集合在一起,就成了事情成功的基础。不过,本卦也有不理想的地方,那就是三阴俱凌阳。因此卦辞吉与不吉并言,爻辞也含有警示意义。"既济"意味着局面向好,但物极必反,好局面容易变坏,因此人们必须慎终知始,居安思危,治不忘乱。

既济 亨小,利贞。初吉,终乱。

有些书把前一句读为"亨,小利贞",但从下面《彖辞》的解释来看,把其读为"亨小,利贞"更为恰当。"亨小"就是"小亨",小指阴柔。《周易正义》解释:"既万事皆济,若小者不通,则有所未济,……小者尚亨,何况于大?""利贞"一语,是肯定"既济"的作用。"初吉终乱"提醒人们要有忧患意识,应当明白如果不能在获吉之初进德修业,局势便有可能出现危乱。"初吉"说的是既成事实,"终乱"讲的是发展趋势。

【译文】

既济卦 小者亦能亨通,利于正道。其初吉利,最终危乱。

《象》曰:既济,亨,小者,亨也。"利贞",刚柔正而位当也。"初吉",柔得中也。终止则乱,其道穷也。

《彖辞》解释卦辞。在《周易》中，"小"指阴的方面，"大"指阳的方面；"小者亨"便是阴柔亨。对"利贞"，《彖辞》从爻位的角度做了分析：本卦六爻皆在正位，刚柔各得其所。"初吉"因为"柔得中"，"柔得中"指六二居中位。"既济"象征事成，事成容易止步，止步就会僵化，僵化便失活力，因此，《彖辞》说"终止则乱，其道穷也"。

【译文】

《彖辞》说，既济之亨，就是阴柔之亨。"利贞"，是由于阴爻阳爻都居位正当。"初吉"，是因为柔爻居下卦的中位。停止不前就会生乱，它的路就走到尽头了。

《象》曰：水在火上，既济。君子以思患而豫防之。

既济卦上坎为水、下离为火，故《象辞》说"水在火上"是既济卦之象。水在火上，火有可能把水烧开，但水也有可能把火浇灭，因此，君子从此卦象中感悟了祸患是有可能产生的，必先采取防范措施的道理。

【译文】

《象辞》说，水在火之上，就是既济卦。君子据卦象所示，而感悟到祸患可能产生，故预先防范。

初九　曳其轮，濡其尾，无咎。

《象》曰："曳其轮"，义无咎也。

初九刚而居下，上应六四，而它本身又是离体的一部分，因此冒险轻进，但如果在既济之后仍进志不减，就有可能会发生问题。正所谓"守骏莫如跛"，在这个时候，有必要采取某些措施来阻止其行动。"曳其轮"与"濡其尾"都是扼制其冒险轻进的手段。"曳其轮"是拖着车轮，目的是使车辆减速；"濡其尾"是弄湿尾巴，目的是使动物不能速济。未济卦卦辞有"小狐汔济，濡其尾"之语，可知这里提到的动物是只小狐。古人传说，狐狸在游泳过河时会翘着尾巴以防沾水，因为其尾巴一旦弄湿，就游不动了。但也有人认为"尾"是指拉车的牛马之尾。

《象辞》说，"曳其轮"使初九的行动受制，从道理上来说就不会发生什么问题了。

【译文】

初九　拽着车的轮子，弄湿动物的尾巴，没有咎害。

《象辞》说，"曳其轮"，在道理上没有咎害。

六二　妇丧其茀，勿逐，七日得。

《象》曰："七日得"，以中道也。

六二是阴爻，因此以"妇"为言。"茀"也写作"髴"，是古代妇女的首饰。六二柔履阴位，又处在离体中，不仅有文明中正之德，而且上与九五相呼应，无论怎样看都是春风得意之象，怎么还会发生"丧茀"这样的倒霉事呢？原来，"既济"之后，已功成名就的九五就不思进取了，这样下贤便失去了用武之地。人怀才不遇，正像丢失了可显芳华的首饰。不过，一个文明中正之人，没有终身被忽视之理，因此，爻辞说对所失之物不必刻意寻找，顺其自然，到第七日便会失而复得。所以为七日，是因为爻有六位，至七乃变。

《象辞》说，七日失而复得，原因在于六二居中得正，能行中道。

【译文】

六二　妇女丢失了她的饰物，不用专门寻找，到第七日便会失而复得。

《象辞》说，"七日得"，因为能行中道。

九三　高宗伐鬼方，三年克之。小人勿用。

《象》曰："三年克之"，惫也。

据学者考证，《易经》中的某些筮辞所讲的是真实的历史，此条便是。高宗是商朝第二十三位帝王武丁的庙号，他是殷商的中兴之主；鬼方是西北的古国，属獫狁部落的组成部分。九三阳履阳位，性格刚亢，因此爻辞以高宗发动的战事为其喻象。既济而用刚，是为了清除余患。不过战争打得很艰苦，高宗以"盛天子"征讨小蛮夷，居然三年才获胜，可见克敌之难。战事不顺的原因之一是用人不当，因此"小人勿用"成为此战事的教训。

《象辞》说，仗打了三年才战胜敌人，目标虽然达到了，但将士也疲惫不堪了。

【译文】

九三　殷高宗讨伐鬼方国，花了三年才将它打败。小人不可任用。

《象辞》说，"三年克之"，将士疲惫不堪。

六四　繻有衣袽，终日戒。

《象》曰："终日戒"，有所疑也。

六四在卦中居坎体，因此爻辞以行舟为喻象。"繻"应当是"濡"的错别字，在这里指罅漏；"袽"是败絮。行舟济水，最需要的是防漏，准备好堵漏的破布，并整日保持警惕，是很有必要的。六四以柔履阴，不敢犯险冒进，故有此言。有人认为

"繻"是美服，"繻有衣袽"指锦衣出现了破敝。

《象辞》说，"既济"之后尚终日保持戒备，是由于对守成有所不放心。

【译文】

六四　船渗水有破衣絮堵塞漏洞，整日保持警戒。

《象辞》说，"终日戒"，是因为有所疑惧。

九五　东邻杀牛，不如西邻之禴祭，实受其福。

《象》曰："东邻杀牛"，不如西邻之时也。"实受其福"，吉大来也。

九五处在尊位，因此其爻辞讨论的是君王的活动。东邻、西邻分别指商纣王与西伯，在爻象上以九五和六二为代表。东邻杀牛不是想吃牛肉，而是为了在祭祀中能有太牢之献。相比于殷商，西邻的祭祀就寒酸得多，它举行的是"禴祭"——一种从祭品到程序都简化了的薄祭。然而祭祀效果东不如西，西邻——西伯获得了天帝实实在在的赐福与护佑。

《象辞》认为，祭祀的效果不单纯由祭品决定，更重要的是要看合不合时宜。东邻的巅峰状态将过，因此，以太牢献祭也比不过正处在上升状态的西邻的薄祭，（后者的）吉祥会不断来临。

【译文】

九五　东边邻居杀牛盛祭，比不上西边邻居的薄祭，实实在在地收获福泽。

《象辞》说，"东邻杀牛"，比不上西邻合时宜的薄祭。"实受其福"，（后者的）吉祥源源不绝。

上六　濡其首，厉。

《象》曰："濡其首，厉"，何可久也？

如果把初九看作狐之尾的话，那么上六就是狐之首。上六是既济之极，且在险体之上，故有"濡其首"的说法。"濡其首"就是将头浸在水里，这种局面是危险的。

头浸到水里，凶多吉少。因此《象辞》说：这怎么可能长久呢？

【译文】

上六　水浸湿了它的头，危险。

《象辞》说，"濡其首，厉"，怎么可能长久呢？

未济卦第六十四

 坎下离上

《序卦》说："物不可穷也，故受之以未济，终焉。"

未济卦坎下离上，是"水火不交"之象，象征事未完成。

未济卦既是既济卦的综卦，也是既济卦的错卦，卦象颠倒，六爻相反。其卦体是火在水上，表示阴阳乖离，上下无感；而六爻所履，亦均不当位。因此卦义与既济卦完全相反。因为是正反卦，所以未济卦与既济卦的卦爻辞存在着某些联系，有的词句甚至完全相同，但是寓意却相反。既济卦体现"初吉终乱"之旨，未济卦则体现"初乱终吉"之旨。"未济"本来有消极之义，但是爻辞却从积极的方面阐述了"可济"之理，给人以深刻的启发。

未济卦是六十四卦的最后一卦。作者把此卦放在此处，有其深意在。这是想提醒人们：事物发展是一个无休止的过程，变化始终在进行中；旧的矛盾解决了，新的矛盾又会产生；一个事情的结束，是另一个事情的开始。

未济 亨。小狐汔济，濡其尾，无攸利。

未济卦六爻皆不当位，但是上下各爻全部有应，这就为从"未济"到"可济"创造了条件，从而成为"亨"的根据。继续不懈努力，必可达到目标。下文以小狐渡河为喻象述说"未济"之义。小狐在渡河将成功时被水打湿了翘起来的尾巴，尾巴弄湿了，游泳就变得吃力起来，故"无攸利"。"汔"同"迄"，是将要的意思。"濡"是弄湿。

【译文】

未济卦 亨通。小狐狸将渡过河，水弄湿了尾巴，没那么顺利。

《彖》曰：未济，亨，柔得中也。"小狐汔济"，未出中也。"濡其尾，无攸利"，不续终也。虽不当位，刚柔应也。

《彖辞》认为未济卦被定性为"亨"的原因在"柔得中"。"柔得中"指六五作

为上卦的中爻而处于离明的中心，因此有能力把局面导向光明。《彖辞》又说，"小狐汔济"，并没有脱离险境。道理很简单：狐既未上岸，就还处在危险中。"未出中"讲的是九二，它处于下坎中间，尚未脱离险境。《彖辞》又说，"濡其尾，无攸利"，这意味着小狐已无力实现济河的目标。最后一句，是说此卦三个刚爻全履阴位、三个柔爻全履阳位，它们虽然都不当位，但上下全都有应。"不当位"是未济的原因，"刚柔应"成为可济的条件。

【译文】

《彖辞》说，未济，亨通，因为阴爻居中位。"小狐汔济"，毕竟身还在坎险中。"濡其尾，无攸利"，意味着不能完成渡河了。六爻虽然都不在合适位置，但是阴阳全部有应。

《象》曰：火在水上，未济。君子以慎辨物居方。

未济卦上卦为离，下卦为坎，因此说"火在水上"是未济卦之象。火在水上，说明上下错位、阴阳乖离。君子从这个卦象中感悟到了通过审慎辨别事物，使其居于正位的重要性。这是通过卦象来解释"未济"的原因，要求审慎分析事物，以达至既济。

【译文】

《象辞》说，火在水之上，就是未济卦之象。君子因而审慎辨别物品，使其居于适当的位置。

初六　濡其尾，吝。
《象》曰："濡其尾"，亦不知极也。

初六以卦辞所提到的"小狐"为喻象。它是失位的阴爻，居坎险之下，为未济之初，本应谨慎行动，可是它仗着与九四有应，偏鲁莽涉水，结果弄湿了上翘的尾巴，这样就不能成济，故"吝"。既济卦初九也有"濡其尾"之语，断占之辞是"无咎"，这里却说"吝"。同一件事，结论相反，因为主客观条件不一样：既济卦阴阳得位，未济卦阴阳失位；既济卦代表已成之时，未济卦代表未成之时；既济卦初爻居离火之下，未济卦初爻处坎险之始。

《象辞》说狐"濡其尾"，是因为其不知道自己能力的极限。有人把"极"理解为"中"，认为"亦不知极也"是说不在中位，不恰当。

【译文】

初六　弄湿了它的尾巴，行动困难。

《象辞》说，"濡其尾"，也太不自量力了。

九二　曳其轮，贞吉。

《象》曰：九二贞吉，中以行正也。

九二是刚中之爻，与柔中的六五有应，在下卦各爻中条件最好，因此在未济中求济的动力最为旺盛。不过它处于坎险的中心，尚不宜大用，行动必须谨慎。"曳其轮"就是刹车，这样做正是为了使它不至于冒险轻进，能这样做，才中正吉祥。既济卦"曳其轮"只是"无咎"，未济卦"曳其轮"却得"吉"，这是为什么呢？首先是因为时机不同，一个在已成之时，一个在未成之时；其次是因为位置不同，一个以阴居下，一个以阳得中。

按照《周易》的爻位理论，在吉的层次上，"中"高于"正"，因此《象辞》说九二可以中以行正。

【译文】

九二　牵着车轮，正固吉祥。

《象辞》说，九二贞吉，来自于以中行正。

六三　未济，征凶，利涉大川。

《象》曰："未济，征凶"，位不当也。

六三是不中不正的柔爻，力量本来就有限，而且陷于坎险之中，在未济之时如果贸然躁进，那是很危险的，所以说"征凶"。"征凶"与"利涉大川"相矛盾，《周易本义》怀疑在"利涉大川"的前面脱了一个"不"字，此推断有道理。不过，也有人认为六三居于下坎之上，且与上九有应，是越过坎水之象，故说"利涉大川"。

《象辞》认为六三"未济，征凶"，问题出在居位不当上。本卦六爻居位都不当，特举六三，是由于它材质柔弱且陷于坎险。

【译文】

六三　未渡过河，行进凶险，利于涉越大江大河。

《象辞》说，"未济，征凶"，因为居位不当。

九四　贞吉，悔亡。震用伐鬼方，三年有赏于大国。

《象》曰："贞吉，悔亡"，志行也。

九四是失位之爻，本当有悔，爻辞却说"悔亡"，为什么呢？因为九四已脱离坎险，且与初六有应，故能雄起于时，趋正得吉。它以阳刚之质居大臣之位，有辅佐君主平定天下的责任与力量。下文即以殷商时真实发生的历史事件为喻象。"震"是副词，可理解为以雷霆万钧之势，"鬼方"是西北的古国。据历史学家考证，征伐鬼方者是周武王的祖父季历。这场仗打得很艰苦，花了三年时间才取得胜利。征战结束后，季历从他所效劳的"大国"——殷那里获得了赏赐。既济卦与未济卦都有讨伐异族的内容，因为"济"有襄助天下之义。

《象辞》认为，"贞吉，悔亡"是志向使然。

【译文】

九四　正固吉祥，悔恨消失。以雷霆万钧之势讨伐鬼方，三年后获得了大国的赏赐。

《象辞》说，"贞吉，悔亡"，表明志向获得了实现。

六五　贞吉，无悔。君子之光，有孚吉。

《象》曰："君子之光"，其晖吉也。

六五是上离的中爻，为文明之主。它在君位而不称"君"，是因为以柔履阳，居位不正。居位不正通常都有悔，为什么爻辞却说它"贞吉，无悔"？可从两个方面去理解：第一，六五是中爻，如九二的《象辞》所言，能"中以行正"。第二，六五代表谙熟中庸之道的君子，他在尊位听政，辅助帝王，在政治上具有正当性与合法性。爻辞颂扬"君子之光"，因为六五处在离卦的中心；说它"有孚吉"，则是因为它下应九二，能获得民众信任。

《象辞》中的"晖"同"辉"，指太阳的光芒。在未济之中有"君子之光"在闪耀，《象辞》认为这与离卦象征光明有关。

【译文】

六五　正固吉祥，没有悔恨。君子的光辉，是因为获得信任而吉祥。

《象辞》说，"君子之光"，它的光辉是吉祥的。

上九　有孚于饮酒，无咎。濡其首，有孚失是。

《象》曰：饮酒濡首，亦不知节也。

"有孚于饮酒"意思是一门心思放在喝酒上，像中孚卦九二所言："我有好爵，吾与尔靡之。"未济意味着事尚未完成，但未济并不意味着不能济或不可济。按照辩证法，物极必反，事物发展达到终点后就会走向其对立面。上九作为未济卦的极上之爻，正是由"未济"到"济"的临界线。在这个时候不能急，应当听诸自然，等候变化发生。能"有孚于饮酒"，说明乐天知命，故无咎。不过，爻辞也提醒，不应酗酒。如果喝得头都被酒沾湿了，那就过了。结句的"有孚"是说醉心于酒，"失是"的"是"指"正"。在最后一爻说这样的话，可见经文设诫之深。

《象辞》指出，如果酒喝到连头都弄湿的地步，那就说明酗酒，实在是不知节制。

【译文】

上九　把心思放在喝酒上，没有灾殃。弄湿了头，会因酗酒而失正。

《象辞》说，因喝酒而弄湿头，也太不知节制了。

系辞上

第一章

天尊地卑，乾坤定矣。卑高以陈，贵贱位矣。动静有常，刚柔断矣。方以类聚，物以群分，吉凶生矣。在天成象，在地成形，变化见矣。

天地产生万物，天地的法则就是万物的法则，因此，《周易》阐述自然万物之理是以"天"与"地"的关系为根据的：天高而尊，地低而卑。天地的关系一经确立，自然万物中什么是高、什么是卑、什么是贵、什么是贱，就都可以分辨清楚了。"位"在此处作动词用，意思是各居其位。"动静有常，刚柔断矣"，"动"是乾的属性，"静"是坤的属性，"有常"是说有特定的规律。"断"不是折断，而是断定、分清楚。《说卦》说："立天之道，曰阴与阳；立地之道，曰柔与刚。"刚柔断就是阴阳断。古人有"刚日读经，柔日读史"之说，"刚日"便是阳日，即奇数日；"柔日"便是阴日，即偶数日。"刚日读经"，就是要在阳气旺盛的日子接受古圣的教诲，从而使自己心平气和；"柔日读史"，则是要在阴气沉重的日子回顾过往波澜壮阔的历史，以驱除沉闷，激发奋斗精神。对"方以类聚"的"方"，诸家各有异说，高亨《周易大传今注》说"当作人"。"方以类聚，物以群分"，"类聚""群分"后，不免产生不同的利益集团，就会有矛盾分歧产生，引发治乱纷争，于是"吉凶生矣"。天上有日月星辰的运动，有昼夜四时、晴雨寒暑的变化，因此说"在天成象"；地上存在山冈河流、陆地海洋、动物植物等各具形态的事物，因此说"在地成形"。这里是用天之象与地之形来说明阴阳变化。

"天尊地卑"，是古人浓厚而根深蒂固的观念。阴阳相对，但二者并不是完全平等的；阳为主、阴为辅，阳为君、阴为臣，阳为主宰、阴为从属。阳尊阴卑的观念，反映在国家政治上，是君为臣纲；反映在家庭生活中，是夫为妻纲。

【译文】

天尊高而地卑低，乾坤的关系就确定下来了。尊高卑低展示在那里，贵与贱就各居其位了。运动与静止有特定的规律，阳刚与阴柔就判然分明了。人以类别相聚合，物以群体相区分，吉利与凶险就随之产生了。上升于天的成为物象，下凝于地的成为形体，事物千变万化的情状就显现出来了。

是故刚柔相摩，八卦相荡，鼓之以雷霆，润之以风雨，日月运行，一寒一暑。乾道成男，坤道成女。乾知大始，坤作成物。

"摩"就是摩切、摩擦，阴阳两种力量总是处在交互对立的状态中。"荡"是指"推移""变动"，八卦有四组，乾对坤，兑对巽，震对艮，离对坎，它们阴阳相对，相互激荡，交相移位，就产生了变化。"鼓之以雷霆"的"鼓"，是说雷电激发。雷霆鼓动，风雨润泽，日月运行，寒暑交替，都是自然现象。讲完天道、地道，《系辞》又讲人道。在人文的意义上，乾坤分别代表男女。古人认为，男子蕴含的是乾之气，女子蕴含的是坤之气，所以说"乾道成男""坤道成女"。天地男女在《周易》中都是一理。"知"是"掌管"的意思，古代有"知府""知州""知县"。"大"读为"太"，是最的意思。乾是创造万物的本始力量，因此说"乾知大始"；坤是创造万物的配合力量，其作用是使生命得以成形，因此说"坤作成物"。注意，在生命来源的问题上，《周易》所持的是无神论的观点，并没有宗教的内核。

【译文】

因此，阳刚与阴柔交相摩擦，八卦相互荡激，用雷霆去鼓动万物，以风雨来润泽天地，日月交替运转，寒暑循环相接。乾的属性生成男，坤的属性生成女。乾掌握万物生命的开端，坤使化育万物得以完成。

乾以易知，坤以简能。易则易知，简则易从。易知则有亲，易从则有功。有亲则可久，有功则可大。可久则贤人之德，可大则贤人之业。易简，而天下之理得矣。天下之理得，而成位乎其中矣。

"天行健"，乾健而动，动就产生变化，"易"是变化，"知"读为"智"。"地势坤"，坤顺而静，它随乾运动而运动，以最不需繁劳的方式发挥其配合功能，因此说"简能"。"易则易知"的"知"不读为"智"，而读为"知道"的"知"。"易则易知，简则易从"，其中的两个"易"，意思都是容易。变化就容易理解，简单就容易遵从。"易知则有亲，易从则有功"，"易知"则同心者多，"易从"则协力者众。容易被人理解的事物才能吸引人，容易让人遵从的做法才会有成效。"有亲则可久，有功则可大"，朱熹说："有亲则一于内，故可久；有功则兼于外，故可大。""可久则贤人之德，可大则贤人之业"等语容易理解。需要注意的是，"贤人"比"圣人"低。"易简"，是变化与简约的并列。"成位乎其中"的"成位"，是使地位确立。"其中"指宇宙。这是在总结易简之道。

本章总叙乾坤的大义，要求人们从根本上掌握宇宙的真理。

【译文】

乾以变化为智慧，坤以简约为能事。变化则容易理解，简约则容易遵从。容易理解就可以亲近，容易遵从就有功效。可亲近就能长久，有功效就会光大。能长久方为贤人的德行，可光大才是贤人的业绩。做到了变化与简约，天下的道理就掌握了。天下的道理掌握了，就可以确立地位于宇宙之中了。

第二章

圣人设卦观象，系辞焉而明吉凶。刚柔相推而生变化，是故吉凶者，失得之象也。悔吝者，忧虞之象也。变化者，进退之象也。刚柔者，昼夜之象也。六爻之动，三极之道也。

"圣人"是指具有非凡的智慧、道德、成就、功业的老祖宗，在此处特指伏羲、文王和周公，因为传说卦象与筮辞是他们创设的。他们这样做，目的是要通过这些抽象的符号让人们窥见自然、社会和人生的奥秘。"设卦观象"，是说创设卦体、观察卦象。"系辞焉"是说在卦爻之后写上一些话，这些话就是卦辞与爻辞，它们是用来指示吉凶的。在《易经》中，断占之辞不少，但判断根本得失者，只有"吉""凶"二字。"元""亨""利""贞"是吉的形式，"悔""吝""忧""虞""厉""咎"是凶的程度。"刚柔相推而生变化"是《周易》的一个重要命题。阳爻为刚，阴爻为柔，它们像打太极的推手一般相互推移，相互影响，由阳变阴，由阴变阳。《系辞》以阴阳矛盾来说明一切事物运动变化的原因。从"是故"以下，给什么是"吉凶""悔吝""变化"提供了答案，它说吉凶是失得之象，悔吝是忧虞之象，变化是进退之象，刚柔是昼夜之象。卦以六爻分别象征天道、地道、人道，因此说"六爻之动，三极之道也"。"极"是至高的意思。"三极"，指天、地、人。

【译文】

圣人造出卦来观察其象，以在卦爻下面挂系文辞的办法来讲清楚事物的吉凶。阳刚阴柔的相互作用会产生变化，所以筮辞中的"吉"和"凶"，是"得""失"之象；筮辞中的"悔"和"吝"，是有所忧虑惊惧之象；诸卦中所反映的变化，是权衡进退之象；阳爻与阴爻，是白天黑夜之象。一卦六爻的变动，体现了天道、地道、人道至高的道理。

是故君子所居而安者，《易》之序也；所乐而玩者，爻之辞也。是故君子居则观其象而玩其辞，动则观其变而玩其占。是以"自天佑之，吉无不利"。

君子是指有学问又有道德的人。君子生活闲淡安定，是由于懂得并遵从《易经》的事理次第，能够恪守本位。"居"是处，"安"是心安。"《易》之序"，本是指六爻的位序，比如居于乾卦的初九便安在"勿用"，居于乾卦的九三便安在"乾乾"。"所乐而玩者"，就是最喜欢揣摩、玩味并乐在其中的。揣摩、玩味什么？爻辞。为什么要揣摩、玩味爻辞？因为它们内涵丰富而意义微妙，非细细揣摩不能理解。在这里，《系辞》既强调了习易的好处，也指出了学易的方法。君子能做到"居则观其象而玩其辞，动则观其变而玩其占"，待在家里时注意观察卦爻象而玩味其文辞，有行动时则筮上一卦，然后观察卦爻的变化而玩味占筮的结果，就可实现"自天佑之，吉无不利"。"自天佑之，吉无不利"是大有卦上九的爻辞，意思是获得上天护佑，十分吉祥，无所不利。

【译文】

因此君子安定祥和地居处，符合《易经》的事理次第；君子乐意玩味的，是精微深奥的卦爻辞。因此君子平时待在家里，就应注意观察卦象而体会其文辞；而其有所行动时，则应注意观察卦爻变化而玩味其占筮结果。因此有"来自于天的护佑，吉祥而无所不利"。

第三章

象者，言乎象者也。爻者，言乎变者也。吉凶者，言乎其失得也。悔吝者，言乎其小疵也。无咎者，善补过也。是故列贵贱者存乎位，齐小大者存乎卦，辩吉凶者存乎辞，忧悔吝者存乎介，震无咎者存乎悔。是故卦有小大，辞有险易。辞也者，各指其所之。

"象"指卦辞，不是指《象辞》。象是古代传说中的一种动物，据说它牙齿很硬，连铁都可以咬断，"象"意思是"断"。"爻"指爻辞，不是指爻画。卦辞是对整个卦象的总说，因此说"象者，言乎象者也"。爻是分说一爻的阴阳变化的，因此说"爻者，言乎变者也"。从"吉凶者"以下至"善补过也"，说的是断占的通例。"吉凶""悔吝""无咎"都是《易经》常用的断占之辞。"吉凶"讲事情的根本局面，反映的是得失之理；"悔吝"表明有问题但问题不大，属于小毛病；"无咎"并不是说没有问题，而是说出了问题能补救。"列贵贱者存乎位"的"位"是指爻位。一卦六爻，由初至上，贵贱有别，尊卑不同。"齐小大者存乎卦"，"齐"犹言"排定"。卦分阴阳，按《伏羲八卦》，乾、兑、离、震为阳卦，巽、坎、艮、坤为阴卦，阳卦为大，阴卦为小。而根据"乾坤六子"的理论，乾卦为"父"，震卦、坎卦、艮卦分别为"长男""中男""少男"；坤卦为"母"，兑卦、离卦、巽卦分别为"长女""中女""少女"。重卦的阳卦、阴卦各三十二。阳象君，象男，因此阳卦为大；阴象臣，象女，因此阴卦为小。"辩吉凶者存乎辞"，"辩"通"辨"，"辞"指卦辞与爻辞。"忧悔吝者存乎介"，"介"是"纤介"的意思，即细微之处、毫端。此话是照应前文的"悔吝者，言乎其小疵也"。"震无咎者存乎悔"，"震"一般理解为"惧"，是说受了惊吓。"悔"是后悔，知悔而动补过之心便无咎。"卦有小大"，既是就卦的阴阳而言的，也是就卦所象征的事理而言的；"辞有险易"，则是就占断结果的有吉有凶、有好有坏而言的。"辞也者，各指其所之"的"之"是动词，意思是"往"或"至"。"各指其所之"，分别指向趋吉避凶之要。

【译文】

卦辞，是总说全卦的卦象意义的。爻辞，是分析各爻的变化情况的。吉和凶，反映的是事情的得和失。悔和吝，表明有小毛病。无咎，说明善于补救过失。所以排列贵贱体现在位置，排定小大体现在卦体，辨别吉凶体现在筮辞，担忧悔吝体现在细微之处，受惊而补过体现在后悔之心。因此卦有小与大之分，筮辞有凶险与平坦之分。筮辞，分别指向它所要指示的。

第四章

《易》与天地准，故能弥纶天地之道。仰以观于天文，俯以察于地理，是故知幽明之故。原始反终，故知死生之说。精气为物，游魂为变，是故知鬼神之情状。

《易经》被认为是"经典中的经典""学问中的学问""哲学中的哲学"，就在于它"与天地准"，"准"就是等同。下面的文字，都是围绕这个结论展开的。因为以天地的道理为道理，所以"能弥纶天地之道"。"弥"是画一个圆圈，"纶"是小丝带。"弥纶"有总括、包罗的意思。《易经》这么高明的著作为什么能产生？《系辞》做了解释："仰以观于天文，俯以察于地理，是故知幽明之故"。这里所说的"天文"与"地理"，与现代科学意义上的天文、地理稍有不同，"天文"是指带有星占意义的天象，"地理"是指带有堪舆意义的地形。两句话都省略了一个主语——圣人。"幽"是暗，"明"是亮，"幽明"的浅层意思指天之光与地之暗，深层意思指显明的事物与隐藏的事物。"原始"的意思是探究开头，"反终"意思是求证结果。"原"与"反"都是动词，"原"是推原于前，"反"是反求于后。因为探究了事物的开头，所以知它为什么生、怎么生；因为探究了事物的结果，所以知它为什么死、怎么死。在作者看来，生、死是始、终的两头，就像太阳每天上山、下山。圣人懂得精气凝聚便成为生物、游魂离开人体便变为阴鬼的道理，因此"知鬼神之情状"。"精气""游魂"都是古人观念中的东西，"精气"能凝聚而有实体，"游魂"会移动却没有实体。《周易》讨论阴阳变化，天地、幽明、死生、鬼神，都在其内。

【译文】

《易经》与天地相等同，所以能包涵天地间的道理。圣人抬头观望天文的情状，俯首观察地理形势，所以能够懂得事物幽隐与显明的缘故。圣人探究事物的开始，求索事物的结果，所以知道生死的规律。圣人明白精气附着于实体便成为灵物，游魂离开人体便变为鬼的道理，所以他能够弄清鬼神的情状。

与天地相似，故不违。知周乎万物而道济天下，故不过。旁行而不流，乐天知命，故不忧。安土敦乎仁，故能爱。

　　什么与天地相似？《系辞》没有说。有人理解为《易经》之道，其实应理解为圣人之德，因为下面的话所隐含的主语都是圣人。圣人是在道德功业的层面上达到了最高境界的人。圣人德合天地，故说"与天地相似"。"不违"是指不违反自然之道，能做到"宇宙在手，万法由心"。"知周乎万物"就是上懂天文，下知地理，中通人事。"知"字可读为"知道"的"知"，也可读为"智慧"的"智"。"知周乎万物"说明具有很高的学识修养，具备这样的水平，便可以用"道"来济助天下了。"不过"是说不会出现偏差。"旁行而不流"的"旁"，是"旁征博引"之"旁"，而不是有的人所理解的"左道旁门"之"旁"，"旁行"就是无所不做。"流"指流溢淫滥，"不流"就是不放纵。"乐天知命"是古人的一种生活态度，意思是乐于接受上天的安排而知道自己的命运，因为掌握了天理与命运，所以面对生活的各种困厄都能做到坦然承受、处之泰然。"安土"是说安于所居之地，热爱家乡。"安土重迁"是中国的一种文化观念，就算是在不毛之地出生的人，也会觉得自己的家乡好，不会轻易离开故土。"敦乎仁"是说"忠实于仁"。"敦"有"厚"或"实"的意思。通易者有"安土""敦仁"之德，故能泛爱天下。《系辞》这里提到了儒家广泛宣扬的仁爱论。

【译文】

　　圣人之德与天地之道相似，因此不违背天地之道。圣人之智慧能遍及万物而其道德匡济天下，因此不会出现偏差。他广泛推广自己的理念而不流于放纵淫滥，又乐天理知天命，因此处之泰然、无所忧虑。他安于所居之地而忠诚于仁的理念，因此能博爱万物。

　　范围天地之化而不过，曲成万物而不遗，通乎昼夜之道而知，故神无方而易无体。

　　《系辞》又说，《易》之道就像铁模铜范，能使天地化育不出差错，复杂地生成万物而没有任何遗漏，与日夜变化的道理相通而有智慧，因此"神无方而易无体"。句中没有主语，从文意上来看应该是说《易》之道。"范围"在这里用作动词，意思是使对象限定在特定的区域内。"过"是偏失。"曲成"是复杂委曲地生成，"曲"就是不直。中国文化不主张直来直去，连骂人都要绕个弯——"指桑骂槐"，《春秋》记史也用曲笔。"昼夜之道"就是阴阳之道，因为昼夜变化是最明显的阴阳变化。"知"读为"智"，之所以能做到智，是因为掌握了阴阳变化的规律。"神无方"是说奥妙的"神"没有特定的形态，"易无体"是说变化没有固定的体式，这是对前三句意旨的总结。

【译文】

限定天地的造化范围而使其恰到好处，复杂地生成万物而无所遗漏，与日夜变化的道理相通而充满智慧，因此神没有特定的形态，易理也没有固定的体式。

第五章

一阴一阳之谓道。继之者善也，成之者性也。仁者见之谓之仁，知者见之谓之知。百姓日用而不知，故君子之道鲜矣！

"一阴一阳之谓道"，是《系辞》提出的又一个重要命题。它阐明的是事物变化的根本原因，反映的是事物发展的必然性。在作者看来，宇宙间一切事物的变化，都是阴阳两种力量相互依存、相互影响、相互作用、相互斗争的结果，这是一个自然规律。"继之者善也"与"成之者性也"的"之"都是指"道"。"继"就是发挥。能发挥道的是善，善是美好的品德；使道成为道的是性，性指事物的属性。据说，儒家思孟学派提倡的"性善论"，就是从这里来的。"仁者见之谓之仁，知者见之谓之知"，四个"之"字所指都是"道"，"见仁见智"这个成语便出于此。人为什么对道"见仁见智"？原因就在于前文所说的"神无方而易无体"。仁者看了觉得道与仁爱相通，而智者看了觉得道与智慧相通，认识角度不同，见解自然不同。"百姓日用而不知，故君子之道鲜矣！""日用"与"不知"后面都有一个省略不用的"道"字。本来"道也者，不可须臾离也"，百姓为什么"日用而不知"？因为老百姓既没有心思去了解这个东西，也没有领会它的智慧。与百姓之不知"道"相对的，是君子的知"道"。"君子之道"是阳春白雪，因此曲高和寡。"鲜"是少的意思。作者在这里抬高了"君子"而贬低了"百姓"。有学者把"君子之道"的"道"译成道路，这是不对的。讲解中国文化，"道"是最难把握的概念之一。"道"有时是形而上的，有时又是形而下的，因此老子说"道可道，非常道"。

【译文】

一阴一阳的矛盾变化规律就叫作道。发挥道的是善，使道成为道的是性。仁慈厚道的人见了道便把它称为仁，聪明睿智的人见了道便把它称为智。老百姓日常生活中运用着道却茫然不知，因此懂君子之道的就更少了。

显诸仁，藏诸用，鼓万物而不与圣人同忧，盛德大业至矣哉。富有之谓大业，

日新之谓盛德。生生之谓易，成象之谓乾，效法之谓坤。极数知来之谓占，通变之谓事，阴阳不测之谓神。

"显诸仁，藏诸用"的主语也是上文所说的"道"。有人把"诸"解为"其"，其实"诸"是"之于"的合音。这句话是说，道通过仁爱显示出来，同时又隐含在各种功用中。"显"是由内而外的行为，"藏"则是自外而内的行为。"鼓万物而不与圣人同忧"的"鼓"是鼓动、催生的意思。为什么道催生出了万物却"不与圣人同忧"？因为天地化育万物的行为是纯出于无心的。换言之，它不自觉地就做出了这么伟大的事情来。而圣人毕竟是人，他运用道还会有某些顾虑，还有规划经营之忧，未能做到纯出自然。这句话暗示尽善至美的道高于圣人的思想境界。唯其如此，《系辞》称赞天地创造万物的"盛德大业"，说它"至矣哉"！什么是"盛德大业"？作者做了解释："富有之谓大业，日新之谓盛德。""富有"不是指阔气、有钱，而是说拥有万物。日新就是盛德，《大学》里就有"苟日新，日日新，又日新"之说。因此人不能老化了，要善于自我更新。下文分别对"易""乾""坤""占""事""神"等概念进行了定义。首先说"生生之谓易"，这是《系辞》提出的一个重要理论。外国的宗教站在死的一头看人生，中华文化却从生的角度去讨论死。"生生"就是孳生不息，不断繁衍。"成象之谓乾，效法之为坤"，"成象"是成天之象，"效法"是效地之法。因为《易经》是圣人"仰则观象于天，俯则观法于地"的产物，所以这么说。有人把"效法"理解为地道顺承于天道，亦可通。"极数知来之谓占"，"极数知来"意思是求得一卦之后进行预测，把数理发挥得淋漓尽致，因而贞知未来。"通变之谓事"，注意，"通变"与"变通"不一样！通变是在明白变通之理后主动去变；变通是应变，有被动的色彩。明白了变通的道理而采取相应的行动，事功就产生了。"阴阳不测之谓神"，这又是《系辞》提出的一个重要命题。这句话，本来是说在演蓍求卦时事先无法知道筮数（有"老阳""老阴""少阳""少阴"四种），《系辞》把它提升到了哲学层面去认识，使它与前文所说的"一阴一阳之谓道"共同成为中国古代辩证法的典型表述。"一阴一阳之谓道"旨在说明事物发展变化的必然性，"阴阳不测之谓神"旨在说明事物发展变化的偶然性。第四章有"神无方而易无体"一语，"无方""无体"就是"阴阳不测"。在《周易》中，"道""易""神"都讲变化，但侧重点各有不同："道"重在揭示变化的规律与原因，"易"重在反映变化的过程或状态，"神"重在强调变化的不确定性。

【译文】

道通过仁爱显示出来，同时又隐含在功用中，它催生万物却不像圣人那样存有忧患之心。它的盛德大业真是至高无上呀！广获富有叫作大业，日日更新叫作盛德。成长不息叫作易，成天之象叫作乾，法地之形叫作坤。穷极数理以预测未来叫作占，通达变化之理叫作事，阴阳不测叫作神。

第六章

夫《易》，广矣大矣，以言乎远则不御，以言乎迩则静而正，以言乎天地之间则备矣。

有人认为《周易》的"周"意思是"周普"，就是因为易道广大。易道广大体现在哪里？《系辞》进行了论证，说它"以言乎远则不御，以言乎迩则静而正，以言乎天地之间则备矣"。易道之远，远到什么程度？远到"不御"，即人控制不到，覆盖面无边无际、漫无止境。"迩"是近。"静"，《说文解字》说："静，审也。"近到什么程度？"静而正"，精审而纯正。讲到天地之间，那就是无所不包了。讲远近是从时间上说易道广大，讲天地是从空间上说易道广大。

【译文】

《易》道真是广大啊！说到远，它遥无止境；说到近，它精审而纯正；说到天地之间，它能涵盖一切事物。

夫乾，其静也专，其动也直，是以大生焉。夫坤，其静也翕，其动也辟，是以广生焉。广大配天地，变通配四时，阴阳之义配日月，易简之善配至德。

作者说乾"其静也专，其动也直，是以大生焉"。"专"就是专一。乾，静时静得专一，动时动得直截了当，因此，其伟大气质就形成了。"其静也专"的境界，就是老子所说的"致虚极，守静笃"。静到了极点，就阴极而阳生，走向反面。"其动也直"，动得一点也不拐弯抹角。坤呢，"其静也翕，其动也辟，是以广生焉"。"翕"是闭拢，"辟"是开张，就像花的闭合与开放。坤，静时静得很闭藏，动时动得很开张，于是其宽广的属性就产生了。为何"广大配天地"？因为乾大坤广，宇宙中论广大没有能超得过天地的。为何"变通配四时"？因为春暖夏热秋凉冬寒，春播夏种秋收冬藏，四季的时序是最明显的变通。为何"阴阳之义配日月"？因为《易经》所阐说的阴阳转换之理与日月更替的规律相一致，日月更替是阴阳转换的最好示范。最后一点有一些费解，为何"易简之善配至德"——"易简"的完美与至高无上的德行相匹配？因为"唯大英雄能真本色"，最伟大的往往是最平凡的，最高深的往往是最简单的。

【译文】

乾，静止时涵养专一，运动时直遂无阻，于是天的伟大气质就产生了。坤，静止时闭合收藏，运动时开张辟展，于是地的宽广属性就产生了。乾坤二卦，以它的广大属性与天地相匹配，以它的变通理论与四季相匹配，以它的阴阳之义与日月相匹配，以它易简原则的完美性与至德相匹配。

第七章

子曰："《易》其至矣乎！"夫《易》，圣人所以崇德而广业也。知崇礼卑，崇效天，卑法地。天地设位，而《易》行乎其中矣。成性存存，道义之门。

上文说到了易道之广、之大，这一章遂通过孔子之口赞叹"《易》其至矣乎"。"至"是到位的意思。什么到位？阐述真理到位。因为能"至"，所以圣人用《易经》作思想指导。"夫《易》，圣人所以崇德而广业也"，意思是说《易经》是圣人用来崇尚道德、开拓事业的根据。"崇德"是说崇尚道德，使修养日增；"广业"是说拓展事业，使成就日富。"知崇礼卑"，意思是智慧以崇高为贵，礼仪以谦卑为用，"知"读为"智"。崇高效法天，因为天最高；谦卑效法地，因为地最低。"天地设位，而《易》行乎其中矣"，"设"就是确定，设位就是确定上下尊卑。上下尊卑一经确定，宇宙间的种种关系也就确定了。这里的说法，与第一章所说"卑高以陈，贵贱位矣"的道理相同。因为天地之道等同于《易经》之道，所以说"天地设位，而《易》行乎其中矣"。"成性存存，道义之门"，主语是《易》道。"成性"是使万物成就其属性，"存存"是存其所当存。明白了这个道理，就算是找到了道义的门户。

【译文】

孔子说："《易经》之道真是尽善尽美了呀！"《易经》是圣人用来崇尚道德、开拓事业的。智慧贵在崇高，而礼仪贵在谦卑，崇高要效法至高无上的天，谦卑应效法广袤无垠的地。天地设立了尊卑的位置，《易经》之理便化行在其中了。成就万物的属性，存其所应当存，这就找到了道义的门户。

第八章

圣人有以见天下之赜，而拟诸其形容，象其物宜，是故谓之象。圣人有以见天下之动，而观其会通，以行其典礼，系辞焉以断其吉凶，是故谓之爻。言天下之至赜而不可恶也；言天下之至动而不可乱也。拟之而后言，议之而后动，拟议以成其变化。

伏羲为什么要画八卦？周文王为什么要把八卦演为六十四卦并作卦辞？周公为什么要作爻辞？这一章解答了这些问题。圣人因为见到天下的事物十分复杂纷繁，所以才用卦来模拟事物的样子，赋予它们各具的意义（物宜），这些创设就是卦象。对"天下之赜"的"赜"的理解，学者们有很大的分歧，有人说是深奥玄秘，有人说是幽深难见，笔者认为是杂乱无章。"拟"是模仿。"诸"是"之于"的合音。圣人见到天下万物的运动变化，就观察它们的联系，然后举行必要的仪式，用附在卦象之下的文字来断占吉凶；这些被用于断占吉凶的笔画，便是爻象。"观其会通"的"会通"，就是会合贯通，即联系交往。"典"是常的意思，"礼"为礼仪，"典礼"就是常规的仪式。"系辞"与第二章所说的系辞相同，即把筮辞系于卦爻之下，目的是断定吉凶。圣人这样做，"言天下之至赜而不可恶也"，是想说明对天下最杂乱无章的事物都不应讨厌、鄙视，"言天下之至动而不可乱也"是想表明对天下最易变化的事物的认识不能够乖违易理。最后三句，是说《易经》的创作，是先模拟物象而后申明道理，先讨论物情而后确定变动，而通过模拟和讨论形成变化之理。

【译文】

圣人因为看到天下事物纷繁杂乱，于是用卦模拟其形态，象征其意义，所以称为象。圣人因为看到天下事物变动不息，于是就观察其交往，并举行常规的仪式，用附在爻象之下的文字来断占事物的吉凶，所以称为爻。对天下最杂乱无章的事物都不应该鄙视，对天下最易于变动的事物都不应该让其乖违易理。经过模拟物象然后申述道理，经过议论物情然后确定变动，经过模拟和议论然后形成《易经》的变化之理。

"鸣鹤在阴，其子和之。我有好爵，吾与尔靡之。"子曰："君子居其室，出其言善，则千里之外应之，况其迩者乎？居其室，出其言不善，则千里之外违之，况其

迩者乎？言出乎身，加乎民；行发乎迩，见乎远。言行，君子之枢机。枢机之发，荣辱之主也。言行，君子之所以动天地也，可不慎乎！"

从此处以下，《系辞》用七条爻辞来印证上面的理论。

"鸣鹤在阴，其子和之。我有好爵，吾与尔靡之。"这是中孚卦九二的爻辞，意思是："有鹤在林荫中鸣唱，它的同伴闻声相和。我有一爵好酒，我和你一起来分享吧。"鹤是瑞鸟，像龟一样被认为是长寿的动物，因此古代有"龟寿鹤年"之说。"鹤鸣在阴"，古人描述动物之声往往分类很细：鹤鸣、鸟叫、龙吟、虎啸、狮吼、猿啼、狗吠。鹤若是飞着叫，叫"唳"，例如"风声鹤唳""鹤唳九霄"。"阴"同"荫"，指树木的遮蔽处。有人说这只鸣鹤是母鹤，这没有道理，因为九二分明是阳爻！"爵"是酒具，在这里借指酒。"靡"是分享的意思。对"其子"之"子"，注家多释为小鹤，其实是同伴。下文中孔子玄秘其说，对爻辞做了离题颇远的发挥。他从正反两个两个角度，说明只有出善言，才会出现同声相应、同气相求的局面。"迩"（近）是"遐"（远）的反义词。"言出乎身"，是指言论出乎自身；"加乎民"，是说施及于百姓。"行发乎迩，见乎远"的"见"读为"现"。接着，他强调言行的重要性，要求君子审言慎行，他说："言行，君子之枢机。枢机之发，荣辱之主也。言行，君子之所以动天地也，可不慎乎！""枢机"是弩弓发射的关键部位，枢机一扣，箭就发射出去了，中与不中事关重大，马虎不得。

【译文】

"鸣鹤在阴，其子和之。我有好爵，吾与尔靡之。"孔子说："君子居于家中，讲出来的话是友善的，那么远在千里之外的人也会闻声相应，更何况近的呢。你若是居于家中，讲出来的话是不友善的，那么远在千里之外的人也会闻声违逆，更何况近的呢。言论出自自己，施及百姓；行动发自近处，表现于远处。因此言行是君子的枢机，枢机发动，是荣辱的关键。言行，是君子用以感动天地万物的，岂能不慎重呢！"

"同人，先号咷而后笑。"子曰："君子之道，或出或处，或默或语。二人同心，其利断金；同心之言，其臭如兰。"

"同人，先号咷而后笑"是同人卦九五的爻辞。"同人"在经中的原意是聚集众人和同于野。"号咷"就是嚎啕大哭。"先号咷而后笑"是一个吉象，世间很多事情都是让人先哭而后笑的，这种转变被称为"悲喜剧"。孔子引申说，正像"先号咷而后笑"反映了两种截然相反的情感状态一样，君子的生活哲学也有两种相反的状态——"或出或处，或默或语"。"出"，表面意思是离开家到外面活动，深层意思是出山、入世做官。"处"表面意思是待着不动，深层意思是退隐、独善其身，是"处江湖之远"的"处"。"或默或语"，"默"与"语"的问题，是该说还是不该说的问题。不该说的时候，十棍子打不出一个闷屁来；该说的时候，则滔滔不绝，一泻千里。"二人同心，其利断金"到后世已成为成语，意思是人与人同心，就无往而不胜。"利"是刀锋，"金"指金属。"同心之言，其臭如兰"的"臭"恰恰不是"臭"，而是"香"。这个字读为"嗅"，指气味。说"其臭如兰"，是说气味很香。意见一致的言论，会像兰花一般气味芬芳，让人感觉很舒服。

【译文】

"同人，先号咷而后笑。"孔子说："君子立身处世的原则是，有时出山进取，有时退隐安居；有时沉默寡言，有时畅所欲言。如果两个人是同一条心，其力量就犹如锋利的刀刃，可以截断金属；同心同德的言论，其气味就像兰花一般芬芳无比。"

"初六 藉用白茅，无咎。"子曰："苟错诸地而可矣，藉之用茅，何咎之有？慎之至也。夫茅之为物薄，而用可重也。慎斯术也以往，其无所失矣。"

"藉用白茅，无咎"是大过卦初六的爻辞，意思是把祭品放在白色的茅草上，没有过错。"藉"是动词，在这里作"衬垫"解。从前乡下人过节送礼，篮子里的食品常用干净的蕉叶或稻草垫着，这便是"藉"。"无咎"并不是完全没有问题，而是有了问题也能够解决。大过卦阳气过越，本不是好卦，但处置得当也可以由有问题变为无咎，这便是辩证法。为什么"藉用白茅"就无咎呢？孔子做了解释："苟错诸地而可矣"——本来祭品随随便便放在地上就可以了；"藉之用茅，何咎之有？慎之至也"——用白茅作衬垫，谨慎得不能再谨慎了，还会有什么过错？《释文》说"错"亦作"措"，"措"就是"放置"。孔子在这里讲述了一个道理："夫茅之为物薄，而用可重也。"茅草作为物品本不算什么，但其作用可以很重大。懂得了慎重之道，做事时小心、小心、再小心，慎重、慎重、再慎重，以这样的态度处事，以后就不会有什么过失了。

【译文】

"初六 用白茅铺垫着，没有过错。"孔子说："本来随随便便把祭品放在地上就可以了，如今用干净的茅草来衬垫，哪里还会有过错呢？这叫作慎之又慎了。茅草作为物品是不算什么的，但论到作用就很重大。慎守这种敬谨的原则而前行，就不会有什么过失了。"

"劳谦，君子有终，吉。"子曰："劳而不伐，有功而不德，厚之至也。语以其功下人者也。德言盛，礼言恭。谦也者，致恭以存其位者也。"

"劳谦，君子有终，吉"是谦卦九三的爻辞，九三是这个卦的主爻，爻辞提出了"劳谦"的概念，对于它的意思，注家们分歧很大。有人说是"有功劳而谦"，有人说是"因谦虚而劳累"，似应释为"勤劳谦逊"。孔子引申说："劳而不伐，有功而不德，厚之至也。""不伐"就是不夸耀。《左传·襄公十二年》"小人伐其技"杜预注说，"自称其能为伐"。"德"是动词，"不德"就是不居其德、不自认为有功。非常勤勉却不自我吹嘘，有功劳却不说自己有多好，这不是敦厚到了极点是什么？"语以其功下人者也"就是说不与人争功劳。不与人争功劳并不是不知道自己有功劳，"和尚肚子有素（数）"，只是不想表现而已。"德言盛，礼言恭。谦也者，致恭以存其位者也。""言"，有人解为而，有人解为则，其实是讲求；"德言盛，礼言恭"就是德讲求盛大，礼讲求恭敬。最后一句，解释了什么是"谦"。"谦"就是"致恭以存其位者也"——为保持原有地位而做到恭敬。"致"是"宁静致远"的"致"，达到的意思。"以"这个连词带出目的。所谓谦，就是做到恭敬从而为了保持原有的地位。这话听起来有点世故，但在现实中这么做确有必要。

【译文】

"勤劳谦逊，君子有好结果，吉祥。"孔子说："勤劳而不自夸，有功绩而不居其德，这就是敦厚到了极点。这是说那些不与人争功劳的人的。德行讲求的是盛大，礼节讲求的是恭敬。所谓谦，就是达到恭敬从而保持其原有的地位。"

"亢龙有悔。"子曰："贵而无位，高而无民，贤人在下位而无辅，是以动而有悔也。"

《系辞》在这里举了一个与"劳谦"相反的例子——骄亢不谦来说明问题。"亢龙有悔"是乾卦上九的爻辞。"亢龙"是飞得高过头了的龙。三国时的王肃解释说："穷高曰亢。"为什么会"有悔"呢？孔子解释说："贵而无位，高而无民，贤人在下位而无辅，是以动而有悔也。""贵而无位"是从卦位分析得出的结论。根据爻位理论，九五是至尊之位，上九是超至尊之位，过分尊贵，等于没有实际地位，只能在神台上被人供着，高高在上，脱离群众，即使有贤人也帮不上忙。这时候，不免"动而有悔"。苏东坡的词句"又恐琼楼玉宇，高处不胜寒"、古语"皎皎者易污，侥侥者易折"，说的都是"亢龙有悔"的情形。这段文字，与乾卦的《文言》完全相同，不知为何重复。

【译文】

"腾飞至极的龙会有悔恨。"孔子说："尊贵而没有实际的地位，高高在上而没有群众支持，贤明的人处在下面的位置而辅佐不了他，所以动过头必生悔恨。"

"不出户庭，无咎。"子曰："乱之所生也，则言语以为阶。君不密则失臣，臣不密则失身，几事不密则害成。是以君子慎密而不出也。"

"不出户庭，无咎"是节卦初九的爻辞。节卦的卦象，是表示水在池塘或湖泊中受到控制。"不出户庭"就是不出家门口。"户"是内门，"庭"是院子。"孔子"把门口引申为另一个口——嘴巴，讲严守机密的重要性。为什么说言语是祸乱的阶梯呢？因为言多难免有失，可能会把不该透露的机密透露出去，招来灾祸。俗话说"病从口入，祸从口出"，便是这个道理。"君不密则失臣"，以前臣下上奏章，有很多内容是不能让别人知道的，比如说弹劾同僚。如果皇帝让身边的人参予机要，臣下便不敢直言，这就是"失臣"。"臣不密则失身"的"失身"当然不是女子失身的"失身"，也不是像有注家所说的那样"身体遭受损失"，而是指丢了老命。"几"就是"机"，"几事"就是机要之事。"几事不密则害成"，机要之事不保密，就会功败垂成，这种情形在历史上出现得太多了。因此君子应当守口如瓶，这是一种人生哲学。

【译文】

"不出户庭，无咎。"孔子说："祸乱之所以产生，是以言语为阶梯的。帝王不保守机密就会失去臣下，臣下不保守机密就会有杀身之祸，机要之事若不保密就会危及成功。因此，君子应该谨慎严密、守口如瓶。"

子曰："作《易》者，其知盗乎？《易》曰：'负且乘，致寇至。'负也者，小人之事也；乘也者，君子之器也。小人而乘君子之器，盗思夺之矣！上慢下暴，盗思伐之矣。慢藏诲盗，冶容诲淫。《易》曰：'负且乘，致寇至。'盗之招也。"

孔子最后提出了一个问题：创作了《易经》的人——也就是古代的圣者，他们懂不懂得盗贼的心理呢？他认为是懂得的，并援引了解卦六三爻辞来说明这个问题："负且乘，致寇至。"我们现在可以想象这样一幅画面：一个人背着一大袋值钱的东西，招摇过市，看见一辆大车来了，手一招，车停下，然后跳上车。这时一群强盗拿着武器冲过来了……背着财物乘大车为什么会招来强盗？因为这两种行为相互冲突："负也者，小人之事也；乘也者，君子之器也。""君子"是不用自己扛东西的，而"小人"是没有资格乘大车的。"小人"在这里指黎庶百姓，"君子"指达官贵人。前面的"乘"是动词，指乘车；后面的"乘"是名词，指车。"小人而乘君子之器"，反差这么大，"盗思夺之矣！"从这个例子中，"孔子"阐明了一个道理："上慢下暴，盗思伐之矣。慢藏诲盗，冶容诲淫。""慢"是轻慢惰懒，"暴"是强横凶暴。上头轻慢、下面强横，强盗当然会产生侵犯之念。"诲"的褒义是"教导"，贬义是"唆使"，这里用贬义。"慢藏诲盗"意思是疏于收藏，教唆盗窃，"冶容诲淫"意思是涂脂抹粉，激发淫欲。"《易》曰：'负且乘，致寇至。'盗之招也。""盗之招也"是"招盗"的倒装。

此章前半部分解释圣人为何创设卦爻之象，后半部分用七个爻例来说明《易经》的象喻特点。

【译文】

孔子说："作《易经》的人，他大概懂得盗贼的心理吧？《易经》说：'负且乘，致寇至。'因为背物是小人才做的事情，而马车是君子的器具。身为小人而乘坐君子的器具，强盗当然会滋生抢夺之心了。上头轻慢、下面强横，强盗当然会产生侵犯之念了。疏懒于收藏，无意中会诱导劫盗，打扮妖冶，无意中会诱导行淫。《易经》说：'背驮物品而乘坐大车，会招来强盗抢劫。'强盗确实是会被招来的啊。"

第九章

天一地二，天三地四，天五地六，天七地八，天九地十。天数五，地数五，五位相得而各有合。天数二十有五，地数三十。凡天地之数，五十有五，此所以成变化而行鬼神也。

这是说，在十以内的自然数中，奇数是天数，偶数是地数。天数一、三、五、七、九之和是二十五，地数二、四、六、八、十之和是三十，总数为五十五。这个数字正好是《河图》的数值之和。天地数被古人认为是一组神妙的数字，正是它发挥了生成变化并贞知鬼神的作用，《易经》就是以它为基础来进行占筮的，因此说"此所以成变化而行鬼神也"。

【译文】

天一地二，天三地四，天五地六，天七地八，天九地十。天数总共有五个，地数也总共有五个，五个天数与五个地数可以分别相加起来。天数的总和是二十五，地数的总和是三十。这样天地之数的总和便是五十五。正是这个天地之数发挥了生成变化并贞知鬼神的作用。

大衍之数五十，其用四十有九。分而为二以象两，挂一以象三，揲之以四以象四时，归奇于扐以象闰，五岁再闰，故再扐而后挂。

此处讲的是《易经》揲蓍求卦的程序。"大"是"广"的意思，"衍"为演绎、演算，"数"指蓍草数或竹签数。"大衍之数五十"，是说参与演算的蓍草共五十根。"其用四十有九"，是说在进行揲蓍求卦的程序前要先抽掉一根，以用来象征太极，这叫"虚一不用"。"虚一"之后，实际参与演算的蓍草便只有四十九根了。"分而为二以象两"，意思是把四十九根蓍草随意分为两半，放在左右两边。"两"指两仪，即阴阳。"挂一以象三"，即从右边的蓍草中任意取出一根，夹在左手的小指与无名指中间，代表人以配两仪。"象三"是说象征天、地、人三才。"揲之以四以象四时"，先将左边的蓍草四根四根地数，又用同样的方法数右边的蓍草。"揲"为动词，意思是数。所以四根四根地数，是因为要象征一年的四季。"揲四"后蓍草的余数只有两种可能：不是四便是八。"归奇于扐以象闰"，意思是将左边蓍草的余数夹在左手的无名指与中指之间（一扐），把右边的余数夹在左手的中指与食指之间（二扐）。"奇"是余数；"扐"作名词指手指间的夹缝，作动词指把物夹于手指缝；"象闰"是象征闰月。因每五年有两个闰月，"故再扐而后挂"。"挂"在这里意思是放置，即把两扐的余数与"挂一"的那根蓍草合在一起，放在左手。

以上"分二""挂一""揲四""归扐"四个步骤称为"四营"，"营"就是经营。四个步骤加在一起，导致"一变"。一变之后，占筮者左手上的蓍草，不是五便是九。再将桌面上左右两边的蓍草混而为一（左手上"挂一"和"归扐"之数不用，总数为四十根或四十四根），按上述的四营步骤再进行一次，导致"二变"。二变之后，筮者左手上的蓍草，不是四便是八。接着，再将左右两边的蓍草混而为一，按上述的四营步骤再进行一次，导致"三变"。三变之后，筮者左手上的蓍草，不是四便是八。经过三变之后，桌面上剩下的蓍草只有四种可能——二十四根、二十八根、三十二根或三十六根，那它们来"揲四"（等于除以四），结果便是六、七、八或九，这四个数字称为筮数。根据三变的结果，便可以确定一爻是阳还是阴了。九、七是奇数，为阳爻，九是老阳，七是少阳；六、八是偶数，为阴爻，六是老阴，八是少阴。

【译文】

占筮所需的大衍之数为五十根蓍草，实际用到的是四十九根。把它们随意分为两部分，以象征阴阳两仪。从中取出一根，夹在小指与无名指中间，以象征天、地、人三才。把其他蓍草四根一组地分数，以象征春、夏、秋、冬四季。剩下的余数就分左右分别放置在左手的无名指与中指之间，与左手的中指与食指之间，以象征闰月。因为每五年有两个闰月，所以要再扐才放置。

乾之策二百一十有六，坤之策百四十有四，凡三百有六十，当期之日。二篇之策，万有一千五百二十，当万物之数也。

本段文字讲的是按"四营十八变"的程序，求得乾、坤两卦及整部《易经》的六十四卦所用的蓍草数。求卦通常用蓍草，也可以用竹签，因此说"策"。"乾之策二百一十有六"，是假定乾卦六爻均为老阳而言的。四营三变后，所得之爻若是老阳，策数便是三十六，一卦六爻，总策数即为二百一十六（36策×6爻=216策）。"坤之策百四十有四"，是假定坤卦六爻均为老阴而言的。四营三变后，所得之爻若是老阴，策数便是二十四，一卦六爻，总策数即为一百四十四（24策×6爻=144

策）。乾之策与坤之策相加，为三百六十，正好是阴历一年的日期，因此说"当期之日"。

其实假定乾卦六爻均为少阳（策数为二十八），坤卦六爻均为少阴（策数三十二），两卦的总策数也是三百六十。算式为：28策×6爻+32策×6爻=360策。

"二篇之策，万有一千五百二十，当万物之数也。""二篇"指《易经》的上下经，共六十四卦，阳卦、阴卦各三十二。六十四卦总策数为一万一千五百二十，是按以下方式计算出来的——

老阳卦：32卦×216策=6912策；老阴卦：32卦×144策=4608策。两者相加：6912策+4608策=11520策。

少阳卦：32卦×168策=5376策；少阴卦：32卦×192策=6144策。两者相加：5376策+6144策=11520策。

用另外一种算法也可以获得这个结果。六十四卦，共三百八十四爻（不算乾卦的"用九"和坤卦的"用六"），阳爻、阴爻各一百九十二——

老阳爻：192爻×36策=6912策；老阴爻：192爻×24策=4608策。两者相加：6912策+4608策=11520策。

少阳爻：192爻×28策=5376策，少阴爻：192爻×32策=6144策。两者相加：5376策+6144策=11520策。

一万一千五百二十的概数便是"当万物之数"，古人"天地万物"的观念便是从这里生发出来的。

【译文】

乾卦的策数是二百一十六，坤卦的策数是一百四十四，两者的总和是三百六十，与一年的日子数相同。《易经》上下经六十四卦的总策数是一万一千五百二十，相当于万物的数目。

是故四营而成易，十有八变而成卦。八卦而小成，引而伸之，触类而长之，天下之能事毕矣。

"是故四营而成易"，上文已经介绍过，按照筮法，揲蓍求卦，需要经过"分二""挂一""揲四""归扐"四个步骤的经营，才会产生一次变化，这就是"四营而成易"，"成易"就是产生一次变化。上文已介绍，需要经过三次变化才能获得一爻。而一卦有六爻，因此说"十有八变而成卦"。有了卦，就可以象征具体的事物了，不过单卦只能象征八种基本物象，范围有限，因此只能说"小成"。"引而伸之"，把它们扩展为六十四个重卦，就能够触类旁通，大大扩拓人们的认识范围。到了这个时候，人们就可以做到一筮就知，于是"天下之能事毕矣"。

【译文】

因此经过四个步骤的经营生成一次变化，经过十八次变化而生成一个卦，八个单卦只能起到低层次的象征作用，将单卦重叠起来，变成六十四卦，扩大其象征领域，就能够触类旁通，天下所能取法的事物都囊括无遗了。

显道神德行，是故可与酬酢，可与佑神矣。子曰："知变化之道者，其知神之所为乎。"

能一占就知，甚至未卜先知，这就是"显道神德行"。道神德行可显，"是故可以酬酢"，对天下万物就都能应付裕如。"酬酢"的原意是主客相互敬酒，主敬客称酬，客还敬称酢，这里的意思是应对、交往。到了这样的境界，不仅不需要神来护佑了，甚至还可以护佑神了。这里，孔子提出了这样一个问题：掌握了变化之道的人，是不是能知道神的所作所为呢。虽为提问，实是肯定。

【译文】

显出了道神的德性行为，因此就可以与它应酬，能够帮助神了。孔子说："了解变化之道的人，他也了解神祇的所作所为吧。"

第十章

《易》有圣人之道四焉，以言者尚其辞，以动者尚其变，以制器者尚其象，以卜筮者尚其占。

《系辞》认为，《易经》包含着高超的智慧，主要体现在言辞、行动、制器、卜筮四个方面。"以言者尚其辞"是说《易经》旨远辞文，"其言曲而中，其事肆而隐"，用语简要明白，富于文学性与哲理性，可为后世出言的范本。"辞"是指卦辞与爻辞。"以动者尚其变"，是说《易经》作为一部讲阴阳的书，可以让人树立牢固的变化观，从而适应客观事物的变化、避免行动失宜。对"以制器者尚其象"一句，可能有人不解，以为说错了，易象不是圣人观象察物的结果么？怎么制器者反而要"尚其象"？这只是看到了问题的一面。易象的确是现实事物的反映，但它作为法象，也可以指导实际的制器。下传第二章便说到，"作结绳而为罔罟，以佃以渔，盖取诸离"，"包牺氏没，神农氏作，斫木为耜，揉木为耒，耒耨之利，以教天下，盖取诸益。日中为市，致天下之民，聚天下之货，交易而退，各得其所，盖取诸噬嗑"，等等。"以卜筮者尚其占"，《易经》本来在性质上就是一部筮书，是用来断占的，卜筮者必须玩味卦象，通过卦爻的变动趋势与卦爻辞传达出来的信息来贞知吉凶。四个"以"字都是虚词，解释立论的理由。

【译文】

《易经》有四个方面的圣人之道，体现在：议论者崇尚它的文辞，行动者崇尚它的变化，制器者崇尚它的卦象，卜筮者崇尚它的占法。

是以君子将有为也，将有行也，问焉而以言，其受命也如响，无有远近幽深，遂知来物。非天下之至精，其孰能与于此？

《易经》这么神妙，是当君子将要有什么作为、行动的时候，"问焉而以言"，用言语向它叩问。那它如何反应呢？"其受命也如响"。"受命"就是接受询问；"如响"就是如响应击，就像你擂鼓敲钟，把石块扔到水里，回声非常直捷，没有远近、幽明、深浅之分。不管你问天边的事也好，问跟前的事也好，问人间的事也好，问神界、冥界的事也好，问看得见的事也好，问看不见的事也好，它都会一一回应。通过叩问，"遂知来物"。"来物"就是未来将会出现的局面。这是说《易经》的筮法很灵验。因此《系辞》赞叹说："非天下之至精，其孰能与于此？"

【译文】

因此，当君子将有所作为、有所行动的时候，就会用言语向《易经》叩问，《易经》回应叩问如响应声，并没有遥远、切近、幽隐、深邃的分别，于是君子便推知了未来的局面。如果不是天下最精微的东西，它怎么可能做到这样？

参伍以变，错综其数。通其变，遂成天下之文；极其数，遂定天下之象。非天下之至变，其孰能与于此？

"参伍以变，错综其数"，是说卦爻的变化的。"参"读为"三"，"伍"就是"五"。"参伍"表示卦爻变化位置的不确定，不一定指第三爻和第五爻。"错"指反卦，即阴阳相反的卦，例如同人卦与师卦；"综"指覆卦，即相互颠倒的卦，例如同人卦与大有卦。"错综"这个词后来被引申为交错相聚。爻的变化无定，造成了卦的错综复杂。"通其变，遂成天下之文"，是说卦与爻的变化是对万物变化的模拟，卦爻的变化之理与万物的变化之理相同。"文"，有人释为文辞，实为"天文""水文"的文，指自然与社会的五彩缤纷状态。"极其数，遂定天下之象"，是说易数与天下物象有密切联系，每个卦都反映了特定的数理，而这个卦又与特定的事物发生联系。"象"指物象。"文"与"象"都指现象，"文"重在指外表，"象"重在指实体。"通其变"加上"极其数"便是"变数"。古人讨论事物很强调"变数"。《易经》很神妙，作用不可思议，因此《系辞》赞叹："非天下之至变，其孰能与于此？"

【译文】

卦爻三五无定的变化，造成了易数的错综复杂。弄通卦爻之变，便能衍成天下万物的文彩。穷究卦爻之数，便能够定出天下万物的形象。如果不是尽晓了天下的变化，它怎么可能做得到这样？

《易》，无思也，无为也，寂然不动，感而遂通天下之故。非天下之至神，其孰能与于此？

古人经常谈论事物的"体用"问题。"体用"就是本体与应用。《系辞》前面所讲是《易经》之"用"，这一段所讲是《易经》之"体"。"《易》无思也，无为也，寂然不动"，是说《易经》的本有状态。作为一部书，它无思无为，寂然不动，却能做得到"感而遂通天下之故",这是多么神奇啊!"感"是"感应",与什么感应?天地。人们拜神拜鬼,是想和鬼神感应,《周易》不理会鬼神,而理会天地。"故"有学者释为"事",应释为"缘由"。这段评论,是说《易经》并不是苦思冥想的产物,而是自然生成的,因此最能说明天下的道理。这个地方的议论,有一点老庄哲学的味道。承前面所说的"至精""至变",《系辞》再赞叹它的"至神"。

【译文】

《易经》本身无思无为,在那里静静地一动不动,却能通过感应而了解天下万物的缘由。如果不是天下最神妙的东西,它怎么可能做到这样?

夫《易》,圣人之所以极深而研几也。唯深也,故能通天下之志;唯几也,故能成天下之务;唯神也,故不疾而速,不行而至。子曰"《易》有圣人之道四焉"者,此之谓也。

第一句的意思是,《易经》是圣人穷极深奥、细索微妙的产物。"极深"就是穷极深奥,"研几"就是细索微妙。因为深刻,所以"能通天下之志",与广大民众的想法合拍;因为细微,所以"能成天下之务"。因为神妙,所以能"不疾而速,不行而至"。"疾"不是生病,而是急行,如风驰电掣。"不疾而速,不行而至"是典型的东方思维。在中华文化中,常有把两种相反的事物或属性统一在一起的说法,例如"大音希声""大象无形""中隐隐于市,大隐隐于朝""善为《诗》者不说,善为《易》者不占,善为《礼》者不相",等等。"不疾而速","欲速"反"不达",体现了深刻的辩证思维。孔子说"《易》有圣人之道四焉",就是指此而言的。此章围绕圣人之道的四个方面,来说明《易经》内容的精微神妙。

【译文】

《易经》是圣人穷极深奥、细索微妙的产物。因为深刻,所以能通晓天下的志趣;因为细微,所以能成就天下的事务;因为神妙,所以无须急促就能快速完成,不用行动就能自然到达。孔子说"《易经》有四个方面的圣人之道",就是指此而言的。

第十一章

子曰："夫《易》，何为者也？夫《易》，开物成务，冒天下之道，如斯而已者也。"

在本章开头，孔子提出了一个问题：《易经》写出来，是干什么用的？孔子自己回答说，很简单，是"开物成务，冒天下之道"。对"开物"，有多种解释：一种是开启物智，一种是开发万物，一种是揭开事物的隐秘或真相，以第三种更合乎文本的原意。对"成务"也有多种理解：一种是总结经验，一种是确定事务，一种是完成任务，一种是成就事业，以最后一种较为合理。"开物"是就掌握客观世界的规律而言的，"成务"是就确立人生意义而言的。"冒天下之道"的"冒"，就是"覆"，即把一切都覆盖了。

【译文】

孔子说："《易经》是干什么的？《易经》是用来揭示事物真相，成就人生事业，覆盖天下道理的，如此而已罢了。"

是故圣人以通天下之志，以定天下之业，以断天下之疑。

三个"以"字后面都省略了介词宾语"《易经》"。"通天下之志"，"志"就是"心志""想法"。"天下"怎会有"心志""想法"？这是一种拟人的说法。社会想往哪个方向发展、怎么发展，在古人看来都是有其意图的。"定"的意思是确定，"业"是事业。什么是事业？"举而措诸天下之民，谓之事业。"因此"事业"包含有功业的意思。"断"是判断，或断占。《易经》是一部占筮书，有不清楚的事，筮上一卦，它就会把结果告诉你，故有"以断天下之疑"之言。

【译文】

因此圣人用《易经》来领会天下的想法，用《易经》来确立天下的事业，用《易经》来断占天下的疑问。

是故蓍之德圆而神，卦之德方以知，六爻之义易以贡。圣人以此洗心，退藏于

密，吉凶与民同患。神以知来，知以藏往，其孰能与此哉？古之聪明睿知神武而不杀者夫！

"蓍之德圆而神"有两层含义，一层是说蓍草是圆的，用它来算卦相当灵验；一层是说用蓍草求卦，事先无法知道演算结果，十八变求得一卦，六爻都有"老阳""老阴""少阳""少阴"四种可能。"德"指性质，"圆"是圆融，"神"是神妙。"卦之德方以知"也有两层含义：一层是指卦形是方的，另一层是说卦的品格端正。"知"读为"智"。说其"智"，是因为卦通灵，能揭示事物的本质。"六爻之义易以贡"，"易"是变化，"贡"是告诉；"易以贡"是以变化来示吉凶。有人说是把变化告知于人，如果是这样的话，那就应该说"贡以易"了。研习《易经》是为什么？一般人不外是想学点占筮之法，而圣人境界很高——"以此洗心"。"洗心"就是洗濯心灵。"退藏于密"，"密"就是人所不知的秘密之处，藏什么？一说是占筮记录，它们是天的启示，不能轻以示人。另一说是圣人自己"退藏于密"，相当于佛门的"闭关"。从文意来看，以后者更有道理。"吉凶与民同患"，有人感到疑惑，认为"凶"固可说"同患"，"吉"怎么也说呢？其实"同患"就是和衷共济、同甘共苦，不管是吉是凶，都和老百姓在一块儿。该高兴，便和老百姓同欢乐；该痛苦，便和老百姓同哭泣；该砍头，就伸出头来让人砍——"二十年后又是一条汉子！"戊戌政变时的谭嗣同，有逃生机会不跑，偏要为变法而流血，就是这种情形。"神以知来，知以藏往"，两个"知"字，前面那个读为"知道"的"知"，后面那个读为"智慧"的"智"。这话的意思是，圣人太神妙了，竟能够知道未来的事情；圣人太聪明了，竟在《易经》中藏了这么多往昔的哲理。最后一句"其孰能与此哉？古之聪明睿智圣明勇武却不残暴的人。"与此"，有的版本作"与于此"，意思是达到这样的水平。"聪"是耳灵，"明"是眼亮，"睿"是看得远，"知"同"智"，是有谋略。"杀"是刑杀，指残忍。"神武而不杀"是说有英雄气概而存慈悲之心，就像有的武林高手，有砍人头颅如切萝卜的本事，却连一只鸡鸭都没有伤害过。

【译文】

因此，蓍草的属性圆通而神妙，卦体的属性方正而明智，六爻的道理是通过变化来告诉吉凶。圣人以此来净化心灵，退而隐藏于密处，无论吉凶都与老百姓同甘共苦。圣人太神奇了，居然知道未来的事；圣人太睿智了，竟然懂得这么多往昔的道理。谁能达得到这样的境界呢——除了古代那些聪明睿智、圣明神武却不残忍的伟人！

是以明于天之道，而察于民之故，是兴神物以前民用。圣人以此齐戒，以神明其德夫！

在这段文字中，《系辞》把"天之道"与"民之故"作了对举，谈到了天人关系。这种情形在先秦文献中经常出现，例如《孟子》说舜得天下是"天与之，民与之"，又说"天视自我民视，天听自我民听"。在孟子那里，"天"其实是虚悬一格的，落点在"民"。《系辞》则倡言既要"明于天之道"，又要"察于民之故"。在古代，《易经》被认为是"帝王之学"，虞世南提出"不读《易》，不可为将相"，道理就在此。"是兴神物以前民用"，"前民用"是"兴神物"的目的。"兴"是兴举、应用，"神物"指占筮所用的蓍草。"前"用为动词，意思是把指导做在民用之前。圣人利用"神物"进行占筮，就可以知道未来的情状；而知道了未来的情状，就可以提前指导"民用"。智慧到了最高处，天文地理、人情世故都通达之后，为人处事反而要更庄敬了。"圣人以此齐戒，以神明其德夫！""齐"同"斋"。古代祈神时为了表示虔诚，要先净身洁衣，戒除嗜欲，这便是斋戒。"斋"是精神层面的概念，不是一般所说的"吃斋"。韩康伯说："洗心曰斋，防患曰戒。""以神明其德"的"其"，也是指《易经》。意思是用神妙来体现《易经》的品格。

【译文】

因为明白上天的道理，又体察民间的实情，所以利用蓍草这种神奇的东西来引导百姓避凶趋吉。圣人用《易经》来修心养性，用神妙来反映《易经》的品格。

是故阖户谓之坤，辟户谓之乾。一阖一辟谓之变，往来不穷谓之通。见乃谓之象，形乃谓之器。制而用之谓之法，利用出入，民咸用之谓之神。

《系辞》在这里定义了八个概念，分别是乾、坤、变、通、象、器、法、神。首先说坤与乾。"阖户"就是闭门，"辟户"就是开门。门户闭合时幽静阴暗、收敛包容，与坤的性质很相似，所以说"阖户谓之坤"；开启门户意味着光明，也意味着与外部积极交流，与乾的性质很合拍，所以说"辟户谓之乾"。门户的闭合与开启会产生阴阳变化，因此说"一阖一辟谓之变"。阴阳变化，贯通着过去与未来，是无穷无尽的，因此说"往来不穷谓之通"。学《周易》，不仅要注意"变"，还要注意"通"。"见乃谓之象"，是说变化的状态显示出来叫作象。"见"读为"现"，"现象"今日已成为使用频率很高的词。"形乃谓之器"，固定了形体的叫作"器"。"形"在此处用作动词，意思是成形。"象"是看得见而未必摸得着的，"器"是形态固定、摸得着也看得见的。第一章也有"在天成象，在地成形"的说法。"制而用之谓之法","制"是根据客观规律制定法则，法则制出来是给人应用的，因此说"谓之法"。"利用出入，民咸用之谓之神。""利用"什么？利用"法"。对"出入"注家们有各种各样的解释，其实应是指正反两种状态。"利用出入"可解为或这样利用，或那样利用。"咸"在古汉语中相当于"全"。

【译文】

因此关闭门户叫作坤，开启门户叫作乾。一闭一开叫作变，往来不息叫作通。显示出来叫作象，固定成形叫作器。制成条规以供应用叫作法，利于应用或出或入而老百姓用无遗漏叫作神。

是故易有太极，是生两仪，两仪生四象，四象生八卦，八卦定吉凶，吉凶生大业。

对这段话，有两种解释。若从象数的角度去认识，可以理解为占筮中的揲蓍成卦的程序。易筮求卦总共用五十根蓍草，其中一根不用，象征太极，这便是"易有太极"。把剩下的四十九根蓍草"分而为二而象两"，这便是"是生两仪"。"揲之以四以象四时"，这便是"两仪生四象"。"四营而成易，十有八变而成卦"，这便是"四象生八卦"。"八卦而小成。引而伸之，触类而长之"，这便是"八卦定吉凶，吉凶生大业"。若从义理的角度去认识，则可以理解为讲宇宙的生成模式：太极是天地未分之前的混沌状态，由它分化出阴阳二气即两仪，再由两仪分化出四象，四象化生成八卦，八卦决定事物发展变化的方向，并衍生出六十四卦来；通过六十四卦，可以认识万物万象。这两种解释并不是截然对立的，它们只不过是认识角度有别罢了。《易经》的占筮程序，实际上是对其宇宙生成模式的模拟。汉代以后的易学家多从义理的角度来理解这段话，把它看作对宇宙生成模式的讨论。这样理解，更便于理解和发挥《易经》的哲学内涵。

【译文】

因此，易有太极，太极分化出阴阳两仪，两仪衍化出老阳、少阴、少阳、老阴四象，四象衍化出乾、兑、离、震、巽、坎、艮、坤八卦，八卦确定事物的吉凶，吉凶影响万物万象。

是故法象莫大乎天地；变通莫大乎四时；县象著明莫大乎日月；崇高莫大乎富贵；备物致用，立成器以为天下利，莫大乎圣人；探赜索隐，钩深致远以定天下之吉凶、成天下之亹亹者，莫大乎蓍龟。

"法象"就是可效法的自然物象，自然界可效法的物象没有比天地更大的，而天地间最显著的变化就是春、夏、秋、冬的变换，第六章也说"广大配天地，变通配四时"。"县象著明莫大乎日月"，意思是若谈到悬卦物象的显眼没有比得过日月的，"县"是"悬"的古字，"著明"是显眼明亮。"崇高莫大乎富贵"，富贵怎么算得上崇高呢？原来，古人理解的富贵与今人理解的富贵有所不同。古代有一种"贵人"，并不追求钱财，像清代的一品侯爵曾国藩，连毛泽东都赞扬他："予于近人，独服曾文正"。这种"贵"，被称为"清贵"，很难得。至于"富"，也不能全理解为有钱，"学富五车"也是"富"，精神世界充实也是"富"。有一本古书，叫《孔丛子》，里面说："不取于人谓之富，不屈于人谓之贵。"不取于人、不屈于人可不是谁都能学得来的，能做得到此，当然是崇高了。"备物致用"的"备物"，意思是"使物备"。备来何干？"致用"——供百姓使用。"立成器"是制出各种器具。古代传说，自从盘古开天地以后，很多日用之物都是圣人造出来的，比如神农氏创始了农业和医药，有巢氏教人构木为穴，燧人氏发明了钻木取火之法，伏羲氏结绳为网，嫘祖发明了收茧抽丝的技术，仓颉造字，等等。黄帝就更厉害了，宫室、舟车、医药、棺材、历法、算数、音律等都是他发明的。他们的发明使天下人都获得了好处，因此说，论到这方面没有比圣人更大的。"探赜"是探明杂乱，"索隐"是检索隐秘，"钩深"是勾勒深奥，"致远"是达到远大，通过这些方式，确定天下事物的吉凶、促成天下人们的勤勉（"亹亹"是勤勉貌），没有能比得上蓍草和龟甲的，因为用它们做工具，一下子就能贞知未来。

【译文】

因此，可以效法的现象没有大于天地的；变化通达没有大于四季的；悬挂物象的显眼明亮没有大于日月的；崇高没有大于富贵的；创置万物供人使用，制出各种器具便利天下，没有大于圣人的；探讨复杂、索求幽隐、钩稽深奥、达致远大，从而确定天下事的吉凶、成就天下人的勤勉，没有大于蓍龟的。

是故天生神物，圣人则之。天地变化，圣人效之。天垂象，见吉凶，圣人象之。河出图，洛出书，圣人则之。《易》有四象，所以示也；系辞焉，所以告也；定之以吉凶，所以断也。

"神物"是指供占卜用的蓍草和龟甲，"圣人则之"意思是圣人以蓍数龟象为法则。天地产生阴阳变化，而圣人创制的《易经》正是讲阴阳变化的，因此说"圣人效之"，"效"是效法。天上会发生阴晴、寒暑、朔望、日月蚀、五星聚等现象，它们有的是有利的，有的却会造成灾害，而卦也有吉凶之别，因此说"圣人象之"。

"象"，并不是有些学者所理解的那样，是"制造观天的仪器"。"河出图，洛出书，圣人则之。"传说上古时有一匹"龙马"负图而从黄河出，图上没有文字，只有一些圈圈点点，伏羲发现其所示样与自己仰观天文、俯察地理的结果相暗合，就把它记录了下来，并传给了后世，这就是《河图》。古代又传说，大禹治水时，遇到了工程困难，后来从洛水浮出一个"灵龟"，它的背上也有圈圈点点的图案，这就是《洛书》。后来大禹根据其提示，治好了黄河。据说《河图》《洛书》与八卦的关系十分密切，是八卦的原型，因此说"圣人则之"。"四象"就是老阳、少阴、少阳、老阴，它们是从两仪到八卦的过渡状态，显示了阴阳矛盾的分化，因此说"所以示也"。"系辞焉"的"系辞"，指卦辞和爻辞，这些文字被系于各卦各爻之下，是为了告诉人们各种事物的道理或情状。这些筮辞定出吉凶，是用来断占的。

【译文】

因此，天生出神妙的蓍草灵龟，圣人以它们为工具，建立占筮的法则。天地产生变化，圣人效法它们，撰成了《易经》。天上悬着日月星辰，显示吉凶，圣人模仿它们，造出了卦爻之象。黄河出现了龙图，洛水出现了龟书，圣人按它们的样子，排成了先后天八卦。《易经》有老阳、少阴、少阳、老阴四象，是用来显示阴阳分化的；在卦爻之下附上文字，是用来告诉事物的道理或情状的；这些筮辞定出吉凶，是用来断占的。

第十二章

《易》曰："自天佑之，吉无不利。"子曰："佑者，助也。天之所助者，顺也；人之所助者，信也。履信思乎顺，又以尚贤也，是以'自天佑之，吉无不利'也。"

"自天佑之，吉无不利"是大有卦上九的爻辞，意思是从天而降的保佑，吉祥而没有任何不利。孔子说"佑者，助也"。这种解释，与我们通常理解的"佑"有少许差别，我们所理解的"佑"是护。"孔子"又进一步解释了什么样的人才会获得"天助"与"人助"："天之所助者，顺也；人之所助者，信也。""顺"指顺应天道的人，"信"指笃守信用的人。要人相助，也不能靠一时的花言巧语，最重要的是"信"，现在社会的普遍问题是诚信太少。如果能"履信思乎顺，又以尚贤也"，在践行诺言的同时想着顺应天道，同时又崇尚贤人，结果才是"自天佑之，吉无不利"。这段话强调，欲得天助人助，必先自助；把做人的根基培实了，天才会佑你，才会助你。这段话出现在这里有些唐突，可能是错简，似应放在第二章或第八章的最后。

【译文】

《易经》说："来自于天的护佑，吉祥而无所不利。"孔子说："护佑就是帮助。天所帮助的，是顺应天道的人；人所帮助的，是笃守诚信的人。践行信用而想着顺从天道，又崇尚贤人，才会得到来自天的护佑，吉祥而无所不利。"

子曰："书不尽言，言不尽意。然则圣人之意，其不可见乎？"子曰："圣人立象以尽意，设卦以尽情伪，系辞以尽其言，变而通之以尽利，鼓之舞之以尽神。"

"书"是写出来的文字，"言"是说出来的语句，"意"是内心的思想。孔子认为，从"意"到"言"到"书"，是思想表达层层打折扣的过程。语言文字表达既然有这样的缺陷，那么圣人的思想是不是就无法充分体现了呢？孔子认为不是的。为什么？因为有圣人创作的《易经》可用：一是用立象的方法来充分表达思想，"立象"意思是创建象征的手段。二是设立卦体以充分揭示事物的情状。"情"是实情，"伪"是假象，"情伪"就是真假。三是在卦下写上筮辞从而把圣人想说的话充分表达出来。四是通过变化实现会通从而获得尽可能多的好处。注意，"通"在《系辞》中像"变"一样，是被反复强调的，例如第五章说"通变之谓事"、第六章说"变通配四时"、第十章说"通其变，遂成天下之文"，等等。五是"鼓之舞之以尽神"，对这一句，注家的理解有很大的分歧。有人认为"此言《易经》鼓舞人们以尽其智慧"，有人认为这是以"鼓舞欢呼来歌颂《易经》的神妙"，南怀瑾说"鼓舞当然不是打鼓跳舞，那是个形容词，很难解释"，笔者则认为"鼓之舞之"恰恰就是打鼓跳舞，这是一种仪式，目的是请上苍把占筮的神妙发挥得淋漓尽致。

【译文】

孔子说："文字不能充分表达人们的语言，语言不能充分表达人们的思想。难道圣人的思想，就无法充分体现出来了吗？"孔子说："圣人创造象征方法从而全面无遗地表达思想，设立卦体从而充分揭示真伪情状，在卦下撰写文辞从而畅所欲言，变化会通从而获得多得不能再多的利益，打鼓跳舞从而把占筮的神妙发挥得淋漓尽致。"

乾坤，其易之缊邪？乾坤成列，而易立乎其中矣。乾坤毁，则无以见易；易不可见，则乾坤或几乎息矣。

"缊"就是"蕴"，意思是蕴藏。"邪"是"耶"。这句话是用疑问语气来表示肯定，它可作两重理解：一重是，《易》之道是蕴藏在乾卦与坤卦中的吗？另一重是，变化的道理是蕴藏在天地中的吗？都通。为什么易能蕴藏在乾坤中？因为"乾坤成列，而易立乎其中矣。"对"乾坤成列"，可以理解为以乾坤二卦为代表的六十四卦有各种序列安排，如《序卦》的覆变序列、先天六十四卦序列、后天六十四卦序列、京房八宫序列等等。这些卦序一经确定，《易经》的阴阳变化之理便确立在其中了。假如天地毁灭了，阴阳变易的道理就无法显示出来了；反过来，阴阳变易的道理无法显示出来，天地也差不多等于不存在了。注意，"或几乎息"并不是真的不存在，这是假设。"生生之谓易"，宇宙是不会毁灭的。这段话，是强调易与乾坤的密不可分。

【译文】

变化的精义，蕴藏在乾坤中吗？乾坤定位，变化之理就确立在其中了。乾坤毁灭，就无法显示变化；变化不能显示出来，乾坤也差不多等于不存在了。

是故形而上者谓之道，形而下者谓之器，化而裁之谓之变，推而行之谓之通，举而错之天下之民谓之事业。

这段文字对"道""器""变""通""事业"几个概念做了定义。《系辞》把天下的事物分为"道"与"器"两类，道是精神层面的东西，器是物质层面的东西。什么是"道"？"形而上者谓之道"，"道"存在于形体之上，看不见、摸不着却又客观存在。生活中，属于"形而上"的东西很多，例如概念、思想、理论、方法、制度、观念等等。"道"虽然是"形而上"的，但"道"不离"器"，理不离物。没有"器"没有"物"，就体现不出"道"与"理"来。例如用弓射箭之法是道，弓与箭是"器"；讨论先有鸡还是先有蛋是"道"，鸡和蛋是"器"。"形而下者谓之器"，"器"是有形体的东西。上一章有"形乃谓之器"的相近说法。生活中属于"形而下"的东西不可胜数，例如动物、植物、房屋、器械、飞机、轮船之类。北宋大儒张载曾解释说："形而上者是指无形体者，形而下者是指有形体者。"这是古人对客观世界的两种存在形式的划分，是一个科学的命题。上一章有"一阖一辟谓之变，往来不穷谓之通"的说法，这里又变换角度对"变"和"通"做了阐释："化而裁之谓之变，推而行之谓之通。""化而裁之"，意思是在吃透了"道"与"器"的道理后，对事物进行改造。"裁"包含改造、裁制的意思。事物一经改造，便和原来不一样了，因此说"谓之变"。懂得了变化之理还不够，还要"推而行之"。把变化推行到实际中去，就叫"通"，"通"有通达贯通的意思。事情要"推而行之"往往不容易，改革的举措往往会遇到阻力，因此"推"得讲方法、手段。"举而错之天下之民谓之事业"，是《系辞》对"事业"的定义。"举"是倡导的意思；"错"借为"措"，"措"就是"施"。"举措"一词，便出自这里。欲"举而错之民"的是什么？是变通之理。

【译文】

因此，存在于形体之上的叫作道，表现为形体的叫作器，融会其理而有所损益叫作变，把变化的道理推行到实际中叫作通，倡导变通并把它施及天下的老百姓叫作事业。

是故夫象，圣人有以见天下之赜，而拟诸其形容，象其物宜，是故谓之象。圣人有以见天下之动，而观其会通，以行其典礼，系辞焉以断其吉凶，是故谓之爻。

按：这一段与第八章开头一段重复，应是错简。

极天下之赜者存乎卦，鼓天下之动者存乎辞，化而裁之存乎变，推而行之存乎通，神而明之存乎其人，默而成之，不言而信存乎德行。

第八章也谈到"天下之赜"的问题（"圣人有以见天下之赜，而拟诸其形容，象其物宜，是故谓之象。"）。《系辞》认为六十四卦已包罗天下万象，所以说"极天下之赜者存乎卦"。"赜"是杂乱无章。卦爻辞有很多精义，这些文字所阐述的，都是鼓动天下万物、使它们展现出勃勃生机的道理，因此说"鼓天下之动者存乎辞"，"化而裁之存乎变，推而行之存乎通"，对"化而裁之"和"推而行之"、"变"和"通"的关系，上文已进行过解释。"神而明之"意思不很清晰，有人认为是"明察其中的神妙奥秘"，有人认为是"心领神会"，有人认为是"使《周易》的道理神奇而明畅"，拙见是如有神谕般理解。"默而成之，不言而信存乎德行"，意味着天下顺从，百姓归心，有很强的感召力，这是修养很深的人才能做到的。

【译文】

穷极天下万物的复杂者存在于易卦，鼓起天下万物的运动者存在于筮辞，融化其理而有所损益存在于变化，把变化之理推行到实际中去存在于会通，如有神谕般理解存在于其人，默默无言便能成功，无需说话便有诚信存在于道德品行中。

系辞下

第一章

八卦成列，象在其中矣。因而重之，爻在其中矣。刚柔相推，变在其中矣。系辞焉而命之，动在其中矣。

《易经》的八个经卦，是按照"易有太极，是生两仪，两仪生四象，四象生八卦"的生成机制有序地编排在一起的，这就是"八卦成列"。八卦概括了自然构成的基本类型，已能表示具体的事物，因此说"象在其中矣"。这两句话说明经卦是《易经》用来象征事物的基本符号。但经卦尚未能覆盖宇宙万物，因此有必要把它们重叠在一起，从而形成别卦。别卦共六十四个、三百八十四爻，这便是"因而重之，爻在其中矣"的意思。一卦六爻，非阳即阴，阴阳相互排斥，相互作用，在一定条件下还会相互转化。上传第二章已有"刚柔相推而生变化"的说法，此处又表达了相同的意思。"刚柔相推，变在其中矣"这句话双关，它既指阴爻、阳爻的往来互变，也指宇宙万物的运动变化。"系辞焉而命之"的"系辞"是指挂在各卦各爻之下的筮辞，"命"是告。"动在其中矣"的"动"，可以理解为卦爻的阴阳变化，也可以理解为人在获得筮辞的昭示后采取的行动。

【译文】

八卦排成序列，卦象就在其中了。按照八卦的生成机制把它们相互重叠，爻象就在其中了。阴阳爻相互推衍，变化就在其中了。在卦爻之下系以筮辞以昭示吉凶，趋避的道理就在其中了。

吉凶悔吝者，生乎动者也；刚柔者，立本者也；变通者，趣时者也。吉凶者，贞胜者也；天地之道，贞观者也；日月之道，贞明者也；天下之动，贞夫一者也。

人们只要有任何举措，都会有或好或坏的结果，只不过形式与程度不同而已，因此说"吉凶悔吝者，生乎动者也"。"吉凶悔吝"是《易经》中是用得很普遍的断占之辞，就总体趋势而言，事情只有"吉"与"凶"的区别，"悔""吝"都是小的不吉。刚柔立本，可以理解为阴阳爻是六十四卦之本，也可以理解为天地是万物之本。为人处世，也要讲刚柔相济：待下要恩威并用，事上要不谄不渎；对内要宽严皆务，对外要不亢不卑。《系辞·上传》多次把变通与四时结合起来讨论，这里又再次提出跟着"时"走就是变通。圣人最懂得变通，所以人们说孔子是"圣之时者也"。不过"趋时变通"是要讲原则的，不讲原则就变成了投机取巧。下面的文字，以"贞"为中心解释了什么是吉凶、天地之道、日月之道、天下之动，"贞"就是"正"。"吉凶者，贞胜者也"的意思是，在对立双方的矛盾斗争中，居正位者则能得胜。若立身不正，吉会转凶；能守持正道，凶将化吉。"天地之道，贞观者也"的意思是，天地的道理，居正位者则能昭示于天下。唐太宗的年号即出于此。"日月之道，贞明者也"的意思是，日月的道理，居正位者则能焕发光明。也就是说，白天是太阳显示光辉，晚上是月亮显示光辉。"天下之道，贞夫一者也"的"夫"，在古本《周易》中作"于"。"一"字较费解，应是指万变不离其宗的规律。也有人认为"一"是指专一。

【译文】

吉凶与悔吝，产生于变动中。阳刚与阴柔，是事物的根本。变化与会通，要跟着时世走。事有吉有凶，守正方能得胜。天地的道理，守正才能昭显于天下。日月的道理，守正才能焕发光明。天下万物的运动，总是正于同一的规律。

夫乾，确然示人易矣；夫坤，隤然示人简矣。爻也者，效此者也；象也者，像此者也。爻象动乎内，吉凶见乎外；功业见乎变，圣人之情见乎辞。

开头两个排比句，分别说明乾坤之德。"确然"是毫不含糊，"隤然"是相当柔顺，"易"是变易的易，"简"是简约的简。这里所阐述的是上传第一章"乾以易知，坤以简能"之义。天刚而健，因此乾创始万物无所难；地顺而静，因此，坤配合乾化育万物很简单。爻有阳有阴，阴阳变化之理就是万物变化之理，因此说"爻也者，效此者也"。卦象、爻象都是阴阳变化的象征，因此说"像此者也"。"此"，朱熹说"谓上文乾坤所示之理"。下文的意思是，爻象的变化运动发生在卦的内部，而吉凶却反映在外部的事物。"内"指卦内，"外"指卦外。"功业见乎变"，从象数角度去认识，是说占筮的结果体现在爻的阴阳变化中；从义理角度认识，则是说只有懂得适时变通，趋吉避凶，才能取得事业的成功。因此懂不懂得变很重要。有人说，第一等的人领导变，第二等的人适应变，第三等的人不知变，最末等的人指责变。司马迁的历史哲学，就是要"究天人之际，通古今之变"。"圣人之情见乎辞"，"圣人"当然不是指孔子，因为传说《十翼》出自他的手笔。而且孔子曾说"圣人吾不得而见之矣"，这意味着他并不认为自己是圣人。这里所说的"圣人"，是指周文王与周公。圣人所作的筮辞，反映了他们的想法。

【译文】

乾，刚强地向人们显示了变易的道理；坤，柔顺地向人们显示了简约的道理。阳爻、阴爻，效法的是乾坤的变化道理；卦象、爻象，象征的是乾坤的变化情状。爻象的变动发生在蓍卦的内部，事物的吉凶却显示于蓍卦的外部。事业的成功体现在适时变通中，圣人的想法体现在筮辞中。

天地之大德曰生，圣人之大宝曰位。何以守位？曰仁。何以聚人？曰财。理财正辞，禁民为非，曰义。

第一句阐述"天地纲缊，万物化醇。男女构精，万物化生"之义。万物都是乾坤创造的，故说"天地之大德曰生"。"大宝"意思是极为珍贵的东西。"位"从象数的角度来看，是指有尊卑贵贱之别的爻位；从人事的角度来看，则是指高低不同的社会地位。"宝"是有用之物，"位"是有用之地。下文提出，守位与聚人的关键分别是"仁"与"财"，守位靠仁，聚人靠财。施行仁政、诚挚爱人，自然能获人心；而人心能获，地位就稳固了。人到处都有，要使他们聚集到自己身边来，就要依靠物质的作用。"曰财"的意思是使用财货。齐国的孟尝君（即田文）身边有三千食客供其驱使，这些人平时都是要用钱米养着的。"理财"与今日所说的"理财"意思接近，就是管好财务、发展经济。"正辞"意思是要严肃法令，告人以理，明确什么可做，什么不可做。理财正辞，目的是使人民守法，禁止百姓做不好的事情。做到这一点，教化便发生了作用，社会就实现了和谐，所以说"义"。"义"犹言"宜"。

【译文】

天地的伟大品德是使万物生生不息，圣人最珍视的东西是位置。如何才能保住地位呢？要有人相助。如何才能把人凝聚到身边来呢？要舍得散财。管好财务、发展经济，规范条令、告人以理，禁止百姓做坏事，这就叫作义。

第二章

古者包牺氏之王天下也，仰则观象于天，俯则观法于地，观鸟兽之文与地之宜，近取诸身，远取诸物，于是始作八卦，以通神明之德，以类万物之情。

包牺氏就是伏羲。伏羲在古代有多种写法，例如伏牺、伏戏、包曦、庖犠、炮羲、赫胥、庖牺、宓羲、虙牺、包牺、太昊、泰昊、大皓、大昊、太皓、羲皇、戏皇，等等。"王天下"的"王"是动词，意思是为王。"王天下"就是作为君长管治天下。伏羲是"三皇"之一，传说是始作八卦的古圣。他是怎么造出八卦的呢？《系辞》说他所采取的是观象察物的方法。从天上观测到的是天文，在地下视察到的是物象。纳入其探究范围的有天文、地理、鸟兽、草木、身体、器物等等，他把它们分为八类，并创造了八卦作为象征。他这样做的目的是"通神明之德"与"类万物之情"。"神明之德"便是阴阳变化的属性，"万物之情"便是各种东西的情状。

【译文】

上古伏羲氏君临天下时，仰头则观测天象，俯首则察看地法，又观看飞鸟走兽的纹路，以及地利的情况，近取象于人体，远取象于事物，从而创制出八卦来，目的是了解神灵的德性，类比万物的情状。

作结绳而为网罟，以佃以渔，盖取诸离。

下文讨论古圣观象制器的情况，涉及中华文明的起源问题。"作结绳而为网罟，以佃以渔，盖取诸离。"古籍引用此句没有"作"字，故应为衍文，不过"作"也可以理解为创造。上古没有文字，用结绳方法记事。绳子除记事外，还可用为网罟。现在让人惊讶的漂亮的"中国结"，其编织技术可能要追溯到结绳时代。"网"是古代的网字，网与罟不同，在水中捕鱼虾用的叫网，在陆地抓野兽用的叫罟；网是张开来用的，罟是盖在洞口上的。因此说"以佃以渔"，"佃"同"田"，为畋猎；"渔"用为动词，指捕鱼。"盖"是未决之辞，意思是大概。从此处开始，下文总共提到了十三个卦的作用，因为它们都是《系辞》作者的推想，所以都有"盖取诸……"这样的字眼。作者认为结绳为网罟系取诸离卦，根据可能是《说卦》的"离为目"之说，目即孔，上下两个窟窿，有网罟之象。

【译文】

用结绳之法来制作网罟，以畋猎捕鱼，大概是从离卦获得了启发吧。

包牺氏没，神农氏作，斫木为耜，揉木为耒，耒耨之利，以教天下，盖取诸益。

"没"，同"殁"，指去世。伏羲氏死后，神农氏统治天下。神农是比伏羲稍晚的上古部落领袖，一说他就是炎帝。像伏羲一样，他也是"三皇"之一。关于三皇，《白虎通义·爵篇·论三皇五帝三王五伯》说："三皇者何谓也？谓伏羲、神农、燧人也。或曰伏羲、神农、祝融也。"但《礼含文嘉》说是"虑戏、燧人、神农"，《春秋命历序》说是"遂皇、伏羲、女娲"，《春秋运斗枢》说是"伏羲、女娲、神农"，各家之说，略有不同。"斫木为耜"，斫是砍削，耜是古代形似犁铧的东西，即木犁头。"揉木为耒"，耒是犁柄，是弯的，必须把木揉曲才能做成。"耨"，据高亨分析，应是"耜"字之误。《系辞》推测，神农氏发明"耒耜之利，以教天下"大概是从益卦获得了启发，可能是由于益卦下震上巽，而《说卦》说"巽为木"，上木震而入下，有木犁耕地之象。

【译文】

伏羲氏去世后，神农氏兴起。他砍削木材作犁头，揉弯木材作犁柄，把耕作的好处传教于天下，大概是从离卦获得了启发吧。

日中为市，致天下之民，聚天下之货，交易而退，各得其所，盖取诸噬嗑。

有菽粟者，或不足于禽鱼，有禽鱼者，或不足于菽粟，这样就有了交换产品的必要。于是"日中为市"之制便产生了。此项制度，至今在广大农村依然保存着，西南叫赶场，北方叫赶集，南方叫趁墟，西北叫赶屯，通常这次在一个地方，下次在另一个地方，三天五天一轮。上古交易不用货币，以物易物，后来出现了交易物品的中介——朋贝，这就是早期的货币。"朋"是个会意字，表示两串贝壳。大家带着宝贝一起去吃喝，就是"朋友"——酒肉朋友。神农氏不仅被认为是农业的发明者，而且也被认为是商业的开山人。作者认为神农氏在"日中"这个特定时间里召集万民会集市场来做生意，大概是从噬嗑卦获得了启发。噬嗑卦上离下震，《说卦》说离为日，震为动，在太阳下活动，正是"日中为市"之象。另一说，噬嗑是咬食之貌，噬是咀嚼，嗑是合嘴。人们到集市去主要是为了过嘴瘾，满足口福，因此说"取诸噬嗑"。

【译文】

规定中午为集市的时间，招来天下的百姓，聚集天下的货物，让人们完成交换之后就各自离去，各自都得到了所需的物品，这大概是从噬嗑卦获得了启发吧。

神农氏没，黄帝、尧、舜氏作，通其变，使民不倦，神而化之，使民宜之。《易》，穷则变，变则通，通则久。是以"自天佑之，吉无不利"。

神农氏死后，接着兴起的是黄帝、尧、舜，他们属"五帝"。对五帝，古代有多种说法，在战国秦汉之交一般被认为是黄帝、颛顼、帝喾、尧、舜，《国语·鲁语》、秦末的《世本》，和被收入《大戴礼记》中的《帝系》《五帝德》都是这么说的，《史记·五帝本纪》即以此为定本。但孔安国的《尚书序》说五帝是少昊、颛顼、高辛、唐尧、虞舜；而最早出现在《管子》的《幼官》《五行》《四时》及《逸周书》的《时则》，而后被系统地记述于杂家著作《吕氏春秋·十二纪》、儒家著作《礼记·月令》和道家著作《淮南子·天文训》中的五帝则是大皞、炎帝、少皞、黄帝、颛顼。根据刘起釪《几次组合纷纭错杂的"三皇五帝"》一文研究，在古代文献中至少出现过六种五帝说。黄帝即轩辕，他被认为是中华文明的始祖。尧又叫唐尧，舜也叫虞舜，都是古圣。从黄帝开始，中华文明进入了一个新阶段。社会在进步的同时，也会产生新的问题，例如人口增加，民用日滋，社会的需求该如何满足？这个时候，摆在古圣面前的主要任务便是教导百姓，使他们适应时代的变化。这些古圣都通晓变化的规律，懂得通过变通"使民不倦"，"不倦"，就是不停地进取。他们都是具有一等智慧的领袖，因此能"神而化之"，让老百姓适应时世的变化——"使民宜之"。《易经》这部书，说到底是讲变化的，"穷则变，变则通，通则久"，这是一个自然规律。黄帝、尧、舜因为能够遵循这个规律，所以"自天佑之，吉无不利。"在这里，《系辞》提出了一个生活原则，就是要因应时世，处在艰难环境，就要设法改变现状。

【译文】

神农氏去世后，黄帝、尧、舜先后兴起，他们都能通晓变化的规律，使百姓不倦于进取。他们都能神奇地教化天下，使百姓适应时世的变化。《易经》之道，便是处穷困便求变，变则通达，通达则持久。这样就能实现"自天佑之，吉无不利"。

黄帝、尧、舜垂衣裳而天下治，盖取诸乾坤。

黄帝之前，社会的发展还处在一个较低的水平上，人们用羽毛皮革来御寒，与一般动物的差别不是很大。传说从黄帝开始，制作出了衣裳并垂示于天下，人们于是根据黄帝等圣人的示范穿上了衣裳，社会从此有了衣冠文明。穿衣与否，是野蛮与文明的分水岭，是社会伦理的分水岭，因此说"垂衣裳而天下治"。作者为什么说这种做法"盖取诸乾坤"呢？一般解释是，上体之服为衣，下体之服为裳，一上一下，如天尊地卑。也有人认为，可能是因为衣服之用有男女之分。

【译文】

黄帝、尧与舜以衣裳垂示于百姓而天下大治，这大概是从乾坤两卦获得了启发吧。

刳木为舟，剡木为楫，舟楫之利，以济不通，致远以利天下，盖取诸涣。

上古人类进一步进化的结果是有了水上交通。人们懂得了"刳木为舟，剡木为楫"。"刳"是刨空，"刳木为舟"就是把木头挖个洞使之成为小船；"剡"指削尖，"楫"是"江流击楫"的"楫"，即撑船用的竹竿或划船用的桨。有了舟楫之利，江海湖泊就难不住人了，以前不能到的地方也能到了。江河能通多远，人就能走多远，人们甚至可以利用海道到达前人从来没有到过的地方。为什么说舟楫的发明"盖取诸涣"？这个卦下坎上巽，《说卦》说坎为水，巽为木，因此涣卦正是舟行于江海湖泽之象。事实上涣卦的卦辞也有"利涉大川"之语。

【译文】

刨空木头做船，削尖木杆为桨，有了舟楫的好处，便可以到达原来不能到的地方，便可以抵达远方而使天下人都获得好处，这大概是从涣卦获得了启发吧。

服牛乘马，引重致远，以利天下，盖取诸随。

人的追求是没有止境的。发明舟楫之后，古圣又学会了役使牲畜，让牛马为人们服务，要它们搬重物，行远路。"服"与"乘"都是驾驭的意思。为什么说"盖取诸随"呢？随卦下震上兑，《国语·晋语》说："震，车也。"可见古代震也指车。又《说卦》说"兑，说也"，"说"就是"悦"。随卦的《象辞》也说"动而说"。因此，随卦是"喜气洋洋赶大车"之象。

【译文】

驭牛乘马，载重物、行远路，以使天下人都获得好处，这大概是从随卦获得了启发吧。

重门击柝，以待暴客，盖取诸豫。

社会发达了是好事，可是社会发达，人也会失去本有的纯朴厚道，"苟不教，性乃迁"。从前人们夜不闭户，路不拾遗，后来却出现了偷与抢的问题，这就需要以"重门击柝"来防范了。重门就是门外加门。古代的城邑往往有两道门，一道是郭门，一道是城门。"击柝"就是打梆子、巡更。这样做是为了防止遭到"暴客"攻击。暴客就是强盗、土匪。现在有的地方，例如四川，依旧是把强盗称为"暴客"。为什么说这样做"盖取诸豫"？豫卦下坤上震，是地上有声之象。巡更打梆子，不正是地上有声么？

【译文】

门外设门，敲柝巡更，以防备强盗，这大概是从豫卦获得了启发吧。

断木为杵，掘地为臼，臼杵之利，万民以济，盖取诸小过。

生产发展，社会进步，人们的生活就讲究起来了。从前茹毛饮血，吃东西像普通动物一般，如今收获了稻谷、小麦，要用"断木为杵，掘地为臼"的办法来捣掉皮壳了。杵、臼都是舂米的工具，它们使天下百姓获益。《系辞》认为，这可能是从小过卦获得了启发。小过卦下艮上震，震德为动，艮德为止，杵臼舂米的过程，正是上震有声触下而止的过程。

【译文】

砍断木头作杵，挖地为坑作臼，臼杵的便利，使天下百姓都获益，这大概是从小过卦获得了启发吧。

弦木为弧，剡木为矢，弧矢之利，以威天下，盖取诸睽。

弧就是弓，弦就是系在弓背两端的有弹性的绳子。"弦木为弧"，是用牛筋之类的东西把树枝拉弯成弓。"剡木为矢"的"剡"，上文已说过，是削尖的意思。矢就是箭。在上古时代，弓箭的发明，等同于新式武器的出现，因为它可以远距离伤人，意义不容小观。有了"弧矢之利"，就可以威压天下，震慑人心，防止变乱发生。作者认为弧矢的发明，大概是从睽卦获得的启发，道理何在呢？睽卦下兑上离，有弓箭之象。虞翻说"离为矢"，而《说卦》说"兑为毁折"。南怀瑾说睽为反目之卦，象征矛盾，所以被用于说明武器制作，别为一解。

【译文】

把木拉曲为弓，把木削尖为箭，用弓箭的优势来震慑天下，这大概是从睽卦获得启发吧。

上古穴居而野处，后世圣人易之以宫室，上栋下宇，以待风雨，盖取诸大壮。

"穴居野处"是上古时代的原始人类的居住方式，现在在马坝人、山顶洞人等遗址中，还可以见到复原这种居住方式的蜡像。《系辞》认为，是"圣人"改变了这种居住方式，以屋居生活取代了穴野生活。"栋"是屋梁，"宇"是屋子四边的围墙，"待"大概应该是"御"字。从穴居野处到入住屋宇是先民生活方式的一场革命。为什么说这大概是从大壮卦获得了启发呢？大壮卦下乾上震，乾为天。从地看上去，天就像深青色的圆盖覆盖在我们头上，因此古人把天称为"苍穹"，"穹"就是圆形的屋盖。大壮从卦象来看，上有雷暴，下有屋盖，正是"上栋下宇，以待风雨"之象。

【译文】

远古的人类居住在洞穴里，生活在旷野中，后世的圣人改变了这种方式，使人住在房屋里，房屋上有栋梁、下有墙壁，可以抵御风雨，这大概是从大壮卦获得了启发吧。

古之葬者，厚衣之以薪，葬之中野，不封不树，丧期无数。后世圣人易之以棺椁，盖取诸大过。

人类各民族的葬法有所不同。有的民族用土葬，有的民族用火葬，有的民族用水葬，有的民族用天葬。古代最早的土葬之法并不用棺椁，只是用多层柴草把死者的尸体裹得紧紧的，然后"葬之中野"。"葬之中野"并不是扔在旷野不埋，而是埋后不做什么记号，哭一场就算了，这叫作"不封不树"。"不封"就是不聚土为坟，"不树"就是不植树为记。庶人"不封不树"是古代的礼制，这一点是被记载在《礼记·王制》中的。"丧期无数"是说对服丧的日子没有具体的规定。但这一点在后世发生了改变。人死下葬，不但有封有树，而且要用棺木下葬。讲究的要用棺中棺，外面一层叫作"椁"，里面一层叫作"棺"。《庄子·天下》说："古之丧礼，贵贱有仪，上下有等，天子棺椁七重，诸侯五重，大夫三重，士再重。"庶人则有棺无椁。为什么说古人造棺椁以葬死者是从大过卦获得启发呢？因为大过卦下兑上巽，兑为泽，引申为洼坑；巽为木，引申为棺材。纳棺于墓穴，正是木在洼坑之象。

【译文】

古代的丧葬，用厚厚的柴草把死者紧紧裹住，埋在旷野中，既不聚土为坟，也不植树为记，而且丧期也不一定。后世的圣人改变了这种做法，用棺椁敛尸，这大概是从大过卦获得了启发吧。

上古结绳而治，后世圣人易之以书契，百官以治，万民以察，盖取诸夬。

在文字发明之前，上古的先民以结绳的方法记事。这种记事方法在近代的一些进化较慢的民族仍保留着。原始社会的部落酋长，也是用结绳方法来记录部落内部和外部的事情，因此说"结绳而治"。后来社会进步了，文明程度提高了，文字出现了。

传说"仓颉造字"，仓颉也是后世的圣人。"书"指文字，"契"是刻契，"书契"泛指各种文字。书契的应用，给社会管理带来了很大的便利，让圣人把百官管治得很有条理，把万民的情况了解得相当清楚。《系辞》认为这大概是从夬卦获得了启发。夬卦下乾上兑，《说卦》说"乾为金"，而古代有"兑为小木，为竹"之说。古代的文字是用刀刻在简牍上的，这便是"取诸夬"的道理。

【译文】

上古时代结绳记事而能够管治社会，后代的圣人用文字记事取而代之，用以管治百官，体察万民，这大概是从夬卦获得了启发吧。

第三章

是故，《易》者，象也。象也者，像也。彖者，材也。爻也者，效天下之动也。是故，吉凶生而悔吝著也。

《易经》的核心作用是象征。卦象就是用来象征各种事物的，因此说"象也者，像也"。"彖"并不是指《彖辞》，《系辞》常以"彖"指卦辞。"材"字较难理解，高亨训为"裁"，因为卦辞裁定一卦的吉凶；而有学者则认为是材料的"材"，因为卦辞聚众义以立辞。后者可能更合原意。六爻的变动模仿的是事物的运动，因此说"爻也者，效天下之动也"。"效"是"仿"的意思。六爻发生变动，结果便可贞知。"吉凶"指预测结论，"悔吝"指实际结果；前者"生"于书内，后者"著"于书外。

【译文】

因此，《易经》是由卦象组成的，而卦象是通过图像表示出来的。卦辞就是占筮的材质。爻象反映天下万物的变化。所以吉凶会产生出来而悔吝也会显示出来。

第四章

阳卦多阴，阴卦多阳，其故何也？阳卦奇，阴卦耦。其德行何也？阳一君而二民，君子之道也；阴二君而一民，小人之道也。

按照《说卦》的"乾坤六子"理论，乾为父，统领震（长男）、坎（中男）、艮（少男）三个阳卦；坤为母，统领巽（长女）、离（中女）、兑（少女）三个阴卦。三个阳卦均由一个阳爻、两个阴爻组成，而三个阴卦均由一个阴爻、两个阳爻组成，这便是"阳卦多阴，阴卦多阳"的道理。作为"父亲"的乾卦虽是纯阳卦，作为"母亲"的坤卦虽是纯阴卦，但根据"阳极而阴生，阴极而阳生"的道理，它们都会走到自己的对立面去，同样也是"阳卦多阴，阴卦多阳"。这反映了辩证法的矛盾性。"其何故也？"是问为什么多阳的是阴卦，多阴的反而是阳卦。对这个问题，《系辞》作者做出了解释："阳卦奇，阴卦耦。""耦"通"偶"。阳卦的爻画是奇数（乾卦为三画，"三男"各为五画），阴卦的爻画是偶数（坤卦为六画，"三女"均为四画）。下文拿卦象来说"德行"。"德"指德性，"行"指品行。作者提出阳卦是"君子之道"、阴卦是"小人之道"的理论，根据是"阳一君而二民"，"阴二君而一民"。例如坎卦，中间一阳爻，上下两阴爻；而离卦却是中间一阴爻，上下两阳爻。这种讲法，是按照阳为君、阴为民的理论立说的。为什么说"一君而二民"是"君子之道"，而"二君而一民"是"小人之道"呢？古代本就有"天无二日，国无二君"之说，如果一个国家有两位君主，那就出乱子了。即使在民主时代，领导人也只能有一个，副的是用来当预备或起辅佐作用的。

【译文】

阳卦阴爻居多，阴卦阳爻居多，这是什么原因呢？阳卦的爻画是奇数，阴卦的爻画是偶数。它们的德行怎么样呢？阳卦是一个君王两个臣民，体现的是君子之道；阴卦是两个君王一个臣民，体现的是小人之道。

第五章

《易》曰："憧憧往来，朋从尔思。"子曰："天下何思何虑？天下同归而殊涂，一致而百虑。天下何思何虑？日往则月来，月往则日来，日月相推而明生焉。寒往则暑来，暑往则寒来，寒暑相推而岁成焉。往者屈也，来者信也，屈信相感而利生焉。尺蠖之屈，以求信也。龙蛇之蛰，以存身也。精义入神，以致用也。利用安身，以崇德也。过此以往，未之或知也。穷神知化，德之盛也。"

"憧憧往来，朋从尔思"是咸卦九四的爻辞。这话是说一个人心里不安，拿不定主意，一个想法去了，一个想法又来，而朋友也跟着他想来想去。围绕这句爻辞，孔子做了发挥。他从"往来"二字，想到了思想集中、专一的问题。他说："天下人到底思考、顾虑什么呢？天下人走的是不同的道路，而归宿往往是相同的；天下人对事情的想法可能有多种多样，但目标常常是一致的。"涂"就是"途"。这是古代的名言，对后世有很大的影响。孔子接着说，太阳与月亮的运动是交错的，一个去了一个来，正是它们的相互推移导致了光明的产生，正如寒暑交替导致了岁月的形成。孔子想表达的意思是，人苦苦思虑，而结果只能获得少部分人的认同，而大自然循常轨运行，就能感应万物。对什么是"往"、什么是"来"，孔子提出了他的独特见解，他说，往就是屈，来就是伸（"信"是"伸"的通假字）。之所以这么说，是因为"往来"像"屈伸"一样，是矛盾的对立面。只有"屈信（伸）相感"即矛盾运动，利益才会产生。就像股票，有跌就有涨，有涨就有跌，涨跌之间，便是获利的机会。"尺蠖"是一种小虫，爬行时身体一屈一伸，像是在量尺寸，因而得名。孔子说它屈曲身体是为了伸展，正像龙蛇冬眠蛰伏是为了保命。这是以生物世界的情形来讲以退为进的哲学。孔子又从实用的角度说，把事物的精义研究到入神的地步，是为了致用；利用所掌握的知识安身立命，是为了崇德。这是人文层面的问题，孔子说超过了这个层面进行讨论，比如说讨论神鬼，他就很难说出个所以然来了。如果有谁能做到穷究神妙、了解各种变化，什么都很清楚，那就了不起，称得上是盛德大业了。

【译文】

《易经》说："憧憧往来，朋从尔思。"孔子说："天下的人到底思考些什么顾虑些什么呢？天下人同归于一个结果而走的路径不同，同归于一个目的而有一百种不同的考虑。天下人到底在思考些什么忧虑些什么呢？太阳去了月亮来，月亮去了太阳来，太阳、月亮交相推移，于是光明就产生了。冬寒去夏暑来，夏暑去冬寒来，冬寒夏暑交相推移，于是岁月就形成了。往是屈缩，来是伸展，屈缩伸展交相感应，利益就产生了。尺蠖的屈缩，是为了求伸展；龙蛇的蛰伏，是为了保存身体。研究事物的精粹意义到了神妙的境界，是为了有所应用。利用获得的知识安身立命，是为了崇尚德业。超过这个层面的问题，就不怎么了解了。如果能穷究神妙、清楚变化，那是盛大的德业。"

《易》曰："困于石，据于蒺藜，入于其宫，不见其妻，凶。"子曰："非所困而困焉，名必辱；非所据而据焉，身必危。既辱且危，死期将至，妻其可得见耶？"

"困于石，据于蒺藜，入于其宫，不见其妻，凶"是困卦六三的爻辞，说的是进退失据者的狼狈。占筮到这一爻，被认为很糟糕。这个人事业失败，躲在乱石堆里，地上到处都是有刺的蒺藜，返回家里，老婆也下落不明了，境况很悲惨。对此孔子用嘲讽的口气说，困卦六三之凶，来自"困"与"据"，均非其处，在不该困的地方被困，在不该立足的地方立足，都违背了事物的正道，因此名辱身危妻失就不奇怪了。这是"自作孽，不可逭"的意思。

【译文】

《易经》说："困于石，据于蒺藜，入于其宫，不见其妻，凶。"孔子说："在不该被困的地方被困，名声必定受辱；在不该立足的地方立足，身体必定危险。名辱身危，死亡的日子就要来了，妻子有可能见得到吗？"

《易》曰："公用射隼于高墉之上，获之，无不利。"子曰："隼者，禽也；弓矢者，器也；射之者，人也。君子藏器于身，待时而动，何不利之有？动而不括，是以出而有获。语成器而动者也。"

"公用射隼于高墉之上，获之，无不利。"是解卦上六的爻辞，爻辞呈现的是一幅猎鸟的画面。"隼"是鹞鹰一类的禽鸟。"墉"是用土堆起来的地方，像高台，在上面射鸟，射程就拉近了。对此，孔子从猎物、器具与猎人三者的关系说明了"藏器于身，待时而动"的道理。意思是，一个人做事能成功，必须目标明确，计划周到，准备充分，用人得当。"括"是阻滞，"动而不括"就是行动很利索。"成器"的意思，是准备完备的工具。

【译文】

《易经》说："公用射隼于高墉之上，获之，无不利。"孔子说："隼，是禽鸟；弓矢，是器具；执弓而射的，是人。君子把器具收藏在身上，等待时机而行动，还有什么不利的呢？行动而不阻滞，因此出手就有收获。这说的是那种准备了完备的工具而行动的人。"

子曰："小人不耻不仁，不畏不义，不见利不劝，不威不惩。小惩而大诫，此小人之福也。《易》曰'屦校灭趾，无咎'，此之谓也。善不积不足以成名，恶不积不足以灭身。小人以小善为无益而弗为也，以小恶为无伤而弗去也，故恶积而不可掩，罪大而不可解。《易》曰：'何校灭耳，凶。'"

孔子是圣人，对善恶都能了然于胸。在这段话中，他指出了小人的种种特征，包括"不耻不仁""不畏不义""不见利不劝""不威不惩"等。小人的心理就是这样，纯用仁义之道是教不好他的，必须要使他有利可图，让他感到害怕。但是小人也有小人的福气，就是能做到"小惩而大诫"，因为害怕，就不至于闯大祸。孔子是从噬嗑卦初九爻辞"屦校灭趾，无咎"而悟到这个道理的。下文则是孔子看到噬嗑卦上九爻辞"何校灭耳，凶"的感想，大意是善与恶的累积都有一个过程，小人因为认识不到这个道理，所以不屑于做小的好事，又不断做小的坏事，从而使恶行累积到掩盖不了的地步。刘备在白帝城托孤时，要求儿子阿斗（刘禅）"莫以善小而不为，莫以恶小而为之"，这句话的精神便是从这里来的。"何校灭趾"意思是套着木枷，遮没了脚趾。"何校灭耳"意思是扛着木枷，遮没了耳朵（也有人认为是失去了耳朵）。

【译文】

孔子说："小人不懂羞耻不讲仁爱，不知畏惧不讲义气，看不见利益不听从规劝，不加威吓就不懂得惩戒。但从小的惩罚中获得大的告诫，这是小人的福气。《易经》说'屦校灭趾，无咎'，说的就是这了。善行不累积，不足以成大名；恶行不累积，不足以丢性命。小人认为小善行没有益处，因而不去做，认为小恶行没有危害而不戒掉它，因此恶行累积到了不可掩盖的地步，罪行大到不可消解的地步。《易经》说：'何校灭耳，凶。'"

子曰："危者，安其位者也；亡者，保其存者也；乱者，有其治者也。是故君子安而不忘危，存而不忘亡，治而不忘乱，是以身安而国家可保也。《易》曰：'其亡其亡，系于苞桑。'"

在这段讨论中，孔子围绕否卦九五爻辞"其亡其亡，系于苞桑"，从正反对比，阐述了居安思危的道理，反映了他心中的忧患意识。他说危险从安全中出，灭亡从保存中来，祸乱从太平中生，因此要有预防观念。君子使个人平安、国家不坠的诀窍，在于安不忘危，存不忘亡，治不忘乱。"其亡其亡，系于苞桑"，意思是就要灭亡了，今已挂到了苞桑上。

【译文】

孔子说："危险，就发生在安于其位者；灭亡，就发生在自以为能保其存者；衰乱，就发生在曾有过太平局面者。因此君子在安全时不忘危险，在生存时不忘死亡，在太平时不忘衰乱，这样才个人平安而国家得以保存。《易经》说：'其亡其亡，系于苞桑。'"

子曰："德薄而位尊，知小而谋大，力小而任重，鲜不及矣。《易》曰：'鼎折足，覆公铼，其形渥，凶。'言不胜其任也。"

鼎卦九四爻辞是"鼎折足，覆公铼，其形渥，凶"，意思是用于烹饪的鼎器折断了脚，结果倾覆了王公的珍膳，样子很龌龊，局面凶险。孔子从这个爻象中获得启发，对德不配位、智不谋大、力不任重的人进行了批评。"鲜不及"的意思，是很少不及祸。

【译文】

孔子说："德行浅而地位高，智慧小而谋划大，能力小而委任重，这样很少有不出问题的。《易经》说：'鼎折足，覆公铼，其形渥，凶。'就是说能力不能胜其所任。"

子曰："知几其神乎？君子上交不谄，下交不渎，其知几乎？几者，动之微，吉之先见者也。君子见几而作，不俟终日。《易》曰：'介于石，不终日，贞吉。'介如石焉，宁用终日？断可识矣。君子知微知彰，知柔知刚，万夫之望。"

孔子从君子"知几"的角度，对豫卦六二爻辞"介于石，不终日，贞吉"的意义进行了发挥。爻辞的意思是"比石头还硬，不整日溺于安乐，正道吉利"。"知几"就是了解机微。一般来说，"几"同"机"。不过这两个字也有一点差别："机"是有形的，"几"是无形的。"上交"指与比自己地位高的人来往；"谄"是谄媚，即低三下四、拍马逢迎。"下交"指与比自己地位低的人来往；"渎"是轻慢，瞧不起人。总之，"君子之交淡如水"，与人交接，应当不亢不卑。能做到这样，也是知几吧？孔子在这里用疑问口气表示肯定。他又说，所谓"几"，是动的微妙之处，也是吉祥先显露之处。君子见到了有利的机会应当拿出"介于石"的果敢，当机立断，马上动作，而不必等考虑了一整天才下决心。"知微知彰"是说既能从小处入手也能从大处着眼，"知柔知刚"是说该柔时柔该刚时刚，该进时进该退时退。君子正因为这么有见识有气魄，所以能成为万众景仰的人物。整段文字言吉不言凶，是因为知几有向吉背凶的意义。

【译文】

孔子说："能了解机微者很神吧？君子与上交往不谄媚，与下交往不轻慢，这类人知道机微吧？机，是动的微妙之处，也是吉祥先显露之处。君子见到有利之机就会动作，而不必终日考虑。《易经》说：'介于石，不终日，贞吉。'既然坚硬如石头，哪里会终日考虑？立断就可以识得怎么办了。君子懂得细微也懂得显著，懂得柔顺也懂得刚强，是众人所景仰的人物。"

子曰："颜氏之子，其殆庶几乎？有不善，未尝不知；知之，未尝复行也。《易》曰：'不远复，无祗悔，元吉。'"

颜氏之子指的是孔子的学生颜回。根据《论语·雍也》记载，孔子对他最为满意，评价很高，说他"不迁怒，不贰过""敏于事而慎于言""其心三月不违仁"，这样的品行，不是一般人能拥有的。他先孔子而去世，孔子对他的早逝极为悲痛，哀叹说："噫！天丧予！天丧予！""其殆庶几乎"意思是他差不多算得上接近完美了吧。"有不善，未尝不知；知之，未尝复行也"说的是他的"不迁怒，不贰过"。"不远复，无祗悔，元吉"是复卦初九的爻辞，意思是从不远的地方回来，没有悔恨，大吉大利。

【译文】

孔子说："颜回这个年轻人，差不多算得上完美了吧？他有不好的地方，未尝不知道；知道了，不会再犯。《易经》说：'不远复，无祗悔，元吉。'"

"天地纲缊，万物化醇。男女构精，万物化生。《易》曰：'三人行，则损一人；一人行，则得其友'，言致一也。"

"三人行，则损一人；一人行，则得其友。"是损卦六三的爻辞。"孔子"认为，这段爻辞的核心是强调"致一"，并用天地、男女以一合一实现万物化醇与化生的道理来说明问题。"天地纲缊，万物化醇。男女构精，万物化生"这四句话关注的是生命的诞生问题，影响很大。"纲缊"指阴阳二气弥漫交融的状态。需注意的是，在这里"天地"泛指阴阳，"男女"则包括一切生物的性别。

【译文】

"天地融和弥漫，万物化育醇厚。雌雄交流精气，万物化育产生。《易经》说：'三人行，则损一人；一人行，则得其友。'说的是要达到一致。"

子曰："君子安其身而后动，易其心而后语，定其交而后求。君子修此三者，故全也。危以动，则民不与也；惧以语，则民不应也；无交而求，则民不与也。莫之与，则伤之者至矣。《易》曰：'莫益之，或击之，立心勿恒，凶。'"

这一段，是孔子读益卦初九爻辞"莫益之，或击之，立心勿恒，凶"的心得。爻辞是说，不仅没有人来帮助、增益，反而有人来攻击。问题出在心志不恒久上，因此凶险。他据此而提出君子处事应遵循的三项原则：自身安定才能行动，调整心态才能说话，确立交情才能求人。为什么要这样做？道理很明白：在危险时行动，老百姓不会参与；用言语来进行恐吓，老百姓不会理睬你；没有交情而求人，老百姓不会配合你。如得不到支持，所受的伤害就会达到极点。

【译文】

孔子说："君子先自身安定然后才行动，先调整心态然后才说话，先确立交情然后对人有求。君子能遵循这三项原则，因此考虑事情很周全。危险时行动，则民众不会参与；以言语来进行恐吓，则民众不会回应；没有交情而要求，则民众不会配合。如得不到支持，所受的伤害就会达到极点。《易经》说：'莫益之，或击之。立心勿恒，凶。'"

第六章

子曰：“乾坤，其《易》之门邪？乾，阳物也；坤，阴物也。阴阳合德而刚柔有体，以体天地之撰，以通神明之德。其称名也，杂而不越。于稽其类，其衰世之意邪？”

“乾坤，其《易》之门邪”是疑问语气，但实际上是孔子的肯定判断。为什么他认为乾坤两卦是《易经》的门户呢？阴阳相易，出于乾坤。乾与坤是宇宙间最大的阴阳，乾成为阳类事物的象征，坤成为阴类事物的象征。“阴阳合德”与“刚柔有体”是赞扬以乾坤两卦为中心而生成的六十四卦对阴阳道理阐释之神妙和对刚柔物体拟象之广泛。这些卦的产生，既是为了体现天地的创造，也是为了反映神明的功德。卦的命名，看上去包罗万象，其实并没有繁杂到过度的程度。卦爻辞有不少忧患警惕之语，因此孔子又说，稽考其事类有衰世的意味。衰世就是乱世。

【译文】

孔子说：“乾、坤两卦，不就是《易经》的门户么？乾，是阳性事物的象征；坤，是阴性事物的象征。阴阳交互作用，刚柔便有了形体，卦是出于体现天地的创造、显示神明的功德的目的发明的，它们的命名，复杂但不过度。稽考它们的事类，是不是有衰世的意味呢？”

子曰：“夫《易》，彰往而察来，而微显阐幽。开而当名，辨物正言，断辞则备矣。其称名也小，其取类也大；其旨远，其辞文；其言曲而中，其事肆而隐。因贰以济民行，以明失得之报。”

对于《易经》为什么而作的问题，孔子的答案是彰往察来与微显阐幽。“彰往”是彰明以往，“察来”是体察未来；“微显”（似应作“显微”）是显示微妙，阐幽是揭示幽隐。前一句是从时间的角度看问题，后一句是从空间的角度看问题。至于说到解释意思恰当，辨析事物用语正确，判断之辞可以说应有尽有。“开”是开启、解释，“当名”是名义相符，“正言”是用语正确，“断辞”是断占之辞。他又称扬《易经》，说它所提及的名物很细小，但是所取喻的事类很宏大。它的意旨深远，宏通古今；它的修辞雅致，极有文采。它的用语委曲而恰如其分，它的用事放达而内容隐奥。这几句话，后来作为一种文学主张而被司马迁的《史记》与刘勰的《文心雕龙》所袭用，明代的茅坤在《唐宋八大家文钞总序》中说"斯固所以教天下后世为文者之至也"。"因贰"之"贰"指阴阳，即是说要从正反两个方面帮助百姓行动。"失得之报"就是吉凶之报，这是暗指占筮的作用。

【译文】

孔子说："《易经》的功用，在彰明以往而察看未来，在显示微妙而揭示幽隐。在解释意思名实相符、辨析事物正确用语方面，《易经》的判断词语应有尽有。它所称呼的物名细小，它所取喻的事类弘大；它的意旨深远，它的修辞雅致；它的用语委曲而恰如其分，它的用事通达而隐奥。因应阴阳以帮助民众行动，从而体现吉凶的报应。"

第七章

《易》之兴也，其于中古乎？作《易》者，其有忧患乎？是故，履，德之基也。谦，德之柄也。复，德之本也。恒，德之固也。损，德之修也。益，德之裕也。困，德之辨也。井，德之地也。巽，德之制也。

按照伏羲造八卦之说，《易经》产生于上古，《系辞》为什么说"中古"呢？原来这里说的是"《易》之兴"，而不是"《易》之创"。根据周文王把八卦迭为六十四卦并作卦辞与爻辞的传说，《易经》流行是在殷周之际，即中古。周文王演《易》时正蒙大难，被商纣王囚在羑里（河南汤阴一带）长达七年，靠韬光养晦才捡回了一条命，因此《系辞》说他有忧患意识。明夷卦的《彖辞》便说："内文明而外柔顺，以蒙大难，文王以之。"上文第六章提到《易经》中有"衰世之意"，便是忧患意识的反映。下面，《系辞》作者以九个卦为例阐明上述观点。第一个是履卦。履卦象征循礼，循礼是道德的基础，因此说履是"德之基"。第二个是谦卦。谦卦象征谦虚，人能谦虚，就等于握住了道德的柯柄，因此说谦是"德之柄"。第三个是复卦。复卦象征回复，回复就是回归原本之地，因此说复是"德之本"。第四个是恒卦。恒卦象征恒久，恒守不变、始终如一是道德坚固的体现，因此说恒是"德之固"。第五个是损卦。损卦象征减损，有"损所当损"之义，损不善意味着改正错误，提升修养，因此说损是"德之修"。第六个是益卦。益卦象征增益，施益于外的过程实际上就是增德于内的过程，因此说益是"德之裕"。第七个是困卦。困卦象征困厄，困厄时最能检验人的品德操守，因此说困是"德之辨"。第八个是井卦。井卦象征汲取，有"涵养不穷"之义，是最值得居守的地方，因此说井是"德之地"。第九个是巽卦。巽卦象征顺从，顺从什么？顺从道德规范的要求，因此说巽是"德之制"。在这里，作者表达了"修德防患"的思想。

【译文】

《易经》的成书，大约在中古时代吧？创作《易经》的人，大约有忧患意识吧？因此之故，履卦，是道德的根基。谦卦，是道德的握柄。复卦，是道德的根本。恒卦，是道德的稳固。损卦，是道德的修正。益卦，是道德的增益。困卦，是道德的检验。井卦，是道德的地域。巽卦，是道德的制度。

履，和而至。谦，尊而光。复，小而辨于物。恒，杂而不厌。损，先难而后易。益，长裕而不设。困，穷而通。井，居其所而迁。巽，称而隐。

下面是对上述九个卦特点的归纳总结：履，"和而至"，能通过和顺达到目标，因为和顺就没有阻力。"至"是到达了想到达的地方。谦，"尊而光"，受人尊重而光芒四射，因为谦虚作为美德广受欢迎。复，"小而辨于物"，"小"指此卦以一阳遇五阴；说它能辨物，是因为复意味着知不正。恒，"杂而不厌"，杂乱而不懈怠；"乱"指环境，"厌"是生倦之意。损，"先难而后易"，自损不善为"难"，自损而获益为"易"。益，"长裕而不设"，"长裕"是长久地施惠于人，"不设"的意思并不是做样子。困，"穷而通"，穷则思变，思变则通。井，"居其所而迁"，这一说法与井卦的卦辞相冲突，可能"迁"前脱了个"不"字，因为井的位置是固定不变的。巽，"称而隐"，"称"是合适，"隐"是不张扬，因为风的行动特征是因势利导的。

【译文】

履，因和顺而达至目标。谦，受人尊重而光辉闪耀。复，虽小而能辨别事物。恒，杂乱而不懈怠。损，起先困难后来容易。益，长施于人不做摆设。困，艰难导向通达。井，位置固定而施泽他方。巽，合适而不张扬。

履以和行，谦以制礼，复以自知，恒以一德，损以远害，益以兴利，困以寡怨，井以辩义，巽以行权。

"履以和行"，就是循礼而行。"谦以制礼"，系由于它是"德之柄"。"复以自知"，"知"是知不正。"恒以一德"，也就是恒守不变。"损以远害"，"损"本来是"害"，说"远害"，是因为自损不善就是修身避害。"益以兴利"，益卦之用，在益人益己，两全其美。"困以寡怨"，穷困是一种人生历练，因此君子遇困不怨天尤人。"井以辩义"，井养体现了济人之理，因此说"辩义"，"辩"同"辨"。"巽以行权"，巽之用在因势利导，随机应变，用合适的手段实现目的。

【译文】

履卦，教人和顺行事。谦卦，教人制定礼仪。复卦，教人懂得自知。恒卦，教人始终如一。损卦，教人远离害咎。益卦，教人多做好事。困卦，教人不生怨心。井卦，教人明辨道理。巽卦，教人懂得权变。

第八章

《易》之为书也，不可远；为道也，屡迁。变动不居，周流六虚，上下无常，刚柔相易，不可为典要，唯变所适。其出入以度，外内使知惧，又明于忧患与故。无有师保，如临父母。初率其辞而揆其方，既有典常，苟非其人，道不虚行。

《系辞》又说，《易经》作为一部书，不可搁在一边，而应时常阅读、研究，因为它与人们的生活息息相关。"远"有冷落、疏远的意思。不过，阅读、研究，方式不宜生硬呆板，因为《易经》是一本讲变化的书，它本身的道理也是在不断变化中的，其学问是活学问而不是死学问。"变动不居，周流六虚"是说变动不停，周流于六个地方。变动、周流的主体是什么？《系辞》没有明确，不说是由于它是双关的。从狭义的角度看，这是说阴爻、阳爻在六个爻位上变个不停；从广义的角度看，这是说《易》之理灵活体现在东、西、南、北、天、地六合中。变化是上下没有定准的，阴阳会相互变化，因此不能把什么典籍都视为金科玉律，一切都要依变化来定。"其出入以度，外内使知惧"，"出入"与"外内"为互文。"出"即"外"，"入"即"内"，"外内"指隐显。《系辞》认为《易经》在讨论行藏之理时是有分寸的，它讲隐显之道的目的是让人懂得戒慎，而且它知道忧患及其原因，因此，研究过它的人虽然没有师保教导，也像待在父母身边一般。"师""保"都是古代负责教习贵族子弟的长辈。《系辞》又说，研习《易经》的一般方法是从其卦爻辞入手然后揣摩其方法、道理，对应该怎样做，经文已经提供了基本准则，但是研习者先要有悟性，假若习非其人，易道不会凭空推行开来。

【译文】

《易经》作为书是不可疏远的，作为道理是不断变迁的。爻变个不停，周转在六个爻位中，上下并无定准，刚柔相互交换，但不可以把什么典籍的说法都当成金科玉律，一切都要依变化来定。《易经》说出入之道讲求分寸，讲外内之理是为了让人懂戒慎，它又了解忧患及其原因，因此虽然没有师保教导，却像待在父母身边。研习《易经》，最初应从卦爻辞入手揣摩它的道理，经文里面有基本法则，不过假使研习者不是合适的人，易道不会凭空而行。

第九章

《易》之为书也，原始要终，以为质也。六爻相杂，唯其时物也。其初难知，其上易知，本末也。初辞拟之，卒成之终。若夫杂物撰德，辨是与非，则非其中爻不备。噫！亦要存亡吉凶，则居可知矣。知者观其彖辞，则思过半矣。二与四，同功而异位，其善不同。二多誉，四多惧，近也。柔之为道，不利远者，其要无咎，其用柔中也。三与五，同功而异位，三多凶，五多功，贵贱之等也。其柔危，其刚胜邪？

那么《易经》作为一部书，主要起些什么作用呢？《系辞》的答案是"原始要终，以为质也"。"原始"是推求开端；"要终"是总括结果，"要"意思是归纳。"质"，本来是指卦体，这里指卦爻的本质。因为《易经》以卦爻来象征各种事物，所以，卦爻的本质实际上就是它们所象征的事物的本质。下面讲述卦的应用方法。六爻阴阳交错，看起来很复杂，实际上它们都是与特定的时间与特定的事物相联系的，一反映合不合时宜，二说明事物的状况。"时物"关系，实际上就是"时空"关系。六爻中初爻之象较难理解，相对来说上爻就比较容易把握，这是为什么呢？因为这两爻代表事情的本与末。事始于微而终于著，因此开始时不容易了解情况，结束时就比较容易了解。初爻的爻辞一旦拟定，终爻差不多就完成了。"卒成之终"的"卒"，是"了"的意思。至于说到了解复杂事物和确定其性质，辨别是非，那就非用到中间之爻不可了。"辩"通"辨"。从下文的讨论可悉，"中爻"是指第二至第五爻，有人认为指第二、第五两爻，显然错了。如果还要了解存亡吉凶，待在家里就可以做到。"则居可知矣"的意思是，在家里头算一卦就能获得结果了。"知者"即"智者"，指聪明人。聪明人看了一卦的"彖辞"，掌握大意就已过半。"彖辞"在这里不是指各卦的《彖辞》，而是指卦辞。上传第二章说"彖者，言乎象者也"，指的也是卦辞。第二爻与第四爻，作用相同而位置不同，它们的利害得失也就不同。第二爻通常多赞扬的话，第四爻通常多警告的话，这是为什么？《系辞》说是因为"近也"。"近"什么，没有说。从文意来看，显然是指近第五个爻位——君位。古话说"伴君如伴虎"嘛！"柔之为道，不利远者"，意思是说，阴柔的道理是近比承阳，如果做不到这一点又想无咎，那就只有做到柔顺与中庸了。"用柔中"这句话，是针对第二爻而言的，包含很深刻的哲理。同样，第三爻与第五爻，作用相同而位置不同，第三爻多反映凶险之辞，第五爻多颂扬功绩之辞，是由于爻的贵贱等级不同造成的。这是说第五爻作为君爻在位置上要尊于第三爻。最后《系辞》作者提出了一个问题：莫非阴爻居阳位就危险、阳爻居阳位就胜任么？这是在用疑问语气来表达肯定的结论。

【译文】

《易经》作为一部书，是为了推求开端、总括结果，从而了解卦体的本质。至于六爻阴阳相互交错，只是与特定的时间与事物发生联系。初爻爻象较难理解，上爻爻象较容易把握，原因就在必须了解事情的本与末。初爻爻辞一拟定，意义到上爻就完整了。如果要了解复杂的事物，确定它的属性，辨别个中的是非，离开中间几爻就办不到了。噫，若还要了解存亡吉凶的结果，待在家里推求卦象爻象就可以知道。聪明的人观看卦辞，多半就能了解全卦的意义。第二爻与第四爻，作用相同而位置不同，得失也不同。第二爻多赞誉之辞，第四爻多戒慎之辞，后者因为近君位。阴柔的道理，本不利于远，第二爻要实现无咎，就只能做到柔顺与中庸。第三爻与第五爻，也是作用相同而位置不同，第三爻多凶险之辞，第五爻多表示功绩之辞，这是贵贱等级不同造成的。难道阴爻居阳位就危险、阳爻居阳位就胜任么？

第十章

《易》之为书也，广大悉备：有天道焉，有人道焉，有地道焉。兼三才而两之，故六。六者，非它也，三才之道也。道有变动，故曰爻；爻有等，故曰物；物相杂，故曰文；文不当，故吉凶生焉。

大家都说，《易经》作为一部书，具有涵盖面广大、内容应有尽有的特点，这是为什么呢？因为它的道理，覆盖了天、地、人三个层面，即古人所说的"三才"。伏羲创卦，原本只有三爻，恰好与三才相对应；后来周文王为了后天之用，"因而重之"，把一个卦变成了六爻，如何解释他这样做的道理呢？这样做之后，易卦还能与三才发生联系么？对此问题，《系辞》在这一章给出了答案："兼三才而两之，故六。""两"，就是阴阳。世间万物都分阴阳，三才也不例外。因此，"六者，非它也，三才之道也"。天道、地道、人道都在变化中，因此，圣人设爻来模拟道的变化；而爻有贵贱尊卑之别，因此能象征万物；事物纷繁复杂，呈现出各色各样的文理来；而文理之用，有当有不当，于是吉凶就产生了。

【译文】

《易经》作为一部书，涵盖广大，内容完备，既有天的道理，也有人的道理，还有地的道理。因为天、地、人三才都有阴、阳两种属性，所以每卦六爻。六不是其他，是三才的道理。道有变化运动，因此有爻；爻有等级，能象物类；事物相杂，产生文理；文有当与不当，吉凶就产生了。

第十一章

《易》之兴也，其当殷之末世、周之盛德邪？当文王与纣之事邪？是故其辞危。危者使平，易者使倾，其道甚大，百物不废。惧以终始，其要无咎，此之谓《易》之道也。

下经第七章猜测"《易》之兴，其于中古乎"，这一章则具体说兴于"殷之末世、周之盛德"，说的是周文王与商纣王时的事情。因此它的卦爻辞有浓重的惧危色彩。作者从这里悟出了一个对百物都通用的大道理，这就是"危者使平，易者使倾"，意思是警戒能导向平安，安逸会达至倾覆。有人把"易"理解为"变动"，把"易者使倾"译为"变动中容易倒下来"，这是错误的。《系辞》认为，应始终如一地以敬慎态度对待事物，首要是做到无咎，这就是《易经》的道理。

【译文】

《易经》的兴起，应当是在殷朝末世、周代兴盛的时期吧？所记应是周文王与商纣王时的事吧？因此它的卦爻辞具有警戒的色彩。警戒能实现平安，安逸会导致倾覆，其中的道理宏大，许多事物都不能例外。始终警觉戒备，首要是没有灾殃，这就是《易经》的道理。

第十二章

夫乾，天下之至健也，德行恒易以知险；夫坤，天下之至顺也，德行恒简以知阻。能说诸心，能研诸侯之虑，定天下之吉凶、成天下之亹亹者。

上传第一章说"乾以易知，坤以简能"，这一章开始，则从一个特殊的视角论述了乾之"知"与坤之"能"，前者是"恒易以知险"，后者是"恒简以知阻"。作为"天下之至健"的乾在发挥其化生万物的功能时，一方面所向披靡，一方面又懂得知险而行。就是说既要进取，也要避险。作为"天下之至顺"的坤配合乾化生万物的功能时，一方面自然简单，另一方面又懂得知阻而行。就是说既要能动配合，也要考虑困难。下一句省掉了主语，有人认为是乾坤的德行，但笔者认为应是指《易经》这部书。《易经》是一部什么样的书呢？是一部"能说诸心，能研诸虑"的书。"能说诸心"是说能使人心身愉悦，"说"即"悦"；"能研诸虑"是说能为人排忧解难，"侯之"二字是衍文。是一部能"定天下之吉凶、成天下之亹亹"的书。后面这两句话在上传第十一章出现过，上文已解释。

【译文】

乾，是天下最刚健的，它的德行是恒久变化而知道艰险；坤，是天下最和顺的，它的德行是恒久简单而知道障碍。《易经》，能愉悦心情，能研究顾虑，能确定天下万物的吉凶，促成天下人们的勤勉。

是故变化云为，吉事有祥，象事知器，占事知来。天地设位，圣人成能。人谋鬼谋，百姓与能。八卦以象告，爻彖以情言。刚柔杂居，而吉凶可见矣。变动以利言，吉凶以情迁，是故爱恶相攻而吉凶生，远近相取而悔吝生，情伪相感而利害生。凡《易》之情，近而不相得则凶，或害之，悔且吝。

"变化云为"，"变化"是指自然界的变动状态，"云为"则是指人类的言语、行为。"吉事有祥，象事知器，占事知来"，意思是吉利的事情会有其祥瑞，通过卦爻的象征方法可以了解器物的情状，利用占筮手段可以贞知未来。这些说法，与上传第十章所说的"《易》有圣人之道四焉，以言者尚其辞，以动者尚其变，以制器者尚其象，以卜筮者尚其占"，意思接近。而通过"天地设位"——以天地为喻象确定上下关系，圣人成就了模仿自然的功业。"成能"，暗指撰制了《易经》。《易经》作为一部筮书，本来就是为了沟通人与鬼神的想法而撰制的，而老百姓由于懂得占筮跟着变得能干了，所以说"人谋鬼谋，百姓与能"。"八卦以象告"，"象"指卦象；"爻象以情言"，"爻象"指爻辞与卦辞，"情"指事物的情状。"刚柔杂居"，是说阴爻、阳爻交错地处在不同的爻位，而通过观察它们的情状，吉凶就可以看出来了。变化运动，是从有没有好处的角度来讨论的；吉利凶险，会因情势而变化，不会总是老样子。因此在爱恶的冲突中吉凶就产生了，在远近的取舍中悔吝就产生了，在情伪的感应中利害就产生了。"爱恶"指爻与爻异性相吸、同性相斥；"远近"指爻位的"亲比"与"远隔"；"情伪"就是真假。作者总结说，大略言之，《易经》的情状，如果相邻的两爻不能亲近的话，就凶险或有害，必生悔吝。

【译文】

因此，自然界的变化状态与人类的言语、行为，都是吉利的事会有祥瑞，通过卦爻之象可以了解器物的情状，利用占筮手段可以贞知未来。通过以天地确定尊卑之位，圣人成就了其功能。人在谋划时能沟通鬼神，这样老百姓也变得有能耐了。八卦通过象来告知结果，爻辞根据情势做出判断，阴爻、阳爻交错在不同爻位中，吉凶就可以看出来了。变化运动是从得失的角度去认识的，吉祥凶险会因情势而变迁，因此在爱恶的冲突中吉凶就产生了，在远近的取舍中悔吝就产生了，在真假的感应中利害就产生了。大略言之，《易经》的情状是这样的，如果两爻相邻而不能亲近的话，就有凶险或有害，徒添悔吝。

将叛者其辞惭，中心疑者其辞枝，吉人之辞寡，躁人之辞多，诬善之人其辞游，失其守者其辞屈。

章末援举"人情"来印证"物义"，以六类人的言语特点来分析人的一般心理。"将叛者其辞惭"，"辞惭"，是由于心中有鬼。"中心疑者其辞枝"，"辞枝"，意思是言语分歧散乱。"吉人之辞寡"，"吉人"指有福气的人，这类人因为涵养好而不急于表达，所以"辞寡"。"躁人之辞多"，"躁人"是急性人，表现与"吉人"恰恰相反。"诬善之人其辞游"，"辞游"就是说话游移不定，所以有此表现，是因为心术不正。"失其守者其辞屈"，"辞屈"就是无话可说。人没有骨气，还说什么呢？

【译文】

将要背叛的人说话会有惭意，心有疑虑的人说话会分歧散乱，有福气的人说话少，浮躁的人说话多，诬赖好人的人说话游移不定，失去操守的人往往语塞。

说卦

第一章

　　昔者，圣人之作《易》也，幽赞于神明而生蓍，参天两地而倚数，观变于阴阳而立卦，发挥于刚柔而生爻，和顺于道德而理于义，穷理尽性以至于命。

　　"圣人"是指始画八卦爻的伏羲与把八卦演为六十四卦并作筮辞的周文王。他们在创作《易经》的时候，"幽赞于神明而生蓍"，"幽"是深，"幽赞"便是深深感叹；"神明"指天地的造化；"生蓍"是创造出用蓍草演算的筮法。"参天两地而倚数"，"参天两地"是指在五行的五个生数（一、二、三、四、五）中，有三个阳数（一、三、五）和两个阴数（二、四），"参"同"叁"；"倚数"指运用阴阳数理。下面几句，是说圣人从阴阳的交互运动中观察事物的变化之道从而设立了卦象，然后把变化之道发挥在因刚柔而产生的爻中，这种变化之道与道德一致，并且合乎义的要求，因此能穷究物理，尽研其性质以至于命运。"和顺于道德"，是说与道德不相违背；"理于义"，是说符合义之理。

　　【译文】

　　从前的圣人在作《易经》的时候，深叹自然的神奇从而发明了用蓍草为筹算的筮法，依靠天数为奇、地数为偶的数理，通过观察阴阳变化而设立卦象，通过发挥刚柔之义而创造爻象，它们与道德相向并疏通了物义，因此能穷究物理，尽研其性质以至于命运。

第二章

昔者，圣人之作《易》也，将以顺性命之理。是以立天之道，曰阴与阳；立地之道，曰柔与刚；立人之道，曰仁与义。兼三才而两之，故《易》六画而成卦。分阴分阳，迭用柔刚，故《易》六位而成章。

本章解释了《易经》的重卦为何有六个爻位的问题。它说往昔的圣人在作《易经》的时候，即考虑到要顺乎"性命之理"。"性"是指生物的存在属性；"命"为天之所赋，体现为生存时间的长短。如果用以讲人，则"性"是精神的存在状态，"命"是肉体的存在状态。因为要顺乎"性命之理"，所以把天的道理确立为阴与阳，把地的道理确立为柔与刚，把人的道理确立为仁与义，三才相互呼应。"兼三才而两之"，是说三才也有阴阳二体，这就是《易经》六画成卦的道理。由于能分辨阴位和阳位，迭用柔爻与刚爻，因此，《易经》通过六个爻位来显示文采。类似说法也见于《系辞》下传第十章。

【译文】

从前的圣人作《易经》的时候，打算顺应性命之理。因此确立天之道用阴和阳，确立地之道用柔和刚，确立人之道用仁和义。因为包括了天、地、人三才，且分阴阳两个方面，所以《易经》需要六画才能成一卦象。分辨阴和阳，迭用柔和刚，因此，《易经》通过六个爻位显示了文采。

第三章

天地定位，山泽通气，雷风相薄，水火不相射，八卦相错。数往者顺，知来者逆，是故《易》逆数也。

六十四个别卦是由八个经卦迭成的，本章于是对《易经》象征体系的基本要素——八卦的四组对卦所代表的物象的矛盾对立进行了讨论。天与地是乾、坤两卦各自所象征的事物，它们相互对立，所起的是"定位"，即确立尊卑关系的作用，即天在上、地在下，天南地北。山与泽是艮、兑两卦各自所象征的事物，它们气息相通，山在西北，泽在东南，山水汇向湖泊，湖水又蒸发为雨，下到山上。雷与风是震、巽两卦各自所象征的事物，它们会在大气层中交相摩擦，形成雷动风起、风助雷势的场面。"薄"是搏击、摩擦的意思，下文第六章写成"悖"。水与火是坎、离两卦各自象征的事物，它们性质相反，相互排斥。"水火不相射"的"不"字应是衍文，"射"是厌恶的意思。这里对四组对卦关系的讨论，是在"乾南坤北，离东坎西，兑居东南，震居东北，巽居西南，艮居西北"的理论框架下进行的。后来宋人即根据这段文字，创制出了《伏羲八卦》（即先天八卦）图式。"八卦相错"是说四组对卦两两相对，阴阳相反。"数往者顺"，"数"是动词，意思是推算；"往者"就是过去的事。"顺"是用顺数。推演历史事件必须按时间先后，循序进行，否则因果就错乱了。"知来者逆"，"知"也是动词，意思是了解；"来者"是未来的事。"来者"与"往者"向度恰恰相反，因此欲知来事就要用逆数，古人常说"来事不可逆料"，就是这个道理。至于什么是"顺"、什么是"逆"，人们有不同的理解。有人认为"天道左旋"为顺，"地道右转"为逆；有人认为阳四卦（乾、兑、离、震）为顺，阴四卦（巽、坎、艮、坤）为逆。这一章的讨论，揭示了事物对立统一的变化发展规律，其义与《系辞》上传所说的"一阴一阳之谓道"密相切合。

【译文】

天与地确定上下的位置，山与泽彼此气息相通，雷与风搏击摩擦，水与火相互排斥，八卦交错排列。了解过去得用顺数，预测未来需要逆料，因此《易经》采用逆数。

第四章

雷以动之，风以散之，雨以润之，日以烜之，艮以止之，兑以说之，乾以君之，坤以藏之。

本章承上的文义，将八卦两两对举，指出其不同的功用。"烜"是晒干的意思，"说"同"悦"。

【译文】

震雷惊动万物，巽风吹散万物，坎雨滋润万物，离阳照晒万物，艮山止静万物，兑泽愉悦万物，乾天君临万物，坤地含藏万物。

第五章

　　帝出乎震，齐乎巽，相见乎离，致役乎坤，说言乎兑，战乎乾，劳乎坎，成言乎艮。万物出乎震，震，东方也。齐乎巽，巽，东南也。齐也者，言万物之絜齐也。离也者，明也。万物皆相见，南方之卦也。圣人南面而听天下，向明而治，盖取诸此也。坤也者，地也。万物皆致养焉，故曰致役乎坤。兑，正秋也，万物之所说也，故曰说言乎兑。战乎乾，乾，西北之卦也，言阴阳相薄也。坎者，水也，正北方之卦也。劳卦也，万物之所归也，故曰劳乎坎。艮，东北之卦也，万物之所成终而所成始也，故曰成言乎艮。

　　在《周易》中，此章是一篇颇具五行色彩的文字。它运用五行相生之理，述说了一种与《说卦》第三章所讲不一样的八卦方位。宋人据此创制出了一个被称为《文王八卦》（又叫后天八卦）的八卦图式，它对古代的自然认识与人文学说都产生了深远的影响。

　　此章所述说的后天八卦方位是从震卦开始的。从"帝出乎震"到"成言乎艮"是本章的纲目，先提出结论。"帝"指天帝，或古人心目中的宇宙主宰。"帝出乎震"，便是说宇宙元气首先在震位萌生。震是东方之卦，日月均由此升起，时令代表春天，正是万物初生的季节。巽是东南之卦，时令代表春夏之交，此时万物齐一生长，因此说"齐乎巽"。离是南方之卦，时令代表夏天，在离日的照耀下，各种事物纷呈其体，因此说"万物皆相见"；"见"是"现"的意思。因为离象征光明且在南边，所以《说卦》特别指出"圣人南面而听天下，向明而治，盖取诸此也"。"圣人"就是圣王，古圣都有过"王天下"的经历，"圣人"是从"内圣"的角度而言的，"圣王"是从"外王"的角度而言的。"听"是听政；"向"是面向。坤是西南之卦，时令代表夏秋之交，因为地有"厚德载物"的特征，万物皆在其中获得养育，因此说"致役乎坤"。兑是西方之卦，时令代表秋天，这正是收获的季节，令人心旷神怡，因此说"说言乎兑"，"说"同"悦"。乾是西北之卦，西北是阴冷之地，而乾为纯阳之卦，阴阳难免发生冲突；而乾时令代表秋冬之交，这正是暑尽寒来、阴阳交接的季节，因此说"战乎乾"。坎是北方之卦，坎为水，水流不舍昼夜，所以说它是"劳卦"。又，坎卦时令代表冬天，到了这个季节，万物已相当劳乏，皆需归藏休息，以待明年春来恢复生机，因此说"劳乎坎"，"劳"在这里是倦的意思。艮是东北之卦，时令代表冬春之交，阴尽阳来，正是万物旧局面的结束与新局面的开始，因此说"成言乎艮"。"成言"意思是形成完整的论断。

【译文】

天帝出于震，齐整于巽，相见于离，兴事于坤，说话于兑，战争于乾，劳动于坎，作成始终于艮。万物出于震，震，是东方之卦。整齐于巽，巽，是东南之卦。齐讲的是万物的清楚整齐。离是光明，万物都纷呈其体，它是南方之卦。圣人坐北朝南听取天下的政务，面向光明而实现天下大治，大概就是取法于此卦吧。坤，指大地，天下万物皆得其养，所以说兴事于坤。兑，时值秋天，因收获而万物欣悦，所以以欣悦来说兑。战于乾，乾是西北之卦，是说阴阳相互斗争。坎，代表水，是正北方之卦，这是个劳作之卦，万物皆归向于此，所以说劳作于坎。艮，是东北之卦，万物的旧局面在此结束，新局面又在此开始，所以完整的论断形成于艮。

第六章

神也者，妙万物而为言者也。动万物者莫疾乎雷，桡万物者莫疾乎风，燥万物者莫熯乎火，说万物者莫说乎泽，润万物者莫润乎水，终万物、始万物者莫盛乎艮。故水火相逮，雷风不相悖，山泽通气，然后能变化，既成万物也。

　　"神"指神明，即大自然的运化功能。所以说它"神"，是就其化育万物的神妙而言的。以下列举"六子"的物象来说明大自然的神妙。雷在惊动万物方面十分迅猛；风弯曲万物相当快捷，"桡"是使弯曲的意思；火干燥万物最具热力，"熯"是烘干的意思；愉悦万物没有能超过湖泽的，"说"即"悦"；滋润万物没有能超过水的；在终始万物方面没有比艮（山）更有作为的，因为艮是东北之卦，代表的是冬去春来的时令。最后作者得出结论：自然界能通过变化生成万物，是"水火相逮，雷风不相悖，山泽通气"的结果。"逮"是"及"的意思，"水火相逮"是说水与火虽然性质相反，却能交互为用，推动变化产生。"雷风不相悖"的说法，与上文的"雷风相薄"冲突，"不"当是衍文；"悖"意思是排斥。

　　【译文】

　　所谓的神明，是就能奇妙化育自然万物而言的。惊动万物没有比雷更迅猛的了，折弯万物没有比风更快捷的了，干燥万物没有比火更富热力了，愉悦万物没有能超过泽的，滋润万物没有能超过水的，终结万物又生发万物没有比艮更有作为的。所以，水火能够相及，雷和风相违背，山岭和湖泊气息相通，这样就能千变万化，生成现有的万物。

第七章

乾，健也；坤，顺也；震，动也；巽，入也；坎，陷也；离，丽也；艮，止也；兑，说也。

这段话分述八卦的属德，即性质。乾象天，而天体是运行不息的，故乾德为健。坤象地，地在化育万物方面，总是自觉地顺承于天的，故坤德为顺。震象雷，雷奋动万物，故震德为动。巽象风，空气无孔不入，故巽德为入。坎象水，水深成险，故坎德为陷。离象火，火燃烧必然附着于物，故火德为丽。艮象山，山体是静止不动的，故艮得为止。兑象泽，泽滋润万物，故兑德为说（悦）。

【译文】

乾德刚健，坤德柔顺，震德惊动，巽德进入，坎德沉陷，离德附着，艮德静止，兑德愉悦。

第八章

乾为马，坤为牛，震为龙，巽为鸡，坎为豕，离为雉，艮为狗，兑为羊。

这是从动物角度来说八卦的取象之例。

【译文】

乾象征马，坤象征牛，震象征龙，巽象征鸡，坎象征猪，离象征雉，艮象征狗，兑象征羊。

第九章

乾为首，坤为腹，震为足，巽为股，坎为耳，离为目，艮为手，兑为口。

这是从肢体角度来说八卦的取象之例。

【译文】

乾象征头，坤象征腹，震象征足，巽象征股，坎象征耳，离象征目，艮象征手，兑象征口。

第十章

乾，天也，故称乎父。坤，地也，故称乎母。震一索而得男，故谓之长男。巽一索而得女，故谓之长女。坎再索而得男，故谓之中男。离再索而得女，故谓之中女。艮三索而得男，故谓之少男。兑三索而得女，故谓之少女。

在这一章中，《说卦》从家庭成员的角度对八卦进行了安排，提出了"乾坤六子"之说。前两句说明纯阳卦乾☰与纯阴卦坤☷分别是"父"与"母"，后六句则指出其余六卦分属"父母"结合所生的男女（子女）。"六子"包括"三男三女"，分别是：震卦☳为"长男"，因为它"一索而得男"，即初爻是阳爻。巽卦☴为"长女"，因为它"一索而得女"，即初爻是阴爻。坎卦☵为"中男"，因为它"再索而得男"，即第二爻是阳爻。离卦☲为"中女"，因为它"再索而得女"，即第二爻是阴爻。艮卦☶为"少男"，因为它"三索而得男"，即第三爻是阳爻。兑卦☱为"少女"，因为它"三索而得女"，即第三爻是阴爻。后天八卦的产生，亦与此相关。

【译文】

乾卦象征天，所以称为父。坤卦象征地，所以称为母。震卦是索求第一爻为阳，所以叫长男。巽卦是索求第一爻为阴，所以叫长女。坎卦是索求第二爻为阳，所以叫中男。离卦是索求第二爻为阴，所以叫中女。艮卦是索求第三爻为阳，所以叫少男。兑卦是索求第三爻为阴，所以叫少女。

第十一章

乾为天，为圜，为君，为父，为玉，为金，为寒，为冰，为大赤，为良马，为瘠马，为驳马，为木果。

本章按"乾坤六子"的次序，在八卦代表的八种基本物象（乾为天、坤为地、震为雷、巽为风、坎为水、离为火、艮为山、兑为泽）的基础上扩展、引申，使卦与季节、方位、人体、亲族、色彩、经济、动物、植物，甚至性格、疾病等都挂上了钩，大大扩拓了八卦的象征范围。不过其所引申的卦象与《左传》《国语》所载并不完全相同，与《彖辞》《象辞》之说也有差异，只是一家之言。"圜"即"圆"，指天周转不息的特征。"驳马"，指毛色斑驳的马。

【译文】

乾卦象征天，象征圆，象征君，象征父，象征玉，象征金，象征寒，象征冰，象征大红色，象征好马，象征瘦马，象征杂色马，象征树木的果实。

坤为地，为母，为布，为釜，为吝啬，为均，为子母牛，为大舆，为文，为众，为柄，其于地也，为黑。

"布"，指布匹；也有人认为指布泉，即钱币。"吝啬"是一种保守现状、使物不转移的性格。

【译文】

坤卦象征地，象征母，象征布，象征釜，象征吝啬，象征平均，象征子牛与母牛，象征大车，象征文，象征众，象征柄，在地上为黑色。

震为雷，为龙，为玄黄，为旉，为大涂，为长子，为决躁，为苍筤竹，为萑苇。其于马也，为善鸣，为馵足，为作足，为的颡。其于稼也，为反生。其究为健，为蕃鲜。

"玄黄"是天地相杂的颜色，天玄而地黄。"旉"是花朵的通名。"大涂"即"大途"，即大路。"决躁"是一种刚决躁动的性格。"苍筤竹"是颜色青绿的竹子。"萑苇"是两种芦类植物，又称"蒹葭"。"馵足"是左后脚白色的马。"作足"是疾驰的马。"的颡"是白额的马。"反生"是指反季节生长，也有人认为是芽苗顶着果壳生长。"究"是究竟的意思。

【译文】

震卦象征雷，象征龙，象征玄黄色，象征花朵，象征大路，象征长子，象征刚决躁动，象征翠绿的竹，象征蒹葭。它作为马，喜爱鸣叫，象征左后脚白色的马，象征疾驰的马，象征白额的马。它作为庄稼，象征反生。此卦是个刚健卦，象征繁盛鲜艳。

巽为木，为风，为长女，为绳直，为工，为白，为长，为高，为进退，为不果，为臭。其于人也，为寡发，为广颡，为多白眼，为近利市三倍。其究为躁卦。

"臭"同"嗅"，指气味。"广颡"指额头宽。

【译文】

巽卦象征木，象征风，象征长女，象征笔直的准绳，象征工巧，象征白色，象征长，象征高，象征进退，象征迟疑不决，象征气味。它作为人，象征头发稀少，象征额头宽，象征多白眼视人，象征近利市三倍。它究竟是个浮躁卦。

坎为水，为沟渎，为隐伏，为矫輮，为弓轮。其于人也，为加忧，为心病，为耳痛，为血卦，为赤。其于马也，为美脊，为亟心，为下首，为薄蹄，为曳。其于舆也，为多眚，为通，为月，为盗。其于木也，为坚多心。

坎德为陷，因此说"为隐伏"。"矫輮"，使弯变直为"矫"，使直变弯为"輮"。"輮"同"揉"。"血卦"，暗示坎卦危险，有血腥之灾。"亟心"，即心情焦急。"薄蹄"，犹言以蹄踏地。"眚"，指灾。

【译文】

坎卦象征水，象征沟渎，象征隐蔽埋伏，象征矫揉弯曲，象征弓与轮子。它作为人，象征增加忧虑，象征心病，象征耳朵痛，是一个血卦，象征红色。它作为马，象征优美的背脊，象征心焦急，象征头垂下，象征蹄踏地，象征拖曳。它作为车，象征多灾害，象征通行，象征月亮，象征盗寇。它作为木，象征坚实多心。

离为火，为日，为电，为中女，为甲胄，为戈兵。其于人也，为大腹，为乾卦，为鳖，为蟹，为蠃，为蚌，为龟。其于木也，为科上槁。

"蠃"，通"螺"，与鳖、蟹、蚌、龟均为带甲壳的水族动物。"科上槁"，"科"是空心的树木，"槁"木上的枯枝。

【译文】

离卦象征火，象征太阳，象征电，象征中女，象征甲胄，象征兵器。它作为人，象征大肚子，象征乾卦，象征鳖，象征蟹，象征螺，象征蚌，象征龟。它作为木，象征树干上的枯枝。

艮为山，为径路，为小石，为门阙，为果蓏，为阍寺，为指，为狗，为鼠，为黔喙之属。其于木也，为坚多节。

"径路"，即小山路。"阙"，是高阔的大门。"阍寺"，指阍人与寺人，前者是古代守宫门者，后者是宫内的听差，即后世的宦官。

【译文】

艮卦象征山，象征小径，象征小石头，象征大门高阔，象征果蓏，象征阍人、寺人，象征手指，象征狗，象征老鼠，是黑嘴的属类。它作为木，象征坚实多节。

兑为泽，为少女，为巫，为口舌，为毁折，为附决。其于地也，刚卤，为妾，为羊。

"毁折"，损毁折断。附决，附从却分裂。

【译文】

兑卦象征泽，象征少女，象征巫，象征口舌，象征损毁折断，象征附从却分裂。它作为地，坚硬而有盐碱，象征妾，象征羊。

序卦

有天地，然后万物生焉。盈天地之间者唯万物，故受之以屯。屯者，盈也；屯者，物之始生也。物生必蒙，故受之以蒙。蒙者，蒙也，物之稚也。物稚不可不养也，故受之以需。需者，饮食之道也。饮食必有讼，故受之以讼。讼必有众起，故受之以师。师者，众也。众必有所比，故受之以比。比者，比也。比必有所畜，故受之以小畜。物畜然后有礼，故受之以履。履而泰，然后安，故受之以泰。泰者，通也。物不可以终通，故受之以否。物不可以终否，故受之以同人。与人同者，物必归焉，故受之以大有。有大者不可以盈，故受之以谦。有大而能谦，必豫，故受之以豫。豫必有随，故受之以随。以喜随人者，必有事，故受之以蛊。蛊者，事也。有事而后可大，故受之以临。临者，大也。物大，然后可观，故受之以观。可观，而后有所合，故受之以噬嗑。嗑者，合也。物不可苟合而已，故受之以贲。贲者，饰也。致饰，然后亨则尽矣，故受之以剥。剥者，剥也。物不可以终尽剥，穷上反下，故受之以复。复则不妄矣，故受之以无妄。有无妄，然后可畜，故受之以大畜。物畜，然后可养，故受之以颐。颐者，养也。不养则不可动，故受之以大过。物不可以终过，故受之以坎。坎者，陷也。陷必有所丽，故受之以离。离者，丽也。

有天地，然后有万物；有万物，然后有男女；有男女，然后有夫妇；有夫妇，然后有父子；有父子，然后有君臣；有君臣，然后有上下；有上下，然后礼义有所错。夫妇之道，不可以不久也，故受之以恒。恒者，久也。物不可以久居其所，故受之以遁。遁者，退也。物不可以终遁，故受之以大壮。物不可以终壮，故受之以晋。晋者，进也。进必有所伤，故受之以明夷。夷者，伤也。伤于外者必反其家，故受之以家人。家道穷必乖，故受之以睽。睽者，乖也。乖必有难，故受之以蹇。蹇者，难也。物不可以终难，故受之以解。解者，缓也。缓必有所失，故受之以损。损而不已必益，故受之以益。益而不已必决，故受之以夬。夬者，决也。决必有所遇，故受之以姤。姤者，遇也。物相遇而后聚，故受之以萃。萃者，聚也。聚而上者谓之升，故受之以升。升而不已必困，故受之以困。困乎上者必反下，故受之以井。井道不可不革，故受之以革。革物者莫若鼎，故受之以鼎。主器者莫若长子，故受之以震。震者，动也。物不可以终动，止之，故受之以艮。艮者，止也。物不可以终止，故受之以渐。渐者，进也。进必有所归，故受之以归妹。得其所归者必大，故受之以丰。丰者，大也。穷大者必失其居，故受之以旅。旅而无所容，故受之以巽。巽者，入也。入而后说之，故受之以兑。兑者，说也。说而后散之，故受之以涣。涣者，离也。物不可以终离，故受之以节。节而信之，故受之以中孚。有其信者必行之，故受之以小过。有过物者必济，故受之以既济。物不可穷也，故受之以未济终焉。

【译文】

有了天地，然后天地间产生了万物。充盈于天地之间的是万物，所以，接着是屯卦。屯，意思是充满；屯，也是指事物开始产生、事物初生的时候必然蒙昧，所以接着是蒙卦。蒙卦是启蒙的意思，因为事物还稚嫩。事物稚嫩不可以不养育，所以接着是需卦。需，讲的是饮食养生的道理。有饮食就必会有争讼，所以接着是讼卦。争讼必然引起众人的较量，所以接着是师卦，师，有众人的意思。众人在一起，就会相亲附，所以接着是比卦。比，是比附。比附必然有所蓄积，所以接着是小畜卦。物质财富蓄积后就会谋求礼义，所以接着是履卦。履礼而泰然，然后安定，所以接着是泰卦。泰，意思是通达顺遂。事物不可能永远通泰，所以接着是否卦。事物不可能始终否塞，所以接着是同人卦。与人和同相处必然众望所归，所以接着是大有卦。物质、精神富有者不能够自满，所以接着是谦卦。有大业而能谦虚的人必定安乐，所以接着是豫卦。安乐必定有人追随，所以接着是随卦。因欢喜而追随别人，必定有麻烦，所以接着是蛊卦。蛊，是有事情要处理。有事情才可以成就大业，所以接着是临卦。临，就是大。事物大就可以观瞻，所以接着是观卦。可以观瞻就能找到相合处，所以接着是噬嗑卦。嗑，意思是合。事物不可以苟且相合在一起就行了，所以接着是贲卦。贲，是装饰的意思。装饰到了极点，亨通就到了尽头，所以接着是剥卦。剥，是剥落的意思。事物不可能总是剥蚀，穷乎其上就会反乎其下，所以接着是复卦。回复了原本就不虚妄了，所以接着是无妄卦。实而不虚妄就可以畜积，所以接着是大畜卦。有蓄积就可以养育，所以接着是颐卦。颐，是养育的意思。不养育就不可以行动，所以接着是大过卦。事物不可能始终通畅，所以接着是坎卦。坎，意思是陷于困顿。陷于困顿必然有所附着，所以接着是离卦。离，是附着的意思。

有天地，然后就有万物；有万物，然后就有男女；有男女，然后就有夫妇；有夫妇，然后有父子；有父子，然后就有君臣；有君臣，然后就有上下的观念，有上下的观念，然后礼义就有所设置了。夫妇之道，不可以不长久，所以接着是恒卦。恒，是长久的意思。事物不可能长久停留在同一个地方，所以接着是遁卦。遁，意思是退避。事物不可能始终退避，所以接着是大壮卦。事物不会总停留在壮的阶段，所以接着是晋卦。晋，就是进的意思。进就会有所伤害，所以接着是明夷卦。夷，意思是伤害。在外面受到伤害，一定想返回家里，所以接着是家人卦。家道穷困必然乖戾，所以接着是睽卦。睽，是乖戾的意思。性格乖戾必然会有困难，所以接着是蹇卦。蹇，意思是遇到了困难。事物不可能总是处于困难状态，所以接着是解卦。解，是缓解困难的意思。缓解困难，必定会造成若干损失，所以接着是损卦。不断减损必然会有增益，所以接着是益卦。不断增益必然会决裂，所以接着是夬卦。夬，是决断的意思。决断后就会有各种境遇，所以接着是姤卦。姤，是相遇的意思。物相遇就会相聚在一起。所以接着是萃卦。萃，是聚集的意思。往上聚集叫作升，所以接着是升卦。升个不停必然困顿，所以接着是困卦。在上面受困必定返回下面，所以接着是井卦。井的道理是不能不清理，所以接着是革卦。变革事物没有比鼎更好的了，所以接着是鼎卦。掌管社稷重器者最合适的是长子，所以接着是震卦。震，意思是震动。事物不可能始终处在动的状态，总有停下来的时候，所以接着是艮卦。事物不可能始终停止不前，所以接着是渐卦。渐，是循序渐进的意思。渐进必然会有归宿，所以接着是归妹卦。获得归附的人必定壮大。所以接着是丰卦。丰，是大的意思。大到极致就必然会失去居所，所以接着是旅卦。旅居在外无所容身，所以接着是巽卦。巽，是入的意思。入来之后就喜悦了，所以接着是兑卦。兑，是喜悦的意思。高高兴兴之后就各奔东西了。所以接着是涣卦。涣，是离散的意思。事物不会总是处在离散状态，所以接着是节卦。节制要讲诚信，所以接着是中孚卦。有信用的人必定有行动，所以接着是小过卦。物能通过就意味着成功了，所以接着是既济卦。事物的发展是不可穷尽的，所以以未济卦为终结。

杂卦

乾刚坤柔。比乐师忧。临、观之义，或与或求。屯见而不失其居，蒙杂而著。震，起也；艮，止也。损、益，盛衰之始也。大畜，时也；无妄，灾也。萃聚而升不来也。谦轻而豫怠也。噬嗑，食也；贲，无色也。兑见而巽伏也。随，无故也；蛊，则饬也。剥，烂也；复，反也。晋，昼也；明夷，诛也。井通而困相遇也。咸，速也；恒，久也。涣，离也；节，止也。解，缓也；蹇，难也。睽，外也；家人，内也。否、泰，反其类也。大壮则止，遁则退也。大有，众也；同人，亲也。革，去故也；鼎，取新也。小过，过也；中孚，信也。丰，多故也；亲寡，旅也。离上而坎下也。小畜，寡也；履，不处也。需，不进也；讼，不亲也。

乾、坤阴阳相反，互为错卦，它们在六十四卦中是刚柔的根本，因此一"刚"一"柔"，以为起首。比与师卦体颠倒，互为综卦。比之义亲密比附，因此说"乐"；师之义大动干戈，因此说"忧"。临与观互为综卦。临居高临下故能"与"，观由下观上故需"求"。屯与蒙互为综卦。屯显示生命成长困难却不失立足点，因此说"见而不失其居"；蒙说明启蒙事甚繁杂却效果易显，因此说"蒙杂而著"。震与艮互为综卦。震德为动，动则事起；艮卦象静，其德为止。损与益互为综卦。损极而益，益所以盛；益极则损，损所以衰。大畜与无妄互为综卦。畜之能大，皆由随时；不妄招祸，因以称灾。萃与升互为综卦。萃是荟萃，因此说"聚"；升只上不下，因此说"不来"。谦与豫互为综卦。谦之义不自重大，因此说"轻"；豫之义安逸易懈，因此说"怠"。噬嗑与贲互为综卦。噬嗑卦是咬合之象，因此说"食"；贲卦装饰朴素，因此说"无色"。兑与巽互为综卦。兑象征欣悦，喜形于色，因此说"见"；巽表示顺从，义求卑退，因此说"伏"。随与蛊既互为综卦，又互为错卦。随发自内心，因此说"无故"；蛊不治则坏，因此说"饬"。剥与复互为综卦。剥为剥蚀，因此说"烂"：复是返回，因此说"反"。晋与明夷互为综卦。晋为日出之象，因此说"昼"；明夷光明遭到扼杀，因此说"诛"。井与困互为综卦。井泉涌不尽，因此说"通"；困水涸于泽，生物出境困厄，因此说"遇"。咸与恒互为综卦。咸卦象征感应，心有感瞬间可通，因此说"速"；恒卦象征恒常，因此说"久"。涣与节互为综卦。涣为涣散，而散有"离"之义；节是节制，受制则不能动，因此说"止"。解与蹇互为综卦。解是困难消解，因此说"缓"；蹇是行路困难，因此说"难"。睽与家人互为综卦。睽卦象征因乖离而"外"，家人卦表示因和睦而"内"。否与泰既互为综卦，又互为错卦。否是阻塞，泰为通达，卦义正相反。大壮与遁互为综卦。大壮主强盛不用，因此说"止"；遁是逃避现实，因此说"退"。大有与同人互为综卦。大有卦象征富盛得民，因此说"众"；同人卦象征和同友爱，因此说"亲"。革与鼎互为综卦。革为涤除旧局，因此说"去故"；鼎是呈现新貌，因此说"取新"。小过与中孚互为错卦。小过卦阴盛逼阳，因此说"过"；中孚卦心有诚意，因此说"信"。丰与旅互为综卦，丰卦象征丰盛，丰盛易生事端，因此说"多故"；旅卦象征羁旅，身在异乡亲人自少，因此说"亲寡"。离与坎互为错卦。离火焰上，坎水润下。小畜与履互为综卦。小畜卦一阴蓄众阳，因此说"寡"；履卦讲循礼而行，因此说"不处"。需与讼互为综卦。需宜等待，因此说"不进"；讼言争讼，因此说"不亲"。

【译文】

乾卦刚健，坤卦阴柔。比卦快乐，师卦忧愁。临卦与观卦的意义，一是给予，一是索求。屯卦呈现成长的艰难而不失立足之地，蒙卦说明事情繁杂却效果显著。震卦是奋起，艮卦是静止。损卦和益卦分别是盛衰的开端。大畜卦讲时机，无妄卦说灾祸。萃卦聚集而升卦不来。谦卦讲不自大，豫卦说逸易生怠。噬嗑卦是吃东西，贲卦是无颜色。兑卦显现而巽卦蛰伏。随卦无缘无故，蛊卦必须整治。剥卦是烂掉，复卦为返回。晋卦象征白昼，明夷卦象征光明被扼杀。井卦相通，困卦相遇。咸卦迅速，恒卦永久。涣卦离散，节卦制止。解卦缓和，蹇卦困难。睽卦疏远而外，家人卦亲睦而内。否卦和泰卦性质相反。大壮卦盛而不用，故止；遁卦逃避现实是退。大有卦讲得人，同人卦讲亲近。革卦涤除旧的，鼎卦取得新的。小过卦小有过失，中孚卦最讲信用。丰卦讲多事，亲近者少是旅卦。离卦阳向上升，坎卦阴向下凝。小畜卦讲少，履卦循礼而行。需卦不言进，讼卦不相亲。

大过，颠也。姤，遇也，柔遇刚也。渐，女归待男行也。颐，养正也。既济，定也。归妹，女之终也。未济，男之穷也。夬，决也，刚决柔也。君子道长，小人道忧也。

自大过以下的八个卦不再以相综或相错关系对举，很奇怪。朱熹疑为错简，颇有道理。有学者认为这段文字的正确顺序应为：

大过，颠也；颐，养正也。既济，定也；未济，男之穷也。归妹，女之终也。渐，女归，待男行也。姤，遇也，柔遇刚也。夬，决也，刚决柔也。君子道长，小人道忧也。

兹从之。大过与颐互为错卦。大过卦以栋为喻，栋承重不支，会致屋宇倾覆，因此说"颠"；颐卦讲颐养，因此说"养正"。既济与未济既互为综卦，又互为错卦。既济事已办妥，因此说"定"；未济三阳失位，因此说"男之穷"。归妹与渐即互为综卦，又互为错卦。归妹义为嫁女，女一出嫁，终身即定，因此说"女之终"；渐卦以"女归吉"为辞，女子出嫁，需等男方按程序操作，因此说"待男行"。姤与夬既互为综卦，又互为错卦。姤卦一阴遇五阳，因此说"柔遇刚"；夬卦五阳决一阴，因此说"刚决柔"。阳象君子，阴喻小人，夬卦君子势盛，小人被清除，因此说"君子道长，小人道忧"。

【译文】

大过卦颠倒倾覆，颐卦培养正气。既济卦事情已定，未济卦男子穷困。归妹卦是女人的归宿，渐卦需等男子亲迎。姤卦是阴柔碰上阳刚，夬卦是阳刚决除阴柔。君子之道不断增长，小人之道就堪忧了。

主要参考书

［魏］王弼、［晋］韩康伯注、［唐］孔颖达正义：《周易正义》，清嘉庆二十年南昌府学重刊宋本《十三经注疏》本

［唐］李鼎祚撰：《周易集解》，北京，中华书局，2016年1月版

［宋］朱熹撰：《周易本义》，北京，中华书局，2009年11月版

［宋］程颐撰，孙劲松、范云飞、何瑞麟译注：《周易程氏传译注》，北京，商务印书馆，2018年5月版

［明］来知德撰：《周易集注》，北京，中华书局，2019年11月版

［清］王夫之撰：《周易内传》，北京，九州出版社，2004年6月版

［清］王夫之撰：《周易外传》，北京，中华书局，1977年12月版

［清］李光地撰：《周易折中》，成都，巴蜀书社，1998年4月版

［清］焦循撰：《雕菰楼易学三书》（《易通释》《易章句》《易图略》），北京，九州出版社，2003年12月版

高亨著：《周易古经今注》，北京，中华书局，1984年3月版

高亨著：《周易大传今注》，北京，中华书局，1979年6月版

高亨著：《周易杂论》，济南，齐鲁书社，1979年7月版

尚秉和著：《周易尚氏学》，郑州，中州古籍出版社，1994年6月版

李镜池著：《李镜池周易著作全集》，北京，中华书局，2019年3月版

金景芳、吕绍纲著：《周易全解》（修订本），上海，上海古籍出版社，2017年6月版

金景芳著：《周易讲座》，长春，吉林大学出版社，1988年11月版

黄寿祺、张善文译注：《周易译注》，上海，上海古籍出版社，2007年4月版

南怀瑾著：《易经系传别讲》，上海，复旦大学出版社，2018年8月版

南怀瑾著：《易经杂说》，上海，复旦大学出版社，2018年8月版

胡道静、戚文编著：《周易十讲》（增补本），上海，上海人民出版社，2003年

9月版

朱伯崑著：《易学漫步》，沈阳，沈阳出版社，1997年5月版

朱高正著，朱伯崑修订：《易经白话例解》，沈阳，沈阳出版社，1997年5月版

李一忻撰，郑同校订：《周易入门》，北京，九州出版社，2003年11月版

刘大均著：《周易概论》，济南，齐鲁书社，1988年6月版

刘大均著：《周易古经白话解》，济南，山东友谊书社，1989年10月版

刘大均著：《周易传文白话解》，济南，山东友谊书社，1989年10月版

廖名春著：《〈周易〉真精神》，广州，广东高等教育出版社，2019年12月版

徐澍、张新旭注译：《易经》，合肥，安徽人民出版社，2000年11月版

孙振声编著：《易经入门》，北京，文化艺术出版社，2004年7月版

徐志锐著：《周易大传新注》，济南，齐鲁书社，1986年6月版

宋祚胤注译：《周易》，长沙，岳麓书社，2000年8月版

佘斯大著：《古老智慧的源泉——〈周易〉》，昆明，云南人民出版社，1999年8月版

张其成著：《易道主干》，北京，中国书店，1999年1月版

张其成著：《易图探秘》，北京，中国书店，1999年1月版

曾明著：《简明易经》，北京，中国中医药出版社，2010年3月版

杨力著：《周易与中医学》，北京科学技术出版社，1992年8月第2版

陈望衡著：《占筮与哲理——〈周易〉蕴玄机》，昆明，云南人民出版社，1997年6月版

乌恩溥著：《周易——古代中国的世界图式》，长春，吉林文史出版社，1988年5月版

萧汉明著：《〈周易本义〉导读》，济南，齐鲁书社，2003年10月版

庞钰龙著：《谈古论今说周易》，北京，中国书店，2003年6月版

江国梁著：《周易原理与古代科技》，厦门，鹭江出版社，1990年2月版

李申著：《易图考》，北京，中央编译出版社，2018年1月版

伍华主编，卢叔度审定：《周易大辞典》，广州，中山大学出版社，1993年12月版

后 记

笔者并非专业易学家，不过接触《周易》也有些年头了。上世纪90年代初，笔者在出版社工作，曾负责过《中国方术大辞典》（中有"易占"门）与《周易大辞典》的编辑工作。后又应友人之邀，简注了《易经》，作为"新月经典"的一种，于2004年交云南大学出版社出版。2013年东南大学出版社出版的"中华传统文化经典注音全本"中的《易经》，也出自笔者之手。

因为对《周易》多少有些了解，所以在最近十多年中，笔者在中山大学面向各院系开设了本科核心通识课"周易基础"，并在中文系本科开设了专业选修课"周易经传导读"。两门课都颇受欢迎。

在开设上述两门课的过程中，笔者注意到，虽然以《周易》为阐释对象的出版物汗牛充栋，但是要找出一本适合于大学本科的教学用书并不容易。有的书过繁，有的书过简；有的书学术含量较高却病在艰深，有的书文字清楚明白却失诸肤浅；有的书望文生义甚多穿凿；有的书故弄玄虚、江湖味十足……既然无"现成饭"可食，笔者就只好另开炉灶，研究经传文本，裁剪课程内容，自己编写讲义，以应付教学需要。这本书，就是在这十多年使用的教学讲义的基础上扩编而成的。

读者展卷后，可能会感到本书从内容到形式都有明显的"学院派"色彩。的确，为符合学校的要求，笔者在组织课程内容时，曾不断自我提醒，要贯彻思想性与科学性相统一的原则，努力做到导向正确，观念端正，崇尚科学，讲求学理，抵制旁门左道，摈弃一切"怪力乱神"之说。在表达方式上，则力求深入浅出，严谨准确，清楚精炼，活泼生动。因此，本书是一部学术性、可读性兼具的读物，既可用作大学教学的参考书，也适合社会上的一般读者自学阅读。

本书分上、下两编。上编"易学概说"循序渐进地讲授易学的相关知识，涉及问题包括研习《周易》的意义、《周易》的文本构成与产生时代、《周易》经传的来历与作者、《周易》的宇宙生成模式、象数之学与义理之学、《周易》的占筮法等，讲述这些内容，目的是给读者提供一些学术背景材料，以为研读《周易》文本、理解经传内容打下基础。下编"经传释译"以文字解析与理论阐释相结合的方式，按《周易》的文本次第，逐句、逐章讲解与翻译经传的文字。从篇幅而言，上编文字较少，下编文字较多，有些失衡，但这是《周易》文本的内容使然，非笔者刻意所为。

在概说易学与释译经传的过程中，笔者广泛吸收了前贤的研究成果，也有不少地方表达的是个人的独有心得。由于本书来源于讲义，行文采用的是"口说"的方式，因此没有像一般学术著作那样把引用材料一一标明出处，而只是列出了主要参考书目。在此向有关作者致谢！

需要说明的是，《周易》版本颇多，本书的经传文字，本自清嘉庆二十年南昌府学重刊宋本《十三经注疏》中的《周易正义》。

广东人民出版社原社长陈海烈编审、花城出版社原社长肖建国编审曾对本书稿进行出版把关，提出了若干建设性意见；中山大学出版社资深编辑李文先生不懈努力，为本书出版穿针引线；中山大学古籍编辑室主任王延红女士及其他工作人员尽职尽责，在编辑与校对过程中为完善本书稿做了大量工作。谨对上述各位表示感谢！

书中难免存在缺陷与谬误，敬请读者批评指正！

杨　权

甲辰三月十六日于沁庐